Friedrich Engels

# 恩格斯传

陈林 / 著

天地出版社 | TIANDI PRESS

图书在版编目（CIP）数据

恩格斯传 / 陈林著. —成都：天地出版社，2017.8
（2023年10月重印）
ISBN 978-7-5455-3013-1

Ⅰ.①恩… Ⅱ.①陈… Ⅲ.①恩格斯（Engels, Friedrich 1820-1895）–传记 Ⅳ.①A721

中国版本图书馆CIP数据核字（2017）第180178号

ENGESI ZHUAN
## 恩格斯传

| | |
|---|---|
| 出 品 人 | 杨 政 |
| 作 者 | 陈 林 |
| 责任编辑 | 陈文龙　李建波 |
| 封面设计 | 思想工社 |
| 封面图片 | CFP |
| 内文排版 | 尚上文化 |
| 责任印制 | 王学锋 |
| 出版发行 | 天地出版社 |
| | （成都市锦江区三色路238号 邮政编码：610023） |
| | （北京市方庄芳群园3区3号 邮政编码：100078） |
| 网　　址 | http://www.tiandiph.com |
| 电子邮箱 | tianditg@163.com |
| 经　　销 | 新华文轩出版传媒股份有限公司 |
| 印　　刷 | 河北鹏润印刷有限公司 |
| 版　　次 | 2018年1月第1版 |
| 印　　次 | 2023年10月第8次印刷 |
| 开　　本 | 710mm×1000mm　1/16 |
| 印　　张 | 27.5 |
| 字　　数 | 416千字 |
| 定　　价 | 48.00元 |
| 书　　号 | ISBN 978-7-5455-3013-1 |

版权所有◆违者必究

咨询电话：（028）86361282（总编室）
购书热线：（010）67693207（营销中心）

如有印装错误，请与本社联系调换。

弗里德里希·恩格斯

# 目 录

**楔　子**　海天之间 ............................................. 1

## 第一章　伍珀河谷

巴黎离伍珀河谷太近了 ............................ 27
名门的风采与代价 .................................... 33
让理性的光辉照亮精神王国 .................... 39
忠于自己的性格 ........................................ 44
不来梅通讯 ................................................ 51
告别伍珀河谷 ............................................ 60

## 第二章　走进生活深处

曼彻斯特：生活体验 ................................ 69
曼彻斯特：理论体验 ................................ 76
爱北斐特集会 ............................................ 82
为工人阶级呐喊 ........................................ 90
伟大友谊的开端 ........................................ 96

## 第三章　大革命洗礼

清算德意志意识形态 ......................................................... 106
组建共产主义政党 ......................................................... 112
新时代的宣言 ............................................................. 124
书房·街头·法庭·战场 ..................................................... 133
硝烟散去后的反思 ......................................................... 158

## 第四章　"幽囚"与"将军"

重返曼彻斯特 ............................................................. 173
编外陆军部 ............................................................... 180
谨慎的交往 ............................................................... 185
投身国际工人协会 ......................................................... 194
第二提琴手 ............................................................... 203
玛丽与莉希 ............................................................... 214

## 第五章　自由的老战士

逃出"埃及的幽囚" ......................................................... 227
站在公社战士一边 ......................................................... 233
需要什么样的权威 ......................................................... 242
收拾无聊的杜林 ........................................................... 254
研究自然辩证法 ........................................................... 261
《非常法》颁布以后 ....................................................... 265

## 第六章　马克思墓前

一份沉甸甸的悼词 ......................................................... 274
完成《资本论》 ........................................................... 283
捍卫马克思的声誉 ......................................................... 292

马克思主义的哲学总结 ...... 300
国际无产阶级的导师 ...... 304
面向未来 ...... 319
尾声　挽钟长鸣 ...... 327

附录一　恩格斯年谱 ...... 335

附录二　《共产主义原理》 ...... 383

附录三　《共产党宣言》 ...... 399

# 楔 子

## 海天之间

大不列颠岛像一只巨大的马靴。

马靴底部,相对平直的海岸线向着开阔的英吉利海峡,沿岸分布着一个个明珠般的港口城市,宛若一条滨海星光大道,人类文明的熠熠星光在海天之间闪耀。

这些港口城市的历史,可以追溯到公元1世纪罗马帝国时期。古罗马人在这里建立定居点,把恺撒和屋大维的威仪向着遥远的天尽头展示。后来,这些初具规模的城镇,又因其独特的地理位置,注定成为日不落帝国征服全球的驿站和后花园,体验了征服的冲动,也享受着征服的果实。

年复一年,这方水土色调依然:秀美、富裕而带几分野性,安恬、静谧又存几许蛮荒……

伊斯特本,就是这些港口城市之一。它位于这个城市群的中心地带,又处在伦敦正南方,尽享地利。一个半小时的车程,使伊斯特本俨然成了伦敦的一个卫星城市。

一本现代旅游小册子这样描述伊斯特本:

# 恩格斯传

伊斯特本是英国南部海岸的一个悠闲小镇

伊斯特本是位于英国南部海岸的一个繁忙而活跃的海边城镇，城镇干净明亮、安全舒适、精致富裕。这里的特色美景令人着迷：长达4英里的白色美丽的海滩，典型的英国乡村房屋和绿茵小径，美丽的公园，还有郁郁葱葱的草原森林。

作为热门海滨度假胜地，伊斯特本被公认为英国南部最安全、阳光最充足的城镇。退休老人是当地人口结构的主体。在这里，你的步调会轻松而自在，没有汽车的乌烟瘴气，没有工业的污染，只有清新的空气、美丽的海景和干净的市容。当地的居民也非常亲切和善，民风淳朴，治安良好，生活便利，是学子游学的好地点。

伊斯特本对外交通十分便利，到伦敦约90分钟车程，到布莱顿只要半小时，搭乘欧洲之星高速列车到肯特，只需40分钟。

伊斯特本的独特，除了拥有天生的地理之利，还因一段特别的历史机缘。1895年8月27日清晨，伊斯特本的海滩静静的，晨起游泳的人并不多。虽值旅游旺季，却感觉不到浮躁的人流气息，扑面而来的是一阵阵激情而温润的海风。

当那表情严肃的三男一女出现以前，今天的海滩与昨天没有两样。可他们出现了，在初露的晨曦中显得那么自然，那么和谐，却也那么凝重。他们的到来，把伊斯特本这个以前并不怎么知名的海滨小镇，变成了历史长河中一个闪光的凝结。

从此，一个灿若星河的名字——弗里德里希·恩格斯——同它永远连在了一起。

恩格斯今天到伊斯特本，是来向这个他十分钟爱的夏季休养地告别，同时也是向他生活了75年的人世间告别。主持告别仪式的，是他的老朋友、年届古稀的国际工人活动家列斯纳。恩格斯一向十分疼爱的马克思的小女儿爱琳娜和丈夫艾威林，还有恩格斯得意门生伯恩施坦，一起参加了这个仪式。

仪式简朴而庄重。

一只双桨小木船静静地划过海面，仿佛海天云水之间游弋着一个惊叹号。艄公默默地划着桨，他虽然不可能理解船上乘客此时的心情，但能够感受到他们的严肃。

这份严肃，感染了并不知情的艄公；而艄公严肃中的劳作，又加深了这份严肃。木桨刺破海水的"哗哗"声，在每一个人的心底激荡……

心潮如水，静静地涌动。

在起伏的海浪中，隐约可见西面一块巨大的白垩岩礁石，从海岸向大海延伸，逐渐往上，高达500多英尺，气势雄伟。临海一面，是风雨长年剥蚀而形成的峭壁悬崖，直插入海。崖壁底部被海水冲刷成千姿百态的岩角和洞穴，海浪冲来，激起绚烂的水柱和浪花。连接陆地的一面，坡势较缓，有一条弯曲的小路供游人登临崖顶。退潮的时候，每每有一些胆大的游客沿这条小路攀援而上。不过，这样做是很冒险的。如果还没有爬上岩顶，海潮又很快卷到，他们可就进退维谷了。

爱琳娜捧着一个不大的骨灰罐，小心翼翼地坐在小船正中间。船身的轻微晃动，一次次触动她的神经。她深知，怀里护着的可不是普普通通的骨灰，它是一颗慈父的心，一个不朽的灵魂。丈夫艾威林静静地坐在她身边，一只手臂挽住她的肩头，给她紧张而悲痛的心一份稳稳的支撑。对面坐着列斯纳和伯恩施坦，一样的默默无语，一样的浮想联翩。

望着恩格斯的骨灰罐，列斯纳陷入深深的回忆之中。

48年的交往，半个世纪的友谊，如潮水般涌来的往事，超出了记忆的承载。可这份交往的源头，却并不因岁月的消磨而稍有褪色，反而在历史的沉淀中愈加鲜明。

现在想来，那个多雾的伦敦的冬季，是多么的不平凡。

1847年11月29日至12月8日，共产主义者同盟第二次代表大会在伦敦召开。虽然出席大会的绝大多数代表都是德意志人，但由于大会具有空前的国际视野，它实际上奠定了现代国际工人运动的基础。

马克思和恩格斯双双参加大会，并接受大会委托，负责为共产主义者同盟起草纲领。那个纲领，就是后来震惊了全世界的国际共产主义运动经典文献《共产党宣言》。

同盟盟员、年仅22岁的德国裁缝列斯纳，正是在这次会议上结识了比他年长5岁的恩格斯。两人长达半个世纪的战斗友谊从此开始。恩格斯后来亲切地称列斯纳是自己的"御用裁缝"。

列斯纳不善交际，也不喜欢出头露面。他同恩格斯的最初交往，只是彼此见面点点头，打个招呼，像战友一样地相互问候。但他很清楚，这位彬彬有礼的绅士般的战友，将是一个令旧秩序颤抖的勇敢斗士。

两年前，列斯纳读过恩格斯的《英国工人阶级状况》；而今，他又亲耳聆听了恩格斯富于激情和理性的演讲。

友谊始于尊敬，尊敬始于信服，信服始于理解。在列斯纳看来，人们只有深入地认识并理解了恩格斯，才能真正喜欢他。恩格斯的外表和马克思很不一样，他身材魁梧匀称，举止敏捷稳健，说话简洁有力，气概英武，活脱脱一副军人模样。他乐观豁达，谈吐诙谐而中肯。凡是和他接触的人，立即就会得到一种印象：这是一个天赋极高的人。

可是，恩格斯在和不熟悉的人接触时，态度却十分审慎，透出一种威严。每每有人在列斯纳面前说恩格斯并不像他们想象的那样和蔼可亲时，列斯纳总是富有智慧地解释道：要给恩格斯一个正确的评价，就应当对他有很深刻的了解。同样，恩格斯在信任某人之前，也要对这个人进行一番仔细的考察。

毫无疑问，在恩格斯面前装模作样是不行的，他能马上辨明别人对他讲的是谎言还是真话。

恩格斯特别慷慨，他曾无条件地帮助过不少人，帮他们摆脱困境和疾病的折磨。他还为此吃过一些苦头，受到过包括乞丐团体等很多不相干的人和组织的打扰。后来，在和列斯纳相交相知以后，恩格斯一般是先向列斯纳了解，是否认识某某人，品性如何，然后再决定是否见面。有一段时间，他甚至把援助别人的支配权也交给了列斯纳。

恩格斯从不因工作繁忙而拒绝对朋友的帮助，也不因自己的博学和崇高威望而有丝毫骄傲。即便是在晚年，他仍旧非常谦逊，非常重视别人的工作，和年轻时没有两样。

恩格斯始终是一个好客的主人。热情爽朗、沉着真诚的性格，睿智幽默，妙语连珠，每每使他成为谈话的主角。无论问他什么问题，他都能给予简洁的令人信服的回答。他会直言不讳地说出自己的意见，并不刻意顾虑对方的感受。但他总是面带笑容，一举一动纯朴而坦率，富于感染力。无论是接见欧文主义者、宪章主义者、工联主义者，还是其他社会主义者，他都能很巧妙地营造出一种气氛，使在场的每个人都感到轻松愉快。

恩格斯的客人既有党内同志，也有党外朋友。当19世纪80年代末《社会民主党人报》编辑部从苏黎世迁到伦敦时，拜访他的人就更多了。列斯纳作为恩格斯家的常客，深得他的信任。在恩格斯的客人特别多的日子里，列斯纳为了不过多地打扰他的休息，便很少登门。而当他再去的时候，恩格斯会马上追问列斯纳为什么不去看他，是不是忘了老朋友。

这便是恩格斯，他是战友，更是朋友。

列斯纳深有感触，恩格斯是多么积极地投身于工人阶级的解放运动。他非常热心地支持工人争取8小时工作制的斗争，而自己则经常一天工作16小时，直至深夜。年过七旬，恩格斯仍然积极参加每年五一劳动节的集会，甚至登上工人活动家们用作讲台的马车，即兴发表演说。

# 恩格斯传

恩格斯既要投身实际运动，又要从事理论研究。他是多么的热爱工作，工作能力又是多么的强！他还是一个了不起的语言专家，精通10多种语言。70多岁的时候，为了阅读易卜生和谢兰的原著，他还开始学习挪威文。

两年前，73岁高龄的恩格斯赴欧洲大陆，作了生平最后一次巡回旅行，并沿途发表演讲。他在第二国际苏黎世代表大会上的讲话，赢得了经久不息的掌声。随后，他取道慕尼黑和萨尔茨堡赴维也纳，再从维也纳经布拉格和卡尔斯巴德到柏林，所到之处，无不受到热烈欢迎。

列斯纳不止一次地听恩格斯谈起过这次旅行。恩格斯说他非常感动，为欧洲工人运动的蓬勃开展而深感欣慰。他称这次德国、瑞士和奥匈帝国之行，是一次"思想的胜利进军"，并为马克思未能看到这种情景而深深惋惜。

半个世纪的交往，列斯纳对恩格斯知之甚深。可万万没有想到，两个多月前，乐观豁达的恩格斯前往伊斯特本疗养，竟成了他在人世间的最后一段旅程。

恩格斯在伊斯特本待了将近两个月，病情未见好转，便于7月24日返回伦敦。爱琳娜对他的病况十分不安，连忙写信告诉列斯纳。列斯纳为了不打扰恩格斯，决定暂时不去看望，以免他见了自己激动，受刺激。没成想，这却使列斯纳失去了在伦敦最后一次同他深深敬仰的老战友晤面的机会。

记得是8月5日傍晚，列斯纳接到伯恩施坦的通知，说恩格斯的病势已经非常严重，他如果想和我们这位伟大的朋友再见一面，就必须赶快去。列斯纳决定第二天一早就去探望恩格斯。可他还是没有想到，死亡对于生命力极其旺盛的恩格斯会来得这样快：清晨第一班邮差送来了恩格斯秘书路易莎的快信，恩格斯于8月5日午夜11至12点之间逝世。列斯纳震惊不已，他立即赶到恩格斯寓所，只见恩格斯僵卧在床上……

一阵压抑的抽泣声，打断了列斯纳的回忆。小船已经驶离海岸好几百米，上船以来一直默默流泪的爱琳娜，再也忍不住心中的悲痛了。

父亲马克思去世的时候，28岁的爱琳娜正与现在的丈夫艾威林热恋。遽然而至的悲痛，把她打蒙了。父亲去世的两个月前，她才刚失去心爱的大姐燕妮。要不是亲如慈父的恩格斯百般安慰和解劝，爱琳娜简直无法想象自己怎样才能熬过那段艰难的日子。

恩格斯同马克思的友谊是举世无双的。用威廉·李卜克内西的话说，他是马克思的"第二个自我"。恩格斯还把对马克思的友情扩展到马克思全家，马克思的女儿就是他的女儿。爱琳娜自己、大姐燕妮、二姐劳拉都把恩格斯当作第二个父亲。马克思逝世后，恩格斯更是成了孩子们在世的唯一父亲。他从政治上帮助和保护她们，经济上支持她们，生活上关心她们，非常认真地担负起父亲的职责，尽量使孩子们过得称心，过得舒适。

恩格斯与马克思、燕妮、劳拉、爱琳娜在一起

无数的感人场面，在爱琳娜脑海中切换。往事历历，静静地从心底滑过——

那场和二姐劳拉的小误会已经过去12年了，现在想来仍让人感怀不已。马克思去世不久，爱琳娜为了能让父亲的大量手稿早日面世，多次去同恩格斯商议。她告诉恩格斯，马克思临终前曾亲口对她讲，希望由她协助恩格斯整理自己的全部文稿，并尽可能地把其中重要的篇章，如《资本论》第二卷和一些数学手稿，公开发表。恩格斯自然感到责无旁贷，他在1883年5月3日第19号《社会民主党人报》上发表了《卡尔·马克思的逝世》一文，以这样一句话作为文章的

结束语："他亲口指定他的幼女爱琳娜和我为他在著作方面的遗嘱执行人。"

劳拉看了恩格斯的文章很不解：为什么父亲会指定年仅28岁的妹妹作为遗著处理人，而不叫自己（当时劳拉已经38岁）来完成这项工作呢？马克思逝世时，劳拉不在跟前，她很想知道父亲临终嘱咐的详情。劳拉写信向恩格斯询问，父亲是否真的亲口这样交代过。恩格斯当时正处在马克思逝世后的千头万绪之中，劳拉的信没有引起他的重视，他没有及时回复。

大约半个月后，劳拉再次写信给恩格斯，明显表露出不满的情绪。她说，自己曾经陪父亲在斐维住过一段时间，父亲亲口对她说，要把编写一部第一国际的历史所需的一切文件和材料都给她，并要她着手翻译《资本论》。后来，父亲又邀她一同住到文特诺尔去，以便亲自指导她工作。她不相信父亲在交办遗著处理问题时会把自己排除在外。父亲一生酷爱平等，对自己的女儿，他不可能厚此薄彼，何况大姐燕妮去世后，自己就是长女了。

对劳拉的误解，恩格斯深感不安。马克思不在了，自己就是理所当然的父亲。调解好姐妹俩的关系，整理好马克思的遗著，以便"以应有的方式使摩尔永世长存"，这是自己义不容辞的责任。他不敢怠慢，向劳拉作了详细解释——

马克思逝世时住在伦敦，后事自然就得在伦敦办理。而根据英国法律，只有同死者生前住在一起的直系亲属才能成为死者的法定代理人。符合这个条件的只有爱琳娜，只要她不放弃这项权利，也不提出其他人（同样必须居住在英国）代理，就只能由她来处理。如果劳拉当时也住在伦敦，马克思肯定会叫他们三人一同来处理自己的遗著的。事实上，爱琳娜也时时处处在避免承担独立做主的责任，很多事情都要恩格斯拿主意。当然，即便是这样，如果劳拉现在愿意来伦敦，共同商量处理马克思的遗稿，恩格斯和爱琳娜都会非常高兴的。

恩格斯的解释入情入理，劳拉消除了误会，姐妹俩和好如初。这件事情的处理过程，恩格斯没有告诉爱琳娜，他怕又由此生出新的误会。但后来爱琳娜还是知道了，她对恩格斯的由衷感激简直难以言说。在刚刚失去大姐和父亲之后，如果又失去二姐的信任，那将如何是好？虽然母亲一共生了7个孩子，可长大成人的只有她们三姐妹。

"慈父与挚友兼于一身，威严与诙谐统于一体"，这是爱琳娜对恩格斯的印象。爱琳娜由于同恩格斯共同生活的时间较长，得到的爱护和帮助比她两个姐姐都多，她对恩格斯的记忆甚至超过了对自己的亲生父母。

她依稀记得13岁那年春天，二姐劳拉和拉法格在伦敦举行婚礼。大姐燕妮给参加婚礼的每位宾客都提了十几个游戏性的问题，要他们照实回答。专程从曼彻斯特赶来的恩格斯，以其机智和幽默赢得满堂喝彩，成了宴会上最受欢迎的人。

燕妮首先问恩格斯，他喜爱的优点是什么。

48岁的恩格斯不假思索地回答："愉快。"接着又补充道，"这是普遍而言。具体地说，男人的优点贵在莫管闲事，女人的优点莫过于妥善安置物品。"

"那么，您自己的特点是什么？"燕妮紧追不舍。

"凡事一知半解。"恩格斯随口答道，并夸张地耸耸肩。

"您对幸福的理解？"

"喝葡萄酒。"

"您对不幸的理解？"

"找牙科医生。"

客人们发出会心的微笑，周围人越聚越多，气氛渐趋热烈。燕妮接着问道："您能原谅的缺点是什么？"

"各种各样的无节制。"

"不能原谅的缺点呢？"

"伪善。"

"您厌恶的是……"

"矫揉造作、傲慢不逊的女人。"

"您喜欢做的是……"

"捉弄人和被人捉弄。"

提问妙趣横生，回答应对自如，一环扣一环，速度越来越快，兴味越来越浓。时而爆发的笑声，几乎吸引了大厅内所有人的注意力。香槟、笑声和智慧，

# 恩格斯传

酝酿在洋洋的喜气中。

"您喜爱的男英雄是谁？"燕妮继续问道。

"一个也没有。"恩格斯毫不含糊地回答。

"您喜爱的女英雄是谁？"

"太多了，一个也举不出来。"

"您喜爱的格言？"

"一无所有。"

"您喜爱的箴言？"

"从容不迫。"

问答继续着，机智继续着，幽默继续着……

游戏，通常是人生的另一种表达。一个人的修养、品性和志向，都可以在游戏中展露出来，而其中的玩笑和幽默，更能折射出一个人的学识与智慧。恩格斯正是以他特有的魅力和风范，以他卓越的智慧和爱心，谱写出了丰富多彩的生命旅程。

爱琳娜清楚地记得，父亲特别欣赏和推崇恩格斯的幽默感和思辨才能。他有时读着恩格斯的来信，笑得眼泪都流了出来，有时则拿着恩格斯的信自言自语，或争辩，或赞同，好像写信的人就站在面前似的。看父亲读恩格斯的来信，竟成了爱琳娜童年时代最初的记忆之一。

在爱琳娜的印象中，恩格斯总是乐观的，朝气蓬勃的。他的外表和举止总是要比实际年龄年轻，内心则更年轻了。到了晚年，尤其如此。爱琳娜一直认为，与同代人相比，恩格斯始终是她所认识的人当中最年轻的一个。

有人把恩格斯描绘成一个尖酸刻薄的批评家，描绘成专制君主、独裁者，这根本不符合实际情况。爱琳娜固执地认为，再没有一个人像恩格斯那样对别人温柔，再没有一个人像恩格斯那样乐于助人。特别是对年轻人，他充满了慈爱。

唯一不能得到恩格斯宽恕的，是虚假。他认为，不诚实是一个人最不可饶恕的罪恶。恩格斯干工作一丝不苟，责任感极强，但丝毫没有清教徒那种拘谨。他通情达理，善解人意，对别人的种种缺点，只要不是伪善，都能痛快地给予原谅。

大家把恩格斯亲切地称作"将军"。那是在1870年普法战争期间,恩格斯当时在曼彻斯特开工厂。他凭着非凡的军事洞察力,给报纸写了一系列出色的军事通讯和评论,准确地预测了德国人将在色当战役中对法国人取得决定性胜利。"将军"这个绰号从此便在友人中叫开了。他的学生和晚辈们叫得更欢,二姐劳拉说他简直就是总参谋部。

事实上,恩格斯身高6英尺,随时保持挺拔的军人风度,果敢的举止和轻快的步伐倒也颇和这个绰号相称。他自己也常常这么自称,在给劳拉的信中每每落款"爱你的将军""爱你的冒牌将军""永远是你的将军"等等。

直到生命的最后时刻,恩格斯的风趣仍不减当年。

就在恩格斯去世前一个多月,他感到自己的病情不断恶化,很希望多看到一些亲人。劳拉、爱琳娜、艾威林,还有大姐燕妮的孩子们,都陆续来到伊斯特本。只有二姐夫拉法格每次都说要来,就是一直不见人影。恩格斯便同爱琳娜、艾威林、劳拉联名写了一封短信,责备"言而无信"的拉法格:

> 如果山不到穆罕默德那里去,穆罕默德就到山那里去。如果保尔(注:保尔·拉法格)不愿意到伊斯特本来,伊斯特本就到他那里去。所以说,穆罕默德没有能够实现的,保尔在转瞬之间就能实现。特此证明。

通常,和一个人关系太亲近了,交往容易变得琐碎,反而不容易产生敬意。可对爱琳娜来说,这位她一出世就认识的朋友、导师和父亲,在日常的繁杂和琐碎中展现出来的睿智和慈爱,就足以构筑起一座不朽的丰碑。

那锐利而慈祥的目光仿佛还在眼前,那富有感染力的爽朗的笑声犹在耳际。可是,无情的阴阳相隔,正把这一切积淀成永恒的回忆。

怀里的骨灰罐很轻,却又分外沉重……

艾威林明显感觉到了爱琳娜双肩的抽动,但他没有说话,只是紧了紧自己的手臂,让妻子更紧地靠住自己的肩头。作为伦敦瑞琴特公园路122号的常客,艾威林也是深得恩格斯关心和帮助的。他同其他各国社会主义者一样,把恩格斯这个晚年住处当作了自己的麦加。

每个星期天,是瑞琴特公园路122号聚会的日子。那些难忘的周日聚会,已成为艾威林最深刻的记忆,成为他取之不尽、用之不竭的精神财富,珍藏在脑海里。

伦敦瑞琴特公园路122号,恩格斯晚年住处

聚会的话题主要是关于政治和党务。恩格斯是一个学识广博、饶有风趣的健谈者,他可以用多种语言与来自不同国度的客人交谈。过人的智慧、豪爽的性格被完美地结合起来,人们从恩格斯精辟的分析和幽默的言谈中学到了很多很多。朋友们常说,凡是恩格斯接触过的东西,都被他的光芒照亮了。

当然，除了严肃的话题，聚会中也不乏风趣轻松的谈话和游戏，伴随着由衷的欢笑。有时候，只是几个至爱亲朋相聚，恩格斯便会邀大家打牌，小赌怡情，一打筹码的输赢合半个便士。畅饮烈性啤酒、猛抽雪茄烟，也是恩格斯的喜爱，他把这视为人生乐事。如果由于身体原因，自己不能再喝、再抽时，他就津津有味地看着别人喝、别人抽，并认为这是人生又一大乐事。

星期日聚会（素描）（袁广 作）

艾威林发现，他常常为恩格斯的这种"忘我精神"所感动，并从中受到某种自由主义的教育，或者更确切地说，是受到一种社会主义的教育。

德国选举日晚上，是雷打不动的聚会。恩格斯要为此买来大桶德国特制啤酒，准备丰盛的晚餐，邀请最好的朋友，静候选举结果。深夜，电报会从德国四面八方飞来，恩格斯便一封封拆开，向大家高声朗读，并言简意赅地作出分析。

如果是胜利的消息，大家就干一杯；

如果是失败的消息，大家也干一杯。

艾威林深切地感受到，恩格斯有着强烈的爱，也有着强烈的恨。他处事严谨，爱憎分明，在政治关系和社会关系上表现出一种难以形容的可信、实在和一丝不苟。

想起1887年初发生的那场"假账单"风波，艾威林感触尤深。要不是恩格斯亲自出面，向各地发了十几封信为他辩护，他和爱琳娜的声誉不知要遭到多么严重的损害。

事情的经过是这样的——

1886年9月，艾威林夫妇同李卜克内西一起，应邀赴美国进行宣传旅行，为德国社会民主党募集选举基金。旅行时间为四个月。按事先约定，李卜克内西和艾威林的全部费用由北美社会主义工人党执行委员会承担，爱琳娜只报销旅费，生活费及其他费用自理。

恩格斯得知这个安排后，很为艾威林夫妇担心。他认为，在工人运动最初的秘密阶段，即工人还受着传统偏见影响的阶段，出身于资产阶级或受过较高教育的人参加了运动，并不慎同工人发生了金钱关系，他是会吃苦头的。那很容易引发关于现金账目方面的争吵，而且马上就会被夸大为试图剥削。要是这个"资产者"在理论问题或策略问题上的观点与大多数人甚至少数人不一致的话，就更是如此。这种缺点在德国人中表现得尤其明显。尽管在德国本土，由于运动的开展，已不再可能发生类似事情，但在国外的德国人中间还没有完全根除这个恶习，而北美社会主义工人党又恰恰是一个主要由德国移民组成的政党。

正是出于这个考虑，恩格斯和马克思一样，无论在哪个国家，都力求避免同党发生任何金钱上的关系。可艾威林和爱琳娜毕竟还年轻，考虑问题不会像老一辈那样周到。如果哪个环节稍有闪失，处理得不好，不但会损害他们自己的声誉，而且还会影响到马克思。好在他们是跟李卜克内西一道去，恩格斯才稍微放心一点。李卜克内西是个富有经验的人，他知道应当怎样对待这样的非难。如果有人试图对他提出任何这类控告，那只会使控告者自己成为德国和整个欧洲的笑料。

可是，这次旅行后来还是闹出了一场不小的风波。

美国之行总的来讲是成功的。李卜克内西和艾威林夫妇就社会主义的理论和历史、欧洲工人运动状况及其他有关问题，在多个城市作了报告和演讲，受到工人们的欢迎，效果很好。

宣传旅行期间，艾威林每个星期向北美社会主义工人党执行委员会寄去一次账单，有的是他和李卜克内西的共同开支，有的是他个人的费用。执行委员会对收到的账单一直没有表示异议，但在旅行即将结束的时候，有人质疑艾威林报了假账。质疑者想当然地认为，艾威林可能并没有把钱装进自己的腰包，但他编造账目想抵补他妻子的开支。

艾威林得知这一情况后，明确表示：“我不能同党争论钱的问题，凡是社会主义工人党全国执行委员会认为正确的，我都准备毫无意见地接受。”

他们离开美国前夕，执行委员会提出一份修改的账单，删除了艾威林所报账目中的几项。根据这份账单，执行委员会还应付给艾威林176美元。艾威林立即表示接受。后来，艾威林因美国之行受到某些人的诽谤，为了证明自己的清白，他拒绝接受这本来名正言顺的176美元，分两次退给了执行委员会。

回国后，艾威林向恩格斯汇报了事情的经过及有关问题的处理情况。恩格斯称赞他做得很对。可是，事情并没有完结。艾威林他们前脚刚走，执行委员会接着就给党的地方组织发了一封通告信，揭露艾威林的"欺骗"行为，并要求各支部在两个月内对这个问题作出决议。随后，执行委员会又在党的宣传读物《纽约人民报》上发表文章，公开提出这一问题。

恩格斯得到消息后非常气愤，也非常着急。他一方面同艾威林反复商量，帮助艾威林写文章，驳斥执行委员会的污蔑，同时亲自向欧美各国工人运动的活动家们广泛去信，澄清对艾威林的错误看法。左尔格、威士涅威茨基夫人、拉法格、考茨基等人都收到了恩格斯为艾威林辩护的信。

恩格斯为此事奔忙了将近四个月，亲自写了13封信，并协助艾威林向北美社会主义工人党各支部寄出大量澄清事实的通告。恩格斯明确指出，马克思逝世了，他有责任为马克思的孩子们主持公道，他要尽自己的一切力量使他们不受欺负。哪怕有50个执行委员和他作对，他也要履行这个职责。

恩格斯在信中强调，他认识艾威林已经四年了，知道他的才能并相信他的为人。艾威林经历过相当艰苦的环境，经受过各种各样的考验。他曾经为了自己的信仰，两次牺牲自己的社会地位和经济地位。不然的话，他也许会成为英国某所大学的教授和著名的生理学家，而不会像今天这样，当一个收入极其没有保障、

# 恩格斯传

工作负担很重的新闻工作者。现在纽约有些人，凭一些毫无根据的流言蜚语来给他下评语，显然是站不住脚的。至于控告还涉及爱琳娜，至少在恩格斯看来，这样的控告是完全荒谬的。爱琳娜是他看着长大的，而最近17年来，她更是经常在自己身边，恩格斯对她的情况了如指掌。恩格斯指出，说马克思的女儿欺骗工人阶级，简直是笑话！

在恩格斯和艾威林的共同努力下，真相终于大白。北美社会主义工人党许多支部都给艾威林写信，对他表示同情、信任和支持，有的还寄来了否定执行委员会通告信的支部决议。在这种情况下，执行委员会发出第二封通告信，措辞大为缓和，并承认了一些对艾威林极其有利的事实。接着，北美社会主义工人党监察委员会致信艾威林夫妇，希望这件事情就此了结。

可是，个别支部态度仍很强硬，并对支持艾威林的党员进行了组织处理。威士涅威茨基夫妇当初也听信流言，认为艾威林在美国的行为"简直是个骗子"，并致信恩格斯，要求恩格斯尽一切力量，把这个"骗子"从党的报刊中赶出去。后来，夫妇俩弄清了事实真相，完全站到艾威林一边，并在他们所在的纽约支部里尽力为艾威林主持公道。结果，纽约支部把威士涅威茨基夫妇双双开除，并得到了执行委员会的批准。

得知这一情况后，恩格斯非常气愤。他说，这样的执行委员会要是在德国早就给罢免了。这些人大概以为自己可以为所欲为，党也会跟着他们去赴汤蹈火。这伙看来越来越浑的德国人，要求美国人听从他们的摆布，简直是天方夜谭。果真如此，这样的党也就算不得政党了，至多只能是一个小小的宗派。

恩格斯在整个事件中表现出来的大义凛然、乐于助人、疾恶如仇和不达目的誓不罢休的精神，给艾威林留下了极为深刻的印象。他常常在满怀崇敬中想起李卜克内西赠给恩格斯的雅号——欧洲第一号粗暴汉。

恩格斯这种大无畏的精神，在四年后艾威林再次遇到类似麻烦时，又一次得到充分展现。

1891年8月，第二国际在布鲁塞尔召开代表大会。其间，德国新闻工作者吉勒斯，在英国社会民主联盟领导人海德门的指使下，对艾威林发起了一次诽谤性的攻击。他在出席大会的德国代表中散布谣言，说艾威林为了同爱琳娜结婚，抛弃了原配妻子和三个孩子，使他们陷入极端窘困的境地；他岳父很气愤，要砸烂他的脑袋。吉勒斯还把他编造的这一套塞给资产阶级报纸。唯恐找不到诬蔑社会主义者的资产阶级报刊，自然不放过这一难得的机会，对此事进行了大肆渲染，借以败坏社会主义运动的声誉。

艾威林不便于在大会期间采取任何反击措施，他怕比利时警察当局以此为借口破坏代表大会。回到伦敦后，艾威林立即向恩格斯讲述了事情的经过，并分析了事件的恶劣影响。他表示，要当面质问吉勒斯，并揍他一顿。

恩格斯当即表示支持："对，就应该这么办。"

恩格斯很清楚，艾威林根本不存在抛弃原配妻子和孩子的问题。相反，是他的前妻跟一个牧师私奔而离开了他。他和前妻并没有生孩子。在同爱琳娜正式结婚前，艾威林同妻子已经办好了离婚手续。而艾威林同爱琳娜结婚时，马克思早已去世。可见，谣言是极其荒诞不经的。况且，艾威林在同前妻离婚时，还十分大度地把一笔每年可以得到500多英镑收入的财产让给了前妻，所以她的所谓"窘困"也是无从谈起的。

得到恩格斯的支持，艾威林同路易莎一道去吉勒斯家里，义正辞严地驳斥了他的无赖行径，并狠狠地打了他两记耳光。随后，艾威林写了一份声明，揭露吉勒斯的造谣和诽谤，并正大光明地把自己对他的反击公之于众。

声明在德国社会民主党中央机关报《前进报》上发表后，引起较大反响。吉勒斯为了挽回面子，也在德国的报纸上发表了一份反声明，说他也打了艾威林。

艾威林认为这有损他的声誉，便请路易莎作证，以两人的名义又写了一份澄清事实真相的声明。可这次《前进报》却没有刊登，编辑部认为党报不应再在这种事上纠缠，以免引起人们的误会。

恩格斯对此大为不满，立即去信批评《前进报》编辑部剥夺了自己朋友讲话的机会，并指出编辑部的种种疑虑纯属多余。他一针见血地指出，这是海德门策划的反对第二国际路线的一场阴谋，马克思主义者应当充分利用这一事件来揭露海德门。

# 恩格斯传

看来，只要一有需要，老"将军"就会亲自披挂上阵。

艾威林深切地体会到，恩格斯无疑是世界上最愿意帮助别人的人。他那大无畏的精神和乐观主义，具有很强的感染力。只要他一出场，人心就会振奋。恩格斯的逝世，对经常从他那里获得教诲和帮助的人来说，是难以补偿的损失。由于他的逝世而形成的空白，人们很快就会感受到。而爱琳娜、艾威林这些和他最亲近的人，现在就已经感受到了这种空白。

一个浪头打来，小船左右晃动，艄公连忙扳舵。

艾威林从回忆中惊醒，更紧地搂着怀抱骨灰罐的爱琳娜，并提醒坐在对面的列斯纳老人当心。

小船继续向深海驶去。伯恩施坦在小船离岸不久，就起身站到船头，若有所思地抽着雪茄。此时，他正扶住船舷边一根竖立的木杆，顺着船身的晃动调整了一下站姿，稳住身子，继续遥望大海深处。

爱德华·伯恩施坦（1850—1932）

在伯恩施坦看来，伊斯特本这个风平浪静的早晨，无疑是一个孕育风暴的日子。敏感的他已经意识到，欧洲社会主义运动正面临许多新情况、新问题，需要富有现实责任感的社会主义者去研究和回答。可是，在这世纪交替之际、时代更替之秋，导师却已溘然长逝，如何叫他不心潮起伏、百结萦怀。

对伯恩施坦来说，同恩格斯20多年的交往，在他的人生旅途中是至为关键的。而立之年能与这位百年难逢的智者相识，是伯恩施坦的幸运。随着友谊的加深和思想的碰撞，伯恩施坦不断地从恩格斯那里吸取精神养料。同时，他也以自己的智慧和才华，丰富着恩格斯的某些思考。

不过，两人最初打交道却不是从愉快开始的。

那是 1880 年 11 月底,伯恩施坦同倍倍尔一道,去伦敦拜访马克思和恩格斯。当时,"苏黎世三人团"事件已闹得沸沸扬扬,马克思、恩格斯对伯恩施坦等三人联名发表《德国社会主义运动的回顾》一文极为恼火,亲自起草通告,就其中的机会主义观点提出严厉批评。

伯恩施坦心里不服,认为马克思和恩格斯的批评有误会,自己并不是一个自命不凡的书斋社会主义者,而是全心全意投身于实际运动的人,在原则的坚定性方面也比当时德国党的许多领导人要强,只是方法更加灵活些而已。

这次伦敦之行,主要目的就是希望得到德国社会民主党这两位精神之父的谅解。

伯恩施坦是年 30 岁,恩格斯的年龄正好比他大一倍,刚刚过完 60 岁生日。伯恩施坦知道恩格斯性格豪放、爱憎分明,对这次拜谒,自己心中很有些忐忑。

为了心理上有个充分的准备,伯恩施坦和倍倍尔到伦敦后没有直接去拜访恩格斯。他们先在一个小客店住下,第二天早晨才动身去瑞琴特公园路 122 号。

伯恩施坦原本打算送倍倍尔到恩格斯住处后,自己先回去,等恩格斯给他发出正式邀请后再来。倍倍尔这次来是恩格斯邀请的,而伯恩施坦没有得到邀请,他不想冒昧行事。

可是,正当伯恩施坦和倍倍尔在楼门前告别时,恩格斯从楼里出来了,他不由分说地把两人一块儿拉上楼去。

到了楼上,谈话很快就涉及政治问题。恩格斯热情奔放,他那莱茵人天生的乐观态度,使得谈话气氛很宽松,也很热烈。伯恩施坦深受鼓舞,一切不快仿佛都已化解。

"喝吧,年轻人。"在热烈的讨论中,恩格斯总是不忘给伯恩施坦的杯子里斟满家里常备的波尔多葡萄酒。

伯恩施坦没想到,60 岁的老人竟有如此旺盛的精力。

讨论大概过了一个多小时,恩格斯突然说:"现在该上马克思那儿去了。"

大家穿上外套,随恩格斯下楼。

伯恩施坦没有做好拜访马克思的思想准备,打算告辞。恩格斯却爽朗地喊道:"别走,别走,跟我们一块儿到摩尔那儿去。"

"到摩尔那儿去?摩尔是谁呀?"伯恩施坦大感不解。

"就是马克思。"恩格斯一副满不在乎的口气,好像天下人都应该知道摩尔就是马克思似的。

其实,摩尔是马克思的孩子们给父亲起的绰号。当时欧洲人习惯管黑皮肤的人叫"摩尔",因为"摩尔"一词的希腊文原意是"黝黑的"。马克思脸色黝黑,长着满头蓬松的黑发和满腮乌黑的胡子,孩子们就亲昵地给父亲取了这么一个绰号。

穿过长长的伦敦街道时,身材瘦高的恩格斯健步如飞,比同行中最年轻的人走得还要快。伯恩施坦想,自己虽然只有30岁,但要和恩格斯比走路,恐怕不是轻易可以获胜的。不过,后来他才知道,若是和恩格斯比喝酒,自己就更不是对手了。

伯恩施坦在伦敦逗留了一个星期,他认为此行的使命已经圆满完成。其间有很多细节,迄今想来仍恍若昨日。

记得有一次,他略带愧色地跟恩格斯讲,自己已经30岁了,但还没有写过一本书。恩格斯竟然表现出异乎寻常的高兴,他大声喊道:"什么,您还没有写过书?这可太好了!"接着,他便激烈地谴责当时德国有些所谓的理论家,年纪轻轻,还没有学到任何正经的东西,就什么书都写。

伯恩施坦本想立即反驳他:一个人要是真有出息的话,24岁就可以写出一本像《英国工人阶级状况》那样划时代的书来了,但他终于忍住没有说。

四年后,伯恩施坦应恩格斯之邀,第二次来到伦敦,就住在恩格斯家里。这时候,恩格斯对伯恩施坦已相当信任,他请伯恩施坦来是教他辨认马克思的手迹,以帮助自己整理马克思的遗稿。

几乎每天晚上,恩格斯都要选择一部分手稿,逐字逐句地念给伯恩施坦听,然后再同他一起分析马克思手书的特点。伯恩施坦记得,有几本马克思关于美国学者路易斯·摩尔根《古代社会》的摘录和札记,是恩格斯每晚必拿出来的。恩格斯说,这些札记比较典型地反映了马克思手书的几种风格。

他俩一般都工作到深夜,第二天早上便起来得比较晚。吃过早饭,看点报纸,处理来往信件,接着头天晚上的活继续干。午饭通常很简单,饭后一起散步,翻越樱草丘,穿过瑞琴特公园,然后又回到家里干活。7点钟享用正餐,喝点波尔多葡萄酒,伴随着愉快的谈话。晚饭后恩格斯先小睡一会儿,醒来之后,又坐在壁炉旁给伯恩施坦讲述马克思的著作,或者念手稿。

这种生活日复一日,伯恩施坦觉得从中学到了很多很多,两人的友谊也不知不觉地加深了。

自此以后,伯恩施坦同恩格斯的接触更加频繁,也更加深入。他越来越清晰地看到,恩格斯不仅思想非常民主,待人接物也平等亲切。这从他生活方式的某些细节就可以看出来。恩格斯出身于讲究资产阶级礼仪的家庭,却和工人的女儿结为伴侣。他结交朋友也不分阶级,一个人只要积极投身于社会主义运动,富有才华,不管他出身于哪个阶级,都必定能成为恩格斯的好朋友。一个社会主义者,并非必须是马克思主义者,有时候甚至非社会民主党人,也会受到恩格斯热情的接待。

伯恩施坦正是从这一点上感受到,这位马克思主义学派的奠基人,并没有多少学究气。事实上,伯恩施坦后来的思想发展,受这一点的影响确实非常大。

当时有一位德国流亡者,名叫鲁道夫·迈耶尔,原是《柏林评论》的保守派编辑,在伦敦逗留期间竟经常成为恩格斯家中的座上客。恩格斯之所以接纳他,是因为他在政治经济学方面有特长,而且是受到俾斯麦政府迫害才流亡海外的。

一个圣诞节的晚上,迈耶尔在恩格斯家里喝得痛快之极。他知道自己的身份,一遍又一遍地用有些发硬的舌头喊道:"不,人家会对我说,你这个普鲁士保守派,有一天在伦敦这个地方,'醉倒'在革命的共产党人身边。"

看着迈耶尔那副滑稽的样子,恩格斯在一旁含笑不语。

伯恩施坦由衷地感叹,只要在恩格斯家里,谁都会遇到这种事情,谁都会这样忘我。

恩格斯的魅力,是思想的魅力、人格的魅力。

在恩格斯的果敢、乐观和豁达面前，伯恩施坦每每为自己的优柔寡断、郁郁寡欢而汗颜。

他清楚地记得10年前恩格斯给他写的那封信：

> 看来，我还得再给你写几句。不然的话，我想你会过于忧郁。你和考茨基两人，大概都在互相助长沮丧的情绪，真可以凑成一部完整的声调忧郁的协奏曲。完全和瓦格纳的小号一样，什么时候发生某种不幸的事，它就在什么时候加进来。每当听到坏消息的时候，你们总是忘记那句旧谚语：鬼并不像描绘的那样可怕。

伯恩施坦心里很清楚，自己在这方面确实同恩格斯不完全一致。他也不是不想改，但不知道是性格上有差异，还是思维方式相左，总是改不了。

比如对费边社，伯恩施坦和恩格斯的看法就很不相同。恩格斯说费边社是资产阶级知识分子组织，伯恩施坦不以为然。在内心深处，伯恩施坦是同情上层阶级的"高级政治"的，因而对改良主义情有独钟。

恩格斯对此并没有过多计较，只是时不时地戏称他是"世界上最不可救药的哈姆雷特"。

现在，恩格斯已经长眠。鼓励听不到了，批评也听不到了，可前面的路还有很长很长……

"是时候了，孩子。"列斯纳轻轻地对爱琳娜说，苍老的声音格外凝重。他凝视着爱琳娜怀里的骨灰罐，心中默默念道："亲爱的弗雷德，你放心地上路吧。"

伯恩施坦缓缓抱过骨灰罐，紧了紧双手，低声吟哦着但丁的诗句："我将到处追随你那勇士般的灵魂……"

艾威林小心翼翼地接过骨灰罐，交回爱琳娜。

爱琳娜走到船舷边，苍白的面颊紧贴骨灰罐，泪流满面。

时间仿佛停止——

终于,爱琳娜弯下腰,手慢慢松开,嗓音嘶哑地说:"别了,将军!"

骨灰罐静静地没入海水之中,冒出三三两两的水泡。

大海不再咆哮,海浪被悲伤凝固。

葬礼结束了。短短5海里的航行,把无数思绪浓缩成海天之间一份恒远的崇敬。7年后,列斯纳回忆道:"这次航行给我引起的感触,绝不是言语所能形容的。"

这次航行,对葬礼的主人来说,是给灿烂人生注上最后一个富有寓意的坐标。沧海有容而成博大,高山无欲而筑巍峨。75年的生命航程,充满跋涉的艰辛、奋斗的快乐和事业的辉煌,而最终以一种平淡归于永恒。

航程的起点,在那遥远的伍珀河谷。

投葬恩格斯骨灰罐的伊斯特本海滨

第一章

# 伍珀河谷

从地图上看，在莱茵河的众多支流中，伍珀河很不起眼。它在杜塞尔多夫和科隆之间注入莱茵河，两河交汇处并没有形成城镇。这大概是因为不远处就是赫赫有名的伍珀塔尔，而杜塞尔多夫和科隆也是莱茵河上久负盛名的港口城市。

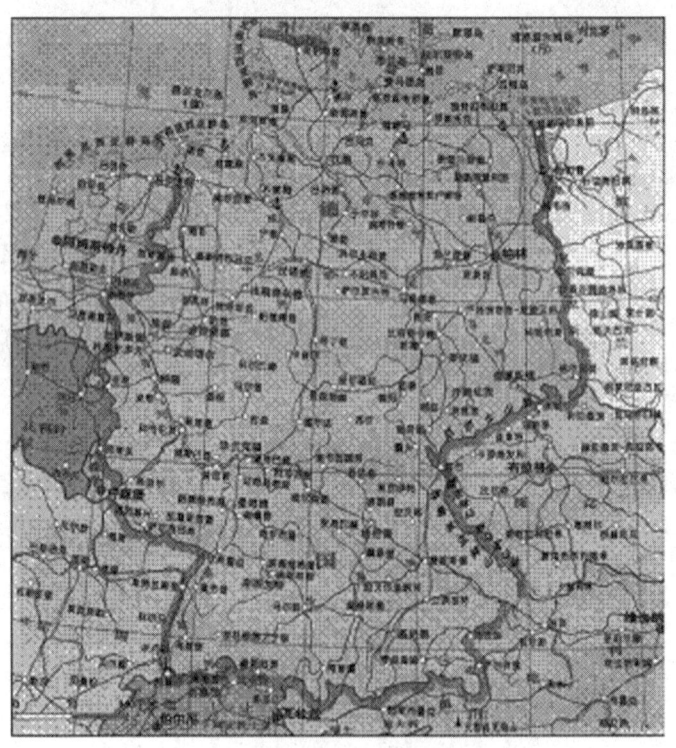

莱茵地区的伍珀河谷是德国近代纺织工业中心

伍珀塔尔本身是一个新城市，1929年才由巴门、爱北斐特等伍珀河谷诸镇合并而成。"塔尔"，在德文中就是"河谷"的意思。组成伍珀塔尔的各个城镇，历史非常久远。特别是巴门和爱北斐特,早在 11 世纪就有文献记载,16 世纪初共同垄断了贝尔吉施州的纱线漂白业。1815 年维也纳会议后,整个伍珀河谷被并入普鲁士莱茵省,成为莱茵地区资本主义纺织工业的一个重要中心。

机器的喧嚣和弥漫的烟雾,狭窄的河道里时而泛起经染坊过滤的红色波浪,肮脏的街道上拥挤着破产农民和手工业者,成为 19 世纪上半叶伍珀河谷的世俗风景。

1820 年 11 月 28 日,伍珀塔尔的"伟大儿子"弗里德里希·恩格斯,就诞生在这片躁动的土地上。

## 巴黎离伍珀河谷太近了

伍珀河谷的自然风光历来是引人入胜的:并不太高的山峦,有的倾斜作态,有的峭然壁立,披着翠绿的外衣,嵌入碧绿的草地;天气晴朗的时候,蔚蓝的天空映在伍珀河里,它那鲜红的染料颜色便淡了许多,甚至完全消失……

19 世纪 30 年代末期,爱北斐特有一个由博物馆改建而成的赌场。这是一座建筑风格独特的灰色大厦,大厦的圆柱柱基坚固,没有柱脚柱头等多余的东西,粗粗的石柱直挺挺矗立,顶端再戴上拱形圆顶,气势雄浑古朴。

大厦的入口处铺着一张褐色的巴伐利亚熊皮,门旁的角落里站着一名身穿盔甲的莱茵骑士。穿过不太长的门廊进入大厅,大厅里人声嘈杂,一堆一堆的人在那里慢吞吞地喝着用大杯子盛的啤酒。中厅的一张大桌旁围坐着六七个绅士模样的人,他们正激烈地争论着什么,场面显得特别喧闹。一位戴金丝边夹鼻眼镜、穿笔挺高领衣服的先生正在侃侃而谈:

的确,巴黎这个浪荡城市离伍珀河谷太近了。那里一放枪,这里就可以听到扣扳机的声音。

尊敬的先生们，在这危险的处境下，普鲁士国王的马刀根本无助于我们爱北斐特。柏林本身也非常需要马刀，那里的青年比我们这里更无节制。

一个月前，我在柏林看到了多么可怕的场面：一群大学生竟然向皇家教授谢林吹口哨，一批士兵在参加工人的集会，诗人们被马拉的演说所陶醉，一些穷人要求的居然不是面包，而是自由！

在这一片混乱之中，我遇见一大批失去理智的有才华的人，他们在"青年德意志"的招牌下联合起来，正在把普鲁士的首府变成无政府主义的心脏。

这位慷慨陈词的先生叫汉契克，哲学博士，皇家教授，时任爱北斐特中学代理校长。这所中学是当时全普鲁士最好的学校之一。汉契克博士作为伍珀河谷的博学之士，显然已经清楚地意识到，尽管巴门教堂的钟声仍日复一日地在伍珀河谷上空回响，爱北斐特染坊的纺纱机还周而复始地重复着同一个节律，可革命的浪潮正冲刷着整个欧洲，汹涌澎湃。

1815年的维也纳秩序，并没有能够熄灭拿破仑战争点燃的革命火种。神圣同盟信心十足掘出的墓坑，很快便被时代的巨轮碾平。亚历山大一世、威廉三世、路易十八这几个自认为世界上最强大的君主万万没有想到，拿破仑的士兵们，这些穿上军装的爱好和平的法国农民，不仅一度在军事上占领了几乎整个欧洲，而且创下了更伟大的业绩：随着远征的风尘和战斗的荣光，他们也给欧洲各国人民送来了爱好自由的思想。在复辟的年代里，这种思想成了欧洲复兴的灵魂。复辟王朝一遇到自由思想的锋芒，就感到自己无能为力了，未来毕竟不属于他们。

尽管神圣同盟磨刀霍霍，张牙舞爪，可欧洲已经跨过了封建的樊篱，不可能再向后退了。伏尔泰的声音，卢梭的著作，以及断头台上法国国王的哀鸣，已经洗亮了人们的眼睛，锻造了人民的灵魂。硬要给19世纪穿上中世纪的锈盔烂甲，哪怕再有10个梅特涅这样"能干"的帝国首相，也是徒劳的。

在《马赛曲》的雄壮歌声中，德国诞生了黑格尔的辩证法，这是天才的创造,是"革命的代数学";法国出版了圣西门、傅立叶的社会主义著作,虽然他们的理论还有很多空想的成分,但社会主义理想的根须已经牢牢扎进了丰润的土壤;英国工厂主欧文,则身体力行地进行了大量否定旧经济秩序的试验。

与此同时,诗人海涅在柏林像欢庆胜利一样赞颂革命思想,作曲家柏辽兹和画家德拉克洛瓦在巴黎公开表示对革命思想的同情,科学家达尔文在伦敦深沉地思考革命进化论,作家赫尔岑在彼得堡辛勤地创作革命檄文……

一大批天才人物在革命的洪流中迈出了坚实的步伐,知识成为革命的进攻武器。在同知识进行的这场斗争中,敌人是软弱无力的。无论是书报检查机关严厉的检查措施,还是才华横溢的谢林为专制王朝所作的捉襟见肘的哲学辩护,都无法挽回他们失败的定局。实行恐怖的武器马刀不管有多么锋利,在同知识这把巧剑的搏斗中,都只能甘拜下风。

除了智慧的革命以外,也许更有力量的还是生产力的革命。瓦特的发明彻底改变了旧的经济秩序,蒸汽机尽管还很粗糙简陋,但它永远埋葬了封建贵族的幻想。现代大工业逐步取代工场手工业,并建立了由于美洲的被发现所准备好的世界市场。世界市场使商业、航海业和陆路交通得到了巨大发展,这种发展又反过来促进了工业的扩展。

冷冰冰的现代化车床的每一次转动,要比拿破仑的任何一个炮兵团队更有助于革命的进步。随着工厂的烟囱在一个又一个城区冒出滚滚浓烟,资本的无限权力受到顶礼膜拜,进步的铁扫帚眼看要把封建地租和贵族特权一扫而光。

新的经济政治秩序就这样顶开层层硬甲,破土而出。经济学家亚当·斯密和大卫·李嘉图,以其严密的科学论证,给新秩序颁发了理论上的"出生证"。

思想的革命和经济的革命已然星火燎原,政治的革命也已经势不可挡。1830年的巴黎七月革命只是一场预演,紧接着是1831年和1834年的里昂工人起义,1836年开始的长达12年的英国宪章运动,以及1844年的西里西亚纺织工人起义,最后汇集成1848年席卷整个欧洲大陆的滚滚革命洪流……

革命的浪潮同样撼动着伍珀河谷。正如汉契克博士所说,伍珀河谷离"浪荡"的巴黎实在太近了。旧秩序被撕裂蜕变的喘息声和新生命脱颖而出的阵痛,它都能真切地感受到。

与英、法等国相比，德国的资本主义工商业总体上是相当落后的。普鲁士王朝统辖的大多是农业地区，只有莱茵省是一个例外。莱茵省一度作为拿破仑的战利品，接受了法国经济关系的改造。在这里，封建秩序和封建赋税已被废除，教会和贵族的特权不复存在，资本主义工商业获得了较为自由的发展空间，一批新兴工业中心正在崛起。

巴门和爱北斐特，是1815年新加入莱茵省的。伍珀河谷的这两个著名城镇，是当时欧洲大陆资本主义纺织业最为发达的地区，有"德国的曼彻斯特"之称。

1840年左右的爱北斐特

资本主义工商业的发展，素来是与冷酷和灾难并行的。机器大工业摧毁了一切封建的、宗法的田园诗，摧毁了以手工劳动为基础的手工工场和家庭作坊。

它无情地斩断了把人们束缚于天然尊长的形形色色的封建羁绊，它使人和人之间除了赤裸裸的利害关系，除了冷酷无情的"现金交易"，就再也没有任何别的联系了。它把宗教虔诚、骑士热忱、小市民伤感这些情感的神圣发作，淹没在利己主义打算的冰水之中。它把人的尊严变成了交换价值，用一种没有良心的贸易自由代替了无数特许的和自力挣得的自由。总而言之，它用公开的、无耻的、直接的、露骨的剥削代替了由宗教幻想和政治幻想掩盖着的剥削。

## 第一章 伍珀河谷

伍珀河谷大批的农民和手工业者被迫涌上街头，走进肮脏的工厂，接受资本主义的剥削。企业主为了同占优势的英法同行竞争，对雇佣工人进行着极其残酷的剥削。工人的工资低微，劳动条件极为恶劣。他们被迫在低矮的厂房和混浊的空气里劳动，几乎没有任何劳动保护，大量吸进煤烟和尘土，肉体和精神遭受双重折磨，许多人年纪轻轻就患上肺结核死去了。

由于面临大机器工业的竞争，个体手工业纺织工人也同样感受到残酷的生存威胁。他们只得从早到晚蹲在自己家里，躬腰曲背地坐在织机旁，或在炎热的火炉旁烤着自己的脊背。

还有那些无辜的孩子们，也成为工厂主压榨的对象。仅仅在爱北斐特，2500个学龄儿童就有1200人不能上学，而是在工厂里长大的。雇用童工，工钱要比雇用成年工人便宜一半。对此，大腹便便的工厂主们自是轻松愉快的，他们只要每逢礼拜日去教堂忏悔一两次，灵魂便可高枕无忧了。

生活的苦难摧残着下层阶级人们的身体，也摧残着他们的精神。在伍珀河谷，酗酒、赌博、梅毒和肺结核蔓延到令人难以置信的地步，宗教神秘主义盛行。

那些道貌岸然的传教士，不遗余力地扮演着"上帝仆人"的角色。他们竭力散布天堂地狱的说教，声称贫困和痛苦皆因自己的罪孽造成，劝诫穷人们只有通过勤劳、节俭、默默忍受苦难，才能赎清自身的罪恶。

美丽的说教并不能替工人们消除劳累和贫困，许多人只好借酒消愁，或者浪荡街头。既然必须在酒店老板的尘世烧酒和传教士的天堂烧酒中二者择其一，工人们两害相权，自然愿意选择那看得见摸得着的尘世烧酒了。颓废的精神状态与伍珀河谷迷人的自然景观极不协调，健康的朝气蓬勃的生活方式在这里已经成为久远的回忆了。

每天晚上，快乐的闲游汉都在街上荡来荡去，大声唱着他们的歌曲，但都是一些不知什么时候从醉汉嘴里唱出来的最庸俗最下流的歌曲；你在这里永远也不会听到一支往往传遍整个德国并且我们可以引为骄傲的民歌。所有的酒店都挤满了人，特别是在星期六和星期天；到晚上11点钟，酒店关门的时候，醉汉们才成群结队地从酒店拥出来，其中大部分都是掉到路旁的水沟里酒才醒过来。他们当中最堕落的就是所谓 Karrenbinder，即颓废沮丧、没有固定住所和工资收入的人；这些人天蒙蒙亮就从自己的栖身之所——干草棚、马厩等处——爬出来，如果不是在粪堆或楼梯上度过整个夜晚的话。

穷人们的日子过得让人不忍卒睹，发了财的人又过着怎样一种生活呢？他们除了做生意和赚钱，就是寻欢作乐，对政治和社会进步毫无兴趣，除了从传教士那里得到一点点可怜的宗教知识外，对科学知识几乎是一无所知。

在巴门和爱北斐特，谁能玩惠斯特或打台球，能谈一点政治和说几句恰当的客套话，谁就算是受过教育的人了。这些人过着可怕的生活，但还觉得蛮不错。白天他们埋头做生意，而且是那么专心致志，简直令人难于置信；晚上到了一定的时间，就三五成群，打牌消遣，讨论政治和抽烟，直到钟打过九点以后，才各自回家。他们就这样一天一天地生活下去，没有丝毫变化，而且谁要破坏这种生活方式，谁就会倒霉；他也许会相信，这个城市所有的殷实户都不会饶恕他。父亲热心地把儿子引到这条道路上去，儿子也希望步父亲的后尘。他们的话题非常单调：巴门人喜欢谈马，爱北斐特人喜欢谈狗，当没有东西可谈的时候，就开始品评漂亮女人的外表……

一面是革命的电闪雷鸣，一面是道德的腐败堕落；
一面是大工业的火热，一面是人情的冰凉；
一面是无产者的苦苦挣扎，一面是有钱人的醉生梦死……
历史正处于空前的裂变和阵痛之中，时代呼唤着伟大的智慧和思想，人间锻造着无畏的普罗米修斯。

第一章 伍珀河谷

# 名门的风采与代价

1820年深秋，对普鲁士大部分农耕区来说，繁忙的收获季节已经过去，粮食归仓，牛羊归圈，农人们静下心来，准备过一个闲适安恬的冬季。

在新兴的工业中心伍珀河谷，喧嚣却继续着：纺织机不分昼夜地转动；冬天的临近，对工人们来说只是出门时多加一件衣服，而不会稍稍减缓他们上工下工的匆匆脚步；上层沙龙的聚会，则因冬意的氤氲而又平添了几分乐趣……

这天清晨，由年轻商人、资本家子弟组成的巴门绿色贵族俱乐部里，气氛十分热烈，大家纷纷议论着同一个话题：恩格斯家族的大公子弗里德里希·恩格斯为家族立了一大功，他妻子爱利莎于昨晚9时生下了一位男性继承人。

恩格斯家族族徽

这可不是一件小事。卡斯帕尔·恩格斯父子公司是伍珀河谷纺纱业的台柱子，恩格斯家族的洪福和财运，同样是整个巴门的洪福与财运。连市政代表也来到恩格斯府上，问候新生儿的健康，并吩咐巴门教堂特地为此做一次感恩祈祷。

教堂钟楼里的大钟庄严地敲响了，钟声在哥特式尖顶塔楼上空回响，一直传到伍珀河谷的尽头。它向世界宣告，一个新生命的历史就此开始了。

在恩格斯家中，人声鼎沸，门庭若市。伍珀河谷几乎所有的厂主、商家、老

## 恩格斯传

板都赶到这里来了。他们是来向老弗里德里希·恩格斯（从现在起他被称作老弗里德里希）贺喜的。热情的祝词夹杂在莱茵葡萄酒的迷人芳香中，弥漫了整个大厅。24岁的老弗里德里希抑制不住内心的喜悦，庄严郑重地向大家宣告：

  感谢各位的光临，感谢大家的良好祝愿。我已经决定给我的头生儿子取名为弗里德里希，愿弗里德里希大帝的贤明庇护我们恩格斯公司的继承人。希望他将来成为伍珀河谷的一个名副其实的老板，干练的厂主，商界的雄狮。先生们，请端起酒杯，为我的弗里德里希干一杯！

摇篮里的弗里德里希，当然听不懂这些祝词。他静静地躺在雪白的小布篷下面，深秋的略带寒意的阳光透过窗帘，淡淡地映在他娇嫩的脸颊上……

兴高采烈的来宾们没有料到，外面世界隐隐可见的革命思想的闪电，将照耀尘埃弥漫的伍珀河谷。这个接受着他们美好祝愿的未来"大资本家"，将成为摧毁他们一切努力的旗手。

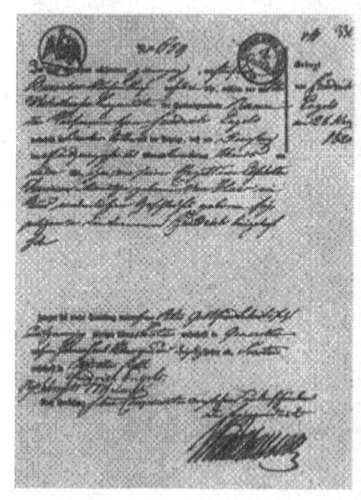

恩格斯的出生证和受洗礼证明书

恩格斯的曾祖父老约翰·卡斯帕尔，是伍珀河谷恩格斯家族的第一代资本家。他创下的家业传到恩格斯的祖父小约翰·卡斯帕尔手里，发展成全国闻名的纺纱业大王。"卡斯帕尔·恩格斯父子公司"的商标，当时已经是许多店铺广告的点缀，人人都知道这是个含金量很高的硬牌子。

父亲老弗里德里希，是恩格斯家族最后一个大资本家。他是一个性格矛盾的人物，在他身上同时具备了职业商人冷酷的利己主义和日耳曼富家子弟悲剧般的浪漫精神。由于生意上的原因，老弗里德里希经常到英国去，伦敦花花公子们的时髦装对他的穿着打扮影响极大。他也像那些花花公子一样，喜欢穿条纹瘦裤、白色绸衫，打花领带，走路时拿一根油光锃亮的细手杖，手杖上还装着沉重的银镶头。在伍珀河谷，老弗里德里希是公认的最文雅、最善于显示体面风度的老板。

与他的时髦风度一样，老弗里德里希的坚毅性格也是人人皆知的。在贸易上，他唯利是图；在竞争中，他不屈不挠。他对自己的竞争对手从不留情，甚至主张要痛打弱者。他认为如果不如此，今天的弱者就会变成明天的强者。

不过，说来也怪，这位习惯于市场上粗暴态度的实业家，却在内心深处酷爱着文学和艺术，特别是德国古典音乐。他把音乐视为联结人间与天上的桥梁。在他看来，任何一头商界雄狮在音乐的魅力面前都会变得软弱，变得柔情，音乐始终是闲暇时摆脱市场环境、摆脱资本舞台上残酷搏斗的唯一力量。

老弗里德里希经常出国旅行，伍珀河谷对他这个禀性好动、精明而不乏浪漫的生意人来说，实在是太狭小了。不过，作为一个商人去旅行，他从来不像旅游者那样去周游列国，而总是把身心的愉悦同利益的获取结合起来。在老弗里德里希眼里，巴黎的林荫道固然迷人，但巴黎近郊的纺织工业更让人迷恋。

在家里，老弗里德里希是一个性情急躁的"暴君"。他把严格的宗教信仰视为一种必须履行的义务，要求子女们无条件地相信《圣经》，相信《圣经》教义和教会教义，甚至每一个传教士的特殊教义。他要家人们对他的话言听计从，不得有丝毫违忤，和蔼的妻子和8个子女会时不时地听到他的雷霆之吼。

父亲严谨的性格、整齐的穿戴及其对艺术的爱好，无疑对恩格斯的幼年乃至整个人生产生了极大影响。而父亲那异常严厉的家教，特别是要求孩子们无条件服从的虔诚主义教育，则成为具有独立思想的恩格斯反叛旧制度的最初动因。

# 恩格斯传

少不更事的时候，恩格斯尚能遵从父命，天天到巴门的大教堂去，出席各种宗教活动。儿童时代的恩格斯，会做基督教徒的各种祈祷，会唱各种赞美诗，还能用稚嫩的童音讲解《圣经》。他做祷告时的恭敬姿态和天真无邪的神情，每每得到伍珀河谷人的赞赏，并成为他们教育孩子的榜样。但随着年岁的增长，恩格斯越来越多地用自己的头脑思考问题，逐渐开始对宗教的无上权威产生怀疑。这使老弗里德里希对孩子的未来深感忧虑。

恩格斯15岁那年，老弗里德里希在给妻子爱利莎的一封信中，谈到了这种忧虑：

> 弗里德里希上星期的成绩一般。你是知道的，他表面上变得彬彬有礼，尽管先前对他进行过严厉的训斥，看来他即使害怕惩罚也没学会无条件的服从。例如，令我感到懊恼的是，今天我又在他的书桌里发现一本从图书馆租借的坏书——一本关于十三世纪的骑士小说。值得注意的是，他把这类书籍摆在书柜里而满不在乎。愿上帝保佑他的心灵吧！我常常为这个总的来说还很不错的孩子感到担心。

与严厉的父亲不同，恩格斯的母亲爱利莎是一个跟孩子们非常亲近的人。她出身于书香门第，父亲是中学校长。爱利莎从小就是一个热情奔放的人，酷爱艺术和文学，对精神财富要比对丈夫的任何金融成就看得更重。恩格斯出生时，她本想给心爱的儿子取名"约翰"，这是诗人歌德的名字，但丈夫不同她做任何商量，就给他们的头生儿子取名为"弗里德里希"。她在丈夫面前向来是不能自主的，这次也一样。

不过，尽管丈夫处处专横，但他毕竟有大部分时间是在生意场上奔波，所

恩格斯的父亲和母亲

以爱利莎对孩子们的影响还是很大的。这位善良的母亲认为文学是最美好的思想感情的源泉，于是总是不厌其烦地教导子女，在学会经商之前，一定要首先理解诗的奥秘。

爱利莎夫人是恩格斯家里唯一一个与欢声笑语、乐观气氛同在的人。她热爱生活，不愿意让自己的乐观精神屈服于可怕的教规。这倒不是说她不信宗教，只是她不愿意把充满生活激情的诗篇撇在一边而只读《圣经》。爱利莎也不强迫孩子们去做祷告或背戒律，孩子们都喜欢同母亲待在一起。

恩格斯20岁生日那天，爱利莎甘冒被丈夫责骂的风险，送给儿子一套被虔诚主义者视为"邪书"的《歌德全集》。这份可爱的礼物，是对老弗里德里希保守思想无声的挑战。

恩格斯很爱自己的母亲，有时候甚至为了母亲而对父亲的蛮不讲理也委曲求全。他公开对朋友说，要不是为了母亲，他对那个狂热而专横的老头，根本不会作丝毫的让步。

爱利莎虽然生性柔弱，但乐观豁达，才华横溢。她读过黑格尔的著作，对周围的生活能够做冷静的观察。这在当时的女人特别是在富翁的妻子中是难能可贵的。

如果说恩格斯从父亲身上学到的，主要是对事业的执着追求和不屈不挠的刚强性格，那么，他从母亲那里则继承了杰出的智慧、艺术才华和开朗乐观的生活态度。直到长大成人之后，恩格斯在生活中遇到困难时，还多次得到母亲的关怀和帮助。

在外祖父家的幸福童年（中国画）（高莽 作）

也许母亲的爱还可以延伸到外祖父那里，外祖父家是童年恩格斯的一个乐园。知识渊博的外祖父对恩格斯特别钟爱，满脑子的有趣故事总是让小外孙流连忘返。

对恩格斯来说，外祖父是自己的精神领袖，是无穷无尽的历史知识、文学典故、笑话幽默、比拟引证的源泉。正是从外祖父那里，他第一次听到了普罗米修斯的悲壮故事，听到了罗马诞生的古老传说，听到了汉尼拔大将的英雄史诗……

1833年的最后一天，恩格斯给外祖父写了一首贺年诗，诗中真挚地表达了13岁的少年对老人的热爱和敬意：

我亲爱的外祖父
你待我们总是那样亲切慈祥
每当事情不顺利
你总给我们指点帮忙
……

正是因为有了母亲、有了外祖父，恩格斯才在他那十分沉闷的"彻头彻尾基督教的、普鲁士的家庭"里感受到几分童年的乐趣。可是，母亲在父亲面前一次次的无原则让步，为了教育孩子而经受的种种精神折磨，每每让恩格斯感到痛心，甚至无法忍受。他后来离开家乡到英国定居，不能说没有这方面的原因。1845年3月，恩格斯在给马克思的信中这样写道：

我母亲一忧虑就要生病，每当她特别为我而生气时，马上就要头痛一个星期。我再也不能忍受了。我必须离开这里，但是还得住几个星期，我真不知道该怎样忍受过去。

连"几个星期"都忍受不下去了，这种对故乡和家族爱恨交织的情感，对于一个不满25岁的青年人来说，恐怕是不能仅仅以叛逆性格来解释的。

## 第一章　伍珀河谷

# 让理性的光辉照亮精神王国

有许多美丽的形象，在远处招呼，
犹如繁星点点，透过云雾，
给我们送来亮光，优美柔和。
他们越走越近——我已经认出来了，
这是退尔，手拿弯弓，
那是齐格弗里特，他降服过巨龙，
执拗的浮士德也来了，
阿基里斯当先锋，
光荣的布尔昂的哥特弗里德，
号召骑士们战斗要英勇。
瞧！——兄弟们，请不要笑——
还有那英雄堂吉诃德，
骑着一匹骏马，
到处厮杀。
这支队伍来了，又消失了，
只留下一片闪闪的金光。
啊，怎样才能把他们挽留？
又有谁能把他们赶上？
诗一般的梦幻，
还会重新出现，
当你再次看见他们，

恩格斯中学时写的诗和作的画

## 恩格斯传

　　欢乐充满心田。

　　恩格斯从巴门市立学校转入爱北斐特中学已经两年了。眼看明年就要毕业,在一个夏日之夜,这个对未来满怀憧憬的16岁少年,写下了这首闪烁着理性光芒的美丽诗篇。

　　爱北斐特中学离家较远,恩格斯寄宿在代理校长汉契克博士家里。与巴门市立学校浓郁的宗教卫道风格不同,爱北斐特中学以其自由主义学风闻名整个普鲁士。这种学风,对少年恩格斯的世界观形成起着潜移默化的影响。

　　这首诗反映了恩格斯无神论世界观的最初萌芽。之前,在教会警觉的目光注视下,精神逐渐走向成熟的恩格斯应该说还是一个虔诚的基督徒。他几乎看遍了堆积如山的神学书籍,本性的桀骜不驯,并没有妨碍他一丝不苟地恪守宗教的道德和教会的礼仪。他定期向自己的忏悔牧师忏悔,不断地写诗赞颂上帝,经常在学校里作宗教题材的报告……尽管在内心深处,恩格斯已对是否真有上帝产生了隐隐约约的怀疑,但他的表现却始终是一个令伍珀河谷上流社会交口称道的"耶稣的爱子"。

《上学路上》(油画)(邓澍 作)

　　可是,怀疑的种子还是慢慢发芽了。随着年龄的增长,思维中开始出现令人不安的冲突。这种冲突,最初只是遥远的、隐约可闻的雷声,是大风暴将来临的某种前兆。它们突然来到,又倏忽而去,在他年幼的心头并没有留下多少恒久的印迹。

　　冲突的原因,往往出于偶然,也许是一些微不足道的细枝末节。比如,父亲刚刚设计了一场商战阴谋后虚伪地在胸前画着十字,某个传教士布道时的讲话前后有矛盾，小孩子偶尔的亵渎神明之举并没有遭到预期的惩罚，等等。还有，外祖父讲述的英雄传说、《圣经》里的故事，虽然激起了年轻的恩格斯无尽的遐想，但其中显而易见的虚构成分常常令他困惑。

事实与幻想，信仰与怀疑，真理与谎言……

理性的恩格斯同宗教的恩格斯发生了冲突，逻辑的智慧伴随着精神的震荡。思考越是深入，震荡越是剧烈。

伍珀河谷的现实，也持续地考验着恩格斯的宗教情感。四处乞讨的残疾工人，司空见惯的恃强凌弱，都不能不促使恩格斯重新思考：上帝是否真的仁慈，是否真的具有无边的法力？

脑满肠肥的工厂主，大腹便便的牧师，毫无愧色地从乞讨者身旁走过；公职人员的高礼帽，绅士淑女的名贵礼服，在流浪汉痛苦无助的脸上投下摇曳的阴影；非富即贵的社会名流们，公式般虔诚地做完晨祷，然后狼吞虎咽地吃早餐……

恩格斯简直无法相信自己的眼睛，更无法相信自己的头脑：莫非这个世界完全是一场骗局，种种可耻和卑鄙的东西，同《圣经》上的道义如此抵牾，信徒们善良的心都到哪里去了？

在恩格斯心灵深处，随着愤怒和委屈的情感不断冲击思辨的大脑，怀疑的闪电终于点燃理性的火焰，焚烧着思维丛林中的败叶残根，真理的幼苗茁壮成长。

念中学的最后一年，恩格斯狂热地爱上了歌德的诗歌。他把歌德看作魏玛时代的荷马，能大段大段地背诵《浮士德》及歌德其他的著名诗作。为了他深深喜爱的歌德，恩格斯可以不顾一切地与人争辩。

那是在一堂语文课上，一位同学问老师，歌德是怎么样一个人。老师不假思索地回答道：一个不可救药的魏玛分子，腐蚀青年人思想的无神论者，教会从不承认他是自己的弟子。

恩格斯霍地站起来，针锋相对地说："老师，我有点不大明白，你刚才所说的歌德可是《浮士德》的作者？据我所知，这位诗人是很有才华的，上帝决不会拒绝有才华的人。"

## 恩格斯传

语文老师惊讶的目光射向后排座位，那里站着一个淡黄色头发、目光炯炯的年轻人。

"我觉得，小恩格斯先生所袒护的，正是他并不了解的东西……"冷冷的话语几乎是从牙齿缝里挤出来的。

"不！"尽管恩格斯知道随后的惩罚是免不了的了，但他已顾不了那么多，毅然打断老师的话，朗声说道，"老师，我是以严谨著称的日耳曼人的儿子，因此我不会袒护我所不知道的东西。我敢说，我非常了解这位我们时代最伟大的诗人。为了使您相信这一点，请允许我向您背诵几段著名的《浮士德》。"

铿锵有力的声音，顿时在教室里回荡，歌德的诗句像澎湃的潮水流泻而出。同学们兴奋地听着，激动不已，干渴的心田愉悦地吸收着智慧的甘泉。

语文老师局促不安地在讲台上走来走去，右手提心吊胆地在胸前画着十字。他最担心的是校长这时候走进来，于是忙不迭地开口制止："停下！停下！恩格斯先生，你真叫我遗憾。背这种糟糕透顶的诗，绝不会给你增添光彩，要是被你高贵的父亲知道了，他一定会不高兴的。"

恩格斯不管不顾，继续着自己的背诵，奔涌的激情已经冲决了循规蹈矩的堤坝……

下课铃响了，语文教师拔腿就往走廊里跑，他再也不愿多看一眼这些亵渎神明的学生。在他身后，响起了学生们热烈的掌声和欢快的呼喊声：

"歌德万岁！"

"弗里德里希万岁！"

语文课风波，很快就传到了恩格斯父亲那里，一场严厉的道德训诫持续了整整四个小时。根据老弗里德里希的逻辑，对宗教教义的虔诚遵守，是一个人成才的基础。于是，父爱常常被淹没在宗教狂热之中，父亲成为了儿子的精神折磨者。恩格斯后来对马克思这样谈到他的感受："简直叫人发疯。对我的'灵魂'进行的这种基督教式的征讨是多么刁恶，你是无法想象的。"

恩格斯的思想日益成熟，父亲的道德训诫不只是形式令人讨厌，其中的说教也越来越苍白无力了。就在这场道德对抗的当晚，恩格斯在日记本上写下了这样

# 第一章 伍珀河谷

几行文字：

> 谁若害怕藏着思想宫殿的密林，谁若不用刀剑在这密林中为自己砍杀出一条道路，谁若不愿去吻醒那沉睡的公主，谁就既得不到她，也得不到她的王国……我们的时代不承认这样的人是自己的儿子。

在爱北斐特中学就读的三年，恩格斯给老师和同学们留下的印象是奇特的。一方面，包括汉契克校长在内的大多数老师都公认，恩格斯操行优异，真诚热情，资质很高，有独立的思想，理解力很强，善于清楚准确地表达自己的思想。另一方面，按当时一位严谨的宗教课教师的说法，恩格斯有一种"不稳定的性格"，这种性格与他的名字和教养往往不甚相称。

当时，伍珀河谷有两位在整个莱茵省都十分知名的教师。一个是爱北斐特中学的克劳森博士，一个是巴门市立学校的希弗林博士。在一次闲谈中，两位老师谈到了恩格斯。

克劳森博士说："恩格斯的肩膀上长的可是自己的脑袋。"

希弗林博士补充道："他从不轻信任何东西。"

这两句话表达的，实际是同一个意思：恩格斯富于探索精神。正是这种探索精神，使他——冲破教会的思想控制——父亲的道德训诫，教师的顽固脑筋，以及整个伍珀河谷的虔诚主义精神牢笼——让理智的光辉照亮了自己的精神王国。

恩格斯中学时期在古代史笔记本上作的画

恩格斯常说，学生是有头脑的人，不应当只是机械地背熟课本，而应当进行思考，有自己的见解，有自己的美学立场。他认为，阅读教科书的目的在于同它进行争论。比如说文学课，那种崇拜经过梳妆整理的文学史，或者按才能和作品的次序作学究式的排队，把教科书变成井然有序的文学药铺的做法，纯粹是做了书的蠢虫，对于有时代责任感的青年来说是不足取的。

恩格斯的爱好十分广泛，这一点从他的房间布置就可以看出来。在恩格斯的房间里，书籍和哑铃、标本和长剑结合得如此自然、如此协调，是一种力与美、智慧与勇气的完美统一，展示了一个青年人兴趣广泛、潜力非凡的精神世界。

看到这一切，任何人都不会感到惊讶——

房间主人既能写优美抒情的游记，也能写逻辑严谨的哲学著作；既能当一名驰骋沙场的战士，也能成为永垂青史的思想家。

# 忠于自己的性格

1837年9月，本想继续深造的恩格斯，迫于父亲希望他成为"商界雄狮"的愿望，到家族公司学习经商。一个酷爱自由思想、艺术和诗歌的青年，成了一名商行实习生。

枯燥的商行生活，使恩格斯感到异常的孤独和陌生。在这里，不可能再像学校那样进行有趣的交谈，不再有思想的碰撞。充塞于耳的都是诸如棉纱价格、纺纱机型号、莱茵河货运状况、铁路营运、关税协定等一成不变的事务性内容。

这类"永恒的谈话主题"，完全能够满足公司的一切利益，其余的一切便都不重要了。实际上，也没有任何人再去为别的事情操心和忧虑。哪怕是思想史上最深刻的变革，在勤勉的"公司良心"面前都是不值一提的"琐事"。

商行顽强地改造着年轻人的"校园恶习"，它要用铁一样的不可更改的日常规矩征服桀骜不驯的心：鞋子应放在什么地方，大衣该挂在哪里，办公室里何以不许哼小调，哪些书不该看而哪些书必须看，什么时候脱外套及什么时候戴套袖，等等等等。所谓工作岗位"十大戒律"，赫然贴在每一间办公室的墙上：

## 第一章　伍珀河谷

第一条　要节约：节约墨水、纸张和笔。

第二条　要勤勉：不要涂改，今天可以完成的事绝不拖到明天。

第三条　要坚强：在热心事业方面不要落在同事的后面。

第四条　要礼貌：要面带微笑站着接待顾客。

第五条　要殷勤：不要使顾客感到寂寞、不安或不便。

第六条　要机智：不要让顾客提出你所不好回答的问题。

第七条　要保密：在任何地方不要跟任何人谈论公司的业务。

第八条　要谨慎：不要相信竞争者或工人们进行的蛊惑宣传。

第九条　要顺从：不要在老板和上帝面前翘尾巴。

第十条　要谦虚：不要提出超过本分的要求。

恩格斯倒不是认为这些戒条本身有什么不对，只是觉得这种强加于人的气氛令他很不愉快，甚至无法容忍。是忠于自己的性格，还是背叛自己、成为公司的毫无个性的忠顺奴仆，一场无形的、持久的斗争由此开始。

其实，这场斗争之不可避免，早在数年以前就初露端倪了。

让我们先设想这样一个形象：

一个半大不小的中学生，头上戴着礼帽，身上穿着短衫和条纹裤子，脚上穿着摩登皮鞋，肩上还披着一条短披肩，绯红色的脸上蓄着一撮胡须，两只晶莹的眼睛透着机敏和智慧……最有意思的恐怕还在于那顶不平常的礼帽，它不是端端正正地戴在头上，而是略微遮上点前额，并略微歪向一边。这便在全身的整洁、优雅之中透出某种漫不经心，仿佛告诉人们：

我热爱风度，更热爱自由。

恩格斯的穿戴，显示出一种特殊的、卓尔不群的气质。可对他自己而言，这却是十分自然而单纯的。穿戴是心灵的镜子。从心理素质上讲，恩格斯属于那种个性复杂、对照鲜明、逻辑推理凝练而又出其不意的人，任何既定的界限和因循的思维套路同他都是格格不入的。他的精神世界受着某种抗拒异化、追求自然的力量的支配，常常处于激发状态。极度的兴奋和变化不定都是自然而然的，它拒绝中庸的明哲和冷漠的安宁：要么破坏，要么创造；要么使人欢乐，要么使人痛苦。

这就使得恩格斯这位出身于伍珀河谷名门望族的革命者，在人们眼里时而很善良，时而又很恶作剧；时而很机灵，时而又很天真；时而很宽容，时而又很记仇……这是一颗珍视冒险与战斗、渴望爱情与自由、追求和平与美好的心，是一颗骑士的心，也是一颗热爱生活的普通人的心。

恩格斯讲究穿戴，有很大一部分是从父亲那里继承来的。老弗里德里希号称整个伍珀河谷穿着最时髦的老板，从来不穿式样陈旧的、不符合莱茵省名牌裁缝最新设计款式的衣装。恩格斯也是

商行练习生的业余生活（油画）（鸥洋 作）

这样，无论你在哪儿碰见他，都不会看到他戴着一顶普通的礼帽，或者穿着一件皱巴巴的衬衫，或者胡子未经修饰、皮鞋沾有尘土、裤缝曲曲弯弯什么的。早在中学时代，恩格斯对衣着打扮的欣赏水平，就丝毫不逊色于那些时髦的社交家。这是一种天生的气质，哪怕是19世纪40年代到伦敦码头工人中去的时候，恩格斯也没有刻意改变自己的习惯。

服饰考究，风度文雅，体现了恩格斯高超的审美能力。恩格斯从来不怕以爱打扮而出名。何况，在他略微歪戴的礼帽下面，有一双充满智慧的眼睛，这使得他夺人的外表不但不令人反感，反而会引起人们的深思。

在恩格斯看来，美应当是完整的，不应当分成所谓"内在美"和"外在美"两个部分。他不理解那些只注重什么精神美而以邋邋脏乱和臭气熏天让人反感的

"艺术家",更厌恶那些只崇尚形体美却反应迟钝、满嘴脏话的傻瓜。

当然,恩格斯毕竟还是一个青年,年轻人的放荡不羁和恶作剧也是他生活的一部分:油亮的尖头黑皮鞋抑制不住他时不时想要去踢一踢扔在路边的铁罐的冲动,时髦的外套和摩登的领带也不妨碍他去参与学生们的嬉闹,或者走上夜晚的街头到女子中学的窗户底下哼唱小夜曲……

假仁假义的伪道学是最让他鄙视的,真实和自然是他下意识的追求。任何东西都不能阻挡或改变恩格斯真正的年轻的心。彻底忠于自己的性格,按照自己心灵的吩咐去生活,按照自己的意愿而不是根据别人的指使去行动,这就是恩格斯。

恩格斯的优雅举止,显示了他天生属于上流社会;他的"不稳定"性格,却又预示着他天生就是上流社会的反叛者。这一对深刻的矛盾,从初出校门的恩格斯在商行屡屡经历的性格斗争中,都真实地反映了出来。

一天上午,经理叫住年轻职员弗里德里希·恩格斯,告诉他,阿姆斯特丹来的大商人齐格利斯特当晚要在市政厅举办招待晚宴,要他代表公司前去参加。

"一定要穿黑色燕尾服!"恩格斯临出门时,经理特意强调。

"黑色燕尾服?"恩格斯惊讶地抬起头来,"还有什么需要特别注意的地方吗?"

"要有礼貌,要给人留下好印象,特别是给齐格利斯特先生的印象要深刻,因为我们要跟他签订合同……"

恩格斯意味深长地笑了。他知道,今天晚上,他要在上流社会的宴会上经受全面的审查和检验。不用说,这对于他能否在商行乃至整个上流社会赢得尊敬是至关重要的。"等着瞧吧!"恩格斯心里暗暗说着,静静地退出了经理办公室。

下午,恩格斯没有上班。他洗了个澡,细心地梳理了头发,修剪了指甲,让母亲帮他穿好浆得笔挺的坎肩和黑色燕尾服。然后,他戴上白手套,腋下夹着一支手杖,去见父亲。

老弗里德里希快速而又细心地把他从头到脚看了一遍,暗想:这无疑是恩格斯家族中最漂亮的人儿了。他站起身来,矜持地点了点头,然后挽着儿子的一只

## 恩格斯传

胳膊,领他走到茶几旁,面对面坐下来,以少见的和蔼语气郑重其事地说道:

是啊,亲爱的弗雷德,今天你独立地走进了上流社会。可以说,这是第一次战斗的洗礼。希望你今天参加招待会使得我的缺席不至于那么显眼。你的举止要使大家认为你是真正的恩格斯,真正的老板。要忘掉,你昨天还是个学生;要记住,你今天已经有了某种东西,而明天将拥有一切。不要忘记,说话不要说得太多,也不要说得不在理。即使在有位年轻的女郎用扇子遮着脸偷偷地向你微笑或者请你吃巧克力蛋糕时,也不要失态。要让大家都感觉到你是老板,你的口袋里不光有手绢,而且还有沉甸甸的一串钥匙。我想,你的仪表一定会给人深刻的印象,但重要的是不要手足无措和不断地打量自个儿。希望明天早晨听到人们对我的儿子、对我的继承人的好评……

恩格斯没有辜负父亲的期望,他成了宴会上的王子。

以后好几天,整个伍珀河谷都在热烈地议论着恩格斯家族这颗耀眼的新星。父亲们把他当作儿子的榜样,母亲们则替女儿在他身上燃起时隐时现的虚荣心。从此,恩格斯成了伍珀河谷上流社会的一分子,各种各样的聚会都少不了邀请他,绿色贵族俱乐部也因他的加入而增添了光彩。

刚刚脱掉学生装的恩格斯,就这样成了真正的老板,成了家族商行的代表。起初,老弗里德里希对儿子给伍珀河谷带来的轰动还不大相信,他吩咐自己信得过的人监督儿子的一言一行,看他是不是有哗众取宠的苗头。随着时间的推移,一向挑剔的老弗里德里希也不得不相信,自己的儿子是一个各方面素质都十分优秀的人,家族的事业后继有人了。

可是,恩格斯有自己的打算。他对朋友说,虽然经商是一项实惠的事业,但从兴趣上讲,他更喜欢文学和哲学,很希望到柏林去,继续中断的学业。这不是赶时髦,而是为了理想。还是在荷兰商人齐格利斯特的那次招待晚宴上,恩格斯同齐格利斯特先生的一段对话很值得人深思——

齐格利斯特对恩格斯在宴会上的得体表现十分满意,不禁以一个慈爱长者的身份向恩格斯提出忠告："青春总是来去匆匆，唯有生活永在，任何人都应当合理地度过它。在这方面，只有经商才是最有潜力的。"

恩格斯微笑道："完全正确，齐格利斯特先生，我爸爸也是这样说的。不过，我更喜欢的是弗莱里格拉特的笔，而不是巴门这些商贸公司的任何一个职员。"

齐格利斯特惊讶地抬起头，双眉急皱："弗莱里格拉特？你说喜欢弗莱里格拉特的笔？孩子，我告诉你，这支笔在我阿姆斯特丹的公司里沙沙地响了四年，可是，连我妻子迄今也认不出他的笔迹来……"

"弗莱里格拉特是一个诗人，"恩格斯不无激动地打断齐格利斯特，"他本来就不应该在任何一家公证处干什么文书，更不应该做什么公司职员。"

齐格利斯特疑惑地看着恩格斯，仿佛不认识似的，用几乎听不见的声音嘟哝道："这是一个多么不讲实际的小子啊！"

恩格斯没有再接齐格利斯特的话，为了不使主人不快，他端起了酒杯："齐格利斯特先生，衷心地为了您的健康干杯！为了您的公司的繁荣干杯！我一定好好考虑您向我提出的忠告……"

礼貌归礼貌，理想归理想。实际上，恩格斯虽然拥有伍珀河谷上流社会无可挑剔的优雅风度，但无论是潜在的思想还是具体的行动，都同这个上流社会有着许多格格不入的地方。在绿色贵族俱乐部里，恩格斯每每和别的成员发生一些看来微不足道实则很有深意的争吵，都反映了他的这种叛逆性格。

有一次，恩格斯同花花公子杰克玩台球。当恩格斯屡战屡胜到第八轮时，不可一世的杰克先生再也忍不住了，他把漆得油光锃亮的台球杆往桌上一扔，气急败坏地说："你太过分了，弗里德里希！简直是岂有此理！总有一天会看到你输的！"

"只要你不要那么恶狠狠地玩就行，"恩格斯不动声色地回敬道，"台球无非是游戏，不是战斗。虚荣心只会捆住你的手脚。你同我玩总像对付敌人一样，总想赢我，使我受辱，我怎么会让你的企图得逞呢！"

"那么先生，你究竟希望怎样？莫非你希望我像对待朋友一样对待你？"杰克开始胡搅蛮缠，"你好好想想自己的德行。你常常不顾自己的身份，把我们大家置于尴尬的境地。比如昨天，你又去跟女工们跳舞，却拒绝了彼节尔松小姐请你出席的舞会。你这样做，难道不等于把自己排除在我们之外吗？"

恩格斯知道，同以前多次发生过的一样，一场激烈的冲突在所难免。他没有退缩，而是针锋相对："我同你们不一样，我只是跟贫苦的女工们跳跳舞，你们却是把她们拖到灌木丛中动手动脚；我把她们看作是和其他所有姑娘一样值得尊重的姑娘，你们却把她们视为可供寻欢作乐的玩物……"

"对不起，弗雷德，看来您还希望我们去对她们鞠躬，去亲吻她们的手，并把她们领到自己的卧室了？"一个满脸粉刺的大胖子打断恩格斯，随即发出一阵不知廉耻的狂笑。

"胖子，我告诉你，"恩格斯不无挖苦地说道，"在谈论女人以前，奉劝你先减掉点脂肪。难道你没有照照镜子，看看自己那副尊容吗？"

恩格斯的话引起一阵哄笑，大家都把目光转向胖子，仿佛第一次见到他似的做着夸张的表情。胖子很窘，语无伦次地喊道："先生们，这是侮辱，我要上法院！对，对，上法院告他！"

"悉听尊便，先生！"恩格斯坦然地笑了，然后朗声说道：

> 不过，先生们，假如你们把我送到法庭，将会在社会上丧失名誉的，恰恰是你们自己。我要在法庭上，把你们这伙人用金钱或其他威逼利诱手段取得的"丰功伟绩"都兜出来。如果你们要说，那些贫苦姑娘对你们的恣意妄为是"自愿"的，那绝不是由于你们的美德，而是为了一片面包。你们除了华丽而庸俗的服饰外，周身胖乎乎像棉花做的，既没有风度也没有力量，跳一轮普通的华尔兹都要累得半死，所以绝不会引起女人的兴趣。知道吗？她们就是这样议论你们的。

类似的争论屡屡发生，恩格斯渐渐成为伍珀河谷上流社会"优雅和弦"中的一个杂音。有些一度十分看好恩格斯的显贵开始认为，他正在滑向一种可怕的前途：失去人们的尊敬，没有社会地位，生活缺乏保障，终生颠沛流离……

老弗里德里希对儿子的发展苗头很着急，苦口婆心的规劝已无济于事，声色俱厉的道德训诫看来也没有多大效果。他深知，儿子已经长大成人，决不会在骂声或鞭子面前屈服。这个曾经以先进的纺纱机和坚强的意志使整个伍珀河谷折服的硬汉子，却在自己固执的儿子面前束手无策。

两个坚定而彼此对立的性格的人相遇，对双方都是一种痛苦。

万般无奈之际，老弗里德里希想到了自己的老朋友——批发商兼萨克森领事亨利希·洛伊波尔德。这位朋友是一个在宗教和政治方面都十分保守的人。他在不来梅开着一家大公司，主要经营大宗出口贸易，把西里西亚的亚麻布输往美洲。如果让恩格斯到他那儿去实习一段时间，一则可以学习如何经商，二则可以暂时离开伍珀河谷的"不良环境"。相信在洛伊波尔德的管束下，儿子不仅可以大大提高处理商务的能力，在私人生活和社会生活方面，也会受到良好的道德熏陶。

于是，不满18岁的恩格斯被父亲送到了德国的著名港口城市——不来梅。不过，伴随着简单行李的，是一颗朝气蓬勃的心和永不屈服的个性。当这颗心与同样躁动不安的土地相遇，恐怕老弗里德里希的如意算盘又要落空了。

## 不来梅通讯

1838年夏天，恩格斯先是随父亲到英国，作了将近一个月的商务旅行，7月来到了不来梅。

不来梅当时号称德国四大自由城市之一。这对年轻的恩格斯来说，虽然还是在商行里做事，但毕竟走出了狭窄的、压抑人的家庭圈子，走出了伍珀河谷相对闭塞的环境，来到了一个繁华的大都市，视野豁然开朗，思想迅速成长。

在不到三年的时间里，恩格斯除了学习如何经商，还撰写了大量诗歌、书信

19世纪40年代的不来梅

恩格斯1840年所作的不来梅港速写

和随笔,继续像中学时期一样作了一些素描、速写,并发表了平生第一篇政论性文章《伍珀河谷来信》。这些作品反映了他日渐成熟的革命民主主义世界观。

不来梅作为德国北方的一个大商港,同世界许多地区都有贸易来往。商业利益超越了宗教虔诚主义和神秘主义,超越了政治和哲学上的中世纪精神,成为这个城市的核心兴奋点。自由主义思想通过报刊和书籍得到广泛传播,普鲁士的封建主义势力在这里遭到各方面力量尤其是经济力量的削弱。

恩格斯寄宿在不来梅圣马丁教堂的牧师长特雷维拉努斯家里。这位牧师长虽然属于正统教派,但并不是那种目光狭隘、思想保守的神职人员。牧师作为基层神职人员,通常从事的是一些实际的、具体的工作,比如慈善活动、医疗救助、发展教友、安置刑满释放人员等。正是宗教的这种具有社会实践意义的一面,使得特雷维拉努斯牧师长同宗教情感已经十分淡薄、社会关怀日益热切的恩格斯很少产生矛盾。相反,恩格斯的生气勃勃和风趣,给这个家庭带来了活力。他很快成为全家老小普遍欢迎的客人,进而成为家中的一员。只要时间允许,一切家务活他都参加。融洽的关系抵消了恩格斯远离家乡亲人的孤独。每逢较大的节日,牧师长的太太和女儿还会用恩格斯喜爱的颜色给他编织香袋或烟荷包，使他感受到家庭的温暖。

然而，这里的实习生活同在伍珀河谷商行时一样枯燥乏味，无非也是些诸如抄写商务信函和票据、分送和支付账单、寄送和取回信件、捆扎包裹、在包装箱上标上记号之类。恩格斯对这种生活实在提不起兴趣，于是饮酒成了生活中的一大乐趣，他要从酒精中寻求自己的精神自由。在给挚友威廉·格雷培的一封信中，恩格斯这样写道：

我的心情十分惆怅，处境不佳。我留在这儿了，闷闷不乐地留在这儿。最后一点欢乐，也将随着送信人阿道夫·托尔斯特里克离去了。

今天痛饮一番，明天寂寞无聊，后天托尔斯特里克离去……

这里没有人可以与我对酌，他们都是庸人。我哼着记忆犹新的学生时代的活泼歌曲，怀着傲慢不羁的大学生的自负心情，独自坐在广漠的荒野里。没有酒友，没有爱情，没有欢乐，只有烟酒和两个不善饮酒的熟人。

我想引吭高歌……

好在还有阅读，还有写作，思想的灼热岩浆可以在精神的火山中喷发。恩格斯发现，这里最大的好处是有很多报纸，有荷兰的、英国的、美国的、法国的、德国的、土耳其的和日本的；有各种各样的书籍，有文学的、哲学的，抑或政治的。很多具有自由主义倾向的书籍报刊，在德国其他地方严禁出版和销售，却在这个北国大商埠通行无阻，广泛流传。读书成了恩格斯每天的生活内容，甚至成了某种消闲和享受：

在春光明媚的早晨，坐在花园里，嘴里衔着烟斗，让阳光把脊背晒得暖和和的，再也没有比在这种情况下读书更舒服的了。

刚到不来梅两个月，恩格斯便发表了他的处女作《贝都因人》。这是一首诗

## 恩格斯传

歌，刊登在 1838 年 9 月 16 日《不来梅杂谈》第 40 期上。诗歌闪烁着一个 18 岁青年憧憬自由的可贵精神，展示了青年恩格斯的勃勃朝气和非凡才华——

> 沙漠之子敏捷而矫健，
> 你们顶着正午的炎炎烈日，
> 穿过摩洛哥的漠漠沙土，
> 走遍温和的海枣山谷！
>
> 你们驰入比莱德－杰里德，
> 穿越那里的园庭。
> 勇敢地去袭击，
> 战马踩征尘！
>
> 你们沐浴着月光，
> 坐在棕榈树的清泉旁，
> 听一张可爱的嘴，
> 为你们编出美妙故事的彩色花环。
>
> 你们安睡在狭窄的帐幕里，
> 寻求好梦于爱的怀抱，
> 直到天际出现晨曦，
> 骆驼叫声阵阵！

作为一个国际性贸易公司的实习生，恩格斯每天要处理许多来自国外的商业信函。这些信函并不都是用德语写的，这使他不得不自修各种需要用到的外语。恩格斯具有语言天赋，而且不来梅是一个国际性港口城市，经常有操不同语言的商人、船员和水手，还有用各种文字出版的报刊，这为他学习各国语言提供了极

第一章　伍珀河谷

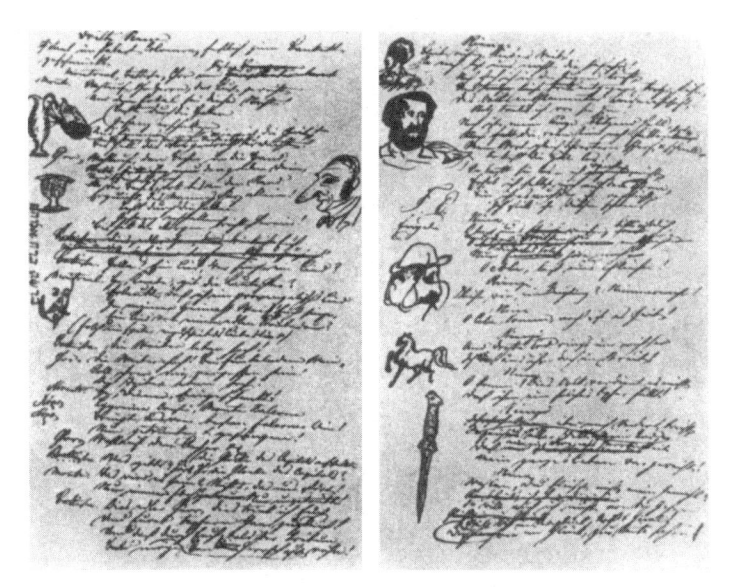

恩格斯写的诗剧手稿

为有利的条件。恩格斯来到不来梅才9个月，就能用9种文字给威廉·格雷培写信了。他曾经在信中即兴写成一首六步韵诗，生动地描述他所知晓的各种语言文字的特征：

　　荷马的语言犹如大海的波涛，
　　埃斯库罗斯把块块岩石从山顶往谷底掷抛，
　　罗马的语言是强大的恺撒在军前的演说，
　　他大胆地拿起石头——词汇，层层堆砌，
　　把许多高楼大厦建造。
　　古意大利人的年轻语言十分温柔美好，
　　它把诗人带到南方绚丽多彩的花园。
　　佩特拉克在那里把鲜花采集，
　　阿里欧斯托在那里把道路寻找。
　　啊，西班牙语呀，你听！
　　劲风在茂密的橡树梢头高傲地呼啸，

从那里向我们传来了阵阵美妙、古老的曲调。
缠绕着树干的根根藤蔓在绿荫中晃晃悠悠。
葡萄牙语是拍击着鲜花盛开的海岸的细浪，
在那儿还听到轻风带走水神的低吟。
法兰克人的语言仿佛是哗哗的小溪湍急地奔流，
永不停歇的流水把顽石磨洗。
古老的英语是一座雄伟的勇士纪念碑，
它经受了风吹雨打，四周野草离离，
暴风雨呼啸哀号，想把它刮倒，却是徒劳。
而德语听起来好似汹涌澎湃的拍岸浪潮，
撞击着彼岸四季如春的珊瑚岛。
那里迸发出荷马的不可遏止的汹涌波涛，
那里埃斯库罗斯手中的巨石激起了回响，
那里你可以看到巍然耸立的高楼大厦，
那里你还能看到芬芳的花园中最名贵的鲜花。
那里绿树成荫，树梢正在和谐地歌唱，
那里水神正在低吟，流水正在把石头磨洗，
那些古代勇士的纪念碑依然耸立，直插云霄。
这就是德语，它永恒不朽，它无比神妙。

语言文字的技巧背后，是思想的汹涌澎湃。

19世纪30年代的欧洲，正处于资产阶级民主革命的阵痛之中。许多进步的思想家、文学家和科学家，已拿起理性的解剖刀，对封建专制秩序施予灵魂的外科手术。恩格斯来到不来梅后，对思想领域的革命给予了充分的关注。他广泛阅读各种书籍和报刊，了解思想理论发展动向，并通过参加进步学术团体、发表自由主义诗歌、撰写反映革命民主主义精神的论文和随笔，亲自参与到这场思想革命的洪流之中。

## 第一章　伍珀河谷

在不来梅，恩格斯阅读了大量批判宗教的著作。其中，著名青年黑格尔主义者大卫·弗里德里希·施特劳斯的《耶稣传》，对他世界观的转变起到了决定性的作用。

1839年10月，恩格斯在给威廉·格雷培的一封信中，抑制不住内心的激动，痛快淋漓地写道：

突然间大卫·施特劳斯像一位年轻的神一样出现了，他把乱七八糟的东西都暴露在光天化日之下。

目前我是一个热心的施特劳斯主义者了。你们这就来吧，现在我可有了武器、有了盾牌和盔甲，现在我有把握了；你们就来吧，别看你们有神学，我也能把你们打得落花流水，使你们不知该往哪儿逃。

Adios（永别了），宗教信仰！

年轻人常有的某种狂热，恩格斯也有。但后来的历史证明，恩格斯的狂热并不是无中生有的。正是通过施特劳斯，恩格斯找到了黑格尔主义，找到了革命的辩证法。他从这里起步，研究哲学，批判神学，最终同马克思一起构筑了历史唯物主义的巍巍大厦。这是一个极好的开端，对恩格斯以后的全部科学研究都发生了深远的影响。恩格斯由衷地说：

由于施特劳斯，我现在走上了通向黑格尔主义的阳关大道。我当然不会成为……顽固的黑格尔主义者，但是我应当汲取这个精深博大的体系中最重要的要素。黑格尔关于神的观念已经成了我的观念，于是，我加入了……"现代泛神论"的行列……

代替宗教信仰的，是对科学的信仰。

恩格斯阅读并翻译了西班牙诗人曼努埃尔·金塔纳1803年发表的长诗《咏印刷术的发明》。金塔纳是法国启蒙学派的追随者，既是诗人，也是一名政治活动家。《咏印刷术的发明》充满了对科学精神的呼唤和对自由思想的讴歌——

不管智慧与愚昧的斗争多么长久，
暴政在狂怒中锻造的镍铠锁链又是多么沉重！

在科学光辉照耀下，历史奋勇前进的步伐是阻挡不住的。先是古登堡，随后是哥白尼、伽利略、牛顿……一个个科学巨人带着大无畏的勇气和无穷的威力接踵而至：

你征服太空，
你发现支配着水与风的规律，
你分析不可捉摸的光线，
为了寻找黄金和水晶的摇篮，
你将大地掘通。
……
哪怕有烈焰熊熊的火刑柴堆，
世界也终将为真理所驾驭！

19岁的恩格斯

科学与民主，素来是探求真理道路上的一对孪生兄弟。随着科学理性的确立，恩格斯的民主理性也日益坚定。

1839年，恩格斯匿名发表《伍珀河谷来信》。文章引证了大量实际材料，揭露和抨击资本主义工厂制度的剥削罪恶和宗教虔诚主义的伪善面目。文中指出，伍珀河谷地区宗教虔诚主义盛行，是由于工厂主对工人残酷的剥削，使工人处于极度贫穷、愚昧和精神麻木的境地造成的，工厂主反过来又可以利用这种宗教虔诚主义更方便地剥削工人。

《伍珀河谷来信》发表后，在整个德国特别是莱茵地区，引起了巨大反响。当然，人们无论如何也没有想到，文章的作者是一个资本家的儿子。

随后，恩格斯又发表了《恩斯特·莫里茨·阿伦特》等政论文章，斗争的锋芒越来越直接地指向封建专制制度——

> 在德意志每一寸土地上，警察遍布，毫无自由可言。你思考的时候，有警察；你讲话的时候，有警察；你走路、骑马、旅行的时候，也有警察。
>
> 对这种暴政统治，只有同它战斗。只有国君被人民打了耳光而脑袋嗡嗡响时，只有他的宫殿的窗户被革命的鹅卵石砸得粉碎时，我们才能期待他做些好事。
>
> 德意志的根本出路在于：废除一切等级，建立一个伟大的、统一的、平等的公民国家！

写诗、写剧本、写论文、写杂感……两年多时间里，恩格斯在繁杂的商务实习之余，写下了30多万字的东西，其中不乏精品。他还常常兴致勃勃地外出骑马、击剑、游泳、郊游，兴味盎然地画人物素描，欣赏音乐会，为赞美诗谱曲……

这并不是仁慈的上帝施展什么非凡魔力，为人间创造了一个最终会把天堂踢翻的、文武全能的天才，而是勤奋、爱心、智慧和高尚的情操共同谱写的一曲丰富多彩的人生之歌。

这首歌，已经奏响了雄壮、豪迈的序曲。

不来梅时期的恩格斯，依然做好了向旧秩序挑战的一切精神准备，甚至部分理论准备。战斗的激情和革命的思想，蓄势待发。在他当时创作的剧本《刀枪不入的齐格弗里特》里，恩格斯这样借物言志：

> 汹涌的山泉飞泻而下，

喧腾地穿越山间林谷,
松树在它面前轰然倒下,
它却独自开拓前进的道路。
我愿像这股山泉,
为自己冲出一条道路勇往直前。

# 告别伍珀河谷

1841年3月底,恩格斯回到巴门,为秋季服兵役做准备。

但是,恩格斯并没有在家里待多久,就又外出了。当时,他刚刚经历一场不成功的恋爱,心情十分抑郁。而伍珀河谷周而复始的单调生活,使他倍感枯燥乏味。小酒店的狂欢,拼命地抽烟,以及少有的缺乏乐趣的聚会,都不能充实他那颗不安分的心。

为了消解满腹惆怅,5月中旬,恩格斯同意与父亲一道去瑞士和意大利作一次短期商务旅行。

旅行的动机是纯商业性的。老弗里德里希叫恩格斯同往,主要是为了让他增长见识、开阔视野。年轻的恩格斯从这次夏季旅行中获益匪浅。旅行既增加了新的经历和感受,又淡化了失恋的记忆。恩格斯先后在巴塞尔和苏黎世停留,他翻越阿尔卑斯山,游览瓦伦施泰特湖,攀登雨特利峰……

面对如诗如画的青山绿水,平庸无知之辈只

恩格斯穿军装的自画像

## 第一章 伍珀河谷

会对秀色美景空发感叹，而禀性深沉的人却每每被大自然的朴实醇厚唤醒心底的悲痛。这种唤醒，又恰恰是为了使这一切消失于大自然的壮丽景色之中，交融于一片温柔和谐之中。

从他的游记《漫游伦巴第》看，恩格斯旅行归来，惆怅感已消失了大半。他心情爽快，精力集中，待在家里专心致志地读了两个月的书，然后启程上路。

1841年9月底，恩格斯来到柏林，进入近卫炮兵旅第十二步兵连，开始为期一年的志愿兵服役。作为富家子弟，本来是可以花一些钱使自己免服兵役的，但恩格斯已经厌倦了商行枯燥的实习生活，很想换个环境透透气，尝试一下别的活法，而服兵役正好为他提供了一个名正言顺的理由。

当时的柏林，作为普鲁士王国的首都，无疑是一个充满官僚衙门的地方，但这里也有一个展开着热烈辩论、沸腾着思想交锋的"知识分子大本营"——柏林大学。对于中途辍学的恩格斯，这一点尤其具有吸引力。

柏林近卫炮兵旅兵营，现改名为弗里德里希·恩格斯兵营

根据有关规定，服役一年的志愿兵除了参加军事训练外，可以不必住在兵营。恩格斯在兵营附近租了一间二层楼房，布置了一个雅致、舒适的小天地。

恩格斯对普鲁士王国等级森严、枯燥无聊的兵营生活十分厌烦，他常常借故不去执行那些毫无意义的任务。不过，恩格斯对军事训练倒是十分认真的。一年的军事学习，除了掌握了一些基本的军事知识之外，他还对军事科学产生了浓厚的兴趣，并自学了一些军事著作。这为他后来研究军事史和战略战术并成为杰出的无产阶级军事理论家打下了基础。晚年,朋友们送他一个"将军"的雅号,不能说与此无关。

例行服役没有锁住恩格斯那颗永远探求真理的心。服役期间,他经常抽空以旁听生的身份去柏林大学听课,尤其关注哲学演讲。当时,著名哲学家谢林正好在柏林大学讲学,这便为恩格斯哲学思想的第一次爆发提供了一个契机。19世纪40年代初,德国由于关税同盟的成立而进入普遍的经济高涨时期。这种经济高涨引起的直接社会后果,是资产阶级实力的增长和无产阶级队伍的壮大,并由此导致自由主义思想的流行和社会主义运动的萌芽。青年黑格尔运动的产生,是这种趋势的集中反映。这些黑格尔的左派学生们,力图从导师的理论中导引出民主主义革命的结论。

为了同这股"危险的"思潮相抗衡,"降伏黑格尔哲学这条喷吐不信神的火焰和晦涩难解的烟雾的凶龙",普鲁士政府把年届古稀的哲学名流谢林搬到了柏林大学的讲堂。

1840年左右的柏林大学

谢林作为一个哲学家,在19世纪初曾以自己的辩证自然哲学起过一定的进步作用,对包括黑格尔在内的众多哲学家产生过影响;但随着维也纳和约之后欧洲复辟势力的日益猖獗,他却愈来愈和基督教正统思想接近,并在哲学上为这种正统思想辩护,成为宗教的卫道士和科学的敌人。

普鲁士反动势力把希望寄托在谢林身上,希望他在自己的专业领域,通过同

"黑格尔门徒所领导的向旧世界的宗教、思想、政治开火的理论家大军"直接交锋，给青年黑格尔派以致命的打击，使"猖狂"的无神论者哑口无言。

1841年11月15日，谢林的"启示哲学"系列讲座在柏林大学第六讲堂开始了第一讲。大讲堂里座无虚席，为首一排坐的是大学名流和其他大人物，在他们后面，交错地坐着不同社会地位、不同民族、不同信仰的代表。400余名听众来自德国各地，有的还来自国外。他们都是对这个问题感兴趣的人，包括正统主义者、老黑格尔主义者和青年黑格尔派。

讲座开始前，人们用德语、法语、英语、匈牙利语、波兰语、俄语、现代希腊语以及土耳其语交谈着，人声嘈杂。大家以极大的关注，等待谢林的登场。

在兴致勃勃的青年听众中间，十分显眼地坐着一位胡须花白的参谋官。在他旁边，斜靠着一个无拘无束的志愿兵。要是在别的场合，这个志愿兵出于对高级长官的敬畏，举手投足可能会有些拘谨。可今天，在思想的殿堂里，他的等级观念已完全让位于对真理的渴求。

这个志愿兵，就是即将度过21岁生日的恩格斯。他兴奋地观察着四周形形色色的听众，发现很多年迈的博士和宗教界人士都是荡漾着难得的激情，仿佛年轻的精神和朝气又在心中复苏。恩格斯被这种气氛深深地感染了。

可遗憾的是，谢林的演讲只赢得了少数正统主义者的赞许，大多数受过黑格尔哲学熏陶的听众都对演讲大失所望。他的神秘的启示哲学，遭到保守的黑格尔派的普遍反对。而他对历史进步的合理性和必要性的否认，以及对基督教的极端辩护，则无异于公开宣布与青年黑格尔派为敌。

在讲台上，谢林肆无忌惮地对自己青年时代的朋友、杜宾根神学院的同窗

弗里德里希·威廉·谢林（1775—1854）

黑格尔大加攻击。可黑格尔无法回击,他已经去世10年了。回击谢林的任务,自然落到了黑格尔的追随者们身上,尤其落在了革命的青年黑格尔主义者身上。

恩格斯义无反顾,下决心"要替伟大的死者应战"。他把黑格尔和谢林进行对比,认为这两个毕业于同一所学院却在40年后成为对手的哲学大师——

> 一个,在十年前已经离开人世,却比任何时候都更有生气地活在他的学生中间;另一个,在这些学生看来,三十年来精神上早已死亡,如今却突如其来地自认为有充沛的生命力,要求得到公认。

声望显赫的谢林怎么也不会想到,在他的听众中有一位很不起眼的旁听生,要对他的哲学体系提出致命的挑战,要把他自以为是的系列讲座驳得体无完肤。

更让谢林没有想到的是,挑战来得如此之快,以至于这个哲学界的庞然大物几乎来不及作出任何反应——

就在短短四个星期以后,第六讲堂的启示哲学余音未尽,柏林《每日电讯》上便刊登了一篇题为《谢林论黑格尔》的长文,署名弗里德里希·奥斯渥特。

几个月后,两本未署名的小册子又出现在柏林学术圈:一本叫《谢林和启示》,一本叫《谢林——基督哲学家》。

三部论著风格清新、逻辑严谨、言辞犀利、观点鲜明,深刻地揭示了启示哲学为普鲁士专制王朝服务的精神实质及其虚弱性,抨击了谢林在对待黑格尔和黑格尔哲学上的卑劣态度,在哲学界引起了强烈反响。

谁会想到,这些让一代学术权威威风扫地的论著,竟出自一个非科班出身的、年仅21岁的普鲁士炮兵之手。人

柏林大学的旁听生(油画)(林缨 李天祥 作)

## 第一章 伍珀河谷

们对作者纷纷猜测。有人以为是《每日电讯》的主编谷兹科夫，有人以为是著名政论家卢格，有人以为是俄国流亡革命家巴枯宁……

青年黑格尔派的同人杂志《德国科学和艺术年鉴》主编卢格也误认为作者一定是某位"名家""博士"，并写信询问"博士先生"，为什么不把《谢林和启示》这样的好作品寄给《德国科学和艺术年鉴》发表。恩格斯在回信中说：

您的信经过多次转递之后我才收到。为什么我不把《谢林和启示》寄给《年鉴》？

（1）因为我打算写成一本五、六印张的书，只是在同出版商谈判时，才不得不把篇幅限制到三个半印张；

（2）因为《年鉴》直到那时对谢林还总是有些客气；

（3）因为这里有人劝我不要再在杂志上攻击谢林，而最好是立即写本小册子来反驳他。

……

此外，我绝不是博士，而且永远也不可能成为博士；我只是一个商人和普鲁士王国的一个炮兵；因此请您不要对我用这样的头衔。

恩格斯的谦虚并不全然是出于礼貌和客气，他深知，虽然这几篇论文在社会上产生了一些反响，但自己的知识毕竟有限，学问很不系统。他决定在一段时间里完全放弃写作活动，集中精力读点书，思考一些问题。他在信中十分真诚地对卢格说：

我还年轻，又是个哲学的自学者。为了使自己有一个信念，并且在必要时捍卫它，我所学的已经够了，但是要能有效地真正做到这一点，却是不够的。人们将会对我提出更多的要求，这是因为我是一个"兜售哲学的人"，不能靠博士文凭取得谈论哲学的权利。我希望，当我再写点什么，同时署上自己的名字的时候，能够满足这些要求……

迄今为止，我的写作活动，从主观上说纯粹是一些尝试，认为尝试的结果一定能告诉我，我的天赋是否允许我有成效地促进进步事业，是否允许我实际地参加当代的运动。我对尝试的结果已经可以表示满意了；现在我认为自己的义务是，以更大的兴趣继续进行研究，通过研究去越来越多地掌握那些不是先天赋予一个人的东西。

一个普鲁士王朝的志愿兵，一个大资本家的儿子，却把自己的理想确立在"促进进步事业"上，这便是柏林时期的恩格斯。从这一点上讲，他已经告别了伍珀河谷，走上了谋求人类解放的世界舞台。

波澜壮阔的新生活等待着他，召唤着他！

第二章

# 走进生活深处

经过柏林的军营和校园的双重洗礼，恩格斯彻底告别了伍珀河谷的精神和信仰。可是，对于一个尚未念完中学就不得不离开校门却注定要成为伟大思想家的人来说，仅有信仰的升华是不够的。丰富的生活体验和人生阅历，便成为历史老人对勤奋而又资质极高的幸运儿的特别馈赠。

19世纪上半叶，德意志的哲学成就已经在欧洲思想界处于当之无愧的领先地位，但其社会发展程度却远远落后于近邻法兰西，比之大不列颠更是晚了整整一个时代。英吉利海峡对面，早已在1688年"光荣革命"原则的感召下，经过产业革命的催化，成为一个资本主义生产方式得以充分发展并在社会经济生活中占据统治地位的世界，封建主义遭到彻底失败。

在这样的历史落差中，如果出现某种契机，让德意志的思维优势加上英格兰的生活体验，将会在一个睿智的大脑里孕育出何等绚烂的精神成果！曼彻斯特，在恩格斯的人生旅途上，便为他提供了这种契机。

1843年的曼彻斯特

## 曼彻斯特：生活体验

1842 年 10 月，服役期满的恩格斯回到故乡巴门。稍作休整后，11 月下旬恩格斯再度起程，远赴英国曼彻斯特，到他父亲与别人合股经营的欧门－恩格斯棉纺厂办事处工作。

曼彻斯特是当时英国的纺织工业中心，城市规模仅次于首都伦敦，人口多达 40 万。那里的工业已大规模地使用蒸汽机和车床，并已实行细致的分工，七八层楼高的巨大工厂厂房随处可见。与此相应，工厂制度给工人阶级带来的灾难性后果在这里也表现得十分典型，工人阶级争取摆脱压迫和贫困的斗争也数这里进行得最为激烈。工会力量最强，斗争规模最大，威震全欧洲的宪章运动便是以曼彻斯特为中心展开的。

在此之前，恩格斯已经两次来过英国，并在曼彻斯特作过短暂停留，对大不列颠这片"纷乱迷惘"的土地有了初步感受。

第一次是 1838 年 7 月。

当时，恩格斯已准备到不来梅去实习，老弗里德里希因生意上的变故，必须来英国同他的合股经营人彼·阿·欧门商议修改他们以前签署的一份合同。由于一心想让自己的长子尽早熟悉商业事务，老弗里德里希便带恩格斯一起来了。另外还有一个不便说明的原因，也促使老弗里德里希要把恩格斯带在身边，让他尽早在欧门－恩格斯公司露面：他的合股经营人的两个弟弟已经迫不及待地参与了公司的经营事务。为了不使自己一方在商业事务中处于被动地位，也为了自己关于公司经营的计划能够长期而有效地得到贯彻，他迫切地要把大儿子尽快培养成一个能够维护恩格斯家族在公司中的利益的合格经营者。

尽管父亲让恩格斯从事的职业并不符合他本人的意愿，但老弗里德里希的专横态度令他无法违拗。他们离开巴门后，沿莱茵河航行了30个小时到达鹿特丹，然后搭乘"巴塔维尔"号客轮横渡英吉利海峡前往伦敦。

在横渡海峡的航程中，恩格斯由于晕船，几乎一直待在客舱里，躺在铺位上度过了整个航行的绝大部分时光。可是，当踏上英国的土地后，恩格斯便仿佛置身于一个全新的世界，周围是一片让人感到无所适从的喧嚣。未满18岁的恩格斯，虽然还不明白这种感觉的真实含义，可他已经真切地体验到了一种前所未有的灵魂冲击。

两年后，恩格斯再次踏上大不列颠这块灼热的土地。

那是1840年夏天，当时他已经是一个研读了黑格尔著作、内心日渐成熟的年轻思想者了。异域文化所能给予他的巨大震撼力，衍变成了一种决心冲破基督教正统观念和庸俗小市民观念、追求自由与解放的激情。他在为这次旅行所写的《风景》一文中，清晰地表达了这种情感与思想：

你攀上船头桅杆的大缆，望一望被船的龙骨划破的波浪，怎样溅起白色的泡沫，从你头顶高高地飞过。

你再望一望那遥远的绿色海面，那里，波涛汹涌，永不停息；那里，阳光从千千万万舞动着的小明镜中反射到你的眼里；那里，海水的碧绿同天空明镜般的蔚蓝以及阳光的金黄色交融成一片奇妙的色彩。

那时候，你的一切无谓的烦恼、一切对俗世的敌人和他们的阴谋诡计的回忆都会消失，并且你会融合在自由的无限精神的自豪意识之中！

恩格斯这位来自普鲁士专制铁幕下的年轻资产者，面对这个"可以乘火车穿越全国"的蕴含着"丰富诗意"的国家，发出了由衷的呼唤：

向自由的英国致敬吧！

现在，恩格斯又来了。和前两次不一样，这次可不是短暂停留，而是长期居住。

作为欧门－恩格斯公司的正式职员，恩格斯不得不把很多时间花费在商务活动上。但经商毕竟不是他的兴趣所在，在恩格斯自己看来，他真正的思维兴奋点在于"走进英国生活的深处""好好研究一下英国的情况"。

毫无疑问，在这个资本主义各种矛盾集聚的大本营中生活和思考，对恩格斯的思想启迪是不言而喻的。

一方面，他深切地体会到了机器大工业所带来的社会生产力的飞速发展，以及生产关系和其他社会关系的相应变革，从而逐步树立了生产关系决定于生产力、上层建筑决定于经济基础的历史唯物主义世界观。

另一方面，工人们在"伪善的隐蔽的奴隶制"——资本主义工厂制度下所遭受的深重剥削及资本家的唯利是图，使恩格斯坚信：资本主义生产方式虽然充满活力，但必将被一种新的更加合理的生产方式所取代；而在生产方式的这种划时代变革中，工人阶级将起决定性的作用。

1835年左右的英国棉纺织厂

1845年3月，恩格斯为他刚刚完稿的《英国工人阶级状况》一书写了一篇题为《致大不列颠工人阶级》的说明，简捷而明确地表述了这种生活体验及其思维成果。

恩格斯说，他抛弃了社交活动和宴会，抛弃了资产阶级的红葡萄酒和香槟，把自己的空闲时间几乎都用来和普通的工人交往。对此，他深感高兴和骄傲。

高兴的是，他这样做可以使生活变得充实，在获得实际生活知识的过程中有成效地度过了很多时间，否则这些时间就会在客厅里的闲谈和讨厌的礼节中消磨掉。

骄傲的是，通过对工人阶级的真正了解，他发现这个备受压迫和诽谤的阶级尽管有着种种缺点并处于十分不利的地位，但仍然是非常令人尊敬的。而同工人们交上朋友就有机会为他们做一件应该做的事：以自己特有的方式参与他们谋求解放的斗争。

恩格斯深情地说：

工人们！……我想把你们的状况、你们的苦难和斗争、你们的希望和要求的真实情况描绘给我的德国同胞们。我曾经在你们当中生活过一个相当长的时期，对你们的状况有足够的了解。我非常认真地研究过你们的状况，研究过我所能弄到的各种官方的和非官方的文件，但是我并不以此为满足。我寻求的并不仅仅是和这个题目有关的抽象的知识，我愿意在你们的住宅中看到你们，观察你们的日常生活，同你们谈谈你们的状况和你们的疾苦，亲眼看看你们为反抗你们的压迫者的社会的和政治的统治而进行的斗争。我是这样做了。

恩格斯不但观察工人阶级，而且仔细观察了它的敌人——资产阶级。他很快就认识到，鉴于资产者同无产者利益的根本对立，工人们不奢望从资产阶级那里得到任何援助是完全正确的。工厂主经常用甜言蜜语欺骗工人，表白自己是衷心地同情工人的命运，可他们的所做驳倒了他们的所说。资产阶级，不管他们口头上怎么说，实际上只有一个目的，那就是当工人的劳动产品能卖出去的时候就靠他们的劳动发财，而一旦这种间接的"人肉买卖"无利可图的时候就让他们饿死。

恩格斯想工人之所想、憎工人之所憎，在曼彻斯特交上了很多工人朋友，他们都不把他当作外国人看待。他为自己获得这种摆脱了民族偏见和民族优越感的友谊而深感自豪。

恩格斯深刻地认识到，一切狭隘的民族主义情绪，都是极端有害的东西，归根到底只是大规模的利己主义而已。工人阶级由于自己的利益和全人类的利益相一致，它便不仅仅是一个孤立的民族的成员，而是一个伟大的大家庭的成员。

英国工人正是这个"统一而不可分的"人类大家庭中的一员，是真正符合"人"这个字的含义的人。可是，英国人民却常常遭到来自欧洲大陆的鄙视。这绝不能归咎于广大的工人群众，而是英国当权的资产阶级极端自私自利的政策和全部行为的必然后果。恩格斯旗帜鲜明地对工人说："我希望，我对他们（资产阶级）来说才是外国人，而对你们来说却不是。"

随着对英国社会各阶层生活及各种社会关系的逐步深入了解，恩格斯既看到触目惊心的苦难折磨着无产者，也看到不满情绪和抗议活动随着无产者自身的成长而产生和发展。工人的反抗起初表现为单个工人的自发斗争，或消极怠工，或捣毁机器；接着是各式各样的秘密结社，彼此声援，相互支持；进而发展成相对固定的工人组织，开展群众性的经济斗争和政治斗争，更加有效地维护自己的权利。

恩格斯在精神上把自己视为工人阶级争取自身解放的艰苦斗争中的一名战士，以极大的热情投入到这一空前的伟业之中。他以自己特有的方式参加宪章派的活动，关注英国社会主义者的学说和实践，与流亡伦敦的德国手工业工人组织——正义者同盟建立联系，同各国工人运动活动家交朋友……

在曼彻斯特期间，恩格斯同旅居英国的德国诗人格奥尔格·维尔特来往频繁，两人很快成为至交。直到晚年，恩格斯还常常回忆起这位年轻时的朋友和战友。

维尔特幼年丧父，父亲生前担任利珀侯国教区总监，并没有给他留下多少家产，致使他14岁就被迫到爱北斐特一家商行当学徒。1843年12月，维尔特作为一家德国公司的经纪人来到英国。该公司有一家办事处设在布拉德福德，离曼彻

## 恩格斯传

斯特 6 小时车程。虽然路程并不近，旅费却并不便宜，但维尔特只要一有空闲，就乘车前往曼彻斯特，和恩格斯一起共度周末。

在恩格斯的影响下，维尔特从苦闷的商行办事员生活中摆脱出来，积极投身到关注工人阶级的状况和斗争中去，创作了许多揭露资本主义罪恶、讴歌无产阶级革命精神的诗篇。恩格斯十分欣赏维尔特的才智，对他评价甚高，认为他是德国无产阶级第一个和最重要的诗人；他的关于社会主义的和政治的诗作，在独创性、俏皮方面，尤其在火一般的热情方面，都大大超过其他德国诗人的作品；他虽然常常借用海涅的形式，但比海涅更健康、更真诚，以完全独创的、别具慧眼的内容充实了这个形式。

《与诗人出游》（木刻）（徐匡 作）。恩格斯经常和维尔特共度周末

维尔特后来还加入了共产主义者同盟，参与《新莱茵报》的编辑，成为一名共产主义战士。维尔特比恩格斯小两岁，却英年早逝，34 岁时不幸染上黄热病和脑炎，客死于哈瓦那。

恩格斯在曼彻斯特时期结交的又一位好友，是宪章运动的著名活动家、《北极星报》编辑乔治·哈尼。半个世纪以后，哈尼在纪念恩格斯逝世的文章中，充满深情地回忆起他们第一次见面时的情景：

1843 年，恩格斯从布拉德福德来到里子，到《北极星报》编辑部来找我。他个子很高，少年英俊，面孔几乎像孩子一样年轻。虽然他出生在德国，受教育在德国，但是当时已经说得一口流利的英语。他告诉我，他常常读《北极星报》，对宪章运动非常关心……

此外，正义者同盟领导成员卡尔·沙佩尔、亨利希·鲍威尔、约瑟夫·莫尔等，也都同恩格斯建立了深厚的革命友谊。

在这里，还有一个名字特别值得一提——玛丽·白恩士。她是一位天真纯朴、善良机智的爱尔兰姑娘，比恩格斯小一岁。玛丽姑娘"以她的整个心灵"爱着恩格斯，成为恩格斯在曼彻斯特的红颜知己。

会见宪章派领袖（中国画）（朱理存 作）

玛丽的父亲是一个染色工人，她自己也在一家纺织厂做工。贫困的家境和繁重的劳动，并没有消减她对生活的热情。玛丽充满活力的"野蔷薇"般的美丽，她那自然大方的举止，永不衰退的毅力，天真活泼的姿态，以及"黑亮勇敢的目光"，深深地吸引了 23 岁的恩格斯。

作为雇佣工人，玛丽对资本主义工厂制度压榨工人血汗的实质有切身的感受；作为爱尔兰人，她从感情上同情本民族人民反抗英国殖民政策的斗争。这种朴素的阶级感情和民族感情，成为她同恩格斯相识、相交、相爱的基础。

对恩格斯来说，正是在玛丽的帮助下，他才克服了横亘在资本家少爷与工人群众之间的天然障碍，得以经常走访工人住宅区。他在玛丽的陪同下，深入调查研究，结交工人朋友，了解工人生活中的许多详情细节，为以后的革命活动和理论著述准备了丰富的精神养料和生活素材。

恩格斯在曼彻斯特期间，能够断然抛弃上流社会的社交活动和宴会，把自己

一个有觉悟的爱尔兰女工（油画）（朱乃正 作）

的空闲时间几乎都用来和普通的工人交往，不能说这同玛丽的友谊无关。

一年后，恩格斯与玛丽在布鲁塞尔结为伉俪。

曼彻斯特，这个资本主义经济关系的典型舞台，有组织的工人运动的中心，给了恩格斯丰富的生活体验和人生阅历，使他初步认清了无产阶级的阶级特性及其伟大历史使命，从而坚定了自己毕生从事工人阶级解放事业的决心。

生活，对于无畏的探索者总是厚爱的，而这一厚爱，是建立在对它真诚体验的基础上的。

# 曼彻斯特：理论体验

恩格斯在对现实生活的体验和思考过程中，深深感到自己的知识还不够，尤其缺乏系统理论的训练。他决心补上这一课。他要通过系统学习，充分吸收人类优秀的文化遗产，以便更有效地把握现实，为今后的政治斗争和理论斗争服务。

在曼彻斯特期间，恩格斯孜孜不倦地研究古典哲学，研究历史和民族理论，研究空想社会主义学说，特别是研究政治经济学。系统的理论研究，使恩格斯的视野更开阔、思想更深刻，辩证唯物主义和历史唯物主义世界观迅速成熟起来。

早在不来梅和柏林时期，恩格斯就已经步入了德国古典哲学的殿堂。特别是对谢林哲学的批判，表明他在哲学思维方面具有很高的天赋。来到曼彻斯特后，恩格斯继续研读黑格尔、费尔巴哈等人的著作,并用英国社会发展和工人运动的实践进行检验,批判性地对待这些哲学大师的研究成果。他通过吸收黑格尔哲学中的辩证法思想,继承了费尔巴哈哲学中的唯物主义内核,为创立唯物主义辩证法积累了丰富的思想材料。

恩格斯在曼彻斯特期间理论体验的又一重要内容,是深入研究英国的历史和民族特性,在大量涉猎前人著作的基础上,分析现实材料,透过事物的表象,探讨资本主义政治、经济、社会制度的内在规律和本质联系。

这一点,实际上反映了恩格斯在理论研究方法论上的一个重要特征:对社会生活的充分关注。从1839年的《伍珀河谷来信》,到1840年的《不来梅港之行》,再到1843年的《伦敦来信》,恩格斯对当时当地各个社会阶层的详细而精确的分析,无不鲜明地表现出他对社会问题的浓厚兴趣,表现出他在对现实生活进行理论抽象方面的卓越能力。

空想社会主义大师欧文、傅立叶和圣西门的著作,对恩格斯的思想启迪尤为明显。这些著作抨击了资本主义社会现存的种种不合理现象,揭示了资本主义制度的剥削实质,并对未来社会作出了许多天才性的设想。恩格斯通过研读这些革命性的文献,深刻地认识到资本主义民主的虚伪性和历史过渡性,坚定了对社会主义的信念。

罗伯特·欧文(1771—1858) 　　沙尔·傅立叶(1772—1837) 　　昂利·圣西门(1760—1825)

**恩格斯传**

几乎是在马克思著文批判政治解放即资产阶级革命、提出为人类解放即无产阶级革命而奋斗的同时,恩格斯也达到了这样的认识高度:

> 法国革命为欧洲的民主制奠定了基础。依我看来,民主制和其他任何一种政体一样,归根到底也是自相矛盾的、骗人的,也无非是一种伪善(或者像我们德国人所说的——神学)。政治自由是假自由,是一种最坏的奴隶制;这种自由只是徒具空名,因而实际上是奴隶制。政治平等也是这样。所以,民主制和任何其他一种政体一样,最终总要破产,因为伪善是不能持久的,其中隐藏的矛盾必然要暴露出来;要么是真正的奴隶制,即赤裸裸的专制制度,要么是真正的自由和平等,即共产主义。

在经济学说方面,恩格斯大量阅读了亚当·斯密和大卫·李嘉图等人的英国古典政治经济学著作。这些著作对资本主义社会的经济关系作出了有价值的说明,并在主体方面开始把资本主义作为一种制度来研究。它们从考察资本主义生产关系的表象入手,探索这种生产关系方方面面的内在联系。尤为重要的是,它们充分论证了人的劳动在经济活动中所起的决定性作用,肯定并发展了劳动价值论,进而从中引申出政治经济学的其他范畴。这为后来科学社会主义学说分析各阶级之间的经济矛盾,提供了重要的方法论启示和丰富的理论素材。

亚当·斯密(1723—1790)　　大卫·李嘉图(1772—1823)

对于恩格斯来说，经济理论的深入研究，还有助于从根本上解决长期以来困扰他的一个难题：人们的吃穿住行所表现出来的经济条件、经济利益及经济关系，究竟在多大程度上、以何种方式影响着人类社会的发展。

恩格斯在曼彻斯特期间丰厚的理论体验，对他一生的学术活动都产生了重大影响。这种体验的成果，积淀为一系列时事评论及关于政治、经济、社会和历史的理论著作，主要发表在英国的《北极星报》《新道德世界》、德国的《莱茵报》《德法年鉴》、瑞士的《瑞士共和主义者》以及法国的《前进报》等刊物上。其中，最有代表性的是1843年底至1844年1月写作的《政治经济学批判大纲》，以及随后完成的三篇总题为《英国状况》的长文。

《政治经济学批判大纲》是恩格斯在日渐成熟的唯物史观指导下，对资产阶级政治经济学进行深入研究并创造性改造的最早的集中性理论成果。他精辟地分析道：英国古典政治经济学在对资本主义经济制度的解释论证方面做出了开创性的贡献，但它的科学内容已随着资本主义制度的社会矛盾和政治矛盾的发展而越来越平庸了，它的一些理论家也越来越堕落成资产阶级及其物质利益的纯粹的诡辩家和献媚者。

当然，这种蜕变是逐渐完成的。用历史的眼光看，蜕变过程中的代表性人物各自承担着不同的责任——

> 我们所要批判的经济学家离我们的时代越近，我们对他们的判决就越严厉。因为亚当·斯密和马尔萨斯所看到的现成的原理只不过是一些片断的东西，而在最近的经济学家面前却已经有了一套完整的学说；一切结论都已经做出来了，各种矛盾都表现得十分清楚，但是他们却没有去追究各个前提，还总是为整个学说担负着责任。距离我们时代越近的经济学家越不老实。时代每前进一步，要把政治经济学保持在时代的水平上，诡辩术也必须提高一步。所以李嘉图的罪过就比亚当·斯密大，而麦克库洛赫和穆勒的罪过又比李嘉图大。

**恩格斯传**

恩格斯把资本主义经济制度及其理论的发展都看成一个历史的过程，典型地体现了他认识问题的深刻性。他一针见血地指出，如果说亚当·斯密的学说体现了人类历史和经济理论的空前进步的话，麦克库洛赫和穆勒的学说则代表了英国古典政治经济学这一伟大理论体系的衰落。衰落的根本原因，是资产阶级经济学家们无一例外地把"发财致富的科学"保持在"时代的水平上"，实质是为私有制及资产阶级的阶级利益作辩护。

《政治经济学批判大纲》的非凡之处，主要不在于它的理论观点，而在于它的开创性。它站在无产阶级和全人类解放的立场研究经济学，被马克思誉为"批判经济学范畴的天才大纲"，并作为科学社会主义的第一部经济学著作而载入史册。

当然，由于恩格斯在写作过程中充分吸取了黑格尔唯心主义辩证法的合理内容，无论是术语还是表达方式，都不可避免地直接采用了黑格尔的某些东西。部分理论观点也不够成熟，提法不够准确。他在许多年以后还对朋友说，自己的这些文章完全是以黑格尔的风格写的，仅仅具有历史文件的意义。

正是基于这种考虑，1884年叶甫盖尼娅·帕普利茨建议把《政治经济学批判大纲》译成俄文出版时，恩格斯拒绝了。他非常坦率地对帕普利茨说：

> 虽然我至今对自己的这第一本社会科学方面的著作还有点自豪，但是我清楚地知道，它现在已经完全陈旧了，不仅缺点很多，而且错误也很多。我担心，它引起的误解会比带来的好处多。

这是64岁的恩格斯对24岁的恩格斯的评价。

24岁的才华和勇气，犹令64岁时心生自豪；64岁的谦虚和坦诚，一如24岁般纯朴无瑕。

《政治经济学批判大纲》完稿之后，恩格斯并没有休息，而是立即投入了新的写作计划。在短短三个月内，又连续写出了三篇总题为《英国状况》的长文：《英国状况——评托马斯·卡莱尔的〈过去和现在〉》《英国状况——十八世纪》《英国状况——英国宪法》。

从篇幅上看，这三篇文章的任何一篇都差不多和《政治经济学批判大纲》有着同样的分量。就内容而言，前后相继的四篇论文恰好构成了一个相互补充的整体：《政治经济学批判大纲》论述经济问题，《英国状况》分析政治和社会现象。

阐述英国状况的三篇文章，在具体内容上又各有侧重：第一篇主要是针对英国的社会问题和工人状况，充分肯定托马斯·卡莱尔的《过去和现在》是1843年出版的唯一值得一读的历史哲学著作，同时从唯物主义和无神论的立场，批判了唯心主义史学家卡莱尔的宗教观和他想建立"英雄崇拜"的企图；第二篇分析了英国的产业革命，以及由这个革命所引起的深刻的社会变化和政治变化；第三篇则在前两篇有关论述的基础上，尖锐地批判了英国的政治制度，揭露了英国宪法的虚伪性，剖析了资产阶级民主制的阶级本质及其局限性。

恩格斯通过对英国状况方方面面的研究，得出了一系列革命性的结论，贯穿其中的是这样一个历史逻辑：

产业革命根本改变了整个经济生活和一切社会关系，但迅速发展起来的生产力由于私有制的作祟而成为少数资本家奴役广大群众的工具。

人与人之间的所有关系都被归结为商品货币关系，人已经不再是人的奴隶，而变成了物的奴隶，金钱贵族成为资本主义社会的真正统治者。

财富的加速增长，使上层阶级能够轻而易举地得到一切，过着养尊处优的生活，导致整个上层社会丧失进取心，变得萎靡不振；在社会的另一极，无产阶级作为产业革命的直接产物和受害者，尽管看起来一无所有，却有着远大的前途，充满了生机和希望。

由于资本主义社会表面的繁荣中蕴藏着深刻的社会矛盾，伟大变革的征兆已经明显地表现出来，社会主义力量目前还很弱小，但它代表着世界的未来。

从恩格斯对自己思想的明确表述来看，曼彻斯特时期的理论活动，特别是《政治经济学批判大纲》和《英国状况》系列文章的完成，表明他已基本克服世界观中残存的唯心主义和民主主义成分，转向了唯物主义和共产主义。

## 爱北斐特集会

1844年9月，恩格斯途经巴黎，从曼彻斯特回到伍珀河谷。自从1838年7月前往不来梅实习商务，随后又到柏林服兵役，赴曼彻斯特经商，其间除了1841年夏天和1842年10月回来作过短暂停留外，恩格斯离别家乡已经整整6年了。

在这6年里，恩格斯自己的变化固然十分巨大，而伍珀河谷的变化更加让人震惊。恩格斯回到家乡后，在给马克思的第一封信里，就表达了这种震惊：

> 自从我离开以后，伍珀河谷在各方面的进步比最近五十年都要大。

伍珀河谷的变化，是整个德国历史大变动的一个缩影。

随着德国工业的发展，无产阶级和资产阶级之间的矛盾不断加深，工人群众迅速觉醒。1844年6月，西里西亚纺织工人起义正式擂响了反抗资本血腥统治的战鼓。萨克森、柏林以及普鲁士其他稍具规模的城市，产业工人都纷纷举行罢工或局部起义，来响应西里西亚工人的创举。工人阶级解放运动逐渐扩展到全国。

作为这种运动的理论反应，共产主义思想在德国各地开始传播。许多城市都在举行集会。一些风头正劲的哲学家，比如费尔巴哈，也公开宣称自己是共产主义者。

恩格斯回家途中经过科隆，停留了三天，去看望在那里当兵的弟弟海尔曼·恩格斯。他惊异地发现，科隆思想界远比以前活跃，共产主义的宣传鼓动虽然还谈不上普及，但随处可以听到人们谈论共产主义，谈论如何消除贫困、愚昧和犯罪现象。随后，他又经过杜塞尔多夫，看到的情况也大体如此。

回到伍珀河谷，恩格斯一方面惊异于几年来工业的巨大进步，城市的迅速发展，拔地而起的高楼和通宵不灭的霓虹灯，与曼彻斯特的繁华已不相上下；另一方面，他对人们思想上的一些革命性变化，感到由衷的欣喜——

> 我最喜欢的是我的那些爱北斐特人，人道观念的确已经深入他们的心灵。他们认真地着手搞自己家庭秩序的革命化，只要他们的父母敢用贵族的态度对待仆役和工人，他们就要教训自己的父母，而这样的事在我们宗法的爱北斐特已经很多了。除了这一批人之外，在爱北斐特还有一批人也很好，不过有点糊涂。在巴门，警察局长是个共产主义者。前天有一个老同学、中学教员来访，尽管他从来没有跟共产主义者接触过，但他也受到强烈的感染。如果我们能够直接地去影响人民，我们很快就会取得优势。

不过，恩格斯清醒地认识到，德国的工人运动尚处于开始阶段。尽管斗争有时候也很激烈，但基本上还是采取个人暴力、捣毁机器、焚烧账簿之类的简陋形式，缺乏组织性和持续性。

换句话说，工人们已达到了旧文明的最后阶段，对新文明却还缺乏明确的认识。他们只能在本能的反抗意识的支配下，通过迅速增多的抢劫和杀人等犯罪来反对旧的社会制度。

在伍珀河谷，每到晚上，大街上就很不安全，资产者常常遭到殴打、抢劫乃至暗杀。但恩格斯从这种混乱中看到了工人运动开展的潜力，看到了共产主义原则普及的希望：

> 这里正在为我们的原则造成良好的土壤，如果我们能把我们的粗犷而热情的染色工和漂白工吸引到运动中来，那么，我们的伍珀河谷还要叫你吃惊呢。……如果这里的无产者按照英国无产者那样的规律发展下去，那他们不久就会明白，用这种方式，即作为个人和以暴力来反对旧社会制度是没有用的，要作为具有普遍品质的人通过共产主义来反对它。如果把道路指给他们该多好！

恩格斯毅然承担起了"把道路指给他们"的工作。

他首先采取的形式，是当时随处可见的周末集会。刚从曼彻斯特回来的恩格斯，急于想把自己从英国社会获得的深刻体验告诉给家乡的工人和有改良倾向的资产者。虽然他并不认为这种主要是由知识分子、官员和有产者参加的集会能够立竿见影地给工人阶级带来多大的实际好处，但公开的集会毕竟可以引起人们对社会问题的关注，可以发表自己的见解，影响民众的思想。

1845年2月，恩格斯联络小资产阶级社会主义者莫泽斯·赫斯、古斯达夫·克特根等人，连续组织了三次周末集会。

2月8日晚，四五十个伍珀河谷"最有身份的人物"，举行了一个"比较私人性质"的集会。参加者包括爱北斐特市总检察长，法院的一些工作人员，以及几乎所有大工厂和大商号的代表。

晚上9点整，赫斯宣布会议开始，并建议选举克特根做会议主席，与会者一致通过了这个提议。随后是赫斯发表演说。他分析了社会的现状和抛弃旧的竞争制度的必要性，明确提出竞争制度就是公开抢劫的制度。赫斯的演说引起了经久不息的掌声。

接着，恩格斯发表了长篇演说。他详细论述了共产主义制度的现实性和优越性，并以美洲共产主义移民区和英国欧文主义者的"和谐"移民区的一系列事实，来证实自己的论断。

恩格斯的演说把集会推向了高潮，大家就此展开了热烈的辩论。在辩论中，赫斯、克特根等人赞成恩格斯的论证，支持共产主义；总检察长和文学家贝奈狄克斯博士等人，则对恩格斯的观点不以为然。集会一直持续到凌晨一点才散。

2月15日，第二次集会在爱北斐特市最好的一个旅馆的大厅中举行。这次集会来人较多，有130余人，但主要参加者仍然是伍珀河谷上层社会"有身份的人物"。

克特根以上次集会主席的身份，首先讲了一下共产主义者心目中的未来社会制度及其远景，恩格斯接着发表演说。他直截了当地指出，德国的现状必将在短期内引起一次社会革命，这次革命将比历史上任何一次震荡都更加猛烈，任何发展工商业的办法都阻止不了这种无法避免的革命。防止革命的唯一办法，就是实现共产主义制度并为这种制度的实现做准备。

恩格斯关于革命不可避免的观点没有任何人提出反对意见，但他的关于实现共产主义的主张却再次引起了激烈的辩论。赞成者除了上次的几个人外，从科隆和杜塞尔多夫赶来参加集会的几个律师也加入进来。由于人多，会议的气氛比上次更热烈，一直开到半夜。还有人在会上朗诵了杜塞尔多夫的弥勒博士写的几首歌颂共产主义的诗，而弥勒博士本人当时也参加了集会。

2月22日，第三次集会也是在一家上等饭店的大厅举行。这次集会人数更多，超过了200人。赫斯在会上又发表了演说，并宣读了几篇报道美洲共产主义移民区的文章。恩格斯没有发表演说，但积极参与了会议辩论。

会议气氛仍然很热烈。会上又朗诵了弥勒的诗，还有皮特曼的诗以及雪莱的诗的一些片段。恩格斯感到收效极大，但也有一些遗憾："整个爱北斐特和巴门，从金融贵族到小商人都有人参加，所缺少的只是无产阶级。"

赫斯在散会时宣布，下次集会将于一个星期后照常在这家饭店举行，欢迎大家继续参加。

可是，在接下来的几天里，城里纷传警察将要解散下次集会，逮捕会上的发言人。

爱北斐特市市长知会饭店老板，如果他再允许在他的饭店里举行这类集会，就要撤销他的营业执照。

集会前一天，赫斯、恩格斯和克特根分别收到地方当局的通知。通知引证了一大堆习惯法和成文法，宣布这类集会是违法的，并威胁说如果不停止，他们就要用武力来解散集会。

果然，当参加集会的人员如期而至，看到市长和第一次集会后就再没有在这类集会上露面的总检察长也来了，陪同他们的是一队从杜塞尔多夫用火车运来的武装警察。看来，当局要动真格的了。在这种场合下，自然没有人发表演说，到会者都只管喝酒、吃牛排，气氛极其沉闷。

由于当局的大动干戈和虎视眈眈，公开集会是不可能再举行了。赫斯和克特

# 恩格斯传

根提出了抗议，但无济于事。恩格斯到波恩和科隆去待了一个星期，因为科隆还没有禁止类似集会。

回到爱北斐特后，恩格斯发现当局并没有对集会发起人采取进一步的行动，而且赫斯对当局的"无可奈何"很是乐观。更有意思的是，正是当局对周末集会的超常重视，反而扩大了它的社会影响，使那些从来没有听说过共产主义的人都对此发生了兴趣。一个月后，恩格斯在向朋友介绍集会情况时，不无自豪地说：

> 那些参加了辩论会但是根本不了解我们的观点或者甚至对它抱嘲讽态度的人，大多数都对共产主义怀着尊敬的心情回家。这种尊敬部分地也是由于我们这一群人在会上显得很有身份而引起的，因为该市所有的名门富家几乎都有自己家里的人或亲戚出席，和共产主义者同坐在一个大餐桌上。总而言之，这几次集会对整个工业区的舆论所起的影响确实是惊人的；几天以后就有人向那些发言赞成我们的事业的人索取书报，以便从中了解整个共产主义的制度。

恩格斯认为，这几次集会对自己的真正意义，并不在于自己在集会上讲了些什么，对于一个24岁的年轻人来说，亲自参与实际的社会活动比什么都重要——

> 站在真正的活生生的人面前，直接地、具体地、公开地进行宣传，比起随意写一些令人讨厌的抽象文章，用自己"精神的眼睛"看着同样抽象的公众，是完全不同的两回事。

正是出于这种关注现实运动的考虑，恩格斯在爱北斐特组织周末集会的同时，还努力加强与德国各地的地下社会主义小组之间的联系。他的努力主要从两个方面展开：

一是秘密的组织联络。为此，恩格斯必须经常旅行，往返于巴门、爱北斐特、科隆、杜塞尔多夫、波恩等城市之间。当时德国的政治情况仍然是很恶劣的，普鲁士专制政府几乎可以为所欲为。不但结社是违法的，通信也很不安全。秘密警察灵敏的嗅觉，随时保持着异乎寻常的积极性。

二是力争建立起某种公开的写作联系，借助各种出版物来进行民主主义和共产主义的宣传鼓动。在恩格斯的积极倡导和直接参与筹备下，德斯特尔在科隆出版了《人民总汇报》，吕宁在比勒费尔德出版了《威斯特伐利亚汽船》，皮特曼在达姆斯塔特出版了《莱茵年鉴》，赫斯在爱北斐特出版了《社会明镜》。这些刊物，实际上成了活跃的革命民主主义者、社会主义者和共产主义者的联络站。

恩格斯对投身这些活动，感到一种前所未有的兴奋。他写信给旅居巴黎的马克思说：

> 你看，我们在德国的事情可够多了，要给所有这些刊物提供材料，还要写比较大的著作。不过，如果我们要想做出点什么成绩，那就得苦干一番；吃一些苦，那也很好。

然而，环境越来越恶劣，普鲁士王朝的国家机器已经开动起来。杜塞尔多夫的行政长官在向王国内务大臣呈递的报告中，不无恐惧地指出，共产主义思想在人口过剩的工厂城市爱北斐特和巴门等地的传播，将产生无法估量的危险，建议采取严厉的措施予以禁止。内务大臣正式下文：

> 关于在爱北斐特这样的工厂城市传播共产主义原理的危险性，政府完全赞同市长的意见。而且我认为，由于近来在莱茵区和威斯特伐利亚的工厂城市多次出现类似情况，而且又是在工人阶级福利协会纷纷成立之际，就更应该同意采取措施。那些鼓动性刊物企图煽动和蛊惑社会上的无产阶级，要对它严加注视，要最严厉地责成检查官最严格地行使检查法，使之不致为害。

普鲁士政府显然已经明白，共产主义宣传运动以发动工人阶级为目的，势必成为整个人民民主运动中起决定性作用的倡导者。如果不予以坚决的打击和制止,这种宣传运动所具有的巨大发展潜力,将极大地动摇自己的统治根基。

除了当局的压力外,家庭的压力也越来越让恩格斯无法忍受。父亲气势汹汹地逼他,母亲唉声叹气地数落他,弟弟妹妹轮番劝他。全家都希望他停止目前的危险举动,认认真真去做生意,当工厂主。特别是父亲老弗里德里希,他那动辄爆发的呵斥、责骂,以及悲天悯人似的叹息,在恩格斯看来,无异于对灵魂的"刁恶征讨"。

周末集会被迫停止以后的一个晚上,恩格斯到赫斯那儿去讨论共产主义宣传问题,凌晨两点才回家。第二天一早,父亲的脸色就很难看了。他板起面孔,不时发出冷笑。好一阵难堪的沉默之后,老弗里德里希还是忍不住了,冷冷地问道:"昨天晚上到哪里去了?"

"在赫斯那里。"恩格斯平静地回答道。

"在赫斯那里!天呀!"老弗里德里希先是一声惊呼,然后停顿片刻,脸上露出难以形容的基督徒的绝望神情,嘟哝道,"看你交了些什么朋友。"接着便是一连声的叹息。

恩格斯的压抑,越来越到了"不能忍受"的地步。他决定离开家,离开这个"愚蠢""狂热"而"专横"的"老头"。他在给马克思的信中,激愤地谈到了自己的处境和打算:

> 告诉你,我现在过的完全是不堪忍受的生活。
> 由于集会的事情和本地的一些共产主义者(我自然同他们时有交往)的"行为不检",又使我的老头爆发了宗教狂热病。我宣布绝对不再搞生意经,他气得就更厉害了,而我公开以共产主义者的身份出面讲话就更引起了他那本来就已十分道地的资产阶级狂热。
> 我的处境你现在可以想象得到。由于两星期左右我就要离开,我也不想挑动争吵了,我闷着头忍受一切。他们对此却不习惯,因而更增长了他们的气焰。我接到的信,他们在给我之前,都从各方面嗅遍了。因为他们知道全都是共产主义者的来信,所以每一次都摆出一副宗教徒的难受面孔,叫人看

了简直要发狂。

　　我往外走，是那种面孔。我坐在自己房间里工作——当然是从事共产主义的工作，这他们知道——也是那种面孔。吃也好，喝也好，睡觉也好，放个屁也好，我都不能不在鼻子底下碰见那种令人讨厌的圣徒的面孔。不管我做什么——不管外出或在家，沉默或讲话，读书或写字，笑或不笑，我的老头总是摆出那种难看之极的哭丧相。

　　这些人已无可救药，他们简直是甘愿用他们对地狱的幻想来折磨和虐待自己，在这种情况下哪怕是一点点公正的原则都跟他们讲不通了。

爱北斐特的集会中止了，恩格斯对家庭的最后一点幻想也破灭了。他的现实处境与自己的理想产生了尖锐冲突——

　　做生意太讨厌，巴门太讨厌，浪费时间也太讨厌，而特别讨厌的是不仅要做资产者，而且还要做工厂主，即积极反对无产阶级的资产者。

一想到这种可怕的情景，恩格斯就感到某种油然而生的绝望和愤怒。只有想方设法离开这里了！到巴黎、伦敦或者其他什么地方去！否则，"这个彻头彻尾基督教的、普鲁士的家庭"终将把自己变成一个"德国庸人"。

家里为了阻止他离开，提出了种种琐碎的借口，甚至搬出了好多可笑的迷信说法。就像一年前阻止恩格斯的妹妹玛丽亚同伦敦的共产主义者艾米尔·布兰克订婚一样，全家乱得不可开交。

面对这种状况，一贯主张在原则上决不让步而方法上不妨灵活一些的恩格斯，做好了自己的盘算：在气氛"平和"的时候继续做做生意，而一旦这个"平和"过去，就写一些违禁的东西，冠冕堂皇地让普鲁士当局把自己赶出国境。

# 为工人阶级呐喊

恩格斯这次回到伍珀河谷，一共待了半年。其间，除了积极从事共产主义宣传活动和组织活动外，他还进行了一项同样伟大的理论活动：撰写《英国工人阶级状况》。

这项理论活动之所以说是伟大的，不仅仅是因为它具有伟大的学术意义和实践意义，这一点已经为后来的历史所证实；还由于它对于年轻的恩格斯的成长是必不可少的，这一点他自己在当时就已经看出来了。面对伍珀河谷保守的政治空气和家里的沉闷生活，恩格斯清楚地意识到：

> 如果我不是每天要把英国社会中最可怕的事情写进我的书里，我想我也许会有些颓唐起来，而这件事至少是把我的愤怒保持在沸腾状态。

《英国工人阶级状况》的撰写工作，从恩格斯1844年9月回到巴门开始，一直持续到1845年3月中旬。短短半年时间，他一方面要从事大量的实际工作，一方面要整理从英国实地调查和搜集来的资料，还必须埋头钻研大量的英国报纸和书籍。从中不难想象，这个20多岁的年轻人，具有何等充沛的精力，具有多么强的责任感和刻苦精神。

对于写作这部书的目的，恩格斯十分明确：

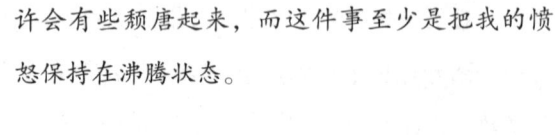

《英国工人阶级状况》第一版扉页

> 我要向全世界控诉英国资产阶级所犯下的大量杀人、抢劫以及其他种种罪行，我要写一篇英文序言，打算单独印行，并分别寄给英国各政党的领袖、著作家和议员们。让这些家伙记住我吧。可是，不言而喻，我打的是麻袋，但指的是驴子，即德国的资产阶级。我清清楚楚地告诉他们，他们和英国的资产阶级一样坏，只是在榨取方面不那么勇气十足、不那么彻底、不那么巧妙罢了。

恩格斯认为，工人阶级的状况是当代一切社会运动的真正基础和出发点。而工人阶级的境况，只有在英国本土，才具有完备的典型的形式。并且，也只有在英国，才能搜集到比较完整的并为官方的调查所证实了的必要材料。从考察英国情况入手，研究当代工人阶级的状况，不但是必需的，而且是可行的。

通过分析产业革命所引起的社会关系变革，恩格斯清晰地描绘了工人阶级产生和发展的轨迹。工人阶级的诞生，是产业革命最重要的结果之一，而工业无产阶级和工业资产阶级的对立，成为近代社会阶级结构的根本特点。

工人阶级一来到这个世界，就被剥夺了一切生产资料和生活资料，成为真正的无产者，只能靠出卖自己的劳动力过活。无产者怎样出卖劳动力，仿佛是由自己的意志决定的，其实不然，由于生产资料完全被资产阶级所占有，无产者除了接受资产者规定的价格之外别无选择。

恩格斯愤怒地质问道：

> 好一个自由！无产者除了接受资产阶级向他们提出的条件，或者饿死、冻死、赤身露体地到森林中的野兽那里去找一个藏身之所，就再没有任何选择的余地了。好一个"等价物"！它的大小是完全由资产阶级任意规定的。而如果有这么一个无产者，竟愚蠢得宁愿饿死，也不接受资产者——他的"天然的长上"——的"公道的"条件，那又有什么关系呢，很容易找到其他的人，因为世界上无产者有的是，而且并不是所有的人都愚蠢得宁愿死而不愿活下去。

正是由于这样一种经济关系,无产者在法律上和事实上都成为有产者的奴隶。资本家的残酷剥削,使工人过着朝不保夕的悲惨生活——

在产业工人集中的大城市里,工人聚居区是地地道道的贫民窟,街道肮脏,房屋破旧,拥挤不堪,往往是一家男女老幼挤在一屋。还有许多人无家可归,不得不在过道里或拱门下过夜。衣衫褴褛,甚至衣不蔽体的穷人随处可见。

饮食情况也同样糟糕。虽然英国的大城市什么好的食物都可以买到,但工人只能购买质差价廉的食品,甚至是腐烂的东西,挨饿是经常的现象。

工人的劳动条件也极其恶劣。工伤事故屡屡发生,职业性疾病比比皆是,惨不忍睹:要么缺胳膊少腿,要么身体发育不良;置身于曼彻斯特的工人住宅区,"简直就好像是生活在一批从战争中归来的残废者里面一样";纺纱车间的女孩子们,则"没有一个长得匀称",她们都"矮小""胸部狭窄、体形很难看";童工的命运更悲惨,许多不满10岁的孩子,每天工作时间长达14小时以上,不少幼小的生命被活活折磨而死。

面对如此惨状,恩格斯满腔悲愤地感叹道:

如果想知道,一个人在不得已的时候有多么小的一点空间就够他活动,有多么少的一点空气(而这是什么样的空气啊!)就够他呼吸,有什么起码的设备就能生存下去,那只要到曼彻斯特去看看就够了。

与无产阶级的贫困潦倒相反,资产者过着穷奢极欲的生活。他们垄断了一切生活资料,掌握着无产者的生死大权,并且这种垄断还受到国家政权的保护。他们贪得无厌,利欲熏心,金钱是他们衡量一切事物的唯一尺度,道德和良心让位于纯粹的利润追逐。对这样的资产者,恩格斯讲了他的一次亲身经历:

那天,我和一个资产者在曼彻斯特街上走,和他谈到工人区的恶劣的不合卫生的建筑体系,谈到这些地区的可怕的居住条件。他静静地听完这一切,在走到拐角上和我告别的时候,只说了一句:"但是,在这里毕竟可以赚很多钱。再见，先生！"

这样的资产者，只要自己能赚到钱，对雇用的工人是否挨饿、是否生病、是否死亡，都是毫不在乎的。对他们来说，除了快快发财，不会有别的幸福；除了金钱的损失，不会有别的痛苦；人与人之间的关系，完全变成了赤裸裸的金钱交易。

恩格斯由此断言：

> 我从来没有看到过一个阶级像英国资产阶级那样堕落，那样自私自利到不可救药的地步，那样腐朽，那样无力再前进一步。

资产阶级代表着罪恶，代表着腐朽，代表着死亡；
工人阶级代表着善良，代表着希望，代表着新生。

> 工人比起资产阶级来，说的是另一种习惯语，有另一套思想和观念，另一套习俗和道德原则，另一种宗教和政治。这是两种完全不同的人，他们彼此是这样的不相同，就好像他们是属于不同的种族一样。在欧洲大陆上，到现时为止我们还只认得这两种人中的一种，即资产阶级。可是对英国的未来更加重要得多的，恰好是另一种人，即由无产者所组成的那一种人。

工人阶级不但有着善良美好的道德情操，他们所处的无比低下的社会地位和非人的生活状况也必将促使他们觉醒，起来反抗人剥削人的社会制度，争取平等的政治经济权利，进而推动人类的最终解放。而在这种反映着历史发展趋势的长期斗争中，工人阶级将充分展现自己的革命品质，显示出自己最动人、最高贵、最合乎人情的特性。

事实上，工人对资产阶级的反抗，在产业革命开始不久就已经表现出来了，并经过了不同的阶段。

最早、最原始的形式是犯罪，是单枪匹马地以盗窃来反抗贫富不均的社会现象。可是，面对占绝对优势的镇压权力，无产者很快就发现这种以卵击石的反抗是没有什么效果的。于是他们逐渐把不满迁怒于抢占了他们工作岗位的机器设备上，他们砸碎机器，捣毁厂房，然而胜利也是转瞬即逝。根本的原因在于，这种反抗形式既不触动资本统治的社会基础（砸碎的机器可以再买，捣毁的厂房可以修复），又只局限于个别地区和工厂，"闹事"的工人们总是孤立无援地对抗法律上和实力上都远胜于己的联合起来的社会权力。

经过反复的斗争和失败、失败和斗争，工人阶级逐渐走向成熟，他们找到了新的反抗形式：建立工会，组织群众性罢工，制定政治宪章。19世纪三四十年代，英国工人阶级掀起了声势浩大的宪章运动，表明工人对资产阶级的反抗已进入一个崭新的历史阶段——在宪章主义旗帜下起来反对资产阶级的是整个工人阶级，他们首先向资产阶级的政权进攻，向资产阶级用来保护自己的这道法律围墙进攻。

私有制造成了工人的贫困，造成了社会的对立。随着有组织的工人运动的广泛开展，社会革命的到来不可避免，以消灭资本主义私有制为最终目的的共产主义革命必将到来。

恩格斯充满了革命豪情：

> 我坚决认为：现在已经间接地以个别小冲突的形式进行着的穷人反对富人的战争，将在英国成为全面的和公开的战争。
>
> 要想和平解决已经太晚了。
>
> 阶级的分化日益尖锐，反抗的精神日益深入工人的心中。愤怒在加剧，个别的游击式的小冲突在扩展成较大的战斗和示威。不久的将来，一个小小的推动力就足以掀起翻天覆地的浪涛。
>
> 那时，全国都将真正响彻战斗的号召：
>
> 对宫廷宣战！给茅屋和平！

《英国工人阶级状况》是一本为工人阶级呐喊的伟大著作，具有很强的战斗性，同时也有着很高的科学价值。马克思在创作《资本论》的时候，多次提到和引用其中的材料，认为恩格斯对资本主义生产方式的精神了解得极为深刻，对工人阶级状况的详细入微的描写则令人惊叹。列宁指出，不论在1845年以前或以后，都没有出现过一本书，像《英国工人阶级状况》那样，把工人阶级的穷苦状况描写得这么鲜明、逼真。并且——

> 恩格斯第一个指出，无产阶级不只是一个受苦的阶级，正是它所处的那种低贱的经济地位，无可遏止地推动它前进，迫使它去争取本身的最终解放。而战斗中的无产阶级是能够自己帮助自己的。工人阶级的政治运动必然会使工人认识到，除了社会主义，他们没有别的出路。另一方面，社会主义只有成为工人阶级的政治斗争的目标时，才会成为一种力量。

恩格斯通过《英国工人阶级状况》的创作，为历史唯物主义体系的建立做出了自己最早的、独特的贡献。这部著作真实地描述了英国工人阶级的状况，指出了摆脱那种状况的出路，并给以唯物主义的科学论证。它第一次从方法论上揭示了"工人阶级处境悲惨的原因不应当到这些小的欺压现象中去寻找，而应当到资本主义制度本身中去寻找"。

作为一部经济史，特别是一部用唯物主义历史观写成的英国产业革命史，《英国工人阶级状况》不仅系统地阐述了这场划时代的经济社会革命产生的深刻根源和发展进程，并把它的全部结果都展示出来了——

> 这场革命对社会阶级结构变迁的意义，是它既造就了近代无产阶级又造就了资产阶级，并同时造就了这两大产业阶级之间的对立和斗争。这种斗争，贯穿了从此往后的英国全部历史，并成为历史发展的根本推动力量。

这是一个革命性的结论，是一种全新的理论思维。

马克思在谈到唯物史观的创立过程时，由衷地说："他从另一条道路得出同我一样的结果。"

恩格斯的《英国工人阶级状况》，加上马克思几乎同时完成的《关于费尔巴哈的提纲》，以及稍后他们两人共同着手创作的《德意志意识形态》，标志着社会主义理论从空想到科学的发展迈出了关键的一步。

当然，作为一部早期著作，《英国工人阶级状况》也有不完善的地方：一些论断还只是从思辨中提出来的，一些预言也没有为后来的实践所证实。但贯穿其中的基本思想，即工人阶级的历史使命的思想，经过100多年来的革命实践的检验，被证明是完全正确的。恩格斯晚年十分中肯地说：

> 这本书无论在优点方面或缺点方面都带有作者青年时代的痕迹。那时我是二十四岁。现在我的年纪比那时大了两倍，但是当我重读这本青年时期的著作时，发现它并没有什么使我脸红的地方。

在恩格斯的早期著作中，《英国工人阶级状况》不但内容是最有分量的，出版发行也算得上是最及时的。1845年3月15日完稿，恩格斯随即把它送交莱比锡的出版商。同年5月底，该书正式出版，很快引起各方面的关注。

是时，恩格斯已经离开伍珀河谷，迁往马克思居住的布鲁塞尔。在那里，他们与比利时的民主主义和社会主义活动家以及在波兰流亡的革命者建立了联系。

两位历史伟人正式工作、战斗在了一起。

# 伟大友谊的开端

古老传说中，有各种非常动人的关于友谊的故事。欧洲无产阶级可以说，它的科学是由这两位学者和战士创造的。他们的关系，超过了古人关于

## 第二章 走进生活深处

人类友谊的一切最动人的传说。

这段早已被人们熟知的话，是列宁1895年秋撰文悼念恩格斯逝世时说的。18年后，由伯恩施坦编辑出版的《马克思和恩格斯通信集》，无意中给这段话提供了一个有力的佐证：

从1844年10月到1883年1月，马克思和恩格斯相互间的通信保存下来的多达1386封，除去两人同住一座城市的16年零10个月，平均每隔五六天就有一封书信往来。

这样的通信频率持续一两年甚至十年八年都不稀罕，可它却是整整40年！这在人类历史上还能找出第二例吗？

根据有关档案材料记载，马克思和恩格斯的书信往来早在1844年2月底就开始了。之前的1842年11月，两人曾有过短暂会面，但彼此间的耳闻，应该更早一些，大概是在恩格斯柏林服兵役期间。

19世纪40年代的马克思　　19世纪40年代的恩格斯

恩格斯赴柏林服兵役之前，马克思已经在柏林念完博士，回到家乡特里尔，后又移居波恩，两人错过了谋面的机会。但马克思在青年黑格尔派的博士俱乐部中已颇有名气，他充满智慧和战斗精神的政论文屡屡出现在青年黑格尔派的机关刊物《莱茵报》上。如果说当时的马克思还没怎么在意这位比他小两岁且没有上过大学的"巴门大少爷"的话，恩格斯则不然。恩格斯由于同青年黑格尔运动保持着密切联系，而且是《莱茵报》的长期撰稿人，肯定会对这位才华横溢的"特里尔之子"的品性和学识有着深刻的印象。恩格斯在长诗《横遭灾祸但又奇迹般地得救的圣经，或信仰的胜利》中，这样描述自己尚未谋面的未来的战友：

> 是谁……风暴似的疾行？
> 是面色黝黑的特里尔之子，一个血气方刚的怪人。
> 他不是在走，而是在跑，他是在风驰电掣地飞奔。
> 他满腔愤怒地举起双臂，
> 仿佛要把广阔的天幕扯到地上。
> 不知疲倦的力士紧握双拳，
> 宛若凶神附身，不停地乱跑狂奔！

1842年7月，恩格斯在给卢格的信中谈到，自己要放弃一段时间的写作活动，专心致志地读点书。同年10月，他服兵役期满，从柏林回到巴门，为远赴曼彻斯特做准备。

恰在这段时间，马克思应邀为《莱茵报》工作，并于10月15日起正式担任《莱茵报》主编。十分关注现实政治斗争的马克思，同鲍威尔等青年黑格尔主义者日益浓厚的主观主义和思辨主义倾向产生了深刻的矛盾，他坚决反对把《莱茵报》搞成主要是神学宣传或者无神论宣传的清谈工具，而主张把《莱茵报》办成进行政治性争论的工具。

恩格斯在思想倾向上是赞同马克思的。但是，他这段时间专心于学习而较少同报刊界往来，也没有为《莱茵报》写稿，不了解当时报社正发生的尖锐意见分歧，他同鲍威尔兄弟仍保持着书信联系，以致和马克思发生了误会。

当时的青年黑格尔派逐渐脱离现实的政治社会运动，已经得不到市民阶级的支持，只是在思想领域还不时发出一些激进的声音，只要一涉及行动，他们就变得怯懦和犹豫，于是成了恶性循环：既然不能在实际活动中对周围的世界发生作用，就干脆使批判哲学走向极端，把批判变成目的本身；改变外部世界仿佛已不那么重要了，重要的倒是在理论上完全得到解放，以便配得上"自由人"的称号。他们失去了革命的《莱茵报》精神，创办了一份《艺文》杂志，宣传自己的"自由意志"。

恩格斯一度担任过《艺文》杂志的编辑，并在马克思和柏林的"自由人"集团作斗争时还同鲍威尔兄弟有书信来往，从而被马克思视为他们的盟友。

1842年11月，恩格斯赴英途中顺道访问《莱茵报》编辑部。马克思极为冷淡地接待了他，只是礼节性地约他为《莱茵报》撰稿。恩格斯明显感觉到了马克思的怀疑态度，但他没作任何解释。事实上，在马克思没有表示出深谈愿望前，也无从解释。不过，恩格斯还是很痛快地答应为《莱茵报》撰稿。

两位注定要建立有史以来最伟大友谊的朋友和同志，就这样结束了他们"十分冷淡的第一次会面"。

到达曼彻斯特后，恩格斯立即着手他的写作活动。在不到一个月时间里，连续写了《英国对国内危机的看法》《国内危机》《各个政党的立场》《英国工人阶级状况》《谷物法》等五篇文章，发表在当年12月的《莱茵报》上。

这些文章虽然都不长，但足以反映一个人的思维方式和写作风格。马克思正是从阅读和编辑恩格斯的文章中，逐渐改变了对他的看法，逐渐感受到了两人思想上的共鸣。

可以想见，两位天生的伟大朋友，一旦消除了彼此间的误会，所焕发出来的能量必将震天撼地、扭转乾坤。

1844年2月是值得纪念的。《德法年鉴》第1、2期合刊在巴黎出版，标志着马克思和恩格斯伟大友谊的开端。

《德法年鉴》是马克思和卢格共同筹办的。1843年4月，《莱茵报》被普鲁士政府查封。马克思同年10月迁居巴黎，集中精力办《德法年鉴》。

《德法年鉴》第1、2期合刊，发表了马克思的《论犹太人问题》和《〈黑格尔法哲学批判〉导言》，恩格斯的《政治经济学批判大纲》和《英国状况——评托马斯·卡莱尔的〈过去和现在〉》。这四篇文章表明，科学社会主义的两位创始人最终完成了从唯心主义到唯物主义、从革命民主主义到共产主义的转变。

自此以后，马克思和恩格斯开始通信。

经过半年多的书信往来，两人都欣喜地发现，他们通过不同的道路得到了同样的观点和结论：

> 经济的发展决定着政治和社会的发展，工人阶级以及全人类的解放，或一切形式的剥削和异化的消除，必须通过危机的激化和阶级斗争所引起的无产阶级革命。

他们几乎在一切理论方面都达成了共识，于是决心共同努力，把以前分头从事的人类解放事业纳入同一条科学轨道。

1844年8月底，恩格斯从曼彻斯特回国，特意绕道巴黎，拜访了马克思。这次会面，彼此都怀有真诚的好感，自然是同上次见面时双方的冷淡矜持态度完全不同了。

马克思对恩格斯的到来非常高兴。当时，马克思刚结婚一年，妻子燕妮正好住在莱茵省她父母家里。他和恩格斯朝夕相处了10天，充分交流了思想和观点。

马克思把自己在巴黎的朋友尽数介绍给恩格斯；

两人一起参加社会主义者和共产主义者的各种聚会；

他们与法国工人交谈，了解工人们的生活状况和运动状况；

他们同各国工人运动活动家和政治流亡者建立联系；

……

恩格斯的巴黎之行在各方面都是很有收获的。他和马克思的亲密合作也有了第一个结晶《神圣家族》。在这部共计22个印张的著作中，马克思、恩格斯对与自己的事业有着千丝万缕联系的青年黑格尔运动进行了彻底清算。

《神圣家族》主要是马克思写的，恩格斯只写了约一个半印张。但马克思在把它送交出版商时，却把恩格斯的名字署在前面。恩格斯深受感动，他写信问马

巴黎雷让斯咖啡馆，马克思、恩格斯1844年在这里会晤

克思"为什么要这样"，并十分自谦地说自己"几乎什么也没有写"。两位伟大的著作家第一次合作就表现出这种为了共同事业不计较个人名利的高风亮节，这无疑为今后的共同战斗打下了良好的基础。

回到巴门后，恩格斯很快就给马克思写了一封信。这封信是《马克思和恩格斯通信集》收录的第一封信。信中除了介绍伍珀河谷几年来的巨大变化及共产主义思想的传播情况外，还特别谈到了他和马克思在巴黎共同相处的日子给他留下的难忘记忆：

> 我还从来没有一次像在你家里度过的十天那样感到心情愉快，感到自己真正是人。

1845年1月，法国政府迫于普鲁士政府的压力，以非法从事宣传鼓动活动为由，限令马克思必须在24小时内离开巴黎，并在最短期限内离开法国。马克思被迫于2月3日迁往布鲁塞尔。

恩格斯听到马克思被驱逐的消息后，十分气愤。他立即在各地进行募捐，以便按"共产主义方式"让大家共同分担马克思因此而支出的意外费用。他自己则"十分乐意"地提出，要把《英国工人阶级状况》一书的稿费交给马克思支配。

# 恩格斯传

"至少,不能让那帮狗东西因为用卑劣手段使你陷入经济困境而高兴。"恩格斯在给马克思的信中这样说道。他已经完全把马克思的事当作了自己的事,当作了共同事业的一部分。

其实,由于周末集会的事和父亲闹翻了,恩格斯自己当时的经济情况也并不很妙。老弗里德里希决定,家里的钱只能供他"求学",决不能让他用在任何共产主义的目的上。

为了更有利于和马克思一起从事他们共同的事业,也为了摆脱工厂主家庭"对灵魂的刁恶的基督教式的征讨",恩格斯在马克思移居布鲁塞尔两个月后也迁到了那里。

不久,玛丽·白恩士从曼彻斯特来到布鲁塞尔,和恩格斯生活在一起。他们没有去教堂举行婚礼,而只是到位于工人住宅区的同盟路7号租了一所房子,开始新的生活。

这种自主式的、以相互尊重和人格独立为基础的婚姻形式,在当时那些爱好自由思想、不拘泥于资产阶级虚伪道德律条的年轻人中,是屡见不鲜的。恩格斯和玛丽一起生活了17年,直到1863年玛丽病逝。

恩格斯到达布鲁塞尔后,立即和马克思着手研究下一步的工作计划。自1844年11月底《神圣家族》完稿以后,马克思近半年来一直从事经济学研究,为写作《政治经济学批判》积累材料。生活的颠簸没有中断他的研究,而恩格斯的到来无疑给他提供了更大的方便。除了思想上的共鸣外,还因为恩格斯已经发表了两部经济学论著,他本人又曾从事商业活动,对经济问题既有生活体验又有学术思考,可以给马克思很多难得的启发。

两位志同道合的朋友经过反复商讨,认为研究现实的经济问题,有必要对英国这个典型资本主义国家的经济情况作深入的考察,尽可能多地搜集有关实际资料和学术资料。

于是,他们决定联袂赴英国访问。

1845年7月中旬,马克思和恩格斯前往英国。旅行的第一站是曼彻斯特,他们在该城的切特姆图书馆阅读了大量在欧洲大陆很难看到的英国古籍和其他档案

19世纪40年代的布鲁塞尔

材料。随后,他们到了伦敦,恩格斯把宪章派领导人乔治·哈尼,正义者同盟领导人约瑟夫·莫尔、亨利希·鲍威尔、卡尔·沙佩尔等老朋友一一介绍给马克思。

8月20日,马克思和恩格斯出席了由宪章派领导人、正义者同盟领导人及其他欧洲国家的一些民主革命运动活动家共同组织的国际民主人士协商会议。会上,恩格斯提议建立一个国际性革命组织。他深刻地指出:

> 每个国家的资产阶级都有自己的特殊利益,无法越出民族的范围,而无产者生来就没有民族偏见,因为全世界的无产者有着共同的利益和共同的敌人,面临着同样的斗争,他们完全可能在共产主义旗帜下结成真正的兄弟。一个有效力的无产阶级政党必须以各民族的兄弟友爱,来对抗资产阶级赤裸裸的民族利己主义和自由贸易主义者伪善的、自私自利的世界主义。一句话:只有无产者才能够消灭各民族的隔离状态,只有觉醒的无产阶级才能够建立各民族的兄弟友爱。

恩格斯这段演说,实际上已经包含了后来成为国际无产阶级共同战斗口号的"全世界无产者,联合起来!"的思想萌芽。

恩格斯的提议,得到了与会人士的热烈响应。大约一个月后,一个命名为

"民主派兄弟协会"的国际民主主义协会宣告成立，参加该协会的有宪章派左翼、正义者同盟盟员及侨居伦敦的其他各国革命流亡者。

8月下旬，马克思和恩格斯从伦敦返回布鲁塞尔。

这次英国之行，无论对他们事业的促进，还是对他们友谊的增进，都是很有意义的。

在恩格斯看来，帮助马克思熟悉英国的生活、英国的工业、英国的工人运动及其组织情况，是他们共同事业的一个必不可少的组成部分。马克思在这几个星期里接受了恩格斯的建议，对空想社会主义进行了深入研究，并与恩格斯共同探讨了英国作为资本主义工厂制度的典型国家的若干经济、社会和政治问题，为他们创立新时代的世界观体系补充了丰富的实证材料。

巴黎的10天相处，使马克思和恩格斯进一步消除了彼此的误会，感受到相互之间思想契合的愉悦，尝试了初步的合作，并达成长期合作的意向。英国的工作旅行，则使两人都意识到，对方对于自己，对于他们共同的事业，是那样的必不可少，从而奠定了一生共同战斗的稳定基础。

# 第三章

# 大革命洗礼

恩格斯1845年迁居布鲁塞尔同马克思一起工作，1850年重回曼彻斯特的家族公司经商。在这五年中，他充分体验到了战斗的快乐，展现了一个革命者的风采。

他和马克思一起，彻底清算了德意志旧的哲学信仰和各色各样的"先知"社会主义，领导创建了第一个共产主义政党，并以划时代的革命宣言——《共产党宣言》——擂响了摧毁旧制度的战鼓。

在1848年欧洲大革命的隆隆炮声中，恩格斯从批判的武器到武器的批判，往返于书房、街头、法庭和战场之间，以各种形式同反动势力较量。马克思和恩格斯，这两位伟大的朋友，成了莱茵省乃至整个普鲁士一切革命民主意向的灵魂，人民自由和权益的大无畏的捍卫者。与此同时，他们自己的理论和学说也在革命的狂风暴雨中得到应用、检验、丰富和发展。

革命风暴过去之后，他们又以严肃认真的态度和不断革命的精神，总结经验教训，重组革命力量，进行理论探索，为迎接新的革命高潮做好各种准备。

## 清算德意志意识形态

从英国旅行归来，马克思和恩格斯深切地感受到：

一方面，整个欧洲进入彻底的资产阶级民主主义革命的前夜，法国大革命的精神从南向北蔓延，势如燎原之火，烤炙着欧洲大陆各个封建王室的宝座。

另一方面，资本主义生产方式的种种弊端已开始显露，无产阶级已经走上历史舞台。于是，在民主主义的要求愈益强烈的同时，社会主义的呼声也介入了欧洲政治生活。

在这种情况下，有必要从哲学上对无产阶级解放运动的意识形态予以全面梳理，既要彻底清算风行一时的种种旧哲学观和小资产阶级社会主义思潮，又要正面阐述崭新的辩证唯物史观和科学社会主义思想，为即将组建的无产阶级政党确立自己的原则和制定纲领提供依据。

恩格斯指出，由于他和马克思两人已经深深地卷入了政治运动，在知识分子特别是德国西部的知识分子中间已经获得了一些人的拥护，并且跟有组织的无产阶级建立了广泛的联系，他们有责任科学地论证自己的观点，同时必须使欧洲无产阶级首先使德国无产阶级确信他们的观点是正确的。

1845 年 11 月，马克思、恩格斯正式动笔写作《德意志意识形态》。这部著作内容丰富，现保存下来的两卷六章的篇幅就达 50 个印张。它以论战的形式，第一次系统而科学地论证了唯物主义的历史观和共产主义的世界观。之所以采用论战的形式，主要基于两点考虑：

其一，唯心主义哲学充斥着德意志思想界，特别是在历史学研究中，唯心史观的泛滥严重妨碍了正在兴起的共产主义运动。一方面，青年黑格尔运动的代表人物布鲁诺·鲍威尔、麦克斯·施蒂纳等人继续频繁活动，在 1844 年至 1845 年间发表了一系列文章，并著书立说，宣扬思辨唯心主义、无政府主义和极端利己主义。另一方面，作为唯物主义者出现的费尔巴哈，其唯物观并不彻底，他在历史学领域里仍是唯心主义的。

马克思、恩格斯在《神圣家族》中曾对青年黑格尔主义者的唯心史观作过批驳，现在需要的是对他们近期的著述予以进一步的清理。当时，马克思、恩格斯对费尔巴哈的哲学观基本上是持肯定态度的。恩格斯认为，费尔巴哈在某些方面充当了黑格尔哲学和马克思主义哲学之间的中间环节，在 19 世纪三四十年代思想变革的狂风暴雨时期，费尔巴哈对他和马克思的影响，要比黑格尔之后其他任何哲学家都大。他们在《神圣家族》一书中高度评价了费尔巴哈在哲学史上的地位。

对费尔巴哈的积极评价，很容易给人这样一个印象：似乎马克思和恩格斯的观点同费尔巴哈的见解之间没有多大的区别。实际上，他们从一开始就对费尔巴哈"过多地强调自然而过少地强调政治"不满意。特别是当他从唯心史观的角度宣称自己是共产主义者的时候，马克思和恩格斯发现，他关于共产主义和人的解放的抽象概念完全离开了历史的条件，根本不可能得出正确的结论，更无法使工人阶级认识到必须采取切实有效的物质手段消灭资本主义社会制度的必要性和可能性。这就有必要彻底清算了，否则，唯物主义历史观在工人阶级和共产主义运动中的传播将受到极大的干扰。

其二，以一批著作家为代表的小资产阶级社会主义思潮在德国知识界颇有市场，他们试图把共产主义同当时的种种流行观念调和起来，结果成了"德意志意识形态的俘虏"，把共产主义的理论和运动割裂开来，鼓吹阶级调和，反对阶级斗争。

这批著作家包括海尔曼·皮特曼、卡尔·格律恩、莫泽斯·赫斯、鲁道夫·马特伊、海尔曼·泽米希、格奥尔格·库尔曼等。他们出版刊物、发表文章，把英国和法国的某些共产主义思想移植到德国哲学上来，并声称要剔除那些思想中"粗俗的"经验主义成分，用"德国科学"予以改造，使之成为"真正的社会主义"。他们以"先知"自居，认为社会主义或共产主义并不是特定现实运动的表现和产物，而是纯粹的理论文献，并且，这些文献正如他们所设想的德国哲学体系的产生一样，是从"纯粹的思想"中产生的。他们离开实在的历史基础而转到思想基础上，任意捏造共产主义和德意志意识形态之间的联系，虚构出一套套"绝对的""真正的"社会主义体系，并声称这是"民族的骄傲和值得所有毗邻各国人民羡慕的东西"。

马克思和恩格斯认为，所谓"真正的社会主义"，并不是向无产者而是向抱有博爱幻想的小资产者以及这些小资产者的思想家呼吁，它迎合的是那些既害怕资本主义工业发展破坏传统生活方式又害怕无产阶级革命潮流淹没自己私有财产的小资产阶级的利益。所以，它就丧失了一切革命热情，它就不是宣扬革命热情而是宣扬对于人们的普遍的爱了。这样的社会主义只能使工人阶级迷失斗争方向，把轰轰烈烈的社会运动拉回书斋，变成美文学家、魔术博士以及其他著作家们的纯粹的文学运动。

恩格斯写作《德意志意识形态》的两页手稿

尽管马克思和恩格斯本人与不少"真正的社会主义者"都有过交往，甚至一起开展过共产主义宣传，但为了使工人阶级的解放运动沿着健康的轨道发展，为了建立革命的共产党，他们不能不对"真正的社会主义者"的著述和言论予以驳斥，肃清它们的流毒。为此，马克思和恩格斯公开亮明自己的论战原则："我们一般并不反对个别人，我们只是把刊印出来的文件看作是在德国这样一个泥潭里必定会产生的那个流派的表现。"

《德意志意识形态》由两卷组成。第一卷《对费尔巴哈、布·鲍威尔和施蒂纳所代表的现代德国哲学的批判》占了全书4/5的篇幅，这是对旧德意志哲学的总清算。第二卷《对各式各样先知所代表的德国社会主义的批判》，现保存下来的有第一、四、五章，集中批判了"真正的社会主义者"海尔曼·泽米希、鲁道夫·马特伊、卡尔·格律恩、格奥尔格·库尔曼等人的观点。

对"真正的社会主义者"的批判，如同对费尔巴哈和青年黑格尔主义者的批判一样，根本目的是为了阐发崭新的唯物史观和科学社会主义原理，即"论战"为"正面阐述"服务。《德意志意识形态》一书的完成，标志着马克思主义创始

# 恩格斯传

人完成了一生两大发现中的第一个伟大发现——唯物主义历史观。

这种历史观就在于：

> 从直接生活的物质生产出发来考察现实的生产过程，并把与该生产方式相联系的、它所产生的交往形式，即各个不同阶段上的市民社会，理解为整个历史的基础；然后必须在国家生活的范围内描述市民社会的活动，同时从市民社会出发来阐明各种不同的理论产物和意识形态，如宗教、哲学、道德等等，并在这个基础上追溯它们产生的过程。

围绕这一总的历史观，马克思和恩格斯阐述了一系列基本原理：

> 社会存在决定社会意识；
> 物质生活资料的生产和再生产是人类社会生存和发展的基础；
> 一切历史冲突都根源于生产力与生产关系之间的矛盾；
> 国家作为上层建筑的主要形式是阶级统治的工具；
> 由于生产力与生产关系、经济基础与上层建筑的矛盾运动，资本主义的灭亡和共产主义的胜利成为历史发展的必然趋势；
> ……

特别值得一提的是，马克思和恩格斯在论述未来社会基本特征时指出，生产力的巨大增长和高度发展是实现共产主义绝对必需的实际前提：

> 如果没有这种发展，那就只会有贫穷的普遍化；而在极端贫困的情况下，就必须重新开始争取必需品的斗争，也就是说，全部陈腐的东西又要死灰复燃。

重温这段论述，联想到共产主义运动一个多世纪以来的实际发展，不由人不感叹导师的思想是何等的深刻!

从1845年11月到1846年5月,马克思和恩格斯只用了差不多6个月的时间,就基本完成了《德意志意识形态》这部巨著的初稿。可以想象,他们的工作是相当紧张的。这一点可以从《北极星报》编辑乔治·哈尼1846年3月30日给恩格斯的信中看出来。哈尼不无幽默地写道:

> 当我告诉我的妻子说你们两人为创作一个非常哲学化的体系一直工作到清晨三四点钟的时候,她声称,这样的体系对她不适用,倘若她在布鲁塞尔,她就在你们的妻子中间发动"政变"。

工作虽然紧张,心情却是极为愉快的。

两位伟大的朋友第一次有这么长的时间相处,在相互的观点交流和彼此的思想启发中产生的心灵共鸣,是任何其他的愉悦都不能取代的。无论是痛快淋漓地批驳"莱比锡宗教会议的僧侣们"狂妄荒谬的言论,还是科学严谨地表达自己在历史社会理论中的最新发现,都使他们感到无比的快意。他们有时甚至深更半夜还情不自禁地哈哈大笑,使得家人都无法入睡。

《德意志意识形态》原定在德国出版,威斯特伐利亚的两位企业家尤利乌斯·迈耶尔和鲁道夫·雷姆佩尔曾答应资助印制费用。这两位企业家自称是共产主义者,实际上却是马克思、恩格斯所批判的"真正的社会主义者"。1846年5月,第一卷手稿的主要部分由约瑟夫·魏德迈从布鲁塞尔带往威斯特伐利亚,这时候他们尚没有表示异议。而当1846年7月第二卷手稿的大部分也陆续寄达威斯特伐利亚之后,他们就拒绝提供资助了。并且,当时德国的大多数有共产主义倾向的出版商都或多或少地赞同"真正的社会主义者"的观点和主张,这就对《德意志意识形态》的出版工作造成了极大的障碍。

从1846年到1847年,马克思、恩格斯多方努力,力争把这部内容丰富的新著发表出来,但都没有结果。1847年初,恩格斯还为《德意志意识形态》第二卷写了续篇,题为"真正的社会主义者",批判这个小资产阶级社会主义派别的各个支派，揭示"它的每一支派起初怎样在博爱的银河里浮现"，以及"它的每一流派后来怎样以星云的状态有时出现在社会主义的天空，这星云后来又怎样变得愈来愈明亮，最后，宛若焰火，散成一群群闪耀夺目的星星和星座"。如此辛辣的嘲讽，比深刻的批判更增加了出版的困难。《德意志意识形态》除部分章节在刊物上摘要发表外，全书最终未能在马克思、恩格斯生前出版。对于心爱的著作不能面世，马克思、恩格斯很豁达：

> 既然我们已经达到了我们的主要目的——自己弄清问题，我们就情愿让原稿留给老鼠的牙齿去批判了。

当然，马克思、恩格斯是不会轻易把这部珍贵的手稿真的"留给老鼠的牙齿"的。恩格斯在马克思逝世后整理他的遗稿时发现，搁置了近40年的手稿虽然有的地方因年代久远变得字迹模糊不清，还有一些章节因出版无望而没有最后完成和定稿，但基本内容完整无缺。

恩格斯一度打算重新整理出版，后因种种原因而搁浅。但他在自己的后期创作中，常常利用这部稿子，尽可能使之发挥更大的用场。恩格斯始终认为，《德意志意识形态》是"一部无比大胆的著作"，甚至可以说是"所有用德文写的著作中最大胆的"。正是这种大胆，加上严密的科学求证，揭开了马克思、恩格斯行将震撼世界的新时代宣言的理论篇章。下一个篇章，将是他们直接投身于现实革命运动的滚滚洪流。

## 组建共产主义政党

历史唯物主义的理论建构为社会变革指明了方向。随后，马克思、恩格斯把创建无产阶级政党的任务提到了首要地位。

恩格斯明确表示，他和马克思决不想把新的科学成就写成厚厚的书，只向学术界吐露。一个真正的共产主义者，不但要科学地论证自己的观点，还要使无产阶级相信他们的信念是正确的，并让它开花结果。

为此，马克思、恩格斯于1846年初，即《德意志意识形态》尚处于紧张的创作过程之际，就在布鲁塞尔创立了一个国际无产阶级的联系组织——共产主义通讯委员会，以便从思想上、政治上为建党做准备。

共产主义通讯委员会的积极成员除马克思、恩格斯外，还有比利时共产主义者菲利普·日果、德国流亡革命家威廉·沃尔弗、德国政论家约瑟夫·魏德迈等，起初还包括德国著名空想共产主义者威廉·魏特林。

在马克思、恩格斯和日果的主持下（日果当时是布鲁塞尔市立图书馆的职员，利用职务之便为共产主义者的国际联系做了不少工作），共产主义通讯委员会通过活跃的通信活动，逐步建立起了一个范围广阔的国际共产主义信息交流及宣传网络。这个网络的建立及其卓有成效的活动，大大加强了各国共产主义者和工人团体之间的联系，互相通报情况，研究斗争策略，有利于克服当时工人运动中普遍存在的组织涣散问题；同时宣传了科学社会主义，教育了工人运动的积极分子，培养了一批革命的核心力量，为无产阶级政党的建立奠定了各方面的基础。

这些工作都是在经济境况相当窘迫的条件下开展的。马克思基本不能从家里获得任何经济上的支持，而此时他和燕妮已经有了两个孩子，一家四口的开销在没有固定收入的情况下，应付之难可想而知。恩格斯虽然不时可以收到家里的汇款，但要应付各种日常开销也是很拮据的。本来，马克思、恩格斯原以为可以从《德意志意识形态》一书中获得一笔预付稿酬，可希望落空了，他们只得频繁地进出当铺，用首饰什物换取一日三餐。

1846年4月3日，恩格斯不得已给住在伦敦的妹夫艾米尔·布兰克写了一封求助信：

# 恩格斯传

亲爱的艾米尔：

请立即寄给我六英镑或一百五十法郎左右。我在一两个星期以内寄还给你。本来我等着老头4月1日寄钱给我，但是没有寄来，看样子，他是想在来参加你孩子的洗礼时顺便带来。但是我现在有价值一百五十法郎的东西在当铺里，在亲人们到来以前要去赎回来，因此现在我必须有这一笔钱。出现这些麻烦，是因为一个冬天我在写作方面几乎一文钱也没有挣到，因此我和我的妻子不得不几乎完全靠家里寄钱度日，而家里寄来的钱又不太多。现在我手头有一批相当数量的稿子，已经完全写好或写好一半，这种窘境今后就不那么容易出现了。总之，请你把钱寄给我，我一收到家里的钱就还给你。

你的兄弟弗里茨在这里住了几天，昨天早晨回家去了。最后我再一次请求你对这封信的内容保守秘密。祝好。

你的 弗

到了夏天，恩格斯的经济情况未见丝毫好转，他甚至已交不起公寓的租金，不得不搬出同盟路7号这家此时价钱显得特别昂贵的独立公寓，和玛丽一起住进了位于圣居杜尔平原路19号的野林旅馆。野林旅馆是一家中档旅馆，房钱比较便宜。并且，马克思一家也早已住在这里了。

由于经费上的掣肘，共产主义通讯委员会的活动效率不能不受到一定程度的影响。日常开支都只得靠从德国的熟人当中进行募集，很不稳定。但是，马克思、恩格斯还是在如此艰难的条件下，把通讯委员会的工作开展得有声有色，几乎在一切有共产主义小组活动的地方都成立了分会，或建立了稳定的联系。马克思、恩格斯把这些大多还规模不大的小组看作是传播自己科学思想的基地，以它们为中介，同广大工人群众保持密切的联系。渐渐地，布鲁塞尔共产主义通讯委员会发展成为国际共产主义运动的一个重要的思想中心和政治中心。

为了使工人运动在科学社会主义的理论基础上统一起来，共产主义通讯委员会对各种非科学社会主义思潮进行了坚决的批判和斗争。其中，比较有代表性的是同空想共产主义者魏特林、"真正的社会主义者"克利盖的斗争，以及与另一个著名的"真正的社会主义者"格律恩之间关于"蒲鲁东协作社计划"的论战。

工人出身的魏特林是德国早期工人运动的著名理论家和活动家，19世纪30年代即参加革命运动，40年代初在以德国手工业工人为主的半密谋、半宣传性革命组织正义者同盟中拥有很大影响和较高的威望。他出版了《现实的人类和理想的人类》《和谐与自由的保证》《一个贫困罪人的福音》等著作，揭露和批判资本主义制度，宣传平均共产主义思想，对启发工人觉悟、推动早期工人运动的发展做出了一定的贡献。他还积极参加并领导正义者同盟的密谋活动和组织活动，多次遭到普鲁士政府的逮捕和流放。不过，他的共产主义理论以绝对平均观为核心，空想成分很浓，反映了德国手工业工人的保守性和落后性；他的著作尤其是后期著作带有浓厚的基督教神秘主义色彩，有碍于工人运动的健康发展；他甚至不顾德国当时的客观条件，反对无产阶级参加和支持资产阶级民主革命。这些都体现了他作为一个流浪手工工人的局限性，对工人运动的进一步开展产生了不利影响。

马克思、恩格斯一度把魏特林当作共产主义思想的捍卫者，并十分尊重他对工人阶级的解放事业所做出的理论上和实践上的努力。1846年春，魏特林来到布鲁塞尔，受到马克思、恩格斯的欢迎。马克思、恩格斯非常耐心地去争取他成为自己的同盟者，并邀请他参加共产主义通讯委员会。

魏特林接受邀请，加入了共产主义通讯委员会，但他妄自尊大，以救世主自居，不仅拒绝用科学社会主义理论修正自己的空想共产主义学说，反而在共产主义通讯委员会内部从事分裂活动。马克思、恩格斯敏锐地意识到，由于魏特林的传统影响，如果不澄清思想上的是非，共产主义通讯委员会将面临组织分裂或被错误路线左右的危险。

当时，马克思28岁，恩格斯26岁，他们的新学说刚刚诞生，在工人运动中的影响还不大。相反，魏特林已经38岁，从事实际活动和理论活动已有十几年，在德国、瑞士、法国、奥地利等国的工人阶级职业革命家中颇有名气，屡次被反动政府逮捕和流放的经历更增加了他的传奇色彩。1844年，魏特林流亡伦敦时，就受到了各国共产主义者的热烈欢迎。来到布鲁塞尔后，他试图利用自己的这种影响，主导共产主义通讯委员会的发展方向。于是，斗争不可避免地爆发了。

1846年3月30日，一场具有重要历史意义的共产主义通讯委员会会议在布鲁塞尔召开。

恩格斯主持会议并首先讲话。他说，今天会议的目的是必须把与会者各自的观点弄明确，并通过辩论达成共识，进而制定共同的原则，作为行动的指导方针。

魏特林接着发言，他并不陈述自己的理论观点，而是以基督的口吻居高临下地宣称：共产主义革命马上就要来到德国，大家不要再搞这些毫无意义的理论讨论，而应当立即采取行动，去鼓动工人、组织工人，直接投身革命运动。

马克思坚决反对这种充满幻想的盲动观点，并深刻地指出：如果我们不以建立在科学理论基础上的科学思想为指南，向工人们阐明无产阶级解放斗争的道路和目的，那么一切都不过是不负责任的儿戏罢了；没有理论准备的鼓动，同传教士们所玩的那些空洞无聊的把戏没有两样，它实质上是一种欺骗，不可能给群众提供任何可靠的行动依据，更不可能拯救受苦受难的人们，而只会把他们引向毁灭。

通过这场辩论和随后的通信联系，马克思、恩格斯的观点得到共产主义通讯委员会绝大多数成员的支持，魏特林在工人运动中的影响被大大削弱。

同魏特林进行辩论以后不久，布鲁塞尔共产主义通讯委员会又于同年5月11日举行特别会议，批判"真正的社会主义者"海尔曼·克利盖在美国的活动，并就"真正的社会主义"的全部方针进行了认真、深入的讨论。

克利盖是1845年秋去美国的，以"德国共产主义在纽约的著作界代表"的身份开展活动。他在德国流亡工人的支持下，于1846年1月创办了周报《人民论坛报》并担任主笔，大肆贩卖他的"爱"的社会主义。他把一切社会运动归结为"爱和恨，共产主义和利己主义"，鼓吹"普遍的爱"和"兄弟合作"，要使"爱的宗教成为真理"，"用爱把一切人团结起来"，在地球上建设"充满天国的爱的村镇"。他还据此把美国小资产阶级改革派反对土地垄断的运动描绘成共产主义的运动，声称只要废除地租，分给每个公民一小块土地，就可以实现共产主义。

这显然是与科学社会主义的原则背道而驰的，势必会对工人运动产生误导。马克思、恩格斯意识到了问题的严重性，提请共产主义通讯委员会立即对克利盖在美国的活动问题进行讨论，并亲自起草了一份长篇决议草案，全面批驳克利盖在纽约以共产主义的名义所鼓吹的那些伤感主义的梦呓，指出它大大地损害了共产主义政党在欧洲以及在美洲的声誉。

在5月11日的会议上，围绕这份决议草案，与会者展开了热烈的讨论，对克利盖的问题基本达成了共识。会议进行了表决，除魏特林一人投反对票外，其余与会者均赞成把马克思、恩格斯起草的决议草案作为会议正式决议分发给德国、法国及英国的共产主义者，并责成克利盖在最近的《人民论坛报》上全文发表这份决议。

马克思、恩格斯在决议中明确指出，克利盖"把共产主义变成关于爱的呓语"并作了"形而上学的夸大"，"如果被工人接受，就会使他们的意志颓废"。他把"爱"捧到至高无上的地位，似乎人世间的一切都必须服从于"爱"，其实世界上并没有抽象的爱，爱是具体的、历史的、有阶级性的。实现共产主义必须通过无产阶级对资产阶级的革命斗争，而绝不是什么"一视同仁地把爱施舍给一切人"，"用爱把一切人团结起来"。至于克利盖把美国小资产阶级改革派在土地问题上的主张看作是"一切运动的最终的最高目的"，把它等同于共产主义，则是十分荒谬的。小资产阶级的民主改革运动固然有其历史的合理性，但它至多只能作为无产阶级运动在一定条件下的必要的初步形式，小私有制毕竟和共产主义是格格不入的。以为只要把每个人都变成拥有一小块"不可让渡"的土地的小私有者，就可以解决一切社会矛盾，使人类过上永久幸福的生活，这不过是那些破产的农民、手工业者和小店主的梦想。并且，这种梦想就像希望把一切人都变成帝王和教皇一样，既无法实现，也不是共产主义的。

克利盖迫于布鲁塞尔共产主义通讯委员会的压力，不得已在1846年6月6日和13日出版的《人民论坛报》第23号和24号上连载了这份决议。决议的发表，对于澄清部分工人运动活动家的糊涂认识，批判"真正的社会主义"关于爱的说教，阐明无产阶级对待小资产阶级改良主义运动的原则立场，都有着十分重要的意义。

但是，克利盖在决议发表后，不但没有认真反省自己的错误，反而同魏特林等人勾结，在《人民论坛报》上连篇累牍地发表文章替自己辩解，攻击马克思、恩格斯及其他共产主义通讯委员会的成员。魏特林、克利盖等人的文章出笼的时候，恩格斯已受布鲁塞尔共产主义通讯委员会的委派去了巴黎。他看到这些东西后十分气愤，特致信马克思，希望他予以反击：

> 这样愚蠢可笑的东西我还从来没有碰见过。魏特林兄弟的无耻行径在给克利盖的信中已登峰造极。至于细节，我已记不得，也就不能说什么了。但是我同样也认为，应该回答克利盖和施特劳宾人的宣言，让他们清楚地看一看：他们否认曾经说过遭到我们谴责的话，而同时又在回答中再次重复他们所否认的蠢话。我还认为，正是那位充满高尚道德激情并且对我们的嘲笑满怀愤懑的克利盖，应该好好地教训一下。

马克思很快就草拟了第二份反对克利盖的决议，下发给共产主义通讯委员会各小组。这时候，魏特林已经完全站到了克利盖一边，"真正的社会主义"的著名代表人物莫泽斯·赫斯也支持克利盖和魏特林的立场，并公开宣布"不打算同马克思的党发生任何联系了"。赫斯和魏特林本打算组成一个反对布鲁塞尔共产主义通讯委员会的小集团，但未获成功。1846年底，魏特林应克利盖之邀到了美国，次年7月被改组后的正义者同盟开除。

同魏特林和克利盖的斗争告一段落后，恩格斯受共产主义通讯委员会的委派，于1846年8月前往巴黎。此行的主要目的有二：一是帮助那里的德国共产主义者向当时在正义者同盟巴黎支部内占优势的"真正的社会主义者"展开思想斗争，宣传科学社会主义；二是组建共产主义通讯委员会巴黎分会，同法国工人运动的活动家及其组织建立广泛的联系。

抵达巴黎后的第五天，恩格斯就向布鲁塞尔共产主义通讯委员会寄出了第一份工作报告，一个月后又寄出了第二份，再一个月后寄出了第三份，全面汇报共产主义者在巴黎的活动情况和思想动向。报告较为详细地叙述了正义者同盟内部围绕格律恩式蒲鲁东学说所展开的激烈思想斗争。恩格斯亲自参与了这场斗争，并在其中发挥了极为关键的作用。

19世纪40年代的巴黎

格律恩是莫泽斯·赫斯的追随者。1946年初，正义者同盟领导人准备同魏特林主义划清界限，却又没有找到新的学说作为指导思想。在这个间隙中，格律恩俨然充当了正义者同盟巴黎支部的"理论权威"。格律恩极力贩卖的无非是些"真正的社会主义者"关于人性的空谈或者小资产阶级社会主义者蒲鲁东的所谓"协作社计划"，直接或间接地对工人的斗争意志起着一种可怕的消解作用。巴黎支部领导人艾韦贝克虽然感觉到了格律恩的危险性，也曾和他作过一定的思想斗争，但他本人用以教育工人的却是一种混乱不堪的政治经济学，或者是用人道主义来解释《德法年鉴》，缺乏说服力。因此，恩格斯抵达巴黎时，正义者同盟内部及其他旅居法国的德国工人运动活动家的思想正处于空前的混乱状态。

格律恩大肆鼓吹的"蒲鲁东协作社计划"，是一种典型的手工业社会主义改良方案。它主张各行业的全体手工业者组成协作社大货栈，全部货物都由协作社社员提供，并严格按照原料费和劳动的支出来议价，然后进行等价交换。这样，在协作社内部，利润就消灭了。协作社的剩余产品则直接投放世界市场，这便废除了中间商人的利润。与此同时，无产者积储小额股份加入协作社，使协作社的资本因新社员的加入而不断增加，进而设立新的作坊和工厂，扩大协作社的就业规模。久而久之，所有的无产者都将有工可做，资产者手中的资本就失去了支配劳动和获取利润的权力。如此一来，连资本也被废除了，资本主义的剥削也就自然而然不复存在，无产者便获得了最后的、彻底的解放。

1846年夏秋之季，聚居巴黎的各派社会主义者都在讨论"蒲鲁东协作社计划"。恩格斯来到巴黎之后，积极参加了这些讨论。他从工人的现实处境出发，简单而有说服力地证明了这个宏大的"救世计划"完全是异想天开：

> 当无产者一贫如洗，口袋里连晚上喝啤酒的几个小钱也没有的时候，却要让他们用储金购买整个世界！这样一个卓越的计划真是从来没有人想到过，而且，既然打算表演这样的戏法，那么用月亮的银光立刻铸出五法郎硬币，岂不是更简捷得多吗？

讨论伊始，几乎所有人都反对恩格斯。经过三个晚上的激烈辩论后，恩格斯的观点才得到越来越多人的认同。恼羞成怒的格律恩分子为了挽回自己的败局，转而公开攻击共产主义。

在这种情况下，恩格斯明确提出，在继续讨论问题之前，必须先进行投票表决，大家是不是以共产主义者的身份来参加集会的。如果是，就必须制止格律恩之流对共产主义的无耻攻击；如果不是，那自己以后就没有必要再来参加这种"只是随便什么人在随便讨论某个问题"的集会了。

格律恩分子辩解说，他们是"为了人类的幸福""为了自己弄清问题"来参加集会的，他们都是"真正的人"，不是"随便什么人"，进而质问恩格斯："共产主义究竟是什么？"恩格斯并没有被他们的质问难住，他斩钉截铁地回答道：

> 我把共产主义者的宗旨规定如下：
>
> （1）维护同资产者利益对立的无产者的利益；（2）用消灭私有制而代之以财产公有的手段来实现这一点；（3）除了进行暴力的民主的革命以外，不承认有实现这些目的的其他手段。

## 第三章 大革命洗礼

恩格斯这个简单明确的定义恰好涉及当时争论的各个方面，用财产公有驳斥了"真正的社会主义者"和蒲鲁东主义者美化私有制、保存私有财产的种种主张，用暴力的民主革命取代了一切温情主义和密谋主义。

在这个定义中，没有任何东西可以让格律恩分子作为借口来任意发挥，或者回避恩格斯提出的投票表决。结果，经过两个晚上的争论，格律恩分子完全分化了，几乎只剩下格律恩一人固执己见。投票表决以13：2通过了集会是遵守上述定义的共产主义集会的动议。至此，格律恩在大多数人心目中，甚至在他的一部分追随者的心目中，已经声誉扫地了。恩格斯高兴地向布鲁塞尔共产主义通讯委员会报告：

> 以前使我不得不和这些人斗争的各种争执问题现在都解决了；格律恩的主要支持者和门徒艾泽曼老爷子已经被赶跑，其余的人对群众的影响也完全扫清了，我提出的反对他们的议案获得了一致的通过。

反对格律恩的斗争的胜利，表明恩格斯巴黎之行的主要目的——为组建无产阶级政党传播科学思想、发展可靠力量——已经达到了。与此同时，他还拜访了著名的空想共产主义者埃蒂耶纳·卡贝、革命诗人亨利希·海涅和小资产阶级社会主义者路易·勃朗等人。

恩格斯的频繁活动，引起了巴黎警察当局的注意。他们监视恩格斯参加的集会，派出密探跟踪盯梢，巴黎警察局长加布里埃尔·德累赛尔甚至向内务部请求下令将恩格斯驱逐出境。恩格斯被迫暂时停止了共产主义的宣传和组织活动。

利用这段难得的空闲时间，恩格斯阅读了有关丹麦、瑞典、挪威、冰岛等北欧国家状况的书籍，对蒲鲁东刚刚出版的《贫困的哲学》一书作了详细的摘要和评论，同时开始写作《真正的社会主义者》《诗歌和散文中的德国社会主义》等著作。此外，恩格斯还充分享受了这份不是出于自愿的"自由"，让紧张的神经适当松弛。他在给马克思的信中不无幽默地说道：

我要感谢高贵的警察，他们把我从施特劳宾人中拉了出来，并且使我记起了生活中的欢乐。如果说两星期来一直跟踪我的那些可疑的家伙果真是密探（其中有几个我确切地知道就是密探），那就是说警察局在最近发出了许多参加孟德斯鸠、瓦伦提诺、普腊多等地舞会的入场券。我得感谢德累赛尔先生，他使我愉快地见识了一些浪漫女郎和许多乐事，因为我想把我待在巴黎的最后几个白天和夜晚充分加以利用。

经过布鲁塞尔共产主义通讯委员会卓有成效的活动，组建无产阶级政党的思想条件和组织条件已基本成熟。这时候，作为通讯委员会理论宣传最突出的一个现实成果，正义者同盟领导人转向科学社会主义，使建党工作正式进入具体操作阶段。

正义者同盟是德国手工业无产者的革命组织，一度信奉魏特林主义和"真正的社会主义"。随着马克思、恩格斯对这两个非科学社会主义流派的有力批判，同盟领导人逐步提高了思想觉悟。1846年底，他们致信马克思、恩格斯，表示支持他们在通讯委员会内部开展的反对上述两个非社会主义派别的斗争。1846年11月和1847年2月，同盟领导机关两次通告全体盟员，斥责魏特林的空想共产主义体系和密谋、宗派主义的组织形式，并号召盟员对"真正的社会主义"的一切肤浅的关于"爱"的陈词滥调予以坚决的斗争。同时，同盟中央决定召开代表大会，并请求马克思、恩格斯帮助制定纲领。

1847年初，正义者同盟派代表约瑟夫·莫尔携带同盟的正式委托书，前往布鲁塞尔和巴黎，邀请马克思、恩格斯加入同盟，并同意以科学社会主义原则作为纲领基础，对同盟进行改组。在这种情况下，马克思、恩格斯欣然接受邀请，把正义者同盟改组成第一个无产阶级政党——共产主义者同盟的工作自此开始。

改组工作主要是通过两次代表大会完成的。

第一次代表大会于1847年6月2日至9日在伦敦秘密举行。恩格斯代表巴黎组织，威廉·沃尔弗代表布鲁塞尔组织出席了大会，马克思因经费紧张未能成行。恩格斯在大会上多次发言阐述科学社会主义原理，并主持了许多重要文件的起草和审定工作，成为大会的核心人物。

这次会议取得的主要成果有三：把正义者同盟改名为共产主义者同盟，用"全世界无产者，联合起来！"的新口号代替"人人皆兄弟"的旧口号，通过恩格斯参与起草的《共产主义者同盟章程》（草案）。大会还讨论了同盟的纲领问题，鉴于公开宣布同盟纲领原则的意义重大，大会认为应当格外慎重，没有形成正式决议，但大会代表一致同意把恩格斯起草的《共产主义信条草案》下发各级地方组织进行讨论、修改和补充，为新纲领的制定提供尽可能充分的理论准备。

会后，马克思、恩格斯做了大量工作，巩固大会成果，扩大同盟影响，贯彻同盟新方针。

1847年11月29日共产主义者同盟第二次代表大会在伦敦召开。此时，同盟内部的思想混乱已基本得到消除，有关组织措施也得到落实，马克思还亲自担任了同盟布鲁塞尔区部主席。

马克思和恩格斯双双出席了这次大会，并就科学社会主义原理作了精彩的发言。恩格斯当选为大会秘书，参与了大量的会议日常事务。经过长时间的大会辩论，马克思、恩格斯的学说在全部与会代表中取得了共识。

共产主义者同盟成立大会（油画）（张文新 作）　　共产主义者同盟第二次代表大会会址"红狮"旅馆

在上次代表大会通过的同盟章程草案的基础上，大会根据各地盟员讨论的情况，通过了修改后的新章程。章程第一条明确表达了共产主义者同盟的目的："推翻资产阶级政权，建立无产阶级统治，消灭旧的以阶级对抗为基础的资产阶级社会和建立没有阶级、没有私有制的新社会。"大会还委托马克思、恩格斯尽快为同盟起草一份公开发表的宣言，作为同盟的正式纲领。

至此，世界上第一个按照科学社会主义理论原则建立起来的无产阶级政党正式诞生了。马克思、恩格斯是党的灵魂。

# 新时代的宣言

1847年底，《共产党宣言》正式动笔。可这份作为世界上第一个无产阶级政党的第一个纲领的历史性文献的制定工作，却要追溯到恩格斯1847年6月为共产主义者同盟第一次代表大会起草的纲领草案《共产主义信条草案》。

《共产主义信条草案》采用一问一答的形式，设计了有内在逻辑联系的22个问题。这些问题阐述了共产主义者的目的及实现这一目的的途径，分析了无产阶级和资产阶级的产生过程、历史作用及相互间的矛盾和斗争，强调了实行财产公有的必要性和基本条件，论述了革命与密谋、革命与民主的关系，以及共产主义与民族、宗教的关系，比较全面地回答了共产主义政党的依靠力量、活动方式、奋斗目标等基本问题。

恩格斯明确指出，共产主义者的目的是建立这样一种社会，它能使社会的每一个成员都能完全自由地发展和发挥他的全部才能和力量，并且不会因此而危及这社会的基本条件。为了达到这个目的，必须废除私有财产，代之以财产公有。但是，财产公有并不是任何时候都可能实现的，它必须以大机器工业的充分发展为前提。并且，群众的发展也是不能命令的，它受到群众生活条件发展的制约，因而是逐步前进的。鉴于无产阶级在现代社会所处的从属地位，实行财产公有的第一个基本条件应是通过民主的国家制度达到无产阶级的政治解放。

在《共产主义信条草案》中，恩格斯精辟地阐述了共产党人对待革命的辩证态度：反对密谋活动，确信一切密谋都不但无益，甚至有害；革命并不是随心所欲地制造的，它在任何地方和任何时候都是完全不以单个的政党或某个阶级的意志和领导为转移的各种情况的必然结果；但是，也应该看到，世界上几乎所有国家的无产阶级的发展都受到有产阶级的暴力压制，因而是共产主义者的敌人用暴力引发了革命；如果被压迫的无产阶级因此最终被推向革命，那么，共产党人将用实际行动来捍卫无产阶级的事业，正像现在用文字来捍卫它一样。

此后，恩格斯于1847年10月下旬又为共产主义者同盟拟定了第二份纲领草案，名为《共产主义原理》。之所以重拟纲领草案，一是因为恩格斯本人对《共产主义信条草案》中明显存在的空想社会主义影响痕迹不满意，二是由于"真正的社会主义者"莫泽斯·赫斯为草案提出了一个思想混乱的修正稿，令恩格斯更不满意。他在同盟巴黎区部会议上逐条驳斥了赫斯的修正稿，并接受区部委托重拟纲领草案。恩格斯在1847年10月25日给马克思的信中谈到了这件事：

> 对莫泽斯，我开了一个很厉害的玩笑（此事请保密）。他的确写成了一篇绝妙的教义问答修正稿。而我就在上星期五的区部会议上对这篇稿子按问题逐个进行了分析，我还没有来得及谈到一半，大家就表示满意了。在没有任何反对的情况下，委托我草拟一篇新的教义问答在本星期五的区部会议上进行讨论，并且要背着各支部直接寄往伦敦。当然，这件事要严守秘密，否则我们全都要被免职，并且会造成一场大闹。

《共产主义原理》的写作只用了不到一个星期的时间，它明显是以《共产主义信条草案》为基础写成的。《共产主义信条草案》设计的22个问题，大约有一半被《共产主义原理》保留下来，有的直接保留了原来的答案，有的则进行了修改和补充。当然，《共产主义原理》也提出了一些新问题，对问题的回答也更加详细和准确，内容更加丰富，结构更加严谨。从篇幅上看，《共产主义原理》对25个问题的回答相当于《共产主义信条草案》所回答的22个问题的三倍。在共产主义者同盟第二次代表大会召开前夕（1847年11月23日），恩格斯把《共产主义原理》的写作形式和基本结构写信告诉了马克思：

写作《共产主义原理》（素描）
（刘文西 作）

> 这是用简单的叙述体写的，但是校订得非常粗糙，十分仓促。我开头写什么是共产主义，随即转到无产阶级——它产生的历史，它和以前的劳动者的区别，无产阶级和资产阶级之间的对立的发展，危机，结论。其中也谈到各种次要问题，最后谈到了共产主义者的党的政策中应当公开说明的那些内容。

在同一封信中，恩格斯还谈到了自己关于同盟纲领的想法：

> 我们最好是抛弃那种教义问答形式，把这个东西叫作《共产党宣言》。因为其中必须或多或少地叙述历史，所以现有的形式是完全不合适的。

这个想法得到了马克思的赞同，后来的《共产党宣言》便采用了新的行文方式，但基本内容和结构还和《共产主义原理》大体相同。显然，像《共产党宣言》这样伟大的历史文献能在短短一个月之内写成，除了马克思、恩格斯所具有的非凡学识和智慧外，还与有《共产主义原理》这份比较成熟的初稿是分不开的。

《共产主义原理》提出并阐述了科学社会主义的一系列重要理论原则，包括：

共产主义是关于无产阶级解放的条件的学说，废除私有制是共产主义者的主要要求；

共产主义者最不反对用和平的办法废除私有制，但由于敌人对无产阶级发展的强力压制，也会用实际的革命行动来捍卫自己的事业；

无产阶级革命只能逐步改造现实社会，并且只有在废除私有制所必需的大量生产资料创造出来之后才能废除私有制；

无产阶级革命将建立民主制度，从而直接或间接地建立无产阶级的政治统治；

共产主义革命不可能只是一个国家的革命，它必须在一切文明国家里同时发生；

……

恩格斯从分析产业革命的社会后果入手，详细阐述了无产阶级的产生过程及其经济社会地位的演变，指出它是与以前的所有劳动阶级，包括奴隶、农奴、手工业者、手工工场工人都不同的一个新的劳动阶级。资本主义大工业的发展导致了无产阶级的产生，并促使其力量不断壮大，最终成为资本主义制度的掘墓人。

恩格斯进而分析道，社会制度中的任何变化，所有制关系中的每一次变革，都是同旧的所有制关系不再相适应的新生产力发展的必然结果。工场手工业和机器大工业的发展最初要求建立资本主义私有制，但随着工厂制度和自由竞争导致生产与消费之间的矛盾日益尖锐，经济危机爆发了，且每隔几年又来一次，表明资本主义私有制已成为生产力进一步发展的障碍。继之，生产规模还在不断扩大，阶级对抗越来越趋于明朗化，这就为彻底消灭资本主义私有制准备了充分的物质条件：

第一，有了资本和规模空前的生产力，并且具备了能在短时期内无限提高生产力的手段；

第二，生产力集中在少数资产者手里，而广大的人民群众却愈来愈多地

变成了无产者,并且资产者的财富愈是增加,无产者的境遇就愈加悲惨和难以忍受;

第三,这种强大的容易增长的生产力的发展,已经大大超出了私有制和资产阶级的范围,以致经常引起社会制度极其剧烈的震动。

在这种情况下,消灭私有制,不只是必要的,而且是完全可能的。

在后面几个问题中,恩格斯还对未来的共产主义社会作了科学的推论和描述:

共产主义社会是一个废除了私有制的社会,私有制所造成的一切后果都被消灭了;

全部生产工具由社会全体成员共同使用,而由社会全体成员组成的共同联合体将有计划地利用生产力,把生产发展到能够满足全体成员需要的规模;

阶级和阶级对立不复存在,靠牺牲一些人的利益来满足另一些人需要的情况不可能再出现;

旧的分工被消除,城乡对立也将消失,全体社会成员都可望得到全面的发展;

经济危机完全终止,超出社会当前需要的生产余额成为进一步前进的条件和刺激;

两性间的关系是仅仅和当事人有关而社会无须干涉的私事;

各民族按公有制原则结合起来,共同发展,民族特点逐渐融合在一起,最后自行消失;

一切现有宗教都因其民族基础的消失和社会生产力的巨大发展而成为多余;

……

第三章　大革命洗礼

马克思、恩格斯共同起草《共产党宣言》（符·波利亚科夫 作）

鉴于恩格斯本人对《共产主义原理》采取的"教义问答形式"不满意，共产主义者同盟第二次代表大会没有把它作为党的纲领提交大会讨论，而是委托马克思、恩格斯重新起草党纲。

大会期间，他们开始研究写作方案。马克思认为《共产主义原理》阐述的一切基本原则都是正确的，论述逻辑也是可取的。两人一致同意新的纲领基本上按《共产主义原理》的内容框架展开，但抛弃它的"教义问答形式"。

12月中旬，马克思、恩格斯先后从伦敦回到布鲁塞尔，进一步商讨新纲领的内容、结构和表达方式，拟定写作大纲。

12月底，恩格斯返回巴黎。

之后，马克思用了不到一个月时间，完成了名为《共产党宣言》的同盟新纲领。

1848年1月底，《共产党宣言》手稿被寄往伦敦，2月24日左右正式出版。

《共产党宣言》最后是由马克思一人执笔完

《共产党宣言》第一版封面

成的，但整个创作过程是马克思、恩格斯完美合作的典范。

这部伟大著作的问世，标志着科学社会主义的诞生。

《共产党宣言》以其彻底的唯物主义世界观和不妥协的阶级斗争方法论宣告了无产阶级革命新时代的来临。它的内容极其丰富，言辞犀利，逻辑严谨，富于说服力。根据恩格斯的概括，贯穿整个《共产党宣言》的是这样一个基本思想：

> 每一历史时代主要的经济生产方式和交换方式以及必然由此产生的社会结构，是该时代政治的和精神的历史所赖以确立的基础，并且只有从这一基础出发，这一历史才能得到说明；因此人类的全部历史（从土地公有的原始氏族社会解体以来）都是阶级斗争的历史，即剥削阶级和被剥削阶级之间、统治阶级和被压迫阶级之间斗争的历史；这个阶级斗争的历史包括有一系列发展阶段，现在已经达到这样一个阶段，即被剥削被压迫的阶级（无产阶级），如果不同时使整个社会一劳永逸地摆脱一切剥削、压迫以及阶级差别和阶级斗争，就不能使自己从进行剥削和统治的那个阶级（资产阶级）的奴役下解放出来。

这个基本思想构成了《共产党宣言》的核心。围绕这一核心，宣言依次阐述了四个方面的内容：（一）资产者与无产者；（二）无产者与共产党人；（三）社会主义的和共产主义的文献；（四）共产党人对各种反对党派的态度。

《共产党宣言》开宗明义，提出了"至今一切社会的历史都是阶级斗争的历史"这一著名论断。在简单地回顾了原始公社制度解体以来的不同历史时代的阶级矛盾之后，马克思、恩格斯着重从阐述资产阶级的产生、发展过程入手，分析了资产阶级在历史上所起过的"非常革命的作用"，指出它在不到100年的统治中所创造的生产力大大超过了以往整个人类社会所创造的全部生产力的总和。但是，资本主义经济规律本身的作用，却在客观上为消灭资本主义的生产资料私有制准备了条件。无产阶级肩负资产阶级掘墓人的使命走上了历史舞台，它必将领导受压迫的劳苦群众，推翻人类历史上最后一个私有制度，建立新社会。夺取政权是无产阶级革命的目的和最重要的条件,无产阶级通过革命使自己成为统治阶级,并以统治阶级的资格用暴力消灭旧的生产关系。而无产阶级在消灭旧生产关系的同时,也消灭了阶级对立的存在条件,消灭了阶级本身的存在条件——

> 代替那存在着阶级和阶级对立的资产阶级旧社会的,将是这样一个联合体,在那里,每个人的自由发展是一切人的自由发展的条件。

《共产党宣言》奠定了无产阶级政党学说的基础。它明确指出,建立无产阶级政党是无产阶级夺取政权和改造社会的必要条件。共产党人是无产阶级的先锋队,他们没有任何同整个工人阶级的利益不同的利益。在实践方面,共产党人是各国工人政党中最坚决的、始终起推动作用的部分;在理论方面,他们胜过其余无产阶级群众的地方在于他们了解无产阶级运动的条件、进程和一般结果。共产党人最近的目的是使无产阶级形成为阶级,推翻资产阶级的统治,由无产阶级夺取政权。无产阶级夺取政权后的主要任务是利用自己的政治统治,一步一步地夺取资产阶级的全部资本,把一切生产工具集中在国家即组织成为统治阶级的无产阶级手里,并尽可能快地增加生产力的总量。共产党人对待各种反对党派的态度及基本策略原则主要体现为:共产党人为工人阶级最近的目的和利益而斗争,但是他们在当前的运动中同时代表运动的未来;共产党人支持一切反对现存的社会制度和政治制度的革命运动,并努力争取全世界的民主政党之间的团结和协调。

《共产党宣言》还剖析了当时流行的形形色色的非科学社会主义和共产主义流派,如封建的社会主义、小资产阶级的社会主义、"真正的社会主义"、资产阶级的社会主义,以及批判的空想的社会主义和共产主义。马克思、恩格斯通过深刻揭露它们的理论错误和阶级实质,划清了科学社会主义同所有这些流派之间的界限。

在《共产党宣言》的结尾,马克思、恩格斯充分展现了自己作为无产阶级革命家的大无畏的气魄和战斗豪情:

> 共产党人不屑于隐瞒自己的观点和意图。他们公开宣布:他们的目的只有用暴力推翻全部现存的社会制度才能达到。让统治阶级在共产主义革命面前发抖吧。无产者在这个革命中失去的只是锁链。他们获得的将是整个世界。
>
> 全世界无产者,联合起来!

《共产党宣言》是在革命来临前夕诞生的,言辞之间不免有一些鼓动性的内容,对某些问题的估计也过于乐观,其中的一些论述随着形势的发展已经过时了。但是,它的一般原理是永存的,它的科学性和革命性经受住了历史的考验。

恩格斯后来在多个场合谈到过《共产党宣言》的局限性,但在晚年回顾《共产党宣言》自身的发展史时,仍不无自豪地说:

> 《共产党宣言》的历史在很大程度上反映着现代工人阶级运动的历史;现在,它无疑是全部社会主义文献中传播最广和最具有国际性的著作,是从西伯利亚到加利福尼亚的几百万工人公认的共同纲领。

1848年2月,《共产党宣言》在伦敦付印的时候,欧洲大陆已经响起了大革命的炮声。

继1848年1月12日意大利巴勒莫起义揭开革命的序幕,2月25日巴黎工人推翻七月王朝,建立法兰西第二共和国,震撼了整个欧洲。随后,奥地利、普鲁士、捷克、匈牙利相继爆发革命,欧洲大陆一片沸腾。英国的宪章运动也进入新的阶段。

对时代变革保持高度敏感的恩格斯,将以自己的勇气和智慧,谱写一段不平凡的人生故事。

第三章　大革命洗礼

# 书房·街头·法庭·战场

恩格斯1847年底从布鲁塞尔返回巴黎后并没有能待多久，又被迫迁居布鲁塞尔。

1847年12月31日，流亡巴黎的德国革命者像往年一样聚会，恩格斯在聚会上发表了一篇充满革命激情的演讲。演讲内容很快就被当局知道了。在政治局势日趋动荡的时刻，巴黎警察机关表现出了异常的敏感，它从恩格斯的演说词里嗅出了敌视政府的政治异味，要求法国政府把恩格斯驱逐出境。

恩格斯当时正被欧洲大陆日益高涨的革命氛围鼓舞着，全然没有在意警察当局的所作所为。他在1848年1月23日和27日连续写作了两篇政论文《1847年的运动》和《奥地利末日的开端》，鞭笞专制统治，讴歌人民革命。直到1月29日，恩格斯接到法国政府的书面通知，限他24小时内离开巴黎，三日之内离开法国，否则就把他引渡给普鲁士政府。

警察还深夜闯进了恩格斯的寓所，试图搜寻到更多的可以公开起诉的"材料"。恩格斯无奈，只得起身重返布鲁塞尔。1月31日，恩格斯抵达布鲁塞尔。

此时，马克思刚刚把《共产党宣言》的手稿寄往伦敦，正着手整理他关于《雇佣劳动与资本》的讲演稿。恩格斯的到来，加上日益紧迫的革命形势，中断了马克思的理论研究工作，使他直接投入到现实的民主运动之中。

法国二月革命爆发后，共产主义者同盟伦敦中央委员会决定把自己的职权转交给马克思领导的布鲁塞尔区部委员会，以便就近指导欧洲大陆的革命运动。可是，当这个决定传到布鲁塞尔时，比利时的政治局势已相当紧张，王国政府竭力煽动狭隘民族主义情绪，挑拨比利时人与侨居布鲁塞尔的外国人的关系，借以打击德国流亡革命者。在这种情况下，马克思、恩格斯不可能有效地开展共产主义

逼离巴黎（中国画）（刘向平 作）

者同盟的工作，且面临随时被逮捕和被驱逐的危险。恰在此时，马克思接到了法兰西共和国临时政府的书面通知，撤销旧政府对他的驱逐令，并邀请他回到法国居住。于是，马克思、恩格斯打算把同盟中央委员会迁往革命运动的中心巴黎。

3月3日，布鲁塞尔中央委员会作出决定：解散布鲁塞尔中央委员会，授权马克思在目前独自实现中央对同盟一切事务的领导，委托马克思亲自选择人员在巴黎成立新的中央委员会。

马克思和恩格斯分别于3月5日和21日重返巴黎。3月11日，共产主义者同盟巴黎中央委员会正式成立，马克思当选为中央委员会主席，缺席的恩格斯当选为中央委员。

当时，德国出现了大好的革命形势，维也纳人民赶走了梅特涅首相，柏林起义者迫使威廉四世脱帽向街垒战阵亡战士致敬。马克思、恩格斯决定，在巴黎作短暂停留后，回到德国去——战斗！

## 第三章 大革命洗礼

马克思、恩格斯之所以特别关注德国的革命运动,并不仅仅是因为德国是他们的祖国,更重要的是他们认为德国资产阶级革命是无产阶级革命的前奏。

资产阶级准备推翻封建专制政府,无产阶级则准备随后再推翻资产阶级。在刚刚完成的《共产党宣言》中,他们明确地表述了这一观点:

> 共产党人把自己的主要注意力集中在德国,因为德国正处在资产阶级革命的前夜,因为同17世纪的英国和18世纪的法国相比,德国将在整个欧洲文明更进步的条件下,拥有发展得多的无产阶级去实现这个变革,因而德国的资产阶级革命只能是无产阶级革命的直接序幕。

恩格斯的漫画:普鲁士议会开幕。弗里德里希·威廉四世说:"我和全家都愿为贵族服务。"

马克思、恩格斯为共产主义者同盟制定了返回德国投入战斗的具体行动纲领《共产党在德国的要求》。这份反映德国无产阶级在资产阶级民主革命中的政治、经济要求的重要文件,是把《共产党宣言》中的一般原理具体运用于一个国家的特殊情况的第一个范例。它所提出的建立统一国家、实现政治民主、废除封建义务、改善人民生活等诸项措施,无不反映了当时形势的需要。《共产党在德国的要求》经共产主义者同盟中央委员会讨论通过后，由全体中央委员署名发表，并交付准备回国参加革命的德国工人，让他们进一步讨论和领会，以作为革命行动的指南。

可正当这个时候，流亡巴黎的德国小资产阶级民主主义者格奥尔格·海尔维格和阿达尔贝特·伯恩施太德等人却在组织德国流亡者自愿军团，准备用输入革命的办法解放德国。这个貌似革命的计划，实际上是把革命视作儿戏的纯粹的冒险举动。当德国已经发生人民起义的时候侵入德国，从外面强行输入革命，只能对革命起破坏作用。马克思、恩格斯说服工人们不要参加志愿军团，而是单个地返回德国，分散到全国各地去参加和领导运动。他们用这种办法动员了三四百名工人返回德国，其中大部分是共产主义者同盟盟员，对德国革命起到了极大的推动作用。海尔维格等人的志愿军团方案只好不了了之。

1848年4月6日左右，马克思和恩格斯离开巴黎，回德国直接参加革命。

恩格斯直接投身1848年革命，是从两条战线上同时展开的：一是以《新莱茵报》做阵地，用笔杆做武器，向封建反动势力和自由资产阶级的怯懦和背叛行为开火，声援欧洲各国被压迫阶级和被压迫民族的斗争，为各国革命运动指出前进的方向；二是组织群众运动，参加民众集会，发表革命演说，以一个实践的革命家的形象活跃在德国革命的舞台上。

4月11日，马克思和恩格斯到达科隆。他们立即着手筹备出版一份大型的政治日报，用以指导革命运动。

办报方针确定后，马克思负责拟订具体的出版计划，恩格斯则前往巴门、爱北斐特及莱茵省的其他城市，为报纸征集股东，同时组建新的共产主义者同盟支部和合法工人团体。4月24日，马克思完成了《新莱茵报》的计划拟订工作，并在科隆及附近城市征集到一些股份。可是，恩格斯的征股工作却由于伍珀河谷资产者保守的政治态度而进展甚微。他写信告诉马克思：

很遗憾，认股的事，在这里很少希望。布兰克是我曾经就此事写过信去的人，并且还是最好的一个，现在实际上已经变成一个资产者；其余的人，自从他们建立企业，开始同工人发生冲突以来，就更是资产者了。这些人都像害怕鼠疫一样害怕讨论社会问题，他们把这叫作煽惑人心。我费了不少唇舌，使用了各种各样的外交手腕，仍然是不肯定的答复。现在我再做一次最后的尝试，如果失败，那么一切都完了。结果怎样，过两三天你会得到确实消息。问题的实质是，在这里甚至连激进的资产者都把我们看成是他们的未来的主要敌人，不愿意把武器交到我们手里，因为我们很快会把它掉转过来反对他们自己。

从我的老头那里根本什么也弄不到。在他看来，《科隆日报》已经是叛逆的顶峰了，所以他宁愿叫我们吃一千颗子弹，也不会送给我们一千塔勒。

这里最进步的资产者非常满意由《科隆日报》来代表他们的党。在这种情况下，你说该怎么办呢？

恩格斯经过多方努力，才为报纸推销出14股，每股50塔勒。加上其他同志征集到的股份，离出版一份日报所需的先期投入还差得很远。根据预算，在第一期出版前，必须要有3万塔勒作为固定资本和活动资本，可只征集到1.3万塔勒。恩格斯不得已从自己的生活费用中挤出几百塔勒作为办报经费，马克思则把父亲留给他的一笔遗产几乎全部贡献出来，报纸才勉强出版。

恩格斯后来回忆道：

> 我们于1848年6月1日开始出版报纸时，只拥有很少的股份资本，其中只有一小部分付了款；并且股东本身也极不可靠。第一号出版后就有一半股东退出了，而到月底竟一个也没有剩下。

股东们之所以退出，是因为《新莱茵报》这份"革命时代德国最著名的报纸"（恩格斯语）越来越不合资产者的口味了。他们所希望的报纸是像《科隆日报》那样的，替自由资产阶级的改良欲望摇旗呐喊，在向普鲁士专制政府乞求一点自由民主的同时，对革命民主主义运动采取公开的蔑视和敌视态度。

## 恩格斯传

马克思、恩格斯决不可能以牺牲原则为代价，来换取他们的资助。《新莱茵报》在经费异常紧张的情况下，克服重重困难坚持了下来，并由于资产者股东的退出而彻底贯彻了自己的办报方针。它以民主派机关报的身份活跃在德国革命舞台上，但在各个具体场合，都强调了自己特殊的无产阶级性质。它的政治纲领有两个要点：建立统一的、不可分割的德意志民主共和国，对欧洲反动势力的主要支柱——沙皇俄国进行一场普遍的战争。

《新莱茵报》正是作为德国无产阶级的第一家独立的日报而载入史册的，并成为马克思、恩格斯在1848年革命时期进行革命活动的基本阵地。恩格斯精辟地指出：

> 在每一个党、特别是工人党的生活中，第一张日报的出版总是意味着大大地向前迈进了一步！这是它至少在报刊方面能够以同等的武器同自己的敌人作斗争的第一个阵地。

恩格斯认为，革命时期从事办报的工作是一种乐趣，可以亲眼看到每一个字的作用，看到文章怎样真正像榴弹一样地打击敌人，看到打出去的炮弹怎样爆炸。

在《新莱茵报》编辑部这个坚强的阵地上，马克思是当之无愧的总指挥，恩格斯则是一名骁勇善战的将军。恩格斯佩服马克思的洞察力和坚定立场，正是他那突出的性格使《新莱茵报》具有了无与伦比的独特风貌。马克思则对恩格斯的智慧和才能十分赞赏，常常是当他自己为写一篇重要文章或推敲某个用词而冥思苦想的时候，恩格斯却已一气呵成地完成了一篇稿子。

对恩格斯来说，挥笔成文仿佛囊中取物，娴熟的采编能力和广博的语言知识在这里都派上了大用场。他对通讯记者的来稿以及编辑部收到的德国、英国、法国、比利时、意大利和西班牙的报刊，都能够毫不费力地直接、迅速而有把握地作出判断并加以利用，发掘出其中有价值的素材，为总的革命观点服务。马克思不止一次地对朋友说，恩格斯是一部真正的百科全书，不管是白天还是黑夜，

第三章 大革命洗礼

主编 马克思　　　　　恩格斯　　　　　威廉·沃尔弗

格奥尔格·维尔特　　　恩格斯·德朗克

亨利希·比尔格尔斯　　斐迪南·弗莱里格拉特

《新莱茵报》编辑部成员

## 恩格斯传

不管是头脑清醒还是喝醉酒，在任何时候他的工作能力都很强，思考和写作都极快。

在编辑部里，恩格斯主要负责外交政策和军事问题方面的稿件，报纸的大多数社论也由他执笔。一些非常重要的文章，则由他和马克思轮流撰写，并互相予以补充。

按照当时的约定，《新莱茵报》上发表的文章一律不署名。不过，我们仍然可以根据各自特有的文采和写作风格，比较有把握地确定大多数文章的作者。相比而言，恩格斯的行文更加简捷明快，通俗易懂。当然，不管是马克思执笔还是恩格斯执笔，几乎每篇文章都可以看出另一个人参与写作的痕迹，有的干脆就是两人经过共同商议后由一个人记录下来的。

恩格斯在40年后追忆这段共同战斗经历时，满怀深情地说："一般说来，马克思在这一时期的文章，几乎不能同我的分开，因为我们彼此有计划地做了分工。"

当马克思外出的时候，编辑部通常是由恩格斯代行领导职责的。但由于恩格斯好激动，威望也没有马克思高，编辑部的运行便不如马克思在时那么井井有条。马克思是一个天生的领袖，凡是同他接触过的人都或多或少地会受他影响，几乎所有和他共事的人都钦佩他的果断和坚毅，并产生一种自然的依赖感。德国著名的社会主义活动家威廉·李卜克内西称马克思"有一种能使人信赖的素质"，这一点是比他小两岁的恩格斯当时所不具备的。李卜克内西在一篇回忆文章中谈道，只要马克思在场，《新莱茵报》编辑部什么事情都顺顺当当，而由恩格斯代理马克思行使职权时，大家就会由于意见不和而争论不休。

> 常常发生这样的事情：马克思一离开，编辑部就乱套，倘若喜欢有秩序又有些独断行事的恩格斯出面阻挠或干涉，那就会乱得益发不可收拾，非到马克思亲自干涉才能平息。

这种情况连续出现几回后，编辑中年龄最大的威廉·沃尔弗被大家推举出来，负责维持编辑部的秩序。沃尔弗是公认的"安定因素"，尽管编辑们并不完全赞同他的意见，但由于他的严肃认真、一丝不苟，别人也只好听从。

《新莱茵报》坚定而不妥协的立场和它对普鲁士政府以及科隆地方当局的政治上的揭发，使得报纸在创刊后的最初几个月里就遭到封建保皇派和自由派资产阶级报刊的攻击，并受到政府的迫害。1848年9月26日，科隆宣布戒严，许多民主报刊被查封，其中自然包括《新莱茵报》。《新莱茵报》10月12日重新开始出版，直至1849年5月停刊。

当时，在反革命全面进攻的形势下，编辑部成员遭到驱逐和迫害，这是报纸停刊的直接原因。正如终刊号上发表的一首诗歌中所声讨的那样：

> 不是在光明正大的战斗中，
> 我倒下了——
> 是由于遭到卑鄙的暗算，
> 那冷箭来自阴暗的角落……

《新莱茵报》停刊了，可它作为民主派中无产阶级一翼的机关报，起到了教育人民的伟大作用，有效地动员了人民群众起来同反革命进行斗争，真实地记录了马克思、恩格斯在1848年欧洲大革命中的战斗足迹。

恩格斯晚年曾经这样回忆自己的写作活动："我生平曾经有两次荣幸地为报纸撰稿而完全得到了出版工作中一般所能有的两个最有利的条件：第一，绝对的出版自由；第二，深信你的听众正是你想要同他们说话的人。"这两次中的头一次便是指1848年至1849年革命时期为《新莱茵报》撰稿，第二次则是指19世纪80年代为《社会民主党人报》撰稿。

恩格斯充分利用了大革命所锻造的自由环境的每一天，在《新莱茵报》出版的将近一年时间里，写作了大量的社论、通讯和理论文章，分析革命形势，阐述革命策略，指明革命方向。

恩格斯以其在《新莱茵报》上发表的大量战斗檄文，向革命的一切敌人，包括君主政府、反动政客、封建贵族以及他们在思想文化界的代表，展开了卓有成效的斗争。这些论述精辟、语言生动、切中要害的文字，不但在革命时期发挥了巨大的动员和鼓舞人民的作用，而且开创了无产阶级政论文的典范形式，代表了一种崭新的、极有生命力的文体风格。

尽管恩格斯在1848年革命中的写作活动已足以证明他是一位精力充沛、成就卓越的无产阶级政治家，但他对革命所做的贡献显然不止于此。在实际的革命活动中，恩格斯同样是一个十分活跃的人物。

1848年秋季，德国反动势力随着巴黎六月起义的失败而重新集结起来，开始向革命反扑，革命势力与反革命势力展开了激烈的较量。恩格斯积极支持并亲自参与、组织了反击日益猖獗的普鲁士专制主义复辟的群众运动。1848年9月，是恩格斯比较集中地投身于实际的革命运动的时期。从月初到月末，他以过人的精力参加并组织了多场民众集会，发表了一系列革命演说，成为科隆地区乃至整个普鲁士有名的革命家。

第一场较大规模的民众集会是在9月7日举行的，主要内容是抗议普鲁士政府同丹麦政府签订的关于什列斯维希和霍尔施坦的休战协定。

什列斯维希和霍尔施坦是两个以德国人为主的公国，长期受丹麦统治。在1848年初革命形势高涨的激励下，这两个公国的德国人共同举行武装起义，建立临时政府，不承认丹麦的统治，并颁布了一系列民主措施。普鲁士政府虽然表面上支持武装起义，甚至派出了援兵，但为了扑灭革命，却不惜在战争中出卖什列斯维希和霍尔施坦的人民革命军，制造机会让丹麦人在这支军队被分散或分开时把它消灭。

9月初，普鲁士政府同丹麦政府缔结了休战协定，把两个公国重新交给丹麦人去统治，什列斯维希和霍尔施坦人民在斗争中建立起来的革命政府和民主制宪会议被扼杀。

这件事情在整个德国引起了强烈反响，恩格斯称之为"全体德国人的奇耻大辱"。他在《新莱茵报》上连续发表《和丹麦的休战》《丹麦和普鲁士的休战》等文章，号召德国人民起来反对休战协定，为捍卫民主革命成果而斗争。

1848年9月7日，3000人的民众集会在科隆举行，一致通过了要求法兰克福国民议会否决休战协定的呼吁书。

同一天，康普豪森－汉泽曼内阁垮台，起因是它拒绝执行柏林制宪议会通过的命令反动军官辞职的决议。早已成为革命绊脚石的"办事内阁"的垮台，极大地鼓舞了人民的斗争热情，人们成群结队到议会大厦前表示支持，当投票罢免内阁的左派议员出来的时候，人群中响起了一片欢呼声。

可是，威廉四世却不顾民意，企图解散议会，重组亲王内阁，公开向人民进攻。9月中旬，整个德国弥漫着紧张的气氛，恩格斯同马克思一道，全力以赴地投入了捍卫人民权利、抵制反革命复辟的伟大斗争之中。

1848年革命时期的科隆民众集会

9月13日，科隆市弗兰肯广场举行了有5000至6000人参加的民众集会。《新莱茵报》编辑部全体成员都参加了集会，恩格斯在集会上发表了慷慨激昂的演说。

集会选举产生了由30人组成的安全委员会，作为科隆民众利益的代表。其中5人是《新莱茵报》的编辑：马克思、恩格斯、威廉·沃尔弗、亨利希·比尔格尔斯、恩斯特·德朗克。

随后，恩格斯代表安全委员会向集会群众宣读了他亲自起草的致柏林制宪议会的呼吁书草案，草案获得全场数千群众的一致通过。这份呼吁书明确表示，支

# 恩格斯传

持柏林制宪议会罢免康普豪森内阁的革命行动，反对国王授命刚刚解除帝国大臣职务的贝凯拉特组织新内阁。呼吁书旗帜鲜明地写道：

> 鉴于：贝凯拉特先生这个人无论如何不能保证执行议会的决定，相反地，由于他有某些反革命的观点，甚至可能解散议会；人民选出来协商君民之间的宪法事宜的议会，不能因单方面的行动而解散，因为这样做就意味着王权不是和议会平行，而是凌驾于议会之上；因此，解散议会就是政变。
>
> 我们要求：在有人企图解散议会的时候，议员们能够执行自己的职务，即使在刺刀威胁下也不要擅离职守。

弗兰肯广场集会拉开了莱茵省声势浩大的维护议会民主、反对王权专制的群众运动的序幕。1848 年 9 月 17 日，一场更大规模的民众集会在科隆以北的沃林根附近举行。《新莱茵报》在发布集会消息时是这样描述大会盛况的：

> 莱茵河上的五六只大平底船，每只都载着数百人从科隆顺流而下；船头红旗招展。约伊斯、杜塞尔多夫、克雷弗尔德、希特多夫、弗雷亨和莱茵多夫等地都有人数相当多的代表团参加。大会在莱茵河畔的草地上举行，与会的约有 6000 到 8000 人。

大会选举卡尔·沙佩尔为主席、恩格斯为书记，并根据恩斯特·德朗克和约瑟夫·莫尔的分别提议，承认了弗兰肯广场集会通过的致柏林制宪议会呼吁书及其选出的安全委员会。

大会通过了成立社会民主的红色共和国的提议，作出了《科隆日报》不代表莱茵省的决定，发表了如下充满大无畏革命英雄气概的声明：

> 在此集会的德国公民兹声明如下：
> 如果普鲁士和德国由于普鲁士政府反对国民议会和中央政权的决议而发

在科隆民众大会上（1848）（水粉画）（陈衍宁 作）

生冲突，我们准备为德国而战，直到流尽最后一滴血。

沃林根集会举行的时候，反动军队已经整装待发。他们准备进驻科隆城，挑起军民之间的冲突，然后宣布全城戒严，解除市民自卫团的武装，对革命进行彻底的反攻倒算。

1848年9月20日，科隆城举行了又一次民众集会，对背叛了人民革命的法兰克福国民议会进行声讨。

法兰克福国民议会不顾德国人民的强烈反对，于9月16日批准了普鲁士政府与丹麦政府签订的休战协定。面对资产阶级代表们这种"宁愿含羞忍辱，宁愿做普鲁士的奴隶，也不愿意在欧洲进行革命战争"的无耻叛卖行径，人民愤怒了。法兰克福爆发了武装起义，人民决心用鲜血和生命来捍卫德国的荣誉。

恩格斯在9月20日的民众集会上报告了法兰克福起义的经过。大会根据恩格斯的报告，发表了两项重要声明：

（1）法兰克福的所谓国民议会的议员，除了向人民声明准备退出该议会的以外，都是人民的叛徒；

（2）法兰克福街垒战士为祖国建立了巨大的功勋。

## 恩格斯传

法兰克福起义失败了，占绝对优势的反革命势力愈益蛮横起来，变本加厉地向革命进行反扑。

9月25日，反动当局对恩格斯、威廉·沃尔弗、亨利希·比尔格尔斯、约瑟夫·莫尔、卡尔·沙佩尔提出了起诉，指控他们"阴谋进行颠覆活动"。不过除了沙佩尔被捕之外，其他人皆得以逃脱，恩格斯逃往布鲁塞尔。

9月26日，科隆宣布戒严，民主派组织和报刊被取缔，集会权利被取消，市民自卫团被解散。

9月30日，警察搜查了恩格斯在科隆的住所。

10月3日，国家检察官黑克尔签发了逮捕恩格斯的通缉令：

下开人犯，犯有刑法第87、91和102条所载之罪行，业已畏罪潜逃。兹根据科隆市检察官缉拿该等之命令，即请各有关机关和官员，采取措施，进行查访。一经拿获，请予逮捕，解交本人。

……

Ⅱ.姓名：弗里德里希·恩格斯；阶层：商人；籍贯：巴门；宗教信仰：新教；年龄：27岁；身长：5英尺8英寸；头发和眉毛：棕色；前额：正常；眼睛：灰色；鼻和嘴：匀称；牙齿：健全；胡须：栗色；下颚和脸：椭圆形；脸色：健康；身材：匀称。

恩格斯辗转到达布鲁塞尔没几天，就被当地警察局逮捕了。

1848年10月4日，布鲁塞尔警察局把恩格斯押上开往法国的火车。

10月5日，恩格斯抵达巴黎。

巴黎显然不再是半年前充满革命乐观主义情绪的巴黎了，陶醉于共和国蜜月中的欢乐已经被卡芬雅克的榴弹轰得烟消云散。尽管繁荣优雅的巴黎一如既往"光辉灿烂，宏伟壮丽，无与伦比"，可精神上生气勃勃的巴黎已经死了，而这个美丽的"死人"愈是美丽，就愈显得可怕。

巴黎不是久留之地，恩格斯只得继续流亡。一开始他没有确定的目的地，后来打算去瑞士。从内心深处讲,恩格斯并不想轻易离开法国"美丽的环境",再加上身边带的钱不多,他决定步行,而且没有选择最短的路程。经过在科隆半年的紧张生活,恩格斯很希望放松一下神经,在恬适的大自然中漫游——

> 于是,在一个晴朗的早上,我动身了,一直信步往南走去。我一走出巴黎近郊,就在村落之间迷路了。这是可以预料到的。最后,我踏上了通往里昂的大道。我沿着这条道路走去,并且时常走到路边,在山坡上漫步。从山上眺望,只见塞纳河的上游和下游,在通往巴黎和枫丹白露的那个方向,有一片异常美丽的景色。在那遥远的地方,河流蜿蜒地流过宽阔的山谷;河的两岸是连绵不断的山岗,山岗上葡萄林成荫,而在更远的地方,在地平面上,有一片蓝色的群山,群山后面有马尔纳河流过。

恩格斯画的从奥克萨里到洛克尔的路线草图

在差不多一个月的时间里,恩格斯徒步行走了大约500公里,从巴黎到日内瓦,再到洛桑,最后抵达伯尔尼。沿途是绮丽的乡村景色、苍翠的葡萄园和农民的盛情款待。

恩格斯在日内瓦开始写旅途随笔,补记下很多旅途趣事和感受。

他发现,法国农民基本上过着与世隔绝的生活,在一小块土地上从事单调而繁忙的劳作,这使得他们大多孤陋寡闻、目光短浅,对整个欧洲的动荡局面感到毫无意识和毫无理性的困惑。他们对巴黎工人的斗争怀有深深的偏见,认为工人是想瓜分全部财产和土地,而路易·波拿巴则是他们心中的偶像。同恩格斯谈过话的农民，表现出来的对路易·波拿巴的热情，竟和他们对巴黎的仇恨一样强烈。

恩格斯深深体会到，处于自然经济条件下的农民，由于对城市、工业和商业的种种关系丝毫不了解，他们的政治观是完全盲目的，很容易接受统治者的欺骗宣传。可是，农民在法国合法选民中占了2/3，他们的政治态度必定会对法国政局产生不可低估的影响。如果无产阶级的革命运动不充分考虑到这一点，得不到农民的支持，是很难取得成功的。

恩格斯边走边观察，边观察边思考，不知不觉便到了瑞士。

稍稍安顿下来之后，恩格斯立即同马克思取得联系，着手工作。根据马克思的要求，他撰写了一些论述瑞士、法国、匈牙利若干政治事件的通讯和文章。同时，恩格斯与瑞士工人很快建立了联系，参加了伯尔尼工人联合会，这是当时瑞士最大的工人组织。

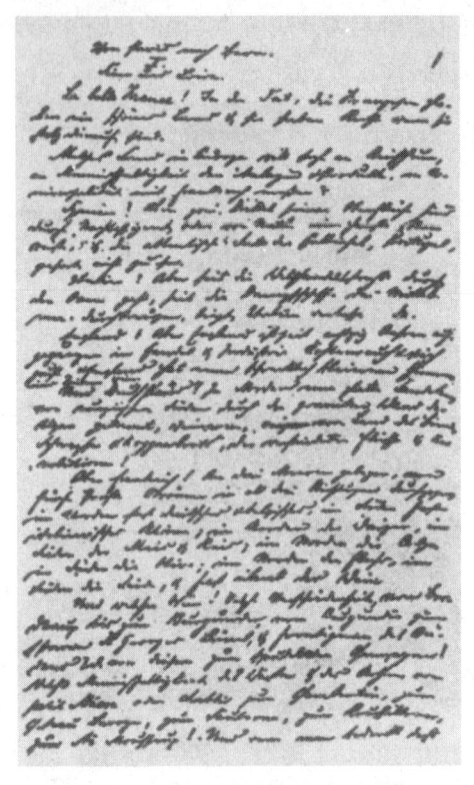

恩格斯写的《从巴黎到伯尔尼》手稿第一页

1848年12月9日至11日，瑞士德国工人联合会第一次代表大会在伯尔尼召开。恩格斯出席了大会并当选为联合会中央委员，并担任中央委员会书记。

尽管恩格斯积极参加了瑞士工人运动并在其中发挥了十分重要的作用，但远离欧洲革命的中心，到这个风景秀丽的山地小国过着几乎是隐居般的生活，是年仅28岁、充满战斗激情的他所不愿意的。再加上断了收入来源，寒风凛冽而衣食无着，他一点也不想久待。1849年1月7日，恩格斯在给马克思的信中谈到了自己想回德国的打算，表示哪怕受到法庭传讯也心甘情愿：

> 我总觉得，我很快就能回去了。像这样无所事事地待在国外，什么有用的事情都不能干，完全处于运动之外，是令人十分难以忍受的。我很快就会产生这样的看法：即使在科隆遭到审前羁押也比待在自由的瑞士好。

1849年1月中旬，恩格斯从伯尔尼回到科隆，重新投入《新莱茵报》的编辑工作。

当时，科隆的局势已基本恢复正常，恩格斯暂时不会有被捕的危险，但整个德国的政治气氛已经同三个月前大不相同了。继1848年9月德意志联邦军队镇压了法兰克福起义以后，维也纳十月起义也很快被反动军队扑灭了。普鲁士容克贵族借机发动政变，威廉四世先于11月1日改组政府，任命反动分子勃兰登堡伯爵组阁，然后于11月9日强行解散议会，同时宣布柏林戒严，解除人民武装，封闭民主团体和进步报刊，在普鲁士重新恢复了君主专制统治。在这种情况下，科隆的平静显然只是表面上的，日益猖狂的反动势力不会放过对革命者的迫害。

果然，恩格斯回到科隆没几天，就接到了法院的传讯，要他对1848年9月的活动作出解释。由于当局找不到对他进行法律追究的借口，初审法官宣布不再对他提出控诉。可事情并没有完结，1849年2月7日，恩格斯不得不以被告身份出席科隆陪审法庭。同时受到指控的还有马克思和《新莱茵报》发行人海尔曼·科尔夫。他们被控告的罪名，是在《新莱茵报》上发表的一篇文章侮辱了科隆检察官茨魏费尔并诽谤了宪兵。

事情的经过是这样的：1848年7月3日，科隆宪兵非法拘捕了工人活动家弗里德里希·安内克，并对安内克和他怀有身孕的妻子采取了粗暴行动。7月5日，《新莱茵报》发表《逮捕》一文，揭露了这次拘捕事件，对粗野的宪兵在未出示任何逮捕令之前就非法逮捕人的行径给予了无情的鞭笞，并指出这不是一个孤立现象，它是反动派在整个德国蓄意发动的迫害进步人士的"突袭长链上的一个环节"。马克思、恩格斯把矛头直接指向最高检察官茨魏费尔和康普豪森－汉泽曼内阁：

据说，似乎最高检察官茨魏费尔先生还声明说，他将要在一星期内在莱茵河畔的科隆城里取消3月19日革命的成果，取消俱乐部，取消出版自由，取消倒霉的1848年的其他一切产物。茨魏费尔先生的确不是一个怀疑论者！

茨魏费尔先生不是把执行权和立法权集于一身了吗？也许最高检察官的荣誉可以用来遮盖人民代表的难堪吧？我们要再次翻一翻我们心爱的速记记录，让读者看看人民代表、最高检察官茨魏费尔活动的全貌。总之，办事内阁所办的事，中间派左翼内阁所办的事就是如此，它是一个向旧贵族、旧官僚、旧普鲁士的内阁过渡的内阁。只要汉泽曼先生一扮演完过渡的角色，他就会被解职。

……

办事内阁在原则上承认革命，是为了在实际上达到反革命的目的。

马克思、恩格斯在文章中还分析了普鲁士专制政权完全可能在议会里对左派做些小小的让步，而在议会外占据一切真正有决定意义的阵地，彻底消灭实际的革命力量，解除人民的武装，然后再回过头来解散被左派控制的议会。这时候，左派议员由于没有了议会外群众运动的有力支持，其失败的命运是不可避免的。

文章发表后，引起了强烈的反响。第二天，马克思、恩格斯和科尔夫就受到起诉，法庭随即开始侦讯。但由于当时的政治气氛尚未走向全面反动，开庭日期一拖再拖。

首次开庭时间原定于1848年12月20日。因此，1849年2月7日开庭审理的是7个月前起诉的一桩案件。由于半年来德国事态的发展已经完全证实了马克思、恩格斯在文章中所作的政治预言，这次审判从一开始便有了某种强词夺理的味道。

马克思、恩格斯在公审会上各自发表了精彩的演说，用无可辩驳的事实和天才的智慧证明了《新莱茵报》的正义性。这无疑是对审判者自身进行了一场反审判。

恩格斯在发言中首先指出，检察机关对《新莱茵报》提出控告所依据的法律条款已经过时。那些条款是实行书报检查制度时颁布的,根据那些条款,任何报刊只要敢于揭露官员的暴行,就要受到法庭的追究,这样做怎么能让报刊切实履行保护公民不受官员逞凶肆虐之害的职责呢?三月革命已经使情况发生了根本改变,人民获得了出版自由,旧的法律条款与新的社会现实之间出现了明显的矛盾。在这种情况下,希望陪审员们不要抱住旧的法律不放,维护早已成为历史垃圾的反动的书报检查制度,而要挺身而出,根据变化了的社会政治情况对旧法律作出新解释。

接着,恩格斯几乎是逐句逐段地把《逮捕》一文的主要论点同德国政治形势的发展作了对比,无可辩驳地证明了这篇受指控的文章完全不是如检察机关所认定的"不可遏止的诽谤狂",它的作者并没有为了自己的利益而利用科隆的违法拘捕事件来发泄心中对下级官员的所谓仇恨。相反,它力求通过揭露科隆宪兵和检察机关的暴行,揭示事情的本质,分析事情的根源。谁也无法否认,正如文章所预言的那样,汉泽曼先生已成为多余的人从而被解职,并且是被地地道道的"旧贵族、旧官僚、旧普鲁士的内阁"赶下了普鲁士政治舞台;左派议员也以他们在议会里获得的小小胜利来证明了自己的最后失败,旧政权确实占据了一切有决定意义的阵地。恩格斯义正辞严地反问道:

既然文章的政治预言已经一字不差地被证实了,还有人敢说这是盲目的诽谤狂吗?正确地指出了确凿的事实并从中得出了正确的结论,这不就是我们今天出庭受审的理由吗?

在发言的结尾,恩格斯把这次判决结果同解决莱茵省的出版自由问题联系起来,向陪审员们发出了争取自由的呼吁:

诸位陪审员先生,此刻你们必须在这里解决莱茵省的出版自由问题。如果禁止报刊报道它所目睹的事情,如果报刊在每一个有分量的问题上都要等待法庭的判决,如果报刊不管事实是否真实,首先得问一问每个官员——

从大臣到宪兵——他们的荣誉或他们的尊严是否会由于所引用的事实而受到损伤，如果要把报刊置于二者择一的地位：或是歪曲事件，或是完全避而不谈——那么，诸位先生，出版自由就完结了。如果你们想这样做，那你们就宣判我们有罪吧！

马克思、恩格斯的法庭斗争取得了辉煌的胜利，在他们有理有据的辩词面前，法官和陪审员不得不当场宣布他们无罪。

当陪审法庭宣判被告无罪时，出席旁听的广大群众发出了一片欢呼声。

马克思、恩格斯的朋友，工人活动家列斯纳参加了旁听。他明显感受到，正义的人民相对于普鲁士反对派占有极大的优势，"甚至连敌人也掩饰不住对这两个人的敬佩！"

恩格斯直到晚年还常常回忆起这次法庭斗争，并拿它做例子鼓励德国社会民主党要敢于并善于同俾斯麦反动政府的反社会党人非常法及其相应法律制度做斗争。他在为1885年出版的关于这次审判的小册子所作的序言中明确指出，马克思和他在陪审法庭的演说反映了1848年至1849年革命时期无产阶级的革命策略：

一个共产主义者不得不在这里向资产阶级陪审员们说明，他所进行的，使他成为站在他们面前的被告的这些事情，其实是他们的阶级，即资产阶级的事情，他们不仅有义务和责任去完成，而且应当由此得出最坚决的结论……问题是应当由谁来统治，是纠集在专制君主制周围的社会势力和国家势力——封建大地主、军队、官僚、僧侣——还是资产阶级？正在形成的无产阶级之所以关心这一斗争，仅仅因为它将由于资产阶级的胜利而获得本身发展的场地，将在它总有一天会战胜其他一切阶级的斗争舞台上占有一席之地。

科隆陪审法庭的斗争告一段落后，恩格斯又积极投入了更大范围的革命与反革命的搏斗，这场搏斗在1849年春夏的德国表现得尤为激烈。

1849年2月24日，恩格斯参加了科隆工人和民主派举办的纪念法国二月革命一周年所举行的宴会,并在这次有两三千人出席的盛大宴会上提议为正在进行民族解放斗争的意大利人和罗马共和国干杯。

3月19日,为纪念柏林街垒战一周年,一场大规模的宴会在科隆居尔岑尼希大厅举行,恩格斯再次提议为巴黎的六月起义者干杯。整个宴会充满了革命的激情,许多发言者强调,工人阶级在革命中要发挥更大的作用,要高举红色的旗帜奋勇前进,为实现红色共和国而奋斗。

可是,德国反革命的气焰已越来越嚣张了,原定于5月初举行的莱茵省和威斯特伐利亚工人代表大会及6月举行的全体工人代表大会,都因反动势力的阻挠和破坏而流产。种种迹象表明,离革命与反革命最后摊牌的日子已经不远了。正如恩格斯所分析的那样:"整个德国正处在内战前夜。"

为了同这种形势相适应,《新莱茵报》的态度一期比一期坚决,言辞一期比一期激烈。它的每一张报纸、每一个号外,都在强调一场伟大战斗正在准备中,指出了在法国、意大利、德国和匈牙利各种对立的尖锐化。特别是四五月间出版的号外,都是号召人民准备战斗的。

战斗最集中的体现,是维护帝国宪法的起义。

法兰克福国民议会经过几个月辩论后,于1849年3月28日通过了一部德意志帝国宪法。宪法规定德意志是一个统一的国家,实行君主制。尽管这部宪法具有很强的保守性,但它作为德国第一部资产阶级宪法,仍有其历史进步意义。根据宪法规定,人民可以享有一定的民主自由权利。更重要的是,宪法的实施可以为德国建立强大的中央集权政府铺平道路,并有利于资产阶级立宪制度的逐步推行。因此,人民把这部宪法的颁布看作革命的成果和象征。

然而,就是这样一部小心翼翼的"无辜的可怜的作品",也遭到了德国各邦反革命势力的疯狂抵制和反对。在普鲁士政府照会中,宪法被描绘成万恶之源,被描绘成革命的共和主义者的极端产物。威廉四世干脆拒绝接受帝国皇位,把法兰克福议员们毕恭毕敬奉献给他的那顶"幻想帝国的虚假皇冠"轻蔑地掷还给了他们。

一边是资产阶级政客的委曲求全、步步退让,力图保住所剩不多的革命成果，保住自己在革命中获得的那点不完整的政治权力；一边是专制王朝势力的反攻倒算、步步紧逼，志在完全恢复革命前的旧秩序。

眼看革命的所有成果都要被扼杀，软弱的资产阶级已不堪担负保卫革命果实的重任，人民大众自己行动起来了。他们没有任何政治权力可资利用，只好采用最直接的反抗方式——起义。

5月初，起义相继在各地爆发，萨克森王国首府德累斯顿最早出现激烈的街垒战，2500名起义者同政府军搏斗了四昼夜。普鲁士王国的起义首先在莱茵—威斯特伐利工业区爆发，随即遍及大部分城市。普鲁士政府起初打算征召预备役去平息各地的民众"骚乱"，可很多地方的预备役拒绝入伍，政府便动用了军队。于是，不少城市筑起了街垒，展开了巷战。

这场声势浩大的维护帝国宪法运动的领导者主要是小资产阶级民主派，他们早就想对害怕红色革命的大资产阶级来一次果断的行动了。

可是，革命不是仅凭激情就可以成功的，在无产阶级和资产阶级两大产业阶级对峙的时代，小资产阶级已不可能再有效地领导民主运动了。维护帝国宪法运动的失败命运是注定的。

恩格斯对此有着十分清醒的认识，可他还是积极投入了这场明知没有获胜可能的战斗。面对反革命势力的加速扩张，革命只有两种选择：要么决一死战，要么被维也纳和柏林连续获胜的反动派逐渐粉碎。随着1849年5月中旬《新莱茵报》被查封，恩格斯明白，用笔战斗的时代暂时已经过去了，该让利剑来说话了。

5月10日，恩格斯前往爱北斐特，随身带去两箱子弹，这是佐林根市工人组织袭击军械库的战果。小资产阶级民主派在爱北斐特成立了安全委员会，恩格斯接受安全委员会的委派，负责领导构筑防御工事和安装大炮的工作，并检查城内全部街垒。11日，恩格斯组织起一个工兵连，修筑了城内几处有豁口的街垒。12日，他率领工兵连在巴门市市界绞盘吊桥的坚固街垒上配置了两门大炮，并把街垒的形状作了修改，使之更适合战斗的需要。除了积极从事实际的军事工作外，恩格斯还向安全委员会建议，要尽快把工人武装起来，向资产者强行征税以充武装部队的军饷。

恩格斯的激进言行引起了地方当局的警惕，同时也让资产者产生了疑虑和不安，他们害怕他会左右爱北斐特安全委员会，宣布成立红色共和国。杜塞尔多夫行政长官接到了爱北斐特市政府关于恩格斯行踪的报告，资产者代表则敦促安全委员会迫使恩格斯离开伍珀河谷。尽管恩格斯已经明确表示，他来爱北斐特的目的，只是希望进行军事方面的行动，但安全委员会还是迫于资产阶级的压力，于5月14日作出了这样一个决议：

>我们对近来居住在科隆的巴门公民弗里德里希·恩格斯迄今在本城所进行的活动予以充分公正的评价，但是还是请求他今天就离开本城区，因为他的逗留可能引起对运动性质的误解。

安全委员会作出以上决议的第二天，担任爱北斐特起义总指挥的卫戍司令奥托·米尔巴赫也签署了相似的命令。

这一决议激起了武装工人和志愿部队的愤怒，他们要求恩格斯留下来，并保证用他们自己的生命来保护他。可恩格斯经过多方权衡后，还是决定离开。他亲自去向工人们做了说服工作，强调每一个志愿部队的战士都应顾全大局，服从司令官的调度。然后，他又在郊区进行了一番视察，把职务移交给自己的副官以后，便离开爱北斐特返回科隆。

在回科隆途中，恩格斯不失时机地组织了一起小规模的袭击军械库的行动。

5月15日，他率领一个由三四十人组成的武装小分队，前往格莱弗拉特军械库。恩格斯骑着马，佩戴着军刀和手枪，威风凛凛地走在小分队前面。到了军械库门前，他让小分队占领好阵地，布置好岗哨，然后拔出手枪，径直朝值勤卫兵走去。恩格斯"请"值勤卫兵同他一块儿进去，他要从人民的军械库为人民的起义战士领一些武器和服装。值勤卫兵没有抵抗，带恩格斯进入军械库。恩格斯取出他认为起义者需要的东西，到院子里散发给小分队队员。

这次"文明的武装行动"彻底惹恼了反动当局，法院再次传讯恩格斯，并发出逮捕令。

## 恩格斯传

恩格斯不得不躲藏起来。5月19日《新莱茵报》终刊号出版后，他和马克思（已于16日接到普鲁士政府的驱逐令）秘密来到美因河畔的法兰克福，试图说服国民议会的左派代表担负起德国西南部武装起义的领导责任，把巴登和普法尔茨的革命军召来法兰克福，并将全德国民议会置于起义队伍的控制之下。他们还亲自到巴登和普法尔茨的革命军中去做说服工作，使他们相信在目前情况下，革命的武装力量前往法兰克福并使起义具有全国性质是十分必要的。可是，这个革命的计划因遭到领导护宪运动的小资产阶级民主派的拒绝和国民议会的反对，最终未能实现。

5月底6月初，马克思、恩格斯因被怀疑参与武装暴动而被黑森兵士逮捕。他们先是被押解到达姆斯塔特，继而被送往法兰克福，后经革命民主主义者的多方努力，才未受到起诉。

被释放后，马克思决定前往巴黎，作为民主主义者中央委员会的代表，同正准备发动一次新起义的法国革命者建立联系。恩格斯则继续留在德国，参加巴登—普法尔茨地区风雨欲来的革命战争。

当时，革命与反革命的对阵已进入白热化阶段：一边是普法尔茨成立了临时政府，宣布脱离巴伐利亚王国，巴登也组成了以革命民主主义者为首的新政府；另一边是普鲁士国王同萨克森国王、汉诺威国王、巴登大公结成同盟，决定用武力镇压巴登和普法尔茨的起义。

由于莱茵诸市（爱北斐特、佐林根、哈根、伊塞隆等）的起义已经失败了，巴登—普法尔茨起义的发动便失去了全国的性质，而变成一种纯粹的地方性起义。

起义虽然得到地方驻军的支持，但敌我力量对比仍然是相当悬殊的。

1849年6月12日，普鲁士军队攻

在普法尔茨前线（油画）（杨红太 作）

入巴登—普法尔茨境内，数万名起义战士在来自波兰、瑞士、匈牙利及德国本土的几千名志愿兵的支持下，同强大的敌人展开了英勇战斗。恩格斯不顾普鲁士政府6月6日再次发出逮捕他的通缉令，毅然参加了由共产主义者同盟盟员奥古斯特·维利希领导的志愿部队，并担任副官。

起义部队主要由三部分力量组成：正规军、市民自卫团和志愿军。维利希部队是志愿军中唯一由共产主义者同盟盟员领导的一支队伍，800余人，大多数是工人和手工业工人。正如恩格斯所说，无论哪个党派也无法对无产阶级的党的任何成员提出丝毫的责难，最坚定的共产主义者也是最勇敢的士兵。维利希部队成了巴登—普法尔茨战场上的一支劲旅，英勇善战，担负了许多最艰巨的任务。部队中的同盟盟员，包括担任指挥任务的维利希、恩格斯，还有约瑟夫·莫尔等，他们的种种英雄事迹在战地传为美谈。

恩格斯作为副官，有时在司令部，有时在前线，但始终同最高指挥官保持联络。他直接参加了四次战斗，包括在整个战役中具有决定性意义的拉什塔特会战。恩格斯在枪林弹雨中的突出表现给人留下了极其深刻的印象，所有在战火中见过他的人，很久以后都还在谈论他那种非凡的镇静和漠视一切危险的气魄。恩格斯在给燕妮·马克思的信中，不无自豪地谈到他和他的战友们是如何勇猛地投入战斗的：

> 我发现，备受赞扬的冲锋陷阵的勇敢是人们能够具备的最平常的品质。子弹飞鸣简直是微不足道的小事情；在整个战役中，虽然发现不少胆怯的行为，但我并没有看到有多少人在战斗中畏缩不前。

尽管起义战士勇猛顽强，但由于敌我力量太悬殊，巴登—普法尔茨的维护帝国宪法运动还是失败了。

决定性的战斗是1849年6月29至30日在拉什塔特城下展开的。13000余名起义战士同5倍于己的普鲁士军队激战了一昼夜，重创普军后，突破普军包围，撤往瑞士边境。维利希部队担任了掩护部队撤退的任务，在拉什塔特要塞里坚持战斗到 7 月中旬，才作为巴登—普法尔茨地区最后一支革命队伍从罗特斯泰顿附近越过国境进入瑞士。

至此，随着护法起义的硝烟散去，整个欧洲 1848 年大革命也落下了帷幕。

起义失败后，恩格斯随维利希残部一共 280 名官兵到了瑞士，开始了流亡生活。

对恩格斯来说，这已经是二度流亡瑞士了。

一年前瑞士之行的诸般情形仍历历在目，可此次流亡的大背景已全然不同。反革命势力获得了决定性的胜利，对革命者的迫害变本加厉。革命者陷入孤立无援的境地，大部分流亡者中断了与别人的联系，与世隔绝。

不过，孤独所产生的思想启迪作用也是巨大的。这种隔绝状态和流亡体验，使恩格斯由过去对革命组织军事方面缺陷的思索转向对革命士兵素质的研究。一系列事件改变了恩格斯的看法，他发现，小资产阶级民主派及其士兵并不是共产主义革命所需要的工人战斗队。他已经初步认识到，在 1848 年，社会矛盾还没有激化到进行一场彻底的社会革命的程度。

# 硝烟散去后的反思

瑞士的流亡生活持续了大约三个月。瑞士当局竭力把这批革命的逃亡者尽快地引向别处。恩格斯几经周折，于 1849 年 11 月 10 日左右抵达伦敦，与先期到达的马克思一起，重组革命力量，总结经验教训，开展思想斗争和理论创建，全面清理革命的遗产。

革命失败了，反革命恢复了"秩序"。大风暴之后，过去的当权者依旧成为现在的当权者。普鲁士的军刀把王室的宝座和血腥的宁静奇妙地结合起来，在仍弥漫着硝烟的城市废墟上恢复了"财产和人身的神圣不可侵犯"；军事法庭来不及把一个又一个"叛乱分子"送入坟墓,监狱已经容纳不下太多的"叛国者",唯一还存在的法律就是战地军事法庭的法律;成千上万的德国人无家可归,流落国外,衣食无着。

1849年9月18日,马克思等人在伦敦发起成立了德国政治流亡者救济委员会。该委员会在它发表的第一份呼吁书中,痛心地指出:"一半国民身穿破衣烂衫伸手向人求乞。"

共产主义者同盟的盟员们大多成为政治流亡者。

1849年秋,同盟领导成员再次聚集在伦敦。此时只有卡尔·沙佩尔尚在狱中,直到1850年春才得以释放,而约瑟夫·莫尔则已经在巴登—普法尔茨起义中英勇牺牲了。

初冬的寒意已经漫上了伦敦街头,可在共产主义者同盟领导人那里,革命的热情并没有丝毫减退。他们一致认为,新的革命高潮必将很快到来。特别是在法国,这场不可避免的革命最迟也会在来年春天爆发。现在面临的紧迫任务,是把分散的革命力量重新组织起来,以便投入新一轮的革命斗争。

赶赴伦敦途中(中国画)(甘正伦 王庆明 作)

共产主义者同盟在1848年至1849年革命时期发挥了应有的革命作用,尽管它的活动由于革命的爆发而中断,但在以下两方面经受住了考验:

其一,它的成员到处都积极地参加了运动,而且不论在报纸上,还是在街垒、要塞和战场上,都始终站在唯一坚决革命的阶级即无产阶级的最前列。

其二,它的有关决议、通告,特别是它的纲领《共产党宣言》所阐述的关于革命运动的理论原则及其战略、策略被实践证明是正确的。

同盟在革命中遭到的损失是巨大的,有的盟员牺牲了,有的被关进监牢,有的由于地址变动或其他原因与组织失去联系,脱离了运动,致使同盟几乎无法再开展活动。为了适应新的形势，改组势在必行。马克思、恩格斯积极地投入了这项工作。

1848年9月，同盟中央委员会在伦敦重建，并加紧与分散于各地的同盟盟员及地方组织恢复联系。

1850年3月和6月，马克思、恩格斯先后起草了两份《中央委员会告共产主义者同盟书》。第一份告同盟书分析了同盟的状况，阐述了革命的形势和任务，提出了无产阶级的党在即将来临的革命中所应采取的策略。第二份告同盟书则详尽报道了同盟各地组织的活动情况，号召盟员要抓紧时间开展各种活动，以迎接新的革命高潮。

改组同盟是为了迎接新的革命，而革命要获得成功，必须建立广泛的无产阶级国际联系。1850年4月中旬，马克思、恩格斯和维利希代表共产主义者同盟中央委员会跟旅居伦敦的法国布朗基派及英国的宪章派左翼共同签署了一项协议，建立了"世界革命共产主义者协会"。协议第一条规定：

> 协会的宗旨是推翻一切特权阶级，使这些阶级受到无产阶级专政的统治，为此采取的方法是支持不断的革命，直到人类社会制度的最后形式——共产主义得到实现为止。

通过无产阶级专政实现共产主义，这样明确的表述在国际工人运动的正式文件中还是第一次。接着，协议指出："为了促进这个宗旨的实现，协会必须使共产主义革命政党的一切派别加强团结合作，按照共和主义的友爱的原则来消除民族分立。"这里强调了无产阶级国际合作的必要性。

从协议的整个精神来看，科学社会主义的理论原则在其中占据了主导地位。当然，协议中也存在着一些诸如"推翻一切特权""共和主义的友爱"之类含义模糊甚至不确切的表述，这是为了实现各派的联盟而作出的必要妥协。

除了直接参加共产主义者同盟的组织工作外，马克思、恩格斯还在伦敦创办了《新莱茵报·政治经济评论》，阐发有关理论和历史问题，以统一盟员的思想。

## 第三章 大革命洗礼

一场席卷欧洲的革命风暴刚刚过去,对经过血与火的革命洗礼的同盟盟员来说,有丰富而深刻的经验教训可供总结,特别需要在历史发展的进程、革命失败的原因、斗争中各阶级各党派的性质、革命的原则和策略等基本问题上达成共识,为未来的革命做好思想准备。

此外,当时流亡伦敦的小资产阶级民主派还在大肆活动,为他们在革命紧要关头的动摇、妥协、背叛行为辩护,诽谤无产阶级政党及其领袖,妄图引诱工人离开无产阶级立场,充当他们的应声虫。不挫败他们的阴谋,无产阶级解放运动的开展就无从谈起。

这就使得创办一份以科学理论为指导的无产阶级自己的刊物,从正反两个方面具有了必要性。

从1850年3月到11月,《新莱茵报·政治经济评论》共出版了6期(其中第5、6期合刊),发表了一系列重要文章。马克思、恩格斯亲自执笔的有《1848年至1850年的法兰西阶级斗争》《德国维护帝国宪法的运动》《德国农民战争》等重要著作,还包括3篇《国际述评》及一些短论、书评、声明等。同盟活动家威廉·沃尔弗、约瑟夫·魏德迈、约翰·格奥尔格·埃卡留斯等也是该刊的经常撰稿人。杂志在伦敦编辑,在汉堡印刷出版,出版事务由同盟中央委员康拉德·施拉姆总负责。

按照马克思、恩格斯当初的设想,《新莱茵报·政治经济评论》是作为革命时期《新莱茵报》的继承者出现的,它不但要继承科隆《新莱茵报》的一切优秀传统,而且要把它们发扬光大,直到新的革命高潮来临,再作为日报在德国出版。可报纸只出版了不到一年时间就被迫停刊了。

从表面上看,这是由于发行者经营不善、经费困难所致,而实质上的原因却是马克思、恩格斯对形势的看法发生了根本性改变。通过对革命后欧洲及世界局势的分析,马克思、恩格斯很快认识到:革命的第一阶段已告结束,在新的世界经济危机到来以前什么也不会发生。换而言之,当时欧洲大陆经济发展的状况还远没有成熟到可以铲除资本主义生产方式的程度,无产阶级的政治革命将让位于资本主义的经济革命,即生产力革命。

于是，他们开始深刻反省自己的革命"幻想"，重新总结革命的经验教训，并不顾小资产阶级激进民主派所谓"革命的叛徒"之类的叫嚣，与同盟内外的庸俗民主主义及盲动主义的情绪和行为展开了不懈的斗争。维利希—沙佩尔集团事件就是在这样一种背景下发生的。

马克思、恩格斯认为，鉴于一个新的工业繁荣时期已经在1848年至1849年革命后初露端倪，新的革命不可能在最近发生，斗争的策略必须相应改变，即由紧急准备起义改为长期积蓄力量以待时机。这样，革命力量的重组工作就从革命结束初期的直接进行方式过渡到了和平时期的迂回进行方式。共产主义者同盟的任务不再是发动革命，而是深入开展科学共产主义的宣传工作，从思想上提高无产阶级的觉悟，从组织上加强无产阶级独立政党的队伍建设。可是，同盟中央委员奥古斯特·维利希和卡尔·沙佩尔等人却迷信武装暴动，无视欧洲现实的政治经济形势和力量对比，主张联合小资产阶级民主派，采取冒险主义的策略，马上在德国举行新的起义，以便早日掌握政权，建立共产主义的临时政府。两种针锋相对的策略主张，导致了同盟内部从1850年8月开始的激烈争论，并以组织分裂告终。

维利希在巴登—普法尔茨起义时曾是恩格斯的上司，由于恩格斯十分欣赏他在战斗中表现出来的革命精神和军事才能，介绍并推荐他加入了共产主义者同盟，随即进入中央委员会。沙佩尔更是一位同盟老战士，积极参加并组织了1848年秋季科隆声势浩大的群众运动，充分展示了他坚定的革命信仰和卓越的组织能力。但是，他们拒绝接受革命形势已经发生根本变化这一事实，不管客观条件是否成熟，只顾号召工人群众立即行动起来，声称革命者要么是自己动手去砍掉别人的脑袋，要么是让别人来砍掉自己的脑袋。这种盲动主义无异于自取灭亡，实际是帮了敌人的忙，在思维方法上则陷入了用唯心主义代替唯物主义、用主观意识代替现实关系、用革命鼓动词句代替革命实际发展的误区。

维利希、沙佩尔等人还对马克思、恩格斯反复强调的无产阶级政党要始终保持自己独立性的主张不以为然，同流亡伦敦的小资产阶级民主派打得火热，称他们为"自己人"，相互之间不但来往密切，而且共同攻击马克思、恩格斯是"靠笔杆活动的人"，是"革命的叛徒"。

思想上的分歧导致了组织上的决裂。

1850年9月15日，在同盟中央委员会会议上，形成了以马克思、恩格斯为首的多数派和以维利希、沙佩尔为首的少数派，两派思想交锋十分尖锐。为了防止同盟的公开分裂，会议在马克思的提议下，决定在科隆建立一个新的中央委员会，而在伦敦设立两个彼此独立的区部，同属新中央领导。

维利希、沙佩尔等人拒不服从这一决定。会议还没有结束，维利希就拂袖而去。沙佩尔则公开声明不在会议记录上签名，并肆无忌惮地叫嚷："现在我们完全分开了。在科隆我有熟人和朋友，他们宁肯跟着我走，而不会跟你们走。""在这种情况下必然得组织两个同盟。一个是为那些靠笔杆活动的人组织的，另一个则是为了那些用其他方式活动的人而组织的。"

9月23日，维利希、沙佩尔等人成立了自己的中央委员会，宣布开除马克思、恩格斯等人，正式形成了宗派小集团。

鉴于维利希—沙佩尔集团的分裂行径，受会议正式委托而组成的科隆新中央于12月1日宣布将其开除出盟。之后，维利希、沙佩尔等人继续追随小资产阶级民主派，企图人为地挑起革命。他们的密谋活动及有关文件很快为普鲁士当局所掌握，成为科隆审判案中反动当局迫害共产主义者同盟的口实。

科隆审判案是普鲁士当局蓄意制造的。

1848年至1849年革命失败后，普鲁士政府在国王的直接指使下，组织了一个以警务顾问为首，包括内政、外交、警察部门在内的庞大特务机构，专门对马克思、恩格斯以及其他工人活动家进行监视、调查，企图制造一起阴谋案件，彻底扑灭德国的共产主义运动。普鲁士政府还在驻英使馆中成立了由警探格莱夫领导的特务小组，专门跟踪盯梢马克思、恩格斯等人的活动。

1851年5月10日，共产主义者同盟特使诺特荣克在莱比锡车站被捕，警察从他身上搜获了一些同盟文件和部分盟员的地址。据此，普鲁士当局发现了共产主义者同盟，并立即逮捕了有关人员。同盟中央委员勒泽尔、比尔格尔斯、丹尼尔斯等人相继被捕，一场震动全欧的共产党人审判案拉开了帷幕。

令反动当局懊丧的是，它所获得的关于同盟的材料不足以构成普鲁士刑法典所规定的任何罪行的证据。法庭不得已一再拖延开庭时间,到处寻找"证据",直到1852年10月4日才以"密谋叛国"罪,把被捕的11位同盟盟员交付科隆法庭审判。

在长达一年半的侦讯期间,警察不惜采用种种卑劣手段。他们撬锁窃取维利希—沙佩尔集团的文件,并打入该集团内部搜集情报,甚至公然伪造会议记录及其他同盟文件。科隆法庭就凭这些"证据",拼凑起一个由"十足的反动分子"组成的陪审团,开始了这场蓄谋已久的审判。

马克思、恩格斯密切关注审判的全过程,用各种方式揭露普鲁士当局的阴谋和丑行,戳穿了所谓"罪证材料"的虚伪性。比如,由警探格莱夫等人一手炮制的所谓"原本记录",内容荒诞无稽,通篇漏洞百出,以至于科隆审判案的主要策划人威廉·施梯伯也认为这是一个"倒霉的本子",承认它是捏造的。可是,正如恩格斯一针见血地指出的那样,"在警察当局的每种无耻勾当被揭穿之后,又干出五六种无法立刻揭穿的新的无耻勾当",法庭就是根据这些伪造的文件和假证词,无视公众舆论的强烈谴责,蛮横无理地判处比尔格尔斯、列斯纳、勒泽尔、贝克尔、赖夫、奥托、诺特莱克等七人3至6年的徒刑。其他四人被宣告无罪,可丹尼尔斯由于长期的监狱折磨,出狱不久就病逝了。

1852年至1853年普鲁士警察局档案中马克思、恩格斯的《案卷》

## 第三章 大革命洗礼

结果并不出人意料，因为假若宣判被告们无罪，就无异于宣判政府当局有罪。科隆案件宣判后，马克思、恩格斯发表了一系列文章，深刻揭露普鲁士政府迫害革命者的挑衅行为及种种卑劣手段，同时进一步阐述了无产阶级政党的性质和要求。

随着科隆审判案的结束，德国和欧洲的工人运动进入了一个新阶段。客观形势的变化，使得共产主义者同盟的继续存在已经不合时宜了。

1852年11月17日，共产主义者同盟自行宣布解散。

作为世界上第一个无产阶级政党，共产主义者同盟的活动是无愧于自己的宗

威廉·沃尔弗　　　约翰·格奥尔格·埃卡留斯　　　弗里德里希·列斯纳

亨利希·比尔格尔斯　　　斐迪南·弗莱里格拉特　　　卡尔·沙佩尔

# 恩格斯传

| | | |
|---|---|---|
| 罗兰特·丹尼尔斯 |  奥古斯特·维利希 |  彼得·诺特荣克 |
|  奥拉德·斯拉姆 |  维克多·特德斯科 |  约瑟夫·魏德迈 |
|  斯蒂凡·波尔恩 |  恩格斯·德朗克 |  威廉·李卜克内西 |

乔治·朱尼安·哈尼 　　厄内斯特·查理·琼斯 　　格奥尔格·维尔特

海尔曼·贝克尔 　　阿拉伯罕·雅科比 　　莫泽斯·赫斯

共产主义者同盟部分盟员

旨的，它在从成立到解散的 5 年多时间里，基本完成了自己的历史任务。

同盟的解散，标志着马克思、恩格斯在 1848 年至 1849 年革命失败后重组革命力量的工作告一段落。他们及时转变革命策略，帮助共产党人确立正确的斗争方向，积蓄力量，纯洁组织，并做出了一系列新的理论建树。

1848 年至 1849 年的欧洲革命是马克思、恩格斯亲自参加的第一场伟大的革命运动。刚刚创立的科学社会主义学说在革命斗争中经受住了考验，为共产党人投身资产阶级民主主义革命指明了道路，而如火如荼的斗争实践也极大地丰富了这一崭新的理论体系。在革命结束后的两三年时间里，马克思、恩格斯写作了大量时评、书评和论文，总结革命经验教训，发展科学社会主义理论。

这个时期，是恩格斯理论活动成果最丰富的时期之一。他完成了大量著述，其中的四部最具有代表性：

《德国维护帝国宪法的运动》，写于1849年8月至1850年2月，《新莱茵报·政治经济评论》第1、2、3期连载。

《德国农民战争》，写于1850年夏，发表于《新莱茵报·政治经济评论》第5、6期合刊。

《国际述评（三）》，与马克思合著，1850年11月初完稿，发表于《新莱茵报·政治经济评论》第5、6期合刊。

《德国的革命和反革命》，1851年8月至1852年9月应《纽约每日论坛报》之约所写的一组文章，1851年10月25日至1852年10月23日不定期发表。

在这四部著作中，只有《德国维护帝国宪法的运动》写于马克思、恩格斯对形势的分析根本改变以前。也就是说，这部著作还是在认为革命高潮会很快到来的思想指导下完成的。但是，由于这是一部历史著作，主要是根据自己的亲身经历和耳闻目睹写成的，并没有多少不合时宜的地方。它详尽地分析了德国各阶级的状况及其在维护帝国宪法运动中的作用，阐述了这场斗争的性质及全部起义过程，总结了丰富的政治军事斗争经验。

《德国农民战争》是一部史论结合的著作，是对德国整整一个历史时期进行唯物主义分析的范例。恩格斯通过对300多年前爆发的一场伟大的农民战争的深刻分析，把理论上的深刻总结和政治上的尖锐结论有机地结合起来，论述了1848年至1849年革命时期同样碰到的许多重要问题，得出了一系列揭示农民革命和社会发展规律的结论。

《国际述评（三）》是马克思、恩格斯继1850年2月和3月分别写作《国际述评（一）》和《国际述评（二）》之后，经过半年多的深入观察和重新思考，完成革命策略转变的一部力作。在这部著作中，马克思、恩格斯得出了一个极其重要的结论：

经济危机是引起革命的直接原因，经济繁荣则为反革命的统治准备了条件。1848 年革命爆发的一个重要推动力便是 1847 年的经济危机，1849 年革命失败的一个深刻根源乃是当年夏天开始的经济繁荣。据此，在最近的将来，欧洲不可能发生真正的革命，所以革命只有在现代生产力和资本主义生产关系重新发生矛盾并趋于尖锐化之后才能发生。当然，新的危机的来临终究是不可避免的，因而新的革命也终究是不可避免的。

《德国的革命和反革命》也是一部史论结合的著作，可以把它同《德国维护帝国宪法的运动》和《德国农民战争》一起，视为论述德国历史发展的三部曲。恩格斯在这部著作中，根据确凿的历史事实和历史文献，全面阐述了 1848 年至 1849 年德国革命的主要事件和主要转折，探讨了革命何以必然爆发和必然失败的社会根源，分析了各个社会阶级及其政治集团的不同利益和相互关系，进而为德国人民指出了继续斗争的策略和方向。

恩格斯在 1849 年至 1852 年期间的著述活动，绝大多数都是围绕 1848 年欧洲革命特别是德国革命展开的。他和马克思一样，其间最大的理论收获是通过对现实政治经济关系及近 10 年来欧洲经济社会史的系统研究，从历史事实中完全弄清了他们以前半先验地根据不完备的材料推导出的结论：

革命只能是经济危机和社会矛盾激化的产物，而不可能人为地制造。由 1847 年世界贸易危机引发的 1848 年欧洲革命已经被始于 1849 年的新的工业繁荣取代了，资产阶级社会的生产力正以资产阶级关系范围内一般可能的速度蓬勃发展。在这样一种经济基础条件下，不但谈不到什么真正的革命，而且一切想阻止资产阶级发展的反动企图都会像民主主义者们的一切义愤和一切热情的宣言一样，必然会在这个基础上碰得粉碎。

共产党人此时此刻的任务不是进行革命鼓动，而是广泛宣传科学的共产主义理论，积蓄革命力量，为将来的决战做准备。

# 第四章
## "幽囚"与"将军"

# 恩格斯传

1848年革命失败后,欧洲人民民主运动暂时沉寂下来。

为了给自己的新学说提供更加坚实的科学论证,马克思把大部分精力投入了政治经济学的研究。研究工作的深入开展,需要充足的时间和财力做保障,这项工作主要落在了新学说的另一位创立者恩格斯身上。

从1850年11月至1879年7月,恩格斯在曼彻斯特"熬"过了漫长的20多年岁月,被迫从事讨厌的"鬼商业"。不过,在这"幽囚"般的无聊日子里,恩格斯并没有失去他"将军"的本性。"幽囚"与"将军"的双重生活,充分展现了恩格斯广博的学识和多方面的才能,折射出一个历史伟人的高风亮节。

一方面向马克思及其他革命者提供经济支持,一方面积极从事现实政治斗争。恩格斯开启了无产阶级军事科学研究的先河,批判各种小资产阶级民主派的软弱性和动摇性,同自然科学家交朋友,参加国际工人协会的组织领导工作,成为马克思从事理论斗争和实际运动的最得力的助手。

恩格斯和马克思之间的通信十分频繁,几乎天天进行。通过这种通信联系,恩格斯把自己的工作同他和马克思共同从事的事业紧紧地连在了一起。他们并肩战斗,取长补短,谱写了一曲革命友谊的赞歌。

## 第四章 "幽囚"与"将军"

# 重返曼彻斯特

1850年11月28日，恩格斯在曼彻斯特这个他又爱又恨的城市，度过了自己的30岁生日，重新开始中断了五年的商业生活。

回想过去的五年，和马克思的紧密合作已成为一种生活习惯，遽然分离心里是很难过的，可恩格斯还是作出了这个选择。重回商界，既是父亲的意愿，也是他自己理性思考的结果。

早在1838年，恩格斯的父亲老弗里德里希就感觉到恩格斯家族的利益在欧门–恩格斯公司中受到了威胁，这主要是由于恩格斯家族缺乏得力的人手直接参与公司在英国的商务活动。当年，老弗里德里希曾带18岁的恩格斯来到曼彻斯特，四年后则干脆送他到公司里做了一名办事员。现在，随着欧门家族势力的膨胀，老弗里德里希觉得有必要随时了解公司的经营和财务情况了，只有直接参与公司的业务活动，才能有效地保护自己家族的利益。于是，老弗里德里希劝说自己的大儿子重回公司。

当然，他这样做还有一个不便说明的目的，那就是想把"自由得过了头"的恩格斯束缚在公司工作上，使其远离革命活动，远离同志和战友，逐渐成为一个像自己一样的体面的资产者。

恩格斯有自己的想法，他认为在革命形势处于低潮的情况下，暂时屈身商界，以便从经济上支持革命力量的储备，是有其不可取代的意义的。1851年1月25日，恩格斯在给马克思的信中谈到，他之所以选择这条道路，是为了不至于被迫过行乞的民主派的生活。

事实上，在当时流亡英国的革命者中，的确有很多人生活艰难、衣食无着，马克思一家也陷入了可怕的贫困之中。恩格斯不能不为这种境况所动，他决定把

**恩格斯传**

商场当作另一个战场,在这个特殊的岗位上为了无产阶级的共同利益而做出自我牺牲。30年后,恩格斯还对自己的学生和朋友伯恩施坦说,一个人既可以当一个不错的交易所经纪人,同时又可以是社会主义者,并因此仇恨和蔑视"交易所经纪人阶级"。

19世纪50年代曼彻斯特的欧门－恩格斯公司

恩格斯从不讳言自己做过工厂股东,而假若有人想在这方面责难他,他认定那只会给责难者自己徒增难堪。恩格斯毫不含糊地说:"如果我有把握明天在交易所赚它一百万,从而能使欧洲和美洲的党得到大批经费,我马上就会到交易所去。"

恩格斯回到欧门－恩格斯公司,一开始并没有做长期经商的打算。他认为欧洲的平静只是暂时的,各阶级的搏斗还会重新到来。为了随时可以以战士的身份投入革命活动,恩格斯拒绝在公司里承担任何特定的义务,而只是作为一名普通办事员参与公司的业务活动。

这一点,远在伍珀河谷的家人看得清清楚楚。1850年夏天,恩格斯的妹妹玛丽亚·布兰克给他写了一封信,明确表示了对他经商"决心"的怀疑:

> 在我们看来,目前你亟欲成为一名商人只是为了使你的生活能有个着落,但是,一旦你认为形势对你的党有利,你就又会放弃经商,又为你的党去工作了;总之,你没有兴趣,也不愿意成为商人,更不打算终身经商。

老弗里德里希一直没有放弃对儿子危险的"爱好"进行严格限制的努力。这

## 第四章 "幽囚"与"将军"

次，由于恩格斯自己提出愿意重回公司，父亲便认为这是一个难得的让儿子收心的好机会，必须好好加以利用。1851年1月22日，他在给恩格斯的信中说：

> 我可以想象，你在那里，对你来说，未必愉快，但是凭你这样一个特殊的关系，对我们和我们的公司来说，也许倒是很有利的。

20天后，他再次致信恩格斯：

> 你想继续留在曼彻斯特，这的确使我非常高兴。你在那里非常合适，在那里除了你没有人更能代表我了。

1851年6月底，老弗里德里希亲赴曼彻斯特，打算好好对恩格斯做出"安排"。事前，恩格斯的母亲对这次会面将出现怎样一种结果十分担心。她采取了一些防范措施，一方面写信给欧门－恩格斯公司的实际负责人彼得·欧门，希望他把老弗里德里希接到自己家里去住，不让保守的父亲与激进的儿子住在一起；另一方面，她以商量的口吻对儿子约法三章："我想，你们要是不在一起，反而更好些，这样你们就可以少谈些公司的事情。你们观点各异，最好还是不谈政治。"

可是，母亲所担心的摩擦还是不可避免地发生了。

老弗里德里希预先的计划，是想让彼得·欧门到利物浦去拓展公司的业务，而把曼彻斯特办事处的领导权交给恩格斯。彼得·欧门本人对这个计划没有异议，但欧门家族不同意，而恩格斯则坚决反对这个计划，他不愿意受到任何实际责任的束缚。

在公司董事会上，恩格斯一开始就明确表态，自己力不胜任，希望公司另请高明。一向自以为是的老弗里德里希对儿子的"反叛"行为十分恼火，本来近几年来他在各处的生意都很顺利，恩格斯家族的财产自1837年以来已增加了一倍以上，他满以为这次借助"回心转意"的儿子的努力，将使家族事业的发展再上一个新台阶。现在，如意算盘显然要落空了，但他还想做最后的努力。他答应了

## 恩格斯传

恩格斯的要求，每年付给他 200 英镑左右的交际费用和生活费用，以便先把"桀骜不驯"的儿子在办事处里稳住，然后再慢慢施与压力，兼以利诱，逐步使其浪子回头。

恩格斯忍住了，没有和父亲发生直接的争吵，但他事后在给马克思的信中说，要是老头在曼彻斯特再多待几天，他们之间一定会发生争吵。恩格斯认为，他和父亲在世界观上的截然对立，已经使父子感情荡然无存，剩下的只有"冷淡的营业关系"。在儿子眼里，父亲是一个高傲自大的人，他动辄训人，挑衅寻事，同时又十分的愚蠢和不得体。为了证明自己的看法，恩格斯给马克思举了一个例子——

他竟然打算甚至在他逗留这里的最后一天，利用欧门家族的一个人在场的机会，用对普鲁士制度的狂热歌颂来刺激我而求得自己的满足，以为欧门在场可以迫使我讲究礼貌，堵住我的嘴巴。当然，用几句话和愤怒的目光就制止了他，但是这样一来恰恰使我们之间的关系立刻冷淡了下来，而且正是在分别的时候，所以我自然等待着他用某种形式来报复这一次的失败。

对这件事及其产生的后果，恩格斯明确表明了自己的态度。他说，如果这件事将来不产生任何实际的恶果，即不影响他的实际收入，他就毫不在乎违忤父意："对我来说，冷淡的营业关系自然比任何虚伪感情要惬意得多。"

协议达成了，生活有了保障，恩格斯在曼彻斯特待了下来。没想到，这一待就是 20 多年。

在内心深处，恩格斯是很讨厌曼彻斯特的，觉得这是一座"使所有的水都变质发臭的工厂城市"。并且，他尤其讨厌经商。对他来说，曼彻斯特的 20 多年商业生活，不仅是浪费时间，甚至是一种牺牲，牺牲了他一生中最美好的光阴。马克思也十分同情地把挚友在曼彻斯特过的日子形容为"埃及的幽囚"。

在这 20 多年里，尽管恩格斯作为一个商人和一个社会主义者，都为革命运动做出了巨大的贡献，但他仍不停地向朋友抱怨，说自己的日子过得毫无价值，

第四章 "幽囚"与"将军"

整天忙着"该死的生意",简直就像被关在"巴比伦监狱"里。

乔治·哈尼是恩格斯在曼彻斯特期间经常通信的好友,他表示了自己的同感:"看到你讨厌曼彻斯特,我并不感到奇怪。那个城市是一个脏得可怕的爬满粪蛆的坑。我宁愿被绞死在伦敦,也不愿平平静静地死在曼彻斯特。"

埃及的幽囚(油画)(李新 张红年 作)

同样是商人加革命者的格奥尔格·维尔特,则对恩格斯的抱怨进行了"实用主义"的分析。他不无调侃地说:"时间固然宝贵,前途更为重要。你讨厌曼彻斯特,这很好,因为讨厌的事情能使人生财,而愉快的事情却从来没能使人发财。"

实际上,恩格斯的经商收入的确是不可缺少的,不但对他自己、对马克思一家是这样,对整个党来说也是这样。他深知,自己每年为党提供150英镑,就相当于社会民主主义流亡者委员会在困难时期(1850年前后)一年募捐总数的一半。

当然,一开始恩格斯的收入并不多,每年大约200英镑左右,包括从公司领取的100英镑薪水和5%的红利。19世纪50年代中期,分红比例提高到7.5%,年收入大约500英镑。从1860年起,分红比例提高到10%,每年收入达1000英镑。这样的收入水平在当时的英国还是比较高的,可以基本保证他自己和马克思一家过上比较像样的生活。

## 恩格斯传

一方面是一个从业于大公司并协助公司管理的高级职员,另一方面是一个满怀理想激情的社会主义者,恩格斯仿佛过着两重生活。

他经常的住处是城郊的一所小房子,同玛丽·白恩士和她的妹妹莉迪亚·白恩士生活在一起,在那里接待政治上和学术上的朋友。但是,为了和大公司管理者的身份相称,他还是先在市中心租赁后来又购买了一座体面的住宅,用以接待商界人士,同时也为了应付苛刻的父亲。

对此,他并不隐讳,公开对朋友说:"当我的老头快要来的时候,我们就搬到漂亮的住宅去,买一些上等雪茄和酒等等,以壮观瞻。生活就是这样。"

恩格斯在"上流社会"里应付自如。他不仅和曼彻斯特商界有业务上的来往,而且经常参加他们组织的各种娱乐活动,如宴会、打猎、舞会等等,表现还十分出色。这使得他那些资产者熟人很难把他同一个革命者联系起来。这个被马克思视为欧洲最有教养的人,对他们来说只不过是一个善品醇酒美味和谈锋甚健的平常商人而已。

恩格斯自画像:办事员恩格斯

办事处的工作不但枯燥乏味,而且也是十分劳累的。恩格斯每个星期有6天从早忙到晚,工作内容包括用多种文字为公司起草与国外来往的信件、洽谈棉纱生意、出入交易所等等。经商四五年后,他还在给马克思的信中抱怨道:"最讨厌的办事处工作是这样累人,下班以后就觉得自己完全垮了。"

还有,主持公司业务的欧门家族成员一个个都是精明的商人,他们对恩格斯处处刁难,想方设法要把他撵出办事处。恩格斯不得不浪费许多时间同他们周旋。只有每晚回到自己的小屋里,或与朋友相聚的周末,恩格斯才重新成为自由的社会主义战士。

即使在商务最繁忙的日子里,恩格斯也没有忘记自己作为一个社会主义著作家的责任。但是，商人和著作家毕竟是两种完全不同的生活方式，前者对后者的干扰是显而易见的。为了尽可能地减少这种干扰，恩格斯决定采取果断措施，缩短商务时间，哪怕减少收入也在所不惜。

1857年3月11日，恩格斯在给马克思的信中谈到了商务缠身的苦恼和自己的打算：

> 真的，好像上帝和整个世界串通起来不让我给你写信似的。当我刚觉得稍微摆脱了事务上的忙乱，又突然遇到一大堆未料想到的事情，被形形色色的家伙缠住，收到上百件必须给我的老头答复的营业问题，不得不去实现哥特弗利德先生的一些新的古怪想法……我目前还必须每天在办事处里忙到8点钟，在晚餐等等结束之后，不到10点钟无法开始工作；一点办法也没有。我现在早晨最迟10点钟必须到办事处，因此，最迟夜里1点钟必须上床睡觉；真伤脑筋！正当有兴致工作的时候，不得不去睡觉；这样根本不行。但是，等着瞧吧。今年夏天我们将另作安排，或者就会垮台。我打算这样安排：10点到5点或6点上班，然后就离开，让一切都见鬼去。

经过恩格斯的努力争取，从1857年夏天开始，他在办事处的上班时间由原来的7：00—17：00改为10：00—18：00，1864年再缩短为10：00—16：00。可是，由于父亲去世，恩格斯成了曼彻斯特欧门－恩格斯公司的正式合股人。上班的时间缩短了，为公司发展所付出的劳动却一点也没有减少。

在这种情况下，恩格斯不得已采取了最后的"自救"措施：退出公司。

当然，20年漫长岁月的付出并不是毫无补偿。通过从事实际的经营活动，深入资本主义的生产过程和流通过程，恩格斯对资本主义企业经营及资本主义经济运动的详情、细节了如指掌，为研究资本主义经济制度和阶级关系准备了大量第一手资料。这不但有益于自己的研究工作，也为马克思创作《资本论》提供了巨大的帮助。

长期的商业工作并没有埋没恩格斯的创作激情，也没有磨灭他的革命意志。

"巴比伦监狱里的幽囚",仍然像将军一样活跃在欧洲无产阶级解放运动的理论和实践舞台上。

# 编外陆军部

研究军事问题,是恩格斯19世纪五六十年代经商之余从事科学研究的一个重要方面。

对军事科学的浓厚兴趣,以及现实革命斗争的迫切需要,加上广博的学识和"天生的快速工作的本领",使恩格斯成为无产阶级军事科学的奠基人和最重要的著作家。

据不完全统计,恩格斯的军事著作及散见于一般政论性文章和书信中有关军事问题的论述,总字数达150万,占他著作总字数的1/5以上。如果加上他和马克思合写的几十篇军事论文,这个比例则更大。

正是由于恩格斯在军事科学研究方面表现出来的非凡才能和取得的巨大成就,马克思由衷地相信:"如果发生什么军事事件,我就完全指望曼彻斯特的陆军部会立即给我指示。"

恩格斯对军事科学的浓厚兴趣萌芽于何时,已无从细考,但可以肯定的是,1848年革命中亲身的战争实践大大地强化了他的这个兴趣。而1850年夏秋之际,在同维利希—沙佩尔集团作斗争过程中,恩格斯进一步认识到,工人阶级及其政党必须确立自己特有的军事思想和军事方针。

当时,维利希—沙佩尔集团得到一些曾参加革命的旧军官的支持。他们自恃在革命时期曾亲自指挥过战斗,认为自己完全有能力在军事方面领导革命,并对马克思、恩格斯等人表示公开的蔑视,称他们为"靠笔杆活动的人"。

恩格斯展开了针锋相对的斗争。他对马克思说,自己所能做的最好的事情莫过于继续研究军事问题,以便在"平民"中至少有一个人能在理论方面同维利希这些"兵痞"进行较量,免得他们用空话压人。

迁到曼彻斯特后,恩格斯立即着手军事问题的研究。他发现自己的知识储备和资料储备都很不够,于是写信向各方面求助,搜寻战争文献,随即开始了广泛的阅读,涉猎各种文字的军事著作200余部,内容包括各兵种的战术、战略、兵力部署、指挥系统、后勤、武器技术等多方面。

1851年8月至1852年9月间创作的《德国的革命和反革命》,是恩格斯系统研究军事科学的第一部理论著作。这部著作是以一组论文的形式出现的,恩格斯正是通过这19篇逻辑一贯的史学论文,阐明了科学社会主义的一个重要原理:武装起义是工人阶级的重要斗争手段,而起义也如战争或其他各种艺术一样是一种艺术,它有自己的特殊规律,不掌握这些规律就不能取得胜利。

其实,早在《新莱茵报》时期,恩格斯就曾通过发表一系列支持被压迫阶级反对剥削阶级和被压迫民族反对外国统治的人民革命斗争的时事评论,揭示了战争的阶级性,阐述了军事问题对于工人阶级解放斗争的重大意义。在《德国维护帝国宪法的运动》一文中,恩格斯在总结1848年至1849年革命的军事教训的基础上,开始建立关于武装起义和革命战争的理论。在曼彻斯特期间,恩格斯的研究已经深入到了革命政党进行武装斗争的具体条件方面,从革命与战争、政治与战略之间的辩证关系出发,系统研究革命武装力量的政治职能和军事职能。

19世纪50至70年代,一系列具有重大意义的战争的爆发,给恩格斯研究战争问题提供了新的素材。这些战争包括:1853年至1856年的克里木战争,1857年至1859年的印度起义,1859年的意大利战争,1861年至1865年的美国南北战争,1866年的普奥战争以及1870年至1871年的普法战争,等等。

在这样的历史背景下,无产阶级及其政党采取正确的战争策略,构成了无产阶级解放运动的一个重要部分。

恩格斯通过密切关注现实战争态势,结合军事史的研究,提出了一系列富有创见的军事理论,为无产阶级军事战略的制定指明了方向,同时也引起了军事科学研究同行的高度重视,成为当时军事理论界一位举足轻重的权威。

## 恩格斯传

恩格斯研究军事问题时特别重视战争的实际进程，他在给约瑟夫·魏德迈去信索要军事文献资料时明确地说："对我来说重要的是了解实际的、确实存在的东西，而不是一些无人承认的天才们的体系或臆造物。"

恩格斯在分析研究当时发生的历次重大战争时，都详细地了解了战争发生的原因、双方兵力配备、战略战术态势、军事统帅的指挥才能和士兵的心理及技术素质等等。他在掌握大量资料的基础上，运用唯物主义历史观进行科学的分析，从而得出令人信服的关于战争进程的科学判断。

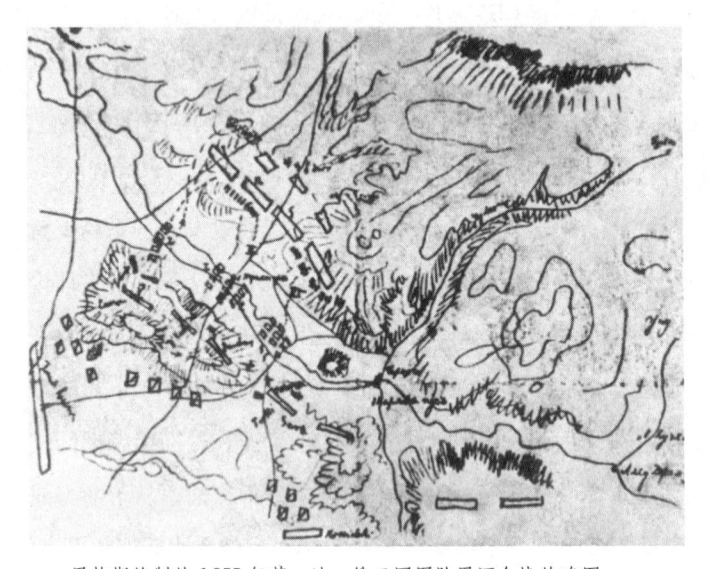

恩格斯绘制的1855年英、法、俄三国军队黑河会战的略图

同资产阶级军事学家相反，恩格斯认为，军队绝不是什么超阶级的工具，战争也不是各种偶然情况的拼凑或某些杰出人物随心所欲的行动，军队和战争都是同阶级和国家相联系的，都是阶级统治的某种形式。阶级对立的极端表现就是战争，只要阶级利益的对立还存在，战争就存在。要进行战争，就必须组建军队。所以，军队的实质是国家为了进攻或防御而维持的有组织的武装集团，其性质由它所执行的阶级使命来决定。资产阶级的军队总是以推行寡头统治集团的内外政策为目的，因而是寡头政治的强制性工具。

隶属于不同阶级的军队不但性质和目的不同，其组织结构和作战方法也各有

## 第四章 "幽囚"与"将军"

自己的特点。一般说来，为寡头统治服务的资产阶级军队具有明显的规模性和运动性；资产阶级根据作战需要，出钱招募穷苦农民当兵，往往使军队拥有庞大的规模；而现代交通工具和通信手段的发展，则为军队的频繁运动提供了可能。几乎每一支资产阶级的军队，其作战体系和作战方法都是以此为基础建立起来的。

作为资产阶级统治的对立面，无产阶级走上了政治舞台，开始为自身的解放而展开斗争，它在军事上也必然会有自己的表现，必然会创造出适合自己特殊的新的作战方法。就当时而言，由于无产阶级军队尚处于发展阶段，实力还不如资产阶级军队强，它在作战时势必要突破一些"资产阶级式的、规规矩矩的"战争教条，采取灵活多变的作战方法。

这一原则也适用于弱小民族为争取民族独立、摆脱外族统治而进行的革命战争。早在1849年4月，恩格斯在论述意大利皮蒙特军队何以败于奥地利军队时就明确指出："一个想争取自身独立的民族，不应该仅限于用一般的作战方法。群众起义，革命战争，到处组织游击队——这才是小民族制胜大民族、不够强大的军队抵抗比较强大和组织良好的军队的唯一方法。"

当然，军队除了受阶级属性的制约外，作为国家实力的体现形式之一，它在组织结构、战斗力和作战方法等诸方面还必然受制于该国的社会发育程度，特别是经济发展水平。可以说，军队的全部组织和作战方法以及作战的胜负，都取决于物质的即经济的条件，取决于人和武器这两种材料。

一方面，人是决定战争胜负的关键因素，任何武器自己都是不会动的，需要有勇敢的心和强有力的手来使用它们；另一方面，军事手段的改进也是不容忽视的。如果说，劳动生产率的成倍提高需要借助于新的生产工具的发明和使用，那么，在军事上也只有创造新的、更有威力的手段，才能达到新的、更伟大的结果。纵观人类战争史，凡是采用新的办法创造历史新纪元的伟大将领，要么是新的物质手段的发明者，要么是以正确的方法运用以前发明的新器材的第一人，二者必居其一。

恩格斯的军事理论水平得到了社会舆论的公认。他的许多判断有着惊人的准确性，以至于不少人认为恩格斯匿名或用笔名发表的军事论文，是出自某位权威的将军之手。

恩格斯本人也对自己的军事分析能力充满自信。1854年3月，他曾向伦敦的著名报纸《每日新闻》自荐，愿意担任该报的军事通讯员。在给报社的自荐信中，恩格斯十分坦率地说，他所写的一系列关于军事题目的论文及良好的外语水平足以表明，自己完全可以成为该报军事专栏的合格撰稿人：

我认为，主要问题在于撰稿人是否真正内行。至于这一点，最好的证明是一系列关于各种军事题目的论文。这些论文，您如果愿意，可以让任何一个军事问题权威加以审阅。越权威越好。我非常愿意把我的论文交给威廉·纳皮尔爵士去评论，而不愿意交给任何迂腐的第二流的专家……多年来，对军事科学的一切部门进行研究已成为我的主要工作之一，而我当时发表在德文报刊上的论述匈牙利战局的一些论文所取得的成功，使我相信我的工作没有白费气力。我对欧洲大多数语言都比较熟悉，其中包括俄语、塞尔维亚语，也略懂罗马尼亚语，这就使我有可能利用一些最好的报道资料，也许这在其他方面对您也有用处。至于用英语正确而流利地写作的能力，您从我的文章中自然可以了解。

由于种种原因，恩格斯没有当上《每日新闻》的军事通讯员，但他一直没有停止对军事问题的研究。他结合战争实例，撰写了大量军事论文和时评，发表在美、英、法等各国的军事刊物上。

19世纪50年代中，恩格斯主要为纽约的《普特南氏月刊》撰稿。他在该刊上发表了一组总题为《欧洲军队》的连载文章，比较系统地把辩证的观察方法应用于军队发展，提出了一个重要命题：在战争中起决定作用的不是一个国家在军事上具有怎样的优越条件，而是该国比不够发达的邻国所具有的更高的文化水平。

随后，恩格斯给《美国百科全书》撰写军事方面的条目。他把这项工作视为"晚间定时工作"，认真严肃地对待。这些词条的撰写，概括地阐释了恩格斯多年来掌握的各方面的军事知识，代表了他"专门研究军事问题"的成就，使他成为无产阶级的第一个军事科学家。

19世纪60年代，恩格斯开始为达姆斯塔特的《军事总汇报》和曼彻斯特的《志愿兵杂志》撰稿，并成为受广泛欢迎的特约撰稿人。

整个19世纪五六十年代，恩格斯利用经商余暇研究军事科学，不但为当时欧洲无产阶级的解放运动提供了重要的军事指导，而且丰富和完善了科学社会主义理论体系，他的研究成果成为全世界无产阶级共同的理论财富。

## 谨慎的交往

革命失败后，革命阵营出现了分化。

19世纪50年代初期，一批参加过欧洲革命的小资产阶级民主派分子聚集伦敦。他们是"一堆由法兰克福议会、柏林国民议会和下院的前议员，巴登战役中的英雄，表演了帝国宪法这出喜剧的泰斗们，没有读者的作家，民主俱乐部里和代表大会上的空谈家，第十流的报刊作家等等人物组成的混合物"。这些"流亡中的大人物"对马克思、恩格斯的学说和主张不以为然，企图凭借主观想象制造革命，用荒谬可笑的冒险行为欺世盗名。他们到处炫耀自己的"革命"资本，把流亡当作营生，招摇撞骗，乞求施舍，败坏革命声誉。更有甚者，他们还大肆攻击和诽谤马克思、恩格斯，分化革命力量。当时，李卜克内西就收到了一封劝说他离开马克思、恩格斯的煽动信。信中这样写道：

> 在这里你是一个自由的人，因为你可以独自显示你的才能。而在那边呢？在那边你是一个小皮球，是一头被迫替人驮东西和被人嘲笑的小驴。你的处境又怎样呢？上面的主宰是你那位全知全能、大贤大德的马克思。他后面空了很长很长一段，其次是恩格斯，他后面又空了很长一段。然后是沃尔

弗，后面又是无尽的空白。只有在他们之后也许能替这头"多情的小驴"李卜克内西找到一块小小的地方。

李卜克内西自然不为他们的无赖言辞所动。他深知，在值得自己尊敬的人之下学习和工作，并不是什么屈辱；同马克思、恩格斯这样学识渊博、道德高尚、有很多东西值得自己学习的人待在一起，比同那些自以为是的"大人物"相处要愉快得多。

在流亡伦敦的"大人物"中，诗人兼政治家哥特弗利德·金克尔、青年黑格尔分子阿尔诺德·卢格、旧军官奥古斯特·维利希、记者古斯达夫·司徒卢威等人是最有代表性的。他们或者以激进的言辞进行不负责任的鼓动，或者以荒谬的哲学理论故作高深地卖弄，或者以政客的手腕开展各种穿梭联络，成为德国流亡伦敦的小资产阶级民主派的领袖人物。

实际上，他们的精神世界是空虚的，政治态度是摇摆不定的，种种无赖般的争权夺利行径更是令人不齿的。马克思、恩格斯从 1850 年秋天开始，就在共产主义者同盟中央委员会和伦敦德国工人教育协会的各种会议上，在给各国盟员和政治活动家的书信中，对他们的所作所为给予了无情的揭露、辛辣的讽刺和深刻的批判。1852 年 5 月至 6 月，马克思、恩格斯还专门为此写了一部论战性的著作《流亡中的大人物》。

在曼彻斯特漫长的 20 多年岁月中，恩格斯除了必要的商务应酬和一般的娱乐消遣外，政治上和学术上的交往并不多。他最有规律性的交往是同马克思保持密切的书信联系，有时也给乔治·哈尼、厄内斯特·琼斯写一些东西。此外，经常来往的朋友不过寥寥三五人而已。性格开朗的恩格斯之所以离群索居，根本的原因，是在当时革命低潮的客观形势下，不可能进行有价值的广泛政治交往和学术交往。

一大批流亡伦敦的昔日的革命者已经堕落了，他们把流亡视为一种营生，整天争吵不休，在种种庸俗无聊的勾当中虚掷光阴。而一些往日的战友或者牺牲了，或者流落他乡失去联系。也有一部分人面对低落的革命形势，心灰意冷，远离了运动。

在这种情况下,恩格斯感到,与其出于礼貌而不得不花费大量时间进行一些毫无意义的穿梭往来,还不如做一个"真正的独身者"。这样还可以摆脱流亡者之间的各种纠纷和争吵,不必为那些不可救药的蠢材们所干的种种冒险活动承担责任,以便挤出更多的时间从事学习和研究。

19世纪60年代初的马克思　　　19世纪60年代初的恩格斯

19世纪50至60年代,在恩格斯屈指可数的几个朋友中,除了故交威廉·沃尔弗以外,便是同年轻的化学家卡尔·肖莱马和法学家赛姆·穆尔结下了深厚的友谊。

恩格斯与沃尔弗的结识,是在1846年4月的布鲁塞尔。两人虽不能说是一见如故,但很快就有了相见恨晚之感。

当时,恩格斯正与马克思一起紧张地写作《德意志意识形态》,沃尔弗的造访一开始并没有引起他们的重视。19世纪三四十年代因政治原因被普鲁士政府通缉的流亡者很多,品质和素质良莠不齐,其中不乏鱼目混珠之辈。马克思、恩格斯在同他们交往时一直十分谨慎,因而一开始对这个身材矮小而健壮、一副德国东部农民样子的沃尔弗并没有表现出过分的热情。

恩格斯后来回忆说:"第一眼看到他,我们并没有料想到,这个外表并不出众的人,竟是一个十分难得的人物。"可是,没有几天,马克思、恩格斯就发现,沃尔弗是一个具有良好素养和沉着、刚毅性格的值得信赖的朋友。

从此以后,他们之间建立起了终身不渝的诚挚友谊。改组正义者同盟,编辑《新莱茵报》,沃尔弗都同马克思、恩格斯站在一起。在共同的斗争中,在胜利和失败、顺境和逆境的反复考验下,沃尔弗充分表现出了他那坚韧不拔的性格,他那无可怀疑的绝对忠诚,他那对敌对友对己都同样严格的、始终如一的责任感。

1848年欧洲革命失败后,沃尔弗流亡英国,1853年9月定居曼彻斯特。恩格斯通过各种关系给沃尔弗找工作,帮他度过流亡初期的艰难日子。沃尔弗成为几乎是唯一的经常出入恩格斯城郊小屋的挚友。两人年龄虽然相差11岁(沃尔弗生于1809年),但共同的革命经历和革命理想使他们无话不谈,情同手足。

与沃尔弗的友谊,成为支撑恩格斯熬过枯燥的商业生涯的重要精神支柱。

20年后,恩格斯深情地回忆道:"在许多年内,沃尔弗是我在曼彻斯特的唯一的同志;我们几乎天天见面,我在那里又经常有机会赞赏他对当前事件的几乎本能的准确的判断,这是不奇怪的。"

然而,不幸的事情发生了。由于劳累过度,沃尔弗1864年春天犯了严重的头痛病,失眠越来越厉害,到后来几乎是彻夜不眠。5月9日,他因脑溢血复发而去世。

"马克思和我失去了一位最忠实的朋友,德国革命失去了一位价值无比的人"。恩格斯对沃尔弗的崇高评价是毫不为过的。正因为如此,马克思才在他的经济学巨著《资本论》的扉页上庄严地写上:

献 给

我的不能忘记的朋友

勇敢的忠实的高尚的无产阶级先锋战士

# 第四章 "幽囚"与"将军"

威廉·沃尔弗

1809年6月21日生于塔尔瑙

1864年5月9日死于曼彻斯特流亡生活中

与卡尔·肖莱马的交往，缘于恩格斯对自然科学的浓厚兴趣及对科学技术的革命作用的充分重视。

恩格斯所处的时代，正是自然科学取得丰硕成就并推动技术进步、促进生产力发展的时代。科技革命与工业革命的阔步并行，带来了整个社会面貌的根本性变革。

恩格斯青少年时代明显受到了这种工业和科学技术飞速发展气氛的熏陶，他当时就读的爱北斐特中学是普鲁士最好的学校之一，在那里牢固地掌握了基本的自然科学知识和数学知识。

1844年初，恩格斯为撰写《英国状况》系列文章，比较集中地研读了一批自然科学文献，包括德国农业化学创始人尤斯图斯·李比希、英国地质学家查理·赖尔、瑞典植物学家卡尔·林耐等人的著作。这为他用辩证唯物主义的观点认识自然科学或者说解决自然科学中的哲学问题打下了基础。

1858年，在马克思的鼓励下，恩格斯利用经商余暇开始系统钻研黑格尔哲学，尤其注意把黑格尔哲学与黑格尔逝世以后自然科学的进展情况结合起来进行研究。当年7月，他在给马克思的信中写道："目前我正在研究一点生理学，并且想与此结合起来研究一下比较解剖学。在这两门科学中包含着许多从哲学观点来看非常重要的东西，但这全是新近才发现的。"随后，恩格斯还谈到有机化学的成果、细胞学说的创立，以及证明了自然发展过程中的辩证特征的能量守恒定律的发展，谈到了这些自然科学新成就的伟大的革命意义。

有了上述科学背景和实践背景，恩格斯19世纪60年代初与肖莱马的结识就不是偶然的了。

肖莱马是现代有机化学的奠基人之一，1834年生于达姆斯塔特，1858年移居曼彻斯特。19世纪60年代,肖莱马才30岁出头就完成了化学领域内一些划时代的发现,1871年当选为英国皇家学会会员。1874年,曼彻斯特欧文斯学院专门为这位德裔科学家设立了有机化学的新教授职位,格拉斯哥大学也授予他名誉博士的学位。

恩格斯与肖莱马结交,一方面是欣赏他在科学研究上的执着和大无畏精神。恩格斯清楚地记得,肖莱马常常脸上带着血斑和伤痕去看他,那是做实验时一些还没有被人们认识的物质在他手上爆炸而留下的"光荣的伤痕",只是由于戴着眼镜才没有为此丧失视力。另一方面,肖莱马并不因自己学业上的成就而自傲,他为人十分谦虚,对工人群众的事情表现出极大的热情。他是国际工人协会最早的会员之一,也是德国社会民主党忠诚的党员,在英国有"社会民主党人教授"之称。

在曼彻斯特期间,肖莱马经常拜访恩格斯。在日益密切的交往中,恩格斯发现,肖莱马的过人之处在于,他不像许多思维狭隘的自然科学家那样,只把眼光盯在某项专门的研究上。他除了在有机化学的一些专门领域有很深的造诣外,还花很多时间研究了所谓的理论化学,即化学这门科学的基本规律,研究这门科学同邻接的各门科学如物理学、生理学之间的关系,并且在这方面表现出了特殊的天赋。

肖莱马也许还是当时唯一的一位不轻视黑格尔的著名自然科学家。那时候许多人鄙视黑格尔,但肖莱马对黑格尔评价很高。恩格斯对此大为欣赏,他认为,凡是想在理论的、一般的自然科学领域中有所成就的人,都不应该像大多数研究者那样把自然现象看成不变的量,而应该看成变化、流动的量,而这一点恰恰从黑格尔的辩证法中最容易学到。

对肖莱马来说,恩格斯是他政治信仰的支持者和指导者。19世纪60年代,他已经是一个完全成熟的共产主义者了。与恩格斯的交往,则使他进一步对自己早已理解的信念获得了经济学上的论证。

后来,肖莱马由于通过恩格斯(还有马克思)了解了各国工人运动,于是他怀着很大的兴趣关注着这一运动,特别是克服了纯粹拉萨尔主义以后的德国工人

## 第四章 "幽囚"与"将军"

恩格斯与肖莱马（木刻）（李以泰 作）

运动。

1870年底恩格斯移居伦敦以后，肖莱马和恩格斯之间的通信十分频繁，且每有假期必到恩格斯府上拜访，两人谈得最多的还是自然科学和党的事务。

到了晚年，恩格斯与肖莱马的感情更深，经常结伴远足：

1888年，两位老人同艾威林夫妇一起去北美旅游；

1890年又一起到挪威北角；

1891年打算畅游苏格兰和爱尔兰，结果肖莱马因病未能成行；

1892年5月，肖莱马肺癌加重，卧床不起，于6月27日逝世。

参加葬礼的除各国科学界代表外，还有德国社会民主党的代表。恩格斯代表德国社会民主党执行委员会，在这位忠实的朋友和同志的墓前献了花圈。1892年7月3日，恩格斯在《前进报》上发表悼文，对肖莱马的学术贡献和政治品质作了高度评价。

和肖莱马差不多同龄的英国法学家赛姆·穆尔也是恩格斯在曼彻斯特时期为数不多的朋友之一。

19世纪60年代的穆尔和恩格斯一样，也是一个店主，经营着一家棉纺厂。1878年破产后成为一名专职律师，1889年曾出使尼日尔（英国殖民地）任阿萨巴的高等法官。穆尔的学术爱好十分广泛，除法律以外，对数学、经济学、地质学、植物学都颇有研究，且熟悉英国社会情况，是恩格斯科研工作的得力助手。

**恩格斯传**

1863年，刚刚从剑桥三一学院毕业的穆尔认识了恩格斯，两人很快成为莫逆之交。恩格斯对穆尔的才华和人品都十分赏识，认为他是一个具有本民族的一切优点而没有任何一点缺点的典型的英国人。穆尔则由衷地认为，恩格斯不但学识渊博，而且对人亲切真诚，每一次和他谈话都能学到许多东西。

把穆尔同恩格斯在学术上和政治信仰上真正联系在一起的，还是《资本论》第一卷的翻译工作。

马克思1857年正式动笔撰写《资本论》这部伟大的经典著作，到19世纪60年代中各卷手稿基本完成，1866年对第一卷作了全面的修改和润色，1867年在恩格斯的建议下先以德文出版了这一卷。在改稿过程中，马克思打算在德文版出版后，就找一个可靠的人把它译成英文。恩格斯囿于繁重的商务活动和科研任务，无法亲自承担《资本论》的翻译工作，便向马克思推荐了穆尔。马克思已经通过恩格斯的介绍知道了穆尔的情况，于是欣然同意。而穆尔本就对马克思十分仰慕，他把翻译《资本论》当作向马克思学习的一个绝好机会。为此，穆尔除了努力掌握德语外，还精心研读《资本论》和马克思的其他著作，并经常同恩格斯探讨相关的政治经济问题，钻研政治经济学说史。

1868年3月，恩格斯在给马克思的信中，十分欣慰地告诉他："在这儿，赛姆·穆尔是你的书最热心的读者；他确实已经认认真真地读了600多页，并且还在孜孜不倦地往下读哩。"

过了几个月，恩格斯又写信告诉马克思，穆尔正在热心研究他1859年出版的《政治经济学批判》，对书中的思想和理论都理解得很好，尤其对货币理论所蕴含的辩证法完全领会了。

恩格斯对穆尔的了解及他在整个翻译准备过程中的悉心指导，加上穆尔自己的刻苦努力，使马克思相信，穆尔将成为《资本论》最合适的英文译者。事实也的确如此，后来出版的穆尔翻译的《资本论》英文译本，用词准确，行文流畅，得到了恩格斯的好评（此时马克思已经去世）。

恩格斯常常同穆尔结伴外出，有时候是休假，有时候是做调查。一起度周末，成了他们共同的乐趣。恩格斯时不时会写信告诉马克思，他同穆尔又到哪儿去住了几天，又搞了诸如"地质考察""植被研究"之类十分有趣的活动等等。

在马克思、恩格斯19世纪60年代中后期的相互通信中，赛姆·穆尔的名字是被经常提及的。仅1868年至1869年，就有近30次之多。从这些通信可以看出，穆尔已经参与了他们的政治活动和学术活动，成为马克思、恩格斯共同的朋友。

打猎是恩格斯在曼彻斯特期间十分喜爱的运动。《狩猎》（油画）（孙向阳 作）

下面这件事是很能说明情况的：

1868年6月22日，恩格斯写信问马克思，自己给伦敦《双周评论》写的关于《资本论》第一卷的书评已经写好，发表时是否署名"拉法格"。马克思在回信中说："拉法格无论如何不能在文章上署名，因为他是法国人，而且已是我的女婿。就署上阿·威廉斯或诸如此类的名字吧。如果署名赛姆·穆尔那就再好不过了。"恩格斯立即回信表示赞同："你说得对，赛姆正是在文章上署名的最适当的人。我今天要把这件事告诉他，同时把文章给他，让他看一下，并标出可能带有德语特点的地方。"

虽然这篇署名"赛姆·穆尔"的书评后来被《双周评论》编辑部拒绝了，未能公开发表，但从这件事情中可以看出，穆尔与马克思、恩格斯之间的确有着特殊的关系。

沃尔弗、肖莱马和穆尔，有时候还加上德籍医生爱德华·龚佩尔特，恩格斯在曼彻斯特期间经常走动的朋友大概就这么几位。沃尔弗比他大11岁，肖莱马和穆尔则比他小10多岁。

马克思的女儿爱琳娜说，正是有了沃尔弗、肖莱马、穆尔等人，恩格斯在曼彻斯特才不是"绝对孤寂"的，可"尽管恩格斯有这些朋友，但是要他这样生活20年，想起来还是很可怕的"。

在这 20 年里，恩格斯和马克思几乎每天都有信件往返，不能不说是对内心深处感到交往不足的一种补偿。从恩格斯写给马克思的某些信件中，可以隐约地看出他在曼彻斯特既渴望友谊又不敢大胆交往的苦衷。

1865 年 5 月，马克思建议恩格斯在曼彻斯特建立国际工人协会分部，并争取当选为该分部同伦敦联系的通讯员，以便作为协会中央委员会的当然委员，出席中央委员会的会议。恩格斯当即回信表示"完全不能接受"，回信中有这样一段话：

> 除了穆尔和龚佩尔特以外，我在这里找不到一个人，因为我不能和基尔曼之流共同做这样的事，如果同他一起，我们很快就会发生争执。何况，一旦出现了或建立了同工人的真正接触点，我的伦敦通讯员的地位就会给我带来各种各样难以完成的义务。而这有什么好处呢？要知道，我这样做，一点也不能减轻你的负担。

当然，这并不意味着恩格斯不再关心实际的工人运动，恰恰相反，他不但时刻关注着世界各国工人运动的进展情况，而且总是在理论上、组织上尤其在经济上为国际工人运动尽最大的义务，是国际工人协会最早、最积极的会员之一，也是协会中马克思主义路线最坚定的支持者。

# 投身国际工人协会

1857 年夏末，一场世界性的经济危机席卷了整个资本主义世界。经济上的危机促成了政治上的活跃，人民民主运动再度高涨。自 1850 年以来一直郁郁寡欢的恩格斯重新进入亢奋状态，他激动地对马克思说：

## 第四章 "幽囚"与"将军"

自从纽约的投机崩溃以来，我在泽稷再也不能安静，而在这普遍崩溃的情况下，我感到非常愉快。最近七年来，资产阶级的污秽毕竟多少沾了一些在我身上；现在，这些污秽被冲洗掉了，我又变成另一个人了。危机将像海水浴一样对我的身体有好处，我现在已经感觉到这一点了。1848年我们曾说过，现在我们的时代来了，并且从一定意义上讲确实是来了，而这一次它完全地来了，现在是生死的问题了。

英国的工会联合会又开始了争取普选权的鼓动；

法国民众对路易·波拿巴独裁政权愈来愈感到不满，工人们又在着手建立自己的组织；

意大利人民争取民族统一和独立的斗争风云又起；

德国愈来愈频繁的罢工和示威游行也宣告了工人运动的再度觉醒；

……

欧洲的政治沉寂时期已经结束，新的动荡开始了。

在这种情势下，马克思、恩格斯认为迫切需要找寻新的途径去传播自己的思想。1859年3月，马克思在给拉萨尔的信中说："因为时期不同了，我认为现在极其重要的是使我们的党在一切可能的地方占领阵地，哪怕暂时只是为了不让别人占领地盘。"

马克思、恩格斯认为，他们必须设法找到直接和欧洲读者见面的途径，只给大洋彼岸的《纽约每日论坛报》之类的报刊撰稿是远远不够了。于是，先是马克思答应为维也纳的资产阶级自由派报纸《新闻报》撰稿，恩格斯也把自己的军事政治论文投给欧洲的军事理论刊物，并出版《波河与莱茵河》等时评小册子。

接着，马克思、恩格斯又为拥有一份自己的机关报而四处张罗，以便能不受约束地阐明自己的观点。1859年5月7日，一家由德国流亡者创办的德文周报《人民报》在伦敦出版。马克思从第2期开始就实际上承担了周报的编辑工作，恩格斯则通过出资帮助和撰写一系列重要文章来支持周报。

《人民报》只存在了三个多月就停刊了，马克思、恩格斯只得重新同欧洲各国的自由资产阶级报刊建立联系。这时候，相继发生了两个具有重大历史意义的军事、政治事件，引起了恩格斯的极大关注：一是1861年爆发的美国内战，二是1863年波兰人民为反抗沙俄统治而举行的起义。

美国内战特别引起恩格斯关注的是它的政治前景。恩格斯认为，废除奴隶制是整个战争的关键，而为黑人的解放进行斗争同工人阶级有着切身的利害关系，只要黑人工人身上还有奴隶制的耻辱性污点，白人工人就不可能是自由的。因此，英国和爱尔兰工人阶级发起的反对英国政府旨在支持南方的干涉计划的运动，是一种高度的阶级自觉，也是一种无私和勇敢。身处于英国纺织工业中心的曼彻斯特，恩格斯清楚地看到，由于美国内战引起的棉花危机，大多数工厂开工不足，数以十万计的工人承受着失业、减薪或其他种种损失。在这样一种情况下，工人阶级能够发扬国际主义精神，支持美国北方的进步战争，无疑是高尚情操的体现。

恩格斯对波兰起义者的同情和支持，也像支持英国工人反对政府的干涉行动一样，是出于对无产阶级的阶级立场和根本利益的维护。他认为，重建一个自由独立的波兰，是削弱沙皇专制制度在欧洲的势力并推动普鲁士、奥地利及俄国本土的民主运动向前发展的重要前提。

为了支持起义者，恩格斯在曼彻斯特组织了募捐，并打算和马克思合写一本题为《德国和波兰》的小册子，以丰富的历史资料为依据，论述普鲁士和俄国对波兰人民卑鄙的压迫政策，以及这两个国家从西欧列强那里所获得的支持。

按原定的写作计划，恩格斯负责书中的军事部分，马克思负责外交部分。尽管由于种种原因，这个计划未能实现，但通过准备材料和认真思考，恩格斯得出了一个重要结论：波兰起义的失败表明，只有同欧洲的革命运动建立紧密的联盟，才能有助于波兰人民的民族解放斗争获得成功。这一结论很快得到各国工人活动家的认同。

波兰起义的爆发，促成了建立国际性工人阶级联合组织的条件的成熟。伦敦工人向巴黎工人发出了一篇呼吁书，希望他们在波兰问题上采取共同行动，巴黎工人很快给予了肯定的答复。

## 第四章 "幽囚"与"将军"

1863年波兰起义者

1864年9月28日,英、法、德、意、波兰、瑞士等国的工人代表在伦敦圣马丁堂集会,声援波兰起义,决定成立国际工人协会。会上选出了一个由32人组成的中央委员会(1866年改名为总委员会),负责拟定协会的章程和条例,并授权增补新委员。马克思作为德国工人的代表被选入中央委员会。

1864年10月5日,中央委员会召开第一次会议,选举英国工联领导人奥尔哲为协会主席,克里默为名誉总书记。同时,选出一个包括马克思在内的、由9人组成的小委员会,负责起草协会的纲领和章程。最后,小委员会否定了英国欧文主义者和意大利马志尼主义者提出的纲领草案,而把马克思起草的《国际工人协会成立宣言》和《协会临时章程》作为协会文件下发给全体会员。

恩格斯没有参加圣马丁堂集会,在最初几年里也没有担任国际工人协会的领导职务。但他作为协会最早、最坚定的会员之一,积极协助担任协会领导工作的马克思广泛开展活动,对协会的发展做出了自己的贡献。

国际工人协会成立时,恩格斯正在丹麦旅行。11月初,旅行归来的恩格斯收到了马克思的一封长信,信中通报了有关国际工人协会的成立过程、圣马丁堂集会的情况、中央委员会的组成、小委员会的选举及其使命等"重要事情"。

恩格斯对此十分高兴,认为协会的成立,使他和马克思"又同那些至少是代表自己阶级的人发生了联系",这毕竟是一件好事。但是,恩格斯也清醒地认识到，由于协会的成分复杂，"一旦问题提得稍微明确一点，这个新协会就会立即分裂成为理论方面的资产阶级分子和理论方面的无产阶级分子"。

恩格斯的这个想法是很有先见之明的。实际上，马克思在起草协会成立宣言和章程时也充分考虑到了这一点，才用当时在各国工人运动中占主导地位的理论流派都能接受的温和形式，阐述了国际工人运动所应遵循的革命原则。

像这样的默契，在马克思、恩格斯投身国际工人协会的各种活动时，是经常存在的。恩格斯由于不住在伦敦，不可能直接参与协会的领导工作，因而主要是作为马克思的参谋和助手，协助马克思领导协会。

《喜讯传来》（中国画）（甘正伦　王庆明　作）。恩格斯没有参加圣马丁堂集会，国际工人协会成立的消息是马克思写信告诉他的

马克思是整个协会的灵魂，恩格斯便是第二灵魂。

马克思把协会特别是总委员会的一切重大事情都写信告诉恩格斯，并把大部分文件寄给恩格斯，以便恩格斯可以充分了解协会的发展进程，对协会的理论和现实问题发表意见。

因此，恩格斯对协会的活动情况包括内部分歧都了如指掌。他经常根据马克思的要求为协会的工作出谋划策，甚至帮助马克思起草有关文件，撰写有关文章，指导协会工作。恩格斯还利用经商的有利条件，动员自己的朋友，为协会能出版一份自己的报纸而募集经费，并积极写稿，阐述和传播马克思的政治策略。

在处理协会的种种重大问题时，恩格斯的意见通常都受到马克思的高度重视。

1866年国际工人协会日内瓦代表大会召开前夕，由于内部分歧太大，特别是英国工联派首脑们为了自己的"改革运动"而不重视协会的活动，有人提议将大会延期举行，马克思也拿不准是否应该延期。他急切地去信询问恩格斯的意见，并要求他立即回答。恩格斯明确表示，大会延期不会有什么好处，哪怕大会不能通过像样的决议也应该如期举行，否则，一切按着工联主义者的步子走，将是欧洲特别是德国社会主义者的耻辱。马克思很快回信表示同意恩格斯的意见，决定尽力促使代表大会如期召开。

1868年11月，巴枯宁派把他们的《国际社会主义民主同盟的纲领和章程》寄给总委员会，要求总委员会接纳在日内瓦成立的国际社会主义民主同盟作为独立的国际组织加入国际工人协会。马克思把有关文件寄给恩格斯，请他谈谈自己的看法。恩格斯一针见血地指出：巴枯宁分子的做法纯粹是一种欺骗行为，他们的阴谋一旦得逞，国际工人协会"就会有两个总委员会，甚至有两个代表大会；这是国中之国，而设在伦敦的实践的总委员会和设在日内瓦的即'理想主义'总委员会之间，从第一分钟起，就会发生冲突。正如不能有两个总委员会一样，在国际内也不能有两个国际的（按任务说）组织"。马克思完全赞同恩格斯的意见，总委员会在马克思的力主之下拒绝了国际社会主义民主同盟的要求，挫败了巴枯宁主义者企图分裂国际工人协会的阴谋。

自然，作为国际工人协会的积极成员，恩格斯并不完全是被动地给马克思做参谋和助手，他一旦发现有关协会发展的重大问题时，总是尽心尽责地建议协会采取相应行动。

1866年春，恩格斯发现，英国企业主从德国运来了一批缝纫工人，利用他们补充罢工工人的工作岗位，以便破坏英国工人的罢工。恩格斯当即写信把这一情况告诉了马克思，请求国际工人协会采取必要措施，反对继续把大批德国工人运到英国。恩格斯这封重要信件抵达的当天晚上，马克思就召集总委员会讨论这个问题。总委员会委托马克思在德国报刊上发表了《警告》一文，提醒德国工人应该从维护工人阶级的共同利益出发，不要在资本反对劳动的斗争中充当资本的顺从的雇佣兵。

一边是紧张忙碌的商务应酬，一边是头绪繁多的协会工作，恩格斯不得不为此加倍地付出时间和精力："运动的新高涨实在使我非常辛苦。真是要命！为了营业整天要通信；为了党和出版人等等，晚上还要写到一两点钟。"

在国际工人协会内部，马克思主义者同工联主义者、蒲鲁东主义者、巴枯宁主义者等机会主义派别始终存在着矛盾和斗争，恩格斯总是坚定地站在马克思一边。

为反对蒲鲁东主义者在波兰问题上的错误倾向，恩格斯受马克思委托撰写了一组总题为《工人阶级同波兰有什么关系？》的论文，旗帜鲜明地阐明了国际工人协会反对沙俄、支持波兰的立场。

为反对拉萨尔主义者对协会活动的干扰，恩格斯除了与德国的工人运动活动家保持经常的联系，并随时针对具体问题写一些时评或短论外，还围绕普鲁士"制宪冲突"，赶写了一篇具有丰富理论内涵的长篇政论文《普鲁士军事问题和德国工人政党》。

1865年3月10日，恩格斯在给侨居美国的老朋友约瑟夫·魏德迈的信中说："伦敦的国际协会工作很有进展，巴黎的情况特别好，但是伦敦也不差。在瑞士和意大利，工作都很顺利。只有德国的拉萨尔派搞不好……不过我们正在收到德国各地的来信和建议，情况已有决定性改变，其余的问题也会得到解决的。"

当时，国际工人协会虽然成立不久，但在欧洲工人运动中的影响已经很大，许多国家原有的工人组织都纷纷表明态度，愿意与协会在国际性的行动上保持一致。唯有德国的拉萨尔派自以为是，对协会采取了不合作的态度，竭力反对和阻挠德国工人加入协会，并在他们所把持的《社会民主党人报》上对协会进行诽谤，企图削弱协会在德国工人运动中的影响。

马克思十分气愤地说："只要这种拉萨尔主义的脏东西在德国还占上风，国际协会在那里就没有地位。"其实，早在半年以前，当获悉拉萨尔去世的消息时，恩格斯就清楚地意识到："不论拉萨尔在品性上、在著作上、在学术上究竟是个什么样的人，但是他在政治上无疑是德国最重要的人物之一。对我们来说，目前他是一个很不可靠的朋友，在将来是一个相当肯定的敌人。"

可是，德国工人的态度对马克思、恩格斯在国际工人协会中的活动却又是十分重要的。马克思是作为德国工人的代表参与组建国际工人协会的，并当选为且

## 第四章　"幽囚"与"将军"

一直担任总委员会的德国通讯书记。从这个意义上讲，马克思在总委员会里的地位是否稳固，是否具有非同一般的重要性，在一定程度上取决于能否得到德国工人阶级"真实力量"的支持。因此，马克思、恩格斯加紧与德国工人运动活动家们保持联系，力图通过他们影响德国工人阶级，使其尽快摆脱拉萨尔的思想和策略。1862年回国的李卜克内西，成了马克思、恩格斯在德国工人中开展工作的最得力的执行人。

19世纪60年代中期，德国政府与议会之间出现了所谓的"制宪冲突"：政府要求改组军队、增拨军费以加强自己的力量，资产阶级控制的议会则持反对态度。随着冲突日趋激烈，双方都向德国的第三支政治势力——工人阶级寻求支持。拉萨尔派耽于"王朝社会主义"的幻想，公开倒向封建贵族，在工人群众中造成了极大混乱。

这场冲突，就其实质而言，是一场封建贵族与资产阶级争夺德国领导权的斗争。

为了引导德国工人运动沿着正确的道路前进，李卜克内西请求恩格斯就此问题写一篇文章，阐明工人阶级对待资产阶级和封建贵族所应采取的态度和策略。马克思认为这是一个很好的建议。恩格斯立即着手这项工作，仅仅用了10天左右的时间，而且只是晚上的时间，就写完了题为《普鲁士军事问题和德国工人政党》的长文，篇幅达3.5个印张。

恩格斯运用历史唯物主义的解剖刀，剖析了资产阶级和封建贵族都想拉拢工人阶级作为自己的附庸的企图。他指出，工人阶级已经意识到了自己特殊的阶级地位、阶级利益和独立的未来，不可能充当任何阶级的附庸。当然，在一定条件下，工人阶级为了推动历史的进步，也可以与资产阶级结成反对封建贵族的暂时联盟，但必须随时保持自己的独立性。

恩格斯精辟地分析出拉萨尔派鼓动工人阶级与封建贵族结成联盟、通过普选取得政权的论调，只不过是无稽之谈。反动的封建统治者根本不可能让工人阶级真正参加政权。在现代历史上，无论英国还是法国，没有一个反动政府这样做过。在普鲁士当前的斗争中，反动政府正是要把全部实权抓在自己手里，难道可以奢望它会把资产阶级的权力剥夺来馈赠给工人阶级吗？

并且，鉴于德国的政治社会现实，争取普选权实际上不可能成为工人阶级斗争的有效武器，反而可能成为一个陷阱。

德国作为一个封建专制国家，议会不过是装饰品，一切实际权力都掌握在宫廷、军队和官吏手中。组织严密的官僚制度，没有任何集会、结社的自由，报刊受到严格控制，再加上人数比城市工人多两倍的农村无产阶级还没有卷入运动中来，仍然充当着封建贵族阶级手中的一个无意识的工具，所有这一切都决定了德国工人阶级的解放斗争不可能通过普选权获得丝毫成功。目前德国工人运动之所以还被政府容忍着，一是由于它还比较温和，二是因为政府要用它来对付资产阶级。工人运动一旦发展到危及政府时，必定会遭到政府的残酷镇压。

《普鲁士军事问题和德国工人政党》一文于1865年1月底开始创作，2月11日完成，2月底在汉堡出版单行本。马克思给予了高度评价，不但对文章的精彩论述称赞不已，而且为恩格斯自然而然表现出来的快速工作本领感到由衷的高兴。

这本小册子的及时出版，对德国工人阶级觉悟的提高起到了很大的推动作用。拉萨尔主义在德国工人运动中的影响力逐步减弱，全德工人联合会也于次年加入国际工人协会。德国工人运动在马克思、恩格斯的指导下，19世纪六七十年代逐步发展成为欧洲工人运动中最有影响的一支力量，极大地帮助和推动了国际工人协会工作的开展。

整个曼彻斯特时期，恩格斯主要是作为马克思的参谋和助手投身国际工人运动并参与国际工人协会领导工作的。这种参与虽是间接的，但由于恩格斯所具有的坚定的意志、广博的学识和充沛的精力，其作用是巨大的。

1870年，恩格斯迁居伦敦并被增补为国际工人协会总委员会委员。从此，他作为协会的领导成员之一，直接投身到声援巴黎公社、反对巴枯宁分裂主义等重大活动的领导工作之中，进一步发挥了自己独特的重要作用。

# 第四章 "幽囚"与"将军"

## 第二提琴手

马克思和恩格斯,作为国际工人运动的伟大导师,被世人并称为科学社会主义理论体系的创建人。对此,恩格斯本人总是很谦虚地说,能与马克思并肩战斗40年,是自己一生中最大的幸福;科学社会主义的基本贡献都是马克思做出的,自己至多算是个"第二提琴手"。

恩格斯自1844年在巴黎与马克思会面从而建立了深厚友谊之后,便从内心深处把马克思摆在了他们共同事业的首位。特别是在曼彻斯特的20年,他毫无怨言地承担起马克思理论活动和社会活动助手的责任,从学术上、思想上和生活上给予了全面的参谋和服务。

这一方面是由于恩格斯不得不把大部分精力花在商务活动上,从事理论和社会活动的时间减少,另一方面也是由于他给自己在和马克思的共同事业中的定位。

恩格斯既是一个思想者,也是一个活动家。恩格斯缺乏德国古典哲学的系统训练,又长期从事经营活动,使他和马克思的研究工作在方法和对象上都有着细微的差别。

马克思侧重于历史学和经济学,恩格斯则对军事理论和自然科学更感兴趣。马克思著作中的逻辑思辨成分很浓,恩格斯的著作则带有较多的进化论和决定论色彩。从他们一生的学术活动来看,马克思的研究工作具有更多的主导性和开创性,恩格斯的理论著作则有相当部分都是受马克思所托,为了他们共同事业的现实需要而写的。有一些研究领域,比如经济理论,本是恩格斯较早涉及的,但后来由于马克思把全部精力投入其中,恩格斯便主动放弃了。当然,凡是涉及重大的政治和理论问题,他们都要共同讨论,以取得一致的看法。

# 恩格斯传

既有分工又有合作,在合作的指导下分工,在分工的基础上合作,两位革命导师通过各自取得的思想理论成就及彼此间的相互补充和绝妙结合,在人类文明发展史上创造了一个个奇迹,留下了许多感人至深的故事。

1851年8月上旬,《纽约每日论坛报》约请马克思担任该报驻英国通讯员。马克思当时正集中精力研究政治经济学,从事新闻写作势必要占去他很多宝贵时间,并且他还不能用英文直接写作。但是,马克思不愿意拒绝这份难得的工作,一是因为一家五口需要一份哪怕很微薄但却是经常性的收入,以满足"谋生的迫切需要";二是可以通过在这家发行面广、有资产阶级进步倾向的报纸上发表政治、经济评论,阐明自己的观点,推进民主运动。事实上,由于评论英国和大陆的重大经济事件,迫使马克思不得不去熟悉政治经济科学范围以外许多实际的细节,这对《资本论》的创作无疑是大有益处的。

可问题是,开头怎么办?如果说时间紧张尚可安排,但语言障碍如何解决?马克思自然而然想到了曼彻斯特的恩格斯,便写信向他求助:

> 如果你能用英文写一篇关于德国局势的文章,在星期五早晨(8月15日)以前寄给我,那将是一个良好的开端。

恩格斯毫不犹豫地答应了下来,他在接到来信的当天便立即回信,要马克思赶快告诉他文章应该写成什么样子,是随便写一篇单篇的文章,还是打算写一组文章。另外,恩格斯对这家报纸的政治面目还不是十分清楚,希望马克思把知道的全部背景情况来信告诉他。但马克思的来信极其简略,只说他由于搞政治经济学忙得要命,需要恩格斯的帮助,请他写一些关于1848年以来的德国的文章,要写得俏皮而不拘束。

恩格斯只好凭自己的理解随意发挥了。1851年8月21日,恩格斯把写好的文章随信寄给马克思,并在信的开头这样写道:

> 你要我写的那篇文章随信寄去。由于各种情况的同时影响,这篇东西

## 第四章 "幽囚"与"将军"

写得不好。首先，从星期六以来，为了来个多样化，我闹了点病。其次，我没有任何材料，只好完全凭记忆信笔写了一通。还有，时间短促，工作又是约定了的，而对于这家报纸及其读者的状况又几乎毫无了解，因此，也就不可能有什么合适的计划。最后，这一组文章的原稿不能全部留在手边以照顾一下前后的行文，因此为了避免后面几篇文章中出现重复，就必然使文章的开头写得多少有些拘泥于条理。由于这一切，再加上我很久不写文章了，所以这篇东西写得十分枯燥，如果说还有什么可取之处的话，那就是英文还比较流畅，这是由于我八个月以来已经养成了几乎完全用英文讲话和阅读的习惯。总之，这篇东西由你随便处理吧。

恩格斯在信中只是谈到了文章写作本身的一些不利条件，尚未提及自己由于不得不处理繁忙的公司业务而显得十分紧张的时间和精力。

后来，这篇"由于各种情况的同时影响"而"写得不好"的"东西"，成了一部伟大著作的开篇。

这部著作就是《德国的革命与反革命》，由19篇逻辑一致的论文组成，全部由恩格斯执笔。当然，《纽约每日论坛报》的编辑不知道这一点，他们都认为这些文章的作者是马克思。

事实上，在马克思担任该报驻英国通讯员差不多10年的时间里，恩格斯受马克思之托为这家报纸撰写的文章达120篇以上。这些文章多半都以马克思的名义发表，有的则作为社论发表，恩格斯从来没有署过名。

此外，马克思在为《纽约每日论坛报》撰稿的头两年中，所写的稿子几乎都是由恩格斯译成英文的。为了及时译完，以便让稿件赶上每周一次或两次从利物浦开往美国的邮轮，恩格斯常常忙到深夜，有时候还要带病坚持工作。

这里摘录两封他在1852年10月中旬写给马克思的信，从中不难领略到这种辛劳的程度。

10月14日的信这样写道：

要替你翻译全篇文章，我的身体不行。我是今天早晨收到文章的。整天在办事处，脑袋都忙昏了。今天晚上七八点喝完茶才把这篇东西读了一遍，然后动手翻译。现在是十一点半，我译到文章自然分段的地方，并把译好的这一部分寄给你，十二点文章必须送到邮局。因此，你将收到我尽自己力量所能做到的一切。

四天后，恩格斯又寄出一封信：

寄上前一篇文章的其余部分。昨天又收到了下一篇。今天寄去的文章，你可以马上经利物浦交美国邮船寄出，星期三早晨"太平洋号"起航。星期五你会再收到一点东西。

为了他和马克思的共同事业，恩格斯就这样不计个人名利、长年累月地辛勤工作着。

两人的合作，当然不局限于为报刊撰写新闻通讯稿。

在马克思的研究工作中，恩格斯既充当了杂务助手又担任了专业顾问，既是参谋又是批评家。他经常回答马克思提出的种种问题，为他提供交易所和贸易界的内部消息，替他从一些很难弄到的文献中做摘录，并就马克思正在进行的研究课题或思维设想本身发表自己的意见。

自然，恩格斯也经常从马克思那里获得各种帮助，特别是资料方面的帮助。恩格斯的研究工作涉及面很广，而曼彻斯特的资料和信息都很有限，他只得屡屡写信向马克思求助。马克思收到恩格斯的来信后，总是先把自己手头的事情搁置一旁，到大英博物馆去替恩格斯查阅那些往往显得十分专业的资料，直到获得满意的结果。

协助马克思完成《资本论》第一卷的创作，并为该书的宣传发行尽心竭力，是恩格斯作为"第二提琴手"演奏出来的又一段感人至深的乐章。

1867年8月16日深夜，当马克思校完《资本论》第一卷最后一个印张，抬

## 第四章 "幽囚"与"将军"

起头来长长地舒了一口气时,墙上挂钟的时针正指向凌晨两点。从窗户望出去,街头依旧灯火阑珊,他抑制不住内心的激动,立即提笔向恩格斯报喜,对恩格斯多年来为此做出的巨大贡献表示衷心的感谢:

> 这样,这一卷就完成了。其所以能够如此,我只有感谢你!没有你为我做的牺牲,我是决不可能完成这三卷书的巨大工作的。我满怀感激的心情拥抱你!……我的亲爱的、忠实的朋友,祝你好!

在《资本论》漫长的创作过程中,恩格斯不但参与了整个理论体系的建构,而且时刻关注着《资本论》的写作进程和出版情况,帮助马克思解决各种各样的具体困难,用自己的满腔热情给予了马克思极大的支持、鼓励和促进。

19世纪40年代中期,马克思曾打算把自己的经济研究成果整理成一部题为《政治和经济学批判》的著作,并为此收集了大量材料。恩格斯虽然刚刚和马克思交往不久,但对这件事十分关心,一再催他:"你要设法赶快把你所收集的材料发表出来。早就是这样做的时候了。"后来由于种种原因,这个计划未能如期实现。

1859年6月,马克思出版了《政治经济学批判》一书。这是他预定的包括6个分册的庞大的经济学著作的第一分册《资本一般》的前两章。书出版后,并未引起人们应有的关注。恩格斯便于当年8月写了一篇内容丰富的书评,向各国工人推荐这部有史以来第一部工人阶级自己的经济学著作。

与此同时,他还催促马克思,要把这部著作的进一步写作视为头等重要的事情,劝他不要由于过分谨严而拖延它的出版。恩格斯直截了当地说,尽快出版一些科学著作,是关系到党在公众中威望的重大问题。因此,即便稍微马虎一次,也要赶快把要写的东西写完出版。不然,当暴风雨时期到来,《资本一般》还没写完就不得不中断而投入实际的战斗,那将怎么办?

在恩格斯的鼓励和催促下,马克思加快了工作进程,于1861年至1863年间大致完成了《资本一般》的初稿,并决定把这一分册以"资本论"(共4卷)为题单独出版,而把"政治经济学批判"作为副标题。

## 恩格斯传

经过反复加工和修改,《资本论》第一卷于1867年4月初整理完毕,随即进入排印过程。恩格斯始终关注着排版印刷的每一个步骤,仔细阅读每一页清样,把自己的感受、批评和修改意见随时告诉马克思。

恩格斯为自己的朋友和战友终于完成了"长期来呕尽心血的这本该死的书"而欣喜万分。他对这部著作在经济学上取得的辉煌成就赞赏不已,写信对马克思说:

> 我祝贺你,只是由于你把错综复杂的经济问题放在应有的地位和正确的联系之中,因此完满地使这些问题变得简单和相当清楚。我还祝贺你,实际上出色地叙述了劳动和资本的关系,这个问题在这里第一次得到充分而又互相联系的叙述。

在肯定《资本论》出色内容的同时,恩格斯也指出了它在外部结构上存在的缺陷。这个篇幅达50印张的大部头,初版时才分为6章,实际上不便于读者阅读和掌握。特别是第4章,大约占了200页,才分为4个部分,分节标题又是用普通字体加空排印的,很难找到。此外,思想进程经常被说明打断,而且所说明之点从未在说明的结尾加以总括,以至于经常从一点的说明直接进入另一点的叙述。这使人在阅读时非常疲倦,甚至会使人感到混乱。

恩格斯的建议是,题目应分得更细一些,主要部分更应进行强调。马克思接受了恩格斯的意见,在出版德文第二版(1872年)时,做了大量的修改和补充。全书不再分为6章,而是分为7篇共25章。原来的第4章成为第4篇,下分4章,而且其中的第12章又分为5小节,第13章分为10小节。经过这样的调整,《资本论》的可读性大大增强了,表达的思想也更清晰了。

马克思在写作《资本论》的过程中,多次引用了《英国工人阶级状况》一书的内容。为此,马克思向恩格斯表示,希望他在自己的主要著作中不只是作为引证者,而是作为合著者的身份出现。恩格斯没有接受这个建议,也没有以合著者的身份与马克思共同署名。但马克思在很多文章中都明确指出:《资本论》的创作

## 第四章 "幽囚"与"将军"

得益于"曼彻斯特一位工厂主"提供的非常精确的材料。至于恩格斯提供的其他种种帮助，马克思更是屡屡提及。所以马克思真诚地说，要是没有恩格斯，《资本论》是不可能完成的。

对这部"工人阶级的圣经"的出版，资产阶级学者采取了不理不睬的态度，既不赞扬也不批判，企图用"沉默的阴谋"阻止它的传播。为了打破这个阴谋，恩格斯又投入了新的战斗。

1867年9月12日，《资本论》还没有正式出版，恩格斯就写信问马克思："为了推动事情，我是否需要从资产阶级的观点对书进行抨击？"马克思立即回信表示同意，并认为这是"最好的作战方法"。

马克思、恩格斯一致认为，书一旦出版，当务之急是设法让人们来谈论这本书，要在一切报纸上发表文章。不管这些报纸是政治性的还是其他性质的，只要他们肯发表文章就行。也不论发表的文章是肯定的或否定的，是论文、通讯或刊登在最后一版的给编辑部的信。长篇评论固然好，短篇介绍也未尝不可，主要是要多、要经常。文章怎样写或写得是否有内容倒在其次，关键是要"制造轰动"。

写书评必须先吃透书的内容。当时在德国，还没有谁能够在较短的时间内消化《资本论》这部巨著的思想。如果等他们消化后再写文章，最好的宣传时机就错过了。恩格斯只好亲自动手，在1867年10月至1868年5月，先后写出了9篇书评和一份详细的《卡·马克思"资本论"第一卷提纲》，其中7篇通过朋友介绍，匿名发表在德国不同的报刊上。

本来，给《资本论》写书评就不是一件容易的事，何况还要就同一本书写多篇评论，每一篇都要有一点新东西，要写得使人看不出这些评论出自一人之手，其难度可想而知。恩格斯真是一个非凡的语言大师，硬是用"像蛇一样灵巧"的笔法，写出了一篇篇思想深刻、语言生动的书评，既宣传了《资本论》的主要内容，又适应了不同报刊的具体要求。

这些书评发表后，很快在德国学术界引起反响，资产阶级学者被迫应战。1867年底，柏林大学讲师欧根·杜林第一个在杂志上发表关于《资本论》的短评。文章虽然不长，且漏洞百出，明显不怀好意，但正如马克思所说，应当感谢

## 恩格斯传

这个人,因为他毕竟是谈论《资本论》的第一个"专家"。此后,茹尔·孚赫、卡尔·施特拉斯堡等资产阶级庸俗经济学家也陆续发表评论,"沉默的阴谋"被打破了。

恩格斯作为马克思的"第二提琴手",除了思想上、事业上的支持外,对马克思一家的经济援助也是一个重要方面。

据不完全统计,1851年至1869年间,马克思一家从恩格斯那里获得的援助总额达3000多英镑(参见表1)。这些援助对于马克思得以应付艰难的流亡生活,集中精力从事科学研究和理论著述,无疑是至关重要的。

表1 恩格斯向马克思提供的物质援助(1851—1869)

| 年 份 | 恩格斯的最低收入 | 有据可查的援助额 | 大约累计的援助额 |
| --- | --- | --- | --- |
| 1851 | 200 英镑 | 43 英镑 10 先令 | 50 英镑 |
| 1852 | 100 英镑 | 39 英镑 3 先令 | 50 英镑 |
| 1853 | 100 英镑 | 20 英镑 | 60 英镑 |
| 1854 | 268 英镑 | 12 英镑 | 60 英镑 |
| 1855 | 263 英镑 | 10 英镑 | 60 英镑 |
| 1856 | 508 英镑 | 15 英镑 | 60 英镑 |
| 1857 | 937 英镑 | 50 英镑 | 60 英镑 |
| 1858 | 940 英镑 | 48 英镑 9 先令 6 便士 | 60 英镑 |
| 1859 | 1078 英镑 | 58 英镑 | 60 英镑 |
| 1860 / 61 | 1704 英镑 | 210 英镑 | 210 英镑 |
| 1861 / 62 | 1784 英镑 | 139 英镑 | 144 英镑 |
| 1862 / 63 | 1869 英镑 | 215 英镑 | 215 英镑 |
| 1863 / 64 | 1338 英镑 | 280 英镑 | 280 英镑 |
| 1864 / 65 | 2320 英镑 | — | — |
| 1865 / 66 | 2320 英镑 | 205 英镑 | 215 英镑 |
| 1866 / 67 | 2320 英镑 | 395 英镑 | 395 英镑 |
| 1867 / 68 | 2320 英镑 | 225 英镑 | 245 英镑 |
| 1868 / 69 | 2920 英镑 | 907 英镑 | 907 英镑 |
| 总 计 | 23289 英镑 | 2882 英镑 1 先令 1 便士 | 3121 英镑 |

注:

①1864年7月1日至1865年6月30日,由于马克思得到了沃尔弗的遗产(800英镑),所以恩格斯没有给他资助。

②资料来源:《恩格斯文献传记》(曼·克利姆著),湖南人民出版社1986年版,第379页。

## 第四章 "幽囚"与"将军"

不过，要澄清一种说法，即马克思、恩格斯做过分工，马克思负责理论，恩格斯负责生活。这种说法十分流行，却是靠不住的。马克思不可能提出这样的要求，何况他当时作为《纽约每日论坛报》的英国通讯员，也有一份固定收入，勉强可以维持生活。恩格斯对马克思一家的援助，完全是出于友谊而不是出于约定分工。

从表1可以看出，恩格斯给予马克思的援助，只占他自己收入的一小部分。他自己同期的花费大约是12000英镑，包括家用、给党和党内同志的援助等，积蓄8250英镑。事实上，恩格斯的援助也远远不够马克思一家20年的开销。马克思自己也同样"要为面包操心"，要为柴米油盐奔波。

在集中修改《资本论》的大约两年时间里，马克思花在理论方面的精力远远超过了花在谋生方面的精力。恩格斯才在1865年初向马克思表示，他可以负责马克思一家的生活费用，直至《资本论》完成为止。

马克思接受了恩格斯的帮助，但仍然感到十分内疚。他在1865年7月31日给恩格斯的信中说：

> 半辈子依靠别人，一想这一点，简直使人感到绝望。这时唯一能使我挺起身来的，就是我意识到我们两人从事着一个合伙的事业，而我则把自己的时间用于这个事业的理论方面和党的方面。

马克思以为《资本论》出版后经济状况就会完全改善，可以不再依靠恩格斯的援助，他在1867年5月7日给恩格斯的信中这样写道：

> 我希望，并且坚信，再过一年我会成为一个不愁吃穿的人，能够根本改善我的经济状况，并且终于又能站稳脚跟。没有你，我永远不能完成这部著作。坦白地向你说，我的良心经常像被梦魇压着一样感到沉重，因为你的卓越才能主要是为了我才浪费在经商上面，才让它们荒废，而且还要分担我的一切琐碎的忧患。另一方面，也不瞒你说，我还要受一年的折磨。

## 恩格斯传

可是，事情并不如马克思所愿。他既没有在预定的时间内完成《资本论》，也没有从《资本论》第一卷的出版中获得足够稿酬。"折磨"便不止一年了，而是更长。他后来向恩格斯诉苦，说《资本论》还不够支付他写作这部书时所吸的雪茄烟的烟钱。

恩格斯的援助继续了下来，直至给马克思提供终身年金。19世纪60年代末，恩格斯还立下了一份遗嘱，说如果自己先去世，马克思将是他全部财产的唯一继承人。

恩格斯无私而慷慨的援助，成了他和马克思共同事业的重要组成部分，也成了两位革命导师伟大友谊的一个例证。

当然，友谊并不仅仅表现为甚至不主要表现为经济上的帮助，更多的还在于思想上的彼此认同、人格上的相互尊重和生活上的相互关心。

马克思和恩格斯之间几乎无话不谈，没有任何私人秘密可言。他们对彼此友谊的珍视超过了其他一切。马克思说他之所以能忍受一切可怕的痛苦，全在于时刻想念着恩格斯的友谊；恩格斯也明确表示："我们之间存在的这种友谊是何等的幸福……我对任何关系都没有做过这么高的评价。"

马克思携幼女爱琳娜在曼彻斯特恩格斯家做客（工笔画）（杨刚 作）

一段时间收不到对方的信，他们就会焦急万分。从下面两封相隔数年的通信摘录中，不难体会到这种友谊的深度：

## 第四章 "幽囚"与"将军"

亲爱的恩格斯：

你是在哭还是在笑，是在睡觉还是醒着？最近三个星期，我往曼彻斯特寄了各种各样的信，却没有收到一封回信。但是我相信信都寄到了。

老摩尔，老摩尔，
大胡子的老摩尔！

你出了什么事，怎么听不到你一点消息？你有什么不幸，你在做什么事情？你是病了，还是陷入了你的政治经济学的深渊，还是你已任命了小杜西做你的通信秘书，还是别的什么？

描述马克思和恩格斯之间的深厚友谊，再多的文字也不嫌其多，再浓的情感也不嫌其浓。

甚至，有时候他们交往中偶尔出现的误会，也能从另一面证明他们之间友谊的诚挚和坦率。这种诚挚和坦率，是任何哪怕略带一点虚情假意的"友谊"中也不可能出现或存在的。

1867年1月7日，恩格斯把妻子逝世的消息告诉马克思，本想从老朋友那里得到安慰。可是，马克思当时家里正一团糟：房东催租、肉商要债、缺煤少食、孩子生病……便没有在回信中更多地表达自己的悲痛之情，而是说：

现在，在我们的圈子里，除了不幸，没有别的，天晓得怎么回事……不过这是顺势疗法的一张药方。一种灾祸消散另一种灾祸所引起的悲伤。

恩格斯对马克思的态度大为失望，过了好几天才回信，信中冷冷地说道：

我的一切朋友，包括相识的庸人在内，在这种使我极其悲痛的时刻对我表示的同情和友谊，都超出了我的预料。而你却认为这个时刻正是表现你那冷静的思维方式的卓越性的时机。那就听便吧！

其实，马克思上封信一发出就深深地后悔了，认为那是一个大错。现在收到恩格斯这封来信，并不感到意外。过了10天，等恩格斯的情绪稍稍平静后，马克思写信向他解释了个中原因。

恩格斯如释重负，很快回信：

> 你最近的这封信已经把前一封信所留下的印象消除了，而且我感到高兴的是，我没有在失去玛丽的同时再失去自己最老和最好的朋友。

第一提琴手和第二提琴手，就是这样和谐地演奏着动人心魄的乐章；哪怕是其中的一个休止符，也是此时无声胜有声。

## 玛丽与莉希

恩格斯的家庭生活在曼彻斯特时期比较稳定。

他同父亲的紧张关系有所缓和，老弗里德里希经常来曼彻斯特处理商务，间或也与儿子住一起。

母亲多次来英国旅行，有时候住在伦敦的女儿女婿（玛丽亚和艾米尔·布兰克）那里，有时候住在曼彻斯特，但每次都要同恩格斯会面，母子关系相当亲密融洽。

更重要的是，恩格斯和妻子玛丽·白恩士相亲相爱，既是忠实的生活伴侣，又是亲密无间的战友。玛丽去世后，妹妹莉迪亚·白恩士（莉希）又与恩格斯结为伉俪，相伴共度余生。

在恩格斯看来，与工人出身的玛丽在一起，不但可以享受安宁的家庭生活，摆脱虚伪的社交纷扰，而且可以为共同的志趣和人生目标并肩奋斗。

## 第四章 "幽囚"与"将军"

早在 19 世纪 40 年代中期,恩格斯正是通过玛丽才和曼彻斯特的工人们交上了朋友,熟知了他们的生活状况,对他们骇人听闻的苦难和屈辱有了切身的感受。正是在玛丽的帮助下,24 岁的恩格斯写出了《英国工人阶级状况》这样不朽的名篇。还因为玛丽是爱尔兰人,通过对她民族情感的理解与尊重,恩格斯本能地站到了被压迫民族一边。

1856 年 5 月,玛丽陪同恩格斯到爱尔兰旅行。他们从都柏林到西海岸的高尔威,接着向北 20 英里,转里美黎克,沿善农河而下,往塔尔伯特、特勒利、基拉尼,然后又回到都柏林,游览了整个国家的三分之二左右的地方。

美丽而落后的爱尔兰岛,善良而朴实的爱尔兰人,深深地触动了恩格斯。他以敏感的思想、独到的视角,对这个多灾多难的民族表现出极大的关注——

> 英国公民的所谓自由是建立在对殖民地的压迫上的,而英国统治这个国家的方式方法在于"压迫和行贿"。
>
> 英国政府名义上给了爱尔兰以自治权,可无论是政治上还是经济上,自治都是不存在的。到处都可以看到各种各样的惩治措施,殖民政府对任何事情都要干涉。宪兵、教士、律师、官吏和贵族地主,触目皆是,而工业却一无所有。所以,如果没有农民的贫困这一相应的对立面,就难以理解所有这些寄生虫是靠什么生活的。
>
> 废墟是这个国家的特色。英国人从 1100 年到 1850 年所进行的侵略战争,使爱尔兰遭到彻底破坏。这样一来,爱尔兰人民便获得了某种特殊的性格,尽管他们对爱尔兰充满了民族的狂热,但再也感觉不到自己是自己国家的主人了:爱尔兰是为了萨克森人而存在。
>
> 人民也曾多次想尽力取得一些成就,但他们面对的是占据绝对优势的英格兰人的并不公平的竞争,一切政治上和工业上的努力都无一例外地遭到了惨败。
>
> 爱尔兰已经被人为地变成了一个完全赤贫的民族,它现在从事的"专业",是为英国、美国、澳大利亚等地输送妓女、短工、龟奴、小偷、骗

子、乞丐以及其他游民。

这种贫困甚至渗透到贵族中间，漂亮的住宅和花园四周是一片荒地，贵族子弟周游全国各地却身无分文，债务缠身……

爱不但使恩格斯从内心深处接受了玛丽这个工人出身的爱尔兰姑娘，而且接受了玛丽所代表的工人阶级和她的爱尔兰。

正是由于与玛丽在一起的幸福生活，加上同马克思一家的知心交往，恩格斯并没有远离家乡的孤单感，对父母弟妹的态度也因此而变得多少随和了一些。

恩格斯在曼彻斯特租有专门住宅用于商务来往，以维持资产者的体面。这处住宅离办事处很近，步行也不过半小时左右，但恩格斯很少待在那里，更多的时候是住在城郊的一所小房子里。这所房子位于海德路252号，租房契约上是恩格斯签的字，但街道警察局却没有他的户籍。警察局登记的承租户主是玛丽。玛丽的妹妹莉希，也和他们住在一起。

恩格斯不愿住在"体面"的住宅里，部分原因是由于他对女房东很不满意。这个无聊的女人经常在邻里面前说长道短，打扫卫生时常常把他的信件和书籍搞乱，有时还偷钱。另外，住在家里也可以节省一些开支。1862年春，他曾对马克思说："我现在几乎全部时间都住在玛丽那里，想尽可能少花些钱。可惜我不能没有住所，否则我就完全搬到她那里住了。"

当然，那里真正的吸引力还在于玛丽的爱情，在于事业的需要。诚如恩格斯自己所说，城郊小房子非常适合休息，可以摆脱商业事务和社会应酬，会见朋友十分便利。

几乎每一个周末，恩格斯都和玛丽在一起。

这里有档案资料，包括整套的剪报和秘密的情报，以及整理好的马克思和他本人与欧美工人活动家和社会主义者的通信，还有一些手稿和笔记。马克思把恩格斯需要的材料从伦敦寄来，恩格斯也把在曼彻斯特能够搜集到的马克思可资运用的材料给他寄出。这个"档案库"除了可以给马克思、恩格斯的研究工作带来便利外，还直接为两个重大案件——1852年科隆共产党人审判案和1860年马克思对柏林《国民报》的诉讼——提供了一些重要的证据。

恩格斯俨然以这里为基地,从事社会主义的联系和写作活动。而在这一切活动中,玛丽都是一个得力的助手。

20多年的相濡以沫,半辈子的朝夕相处,玛丽用全部身心爱着恩格斯、帮助恩格斯。

可是,1863年1月7日这个关键时刻,恩格斯却不在身边。

1月4日晚上,他们还在一起。玛丽虽然觉得有些乏力,但气色还好。随后三天,恩格斯因一桩紧急商务要处理,一直待在办事处没回家。

7日傍晚,玛丽感到很疲倦,便早早地躺下了。谁知,当莉希夜里12点准备上床睡觉的时候,发现姐姐已经停止了呼吸。

第二天早晨,恩格斯在办事处接到莉希的报丧通知,大为震惊。他简直不相信自己的耳朵:玛丽三天前还是好好的,怎么说去就去了呢?是心脏病还是脑溢血?

一个女工"无疾而终",在户籍管理机构说来,是一件极为平常的事。关于玛丽·白恩士的去世,阿德威克区当年的死亡记录册上只有这样几行简单的记载:

1863年 郎卡斯特伯爵管区的阿德威克区的死亡事件第52号

死于何时何地 1863年1月7日,海德路252号

姓名 玛丽·白恩士

性别 女

年龄 40岁

本人情况 独身

死因 自然死亡

申报人的签名、死因说明和住址

由郎卡斯特区验尸人爱德华·赫福德申报

1863年1月8日官方验证

登记日期 1863年3月26日

# 恩格斯传

登记人签字

户籍官　托马斯·霍尔斯沃思

玛丽·白恩士的死亡记录

可是，玛丽的死对恩格斯的打击是如此巨大，使他在相当一段时间里心灰意冷。

他当天就给马克思写了一封短信，倾诉自己难以言说的悲恸："我无法向你说出我现在的心情。这个可怜的姑娘是以她的整个心灵爱着我的。"

20 天后，恩格斯还沉浸在空前的悲恸之中："同一个女人在一起生活了这样久，她的死不能不使我深为悲恸。我感到，我仅余的一点青春已经同她一起埋葬掉了。"

自此以后，海德路 252 号成了恩格斯心中不愿触及的敏感地带。他每到那儿去看望莉希，玛丽的音容笑貌就在每一个房间以及她曾经接触过的每一件事物上显现出来。

恩格斯再也忍受不了这种折磨了，他很快便给莉希另租了一处房子，以免触景生情。

恩格斯为莉希另租的房子在坦南特街，地理位置很好，但比海德路的房子略小些。租一处面积小而环境好的住宅，是莉希的要求。后来，随着恩格斯与莉希的关系越来越亲密，同进同出已不回避任何人。恩格斯整星期整星期地待在坦南特街，这座寓所就显得不够用了。他们决定搬家。

## 第四章 "幽囚"与"将军"

他们在附近找到一处稍大一些的房子，下层有两间起居室，房前有一块空地。恩格斯和莉希在这里度过了将近五年的美好时光。马克思一家人也经常从伦敦来这里度假，共享天伦之乐。马克思曾对恩格斯说，爱琳娜狂热地赞美曼彻斯特的家，并且坦率地表示希望尽快地回到那里去，这简直让家人嫉妒。

莉希从姐姐对恩格斯深切的爱中，体会到了恩格斯的坦荡胸怀并深深地爱上了他。作为一个纺织染色工人的女儿，莉希的童年和青少年时期无疑不是在欢乐中度过的。同当时绝大多数工人子女一样，她被剥夺了受正规学校教育的机会，但这并不妨碍她以清醒和批判的眼光来观察周围的世界。特别是与恩格斯一起生活后，她的思想成熟得更快，成为一位"革命的爱尔兰人"。

莉希积极参加了爱尔兰反对英国殖民统治的芬尼亚运动。恩格斯十分同情这个运动，但他反对芬尼亚社社员经常采取的个人恐怖手段。因此，莉希参与芬尼亚社社员的秘密活动是瞒着恩格斯的。马克思一家人也不知道这个情况。只是后来，马克思的女婿拉法格听说，莉希暗地里参加了1867年9月18日芬尼亚社发动的一次袭击行动，并掩护芬尼亚社领导人凯利和迪集在解救被押送刑场的社员之后成功地从警察手中逃走了。事实上，19世纪60年代后期，有不少芬尼亚社社员把恩格斯家当作避难所，从莉希那里获得了种种帮助。

莉希，即莉迪亚·白恩士，直到临终前才正式成为莉迪亚·恩格斯。但她早已作为恩格斯家热情大方的女主人，接待来自各方面的朋友，给家里带来了无穷无尽的欢乐。

到了晚年，恩格斯还常常幸福地回忆起和莉希共同度过的这段岁月。1892年3月，他同倍倍尔夫人尤莉娅谈起已经过世多年的莉希，十分感慨地说：

> 她对本阶级的天赋的热爱，对我是无比珍贵的，在关键时刻，这种感情给我的支持，比起"有教养的""多愁善感的"资产阶级小姐的细腻和小聪明所能给予的总要多些。
>
> 在困难的时刻，两个人在一起要比一个人好过些；我在相当长的时间中，有时是在非常艰苦的条件下体验到了这一点，而且从来没有后悔过。

## 恩格斯传

恩格斯与莉希在曼彻斯特期间,始终过着一种"非正式"夫妻的生活。他仍有自己的"正式寓所",莉希的家只是"临时寓所"。这是由他资产阶级身份决定的。

莉迪亚·白恩士(莉希)(1827—1878)

《访问爱尔兰》(油画)(张红年 作)。1869年恩格斯在莉希、爱琳娜的陪同下再访爱尔兰

恩格斯的家人强烈地反对莉希成为恩格斯家族的一员,但对她和恩格斯的"同居"听之任之。在曼彻斯特,几乎每个资本家都有一个秘密的非正式寓所,养着自己的情人,所以恩格斯住在莉希那里并没有引起人们的非议。

可是,恩格斯和这些资产者的道德标准是迥然不同的。对他们那种家里有妻子,外面养情人,似乎男人可以为所欲为的做法嗤之以鼻。他先后同玛丽和莉希共同生活,都是以全部真诚和全部爱心对待的。他不但公开邀集朋友们到他和莉希的住处聚会,而且还时而带上莉希以恩格斯夫人的身份出入社交界。

这在曼彻斯特的庸人们看来,简直是挑衅。恩格斯不管这些,只要朋友们能够理解自己这种"两重生活"的不得已就行。

恩格斯的朋友们从来没有对玛丽或者莉希轻视过,连具有严格道德观念的马克思夫人燕妮都从未瞧不起玛丽或者莉希,从未对她们说长道短。其他朋友如沃尔弗、穆尔、肖莱马、琼斯、哈尼、龚佩尔特等,也都是对玛丽和莉希

## 第四章 "幽囚"与"将军"

真诚相待的,认为她们为恩格斯能够完成一个科学社会主义创始人应尽的职责提供了难能可贵的、不可替代的帮助。

1869年9月,恩格斯在莉希和马克思的小女儿爱琳娜陪同下,再度到爱尔兰旅行。这离他和玛丽初访爱尔兰已经过去整整13年了,爱尔兰的阶级矛盾发育得更加充分、更加明晰。恩格斯打算好好利用这次旅行的机会,进一步熟悉和研究这个他深深同情和热爱的国家。

旅行持续了三个星期,他们去过都柏林、威克洛山区、基拉尼和科克等地。恩格斯发现,最近十几年来,爱尔兰的商业有了很大发展,都柏林的港口已变得认不出来了。但是,由于殖民统治在继续,贫困仍在继续,整个国家看上去实在荒凉,人烟稀少。到处是战时状态,皇家爱尔兰兵团的士兵挂着猎刀,有时腰插手枪,手持警棍,分成一支支的小分队到处走来走去……

恩格斯终于明白了,莉希这个"地地道道的爱尔兰无产者",何以有那么虔诚的宗教信仰,何以对英国那么仇恨,何以对抒情诗和浪漫主义激情那么偏好而性格却又那么忧郁。这是贫困、仇恨和抗争综合作用的结果。

回到曼彻斯特后,恩格斯加紧整理旅行期间搜集的各种资料,整理思路,并借来大量与爱尔兰历史有关的书籍,包括各个时代学者的论著、法律汇编、民间文学集等,论著则涉及历史学、考古学、地理学、经济学等各个方面,他准备撰写一部详细的爱尔兰史。为此,恩格斯开列的书目达150多种,比较完整的摘录有满满15册,另外还有无数写在单篇纸上的笔记和心得。

按原定计划,这部拟写的著作包括四章:(一)自然条件;(二)古代的爱尔兰;(三)英国的征服;(四)英国的统治。为了写好这部著作,恩格斯专门学习了古爱尔兰语,并把一些古爱尔兰文献译成德文。

遗憾的是,这部著作最终未能完成。

恩格斯1870年5月开始动笔,可刚刚写完第一章,第二章才写了几个片段,普法战争便爆发了,随后又是巴黎公社的诞生和失败。此时,已迁居伦敦并担任了国际工人协会总委员会委员的恩格斯,不得不投身于大量的实际工作之中。他的创作进程被迫中断,以后也再没有机会继续写下去了。

英国政府驱逐爱尔兰佃户

莉希同姐姐玛丽一样,很快就成了恩格斯工作上的得力助手,她自己也加入了国际工人协会,成为为数不多的女会员之一。

繁忙的工作和家务,使体质本就不好的莉希早早地病倒了。1876年前后,哮喘和坐骨神经痛日渐严重地折磨着她。起初,她尚能通过定期去海边休养而减轻病况。恩格斯也没意识到她的病有那么严重,1876年底还对朋友说:"在40到50岁之间的妇女常出现这种几乎是奇异的变化。但愿今后也将如此。"

由于莉希的病时好时坏,恩格斯不得不承担更多的家务。1877年2月14日,他在写给他和马克思的朋友、德国化学家菲利浦·鲍利的妻子的信中,不无自嘲地告诉她:"如果您看见了昨天晚上我是如何铺床的,今天早上是怎样在厨房生火的,您一定会发笑。"

尽管有恩格斯的精心照料和医生的全力医治,莉希的病还是越来越严重了。1878年初夏,又长出一个恶性肿瘤,莉希便完全病倒了。恩格斯这才意识到:情况已经非常严重,可能产生最坏的结果。

当年秋天,莉希的病痛进一步加重。她感到自己活在世上的日子已经不多

恩格斯和莉迪亚·白恩士的结婚登记表

了，便向恩格斯提出了最后一个请求：与他正式举行婚礼。

恩格斯本来是对婚礼这种"资产阶级的婚姻方式"不以为然的，他认为夫妻关系不可能只凭一纸结婚证书就可以维持的，而是必须建立在互敬互爱的基础上。说到底，婚姻是男女双方的私事，并不需要资产阶级国家机关或某个基督教会的批准。恩格斯十分精辟地指出：

> 这种资产阶级的婚姻是何等浪费精力：最初为了达到这种婚姻费了很长时间，后来这种无聊的麻烦事又拖了很长时间，最后解脱这种婚姻又花费很多时间。

可是莉希不这样想。作为一个虔诚的天主教徒，她相信不合乎"道德"的婚姻会让人在死后永远忍受涤罪的痛苦。并且，自己和恩格斯的关系长期得不到恩格斯家人的认可，已成为莉希的一块心病，又由于长年患病导致情绪沮丧，她很希望恩格斯能为了她而委屈一次。

恩格斯从医生口中得知爱妻已活不了多久了，便答应了她的要求。1878年9月11日，奄奄一息的莉迪亚·白恩士与弗里德里希·恩格斯在病榻前举行了简单的婚礼，莉迪亚·白恩士正式成为莉迪亚·恩格斯。

几个小时以后，莉希心满意足地合上了双眼。

由于莉希曾是国际工人协会会员，同各国工人运动活动家有过联系，恩格斯

# 恩格斯传

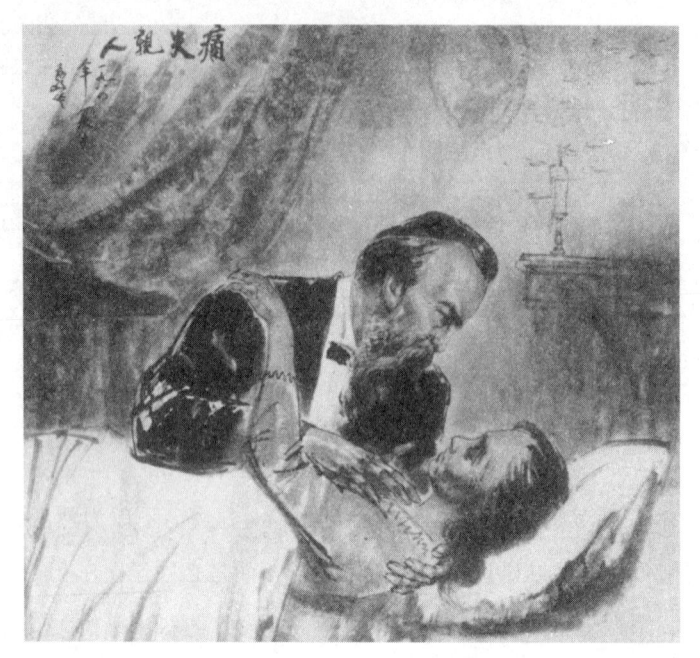

《痛失亲人》(中国画)(王为政 作)。1878年9月11日,恩格斯与奄奄一息的莉希举行婚礼。几小时后,莉希病逝

除了向朋友和亲属通报了她的死讯外,还向德国社会民主党发了一份讣告,全文如下:

> 我现在通知我在德国的朋友们,昨天夜间死神从我这里夺走了我的妻子莉迪亚·白恩士。

弗里德里希·恩格斯

1878年9月12日于伦敦

第五章

# 自由的老战士

# 恩格斯传

1869年6月30日，恩格斯家族与欧门家族签订的合股经营契约期满，恩格斯从此告别了漫长的20年商业生涯。次年9月20日，恩格斯和莉希迁居伦敦，在离马克思家只需步行约15分钟的瑞琴特公园路122号安了新家。50岁的恩格斯重新成为一名自由的战士，开始了人生旅途上最重要的一段旅程。

从1870年到1883年，他和马克思几乎天天见面，畅谈人生理想，从事理论研究，制定斗争策略，为国际工人运动特别是德国工人运动，提供切实的建议和帮助。朋友们亲热而崇敬地把他们称作"伦敦老人"。

在这段时期里，恩格斯的非凡才华和过人精力得到了最集中的发挥。他不但投身于实际的革命运动，而且撰写了大量的理论著作。恩格斯在此期间完成了自己一生中最重要的三部哲学著作（《反杜林论》《自然辩证法》《路德维希·费尔巴哈和德国古典哲学的终结》）中的两部。其中，《反杜林论》作为科学社会主义百科全书式的著作，在马克思主义的发展和传播史上具有无可替代的重要性。

13年的时间并不长，但恩格斯以一名重返自由的老战士的满腔热情，摒弃一切无聊的应酬，完全献身于党的、学术的和政论的活动，又得以同马克思朝夕相处，互相切磋，取得的成果是极其丰硕的。

第五章 自由的老战士

# 逃出"埃及的幽囚"

1869年7月3日,马克思写给恩格斯的信,是以这样几行字开头的:

亲爱的弗雷德:

最热烈地祝贺你逃出了"埃及的幽囚"。为了祝贺这件事,我喝了"不该喝的一小杯",不过是在深夜,而不是像普鲁士宪兵那样在大清早。

从马克思欢快的笔调和调侃的语气中,不难看出他对自己最好的朋友得以摆脱商业的羁绊,全身心地投入革命事业而感到由衷的高兴。他清楚地知道,恩格斯为了以最有利的方式逃出这"埃及的幽囚",做了整整10年的努力。1860年3月,恩格斯的父亲突然死于伤寒,子女们为遗产继承问题发生了争执。

几个弟弟妹妹提出,鉴于大哥弗里德里希·恩格斯一直对商业即家族的事业不重视,恩格斯家族在巴门、恩格耳斯基尔亨和曼彻斯特拥有的三个公司都不应该给予他继承权,但可以让他先以恩格斯家族全权代理人的身份,在条件成熟时作为正式股东,负责经营家族在曼彻斯特欧门-恩格斯公司里的投资。

在弟弟妹妹们的坚持下,母亲也同意了这一建议。恩格斯对此很不满意,他在给母亲的信中直截了当地说:"我认为对这个企业我也有一份权利,我的弟弟们无权要求我无缘无故为他们的利益而放弃我的权利。"但最终恩格斯还是接受了这个遗产处理方案。他之所以这样做,主要是考虑到母亲的关系:"我还会有成百个别的企业,但是我永远不会有另一个母亲。"

这样一种遗产处理方案意味着:一方面,恩格斯不得不把全部精力和时间用来从事商业,因为他是欧门-恩格斯公司的股东,而按当时英国的法律,公司破

# 恩格斯传

产由股东承担全部责任；可另一方面，恩格斯家族在欧门－恩格斯公司的全部投资都不属于恩格斯，他只是为一笔不属于自己而是属于家里其他成员的投资担着风险。但是，如果恩格斯放弃这份工作，不但白白地在公司干了这么多年而一无所获，而且眼下的生计也成问题。如果恩格斯答应担任欧门－恩格斯公司的股东，家族投在公司里的1万英镑资本就会在名义上转移到他的账上，他只需付给家族5%的利息，超额盈利就可以作为自己的收入。

根据协议，恩格斯1860年4月7日至1864年6月30日担任欧门－恩格斯公司办事员兼襄理。协议书上有这样两段话，从中可以约略地知道他在1860年至1864年间的工作和收入情况：

> 当事人弗里德里希·恩格斯应将自己的全部时间和精力用于本协议所规定的工作，尊重哥特弗利德·欧门以及届时的雇主或几个雇主对公司的有关指示；在上述规定的任职期间不得从事其他任何职业或经营任何生意。
>
> 哥特弗利德·欧门每年按月付给弗里德里希·恩格斯一百英镑的生活费。在工作和任职期间，每次在月底最后一天支付，在任职期间如果本人提出请求并经决定后，也可将支付日期定在另一天。只要弗里德里希·恩格斯在本公司服务并履行自己的职责，本公司将从当时利润中按每一百英镑提取十英镑，作为对其工作的额外酬金。

每年10%的利润究竟是多少，现已无证可查，因为欧门－恩格斯公司的账簿没有保存下来。但根据其他相关材料综合分析，公司的投资利率至少在15%以上。这笔收入加上公司按月付给的100英镑生活费，恩格斯在此期间的生活状况应该是有较大改善的。

1864年6月30日协议期满后，哥特弗利德·欧门和弗里德里希·恩格斯又签了一份为期5年（1864年7月1日至1869年6月30日）的新契约，正式确立恩格斯在公司里的股东身份，参与全部利润分成，同时取消每月100英镑的生活费。

根据曼彻斯特棉纺织业商会的报告，恩格斯在19世纪60年代后半期的利润达投资金额的 25%，而他在前几年只能得到公司利润的 10%（大约相当于投资金额的 15%）。因此，恩格斯的收入水平又有了进一步的提高。当然，应付给家族的 5 厘利息仍然不变，并且家族始终有权随时支配 1 万英镑的资本金。

成为正式股东后，恩格斯更忙了，他不得不把全部时间和精力耗费在无穷无尽的业务洽谈、来往信件和收支账目上，耗费在同其他股东的不断争执上。他十分担心周而复始的商业生活会影响自己从事理论研究和思想创造的能力，因而竭力想摆脱这种身不由己的尴尬处境。1867 年 4 月，他在给马克思的一封信中谈到了自己的想法：

> 再过两年我和猪猡哥特弗利德的合同就要满期，根据目前这里的情况来看，我们两人都不见得希望延长它；甚至分裂更早发生也不是不可能的。果然这样，我就要彻底抛弃商业；因为如果现在还独自创业，那就是说，要极其辛勤地操劳五六年而得不到什么显著的结果，然后要再干五六年才能收获前五年的果实。这会把我彻底毁掉的。我最渴望不过的事情，就是摆脱这个鬼商业，它占去了一切时间，使我的精神完全沮丧了。只要我还在经商，我就什么也不能干；尤其是我当上老板之后，负的责任更大，情况也就更糟了。如果不是为了增加收入，我真想再当办事员。

彻底摆脱商业生活并不是一件轻易就能下定决心的事。之前，恩格斯必须安排好自己和莉希以及马克思一家人今后的生活，至少要做到在数年之内大家不必为金钱操心。并且，按恩格斯的说法，"还要考虑到一个可能的情况，即遇到什么事变时，我们不得不重返大陆，因而将需要一笔紧急的开支"。

为此，恩格斯在 1868 年底与哥特弗利德·欧门谈判契约到期后进一步的合作方式时，专门致信马克思，要他"立即""十分准确地"答复下面两个问题，以便自己能在谈判中争取到最有利的合作条件：

第一，他需要多少钱才能一次性还清全部债务；

第二，他平时的正常开支（除去治病和意外的紧急开支）每年 350 英镑是否够用。

根据恩格斯与欧门家族初步谈判的情况，欧门家族将付给恩格斯一笔"赎买金"，要恩格斯保证在五年内不参加同它竞争的企业，并允许他继续领导公司。恩格斯如果答应这个条件，在五六年内每年寄给马克思350英镑就不成为问题了，紧急情况下甚至还能多一些。

马克思收到这封信后十分感动，立即回信向恩格斯谈了自己的开支情况：债务总额210英镑，如果不是因为一切都赊账多花了好多钱，每年350英镑完全够用。也就是说，只要彻底摆脱债务，用350英镑是能够把生活安排得井井有条的。

恩格斯心中有底了，便于1868年12月2日同欧门家族签署了一项协议，承诺继续履行1864年契约中规定的责任，在曼彻斯特营业部负责行政管理，直到1869年6月30日止。并且，契约期满后，他还得在曼彻斯特多住一年，以便他的继任者能向他咨询相关事务。恩格斯放弃欧门－恩格斯公司的股东权利，并保证在五年内不参加与该公司有竞争关系的企业。作为补偿，欧门家族应于1869年6月30日一次性付给恩格斯1750英镑。恩格斯在1869年6月30日至1870年6月30日之间，有权把5000英镑留在公司，并提取5%的利息。

1869年8月10日，恩格斯同欧门家族签署了一项解约协定。其中规定，恩格斯退出公司后，哥特弗利德·欧门仍以欧门－恩格斯公司的名义进行经营活动。恩格斯不得干涉公司具体业务，但可以购买公司股份。该协定有效期为五年，即从1870年7月1日至1875年6月30日，双方必须至少在期满前一年提出书面解约申请，否则有限期将自动延长。

1874年6月1日，恩格斯提出了解约申请，要求公司在1875年6月30日以后不得再把自己的名字作为股东印制在公司发送的任何商品上。欧门随即成立了曼彻斯特欧门－罗比公司。自此，恩格斯在曼彻斯特的商务关系彻底结束了。

总的看来，恩格斯对自己在曼彻斯特欧门－恩格斯公司的20年生活虽然不甚满意，但毕竟积攒了"一笔可观的钱"，为以后从事著述和实践活动提供了基本的生活保障。

1879年下半年，恩格斯先后分四次把家族在欧门－恩格斯公司的1万英镑资本金寄还给母亲。他自己余下约 1 万英镑，包括自己几年来的收入和欧门付给他的赔偿金。

显然，要应付今后几十年的各种需要，这笔钱并不充裕，还必须算计着花。为了做到心中有数，从结束商务生活的第一天起，他就立了一本收支账簿，把每一笔开支都记录下来，好看一看有多少钱是花在无用的事情上的，以便在紧急情况下知道应该从何处压缩开支。这本账一直记录到他逝世前夕。

结束商业生活，专心致志于自己所喜爱的工人阶级解放事业，是恩格斯多年的夙愿。这种愿望有多么强烈，我们可以从爱琳娜的一篇回忆文章中看出来。

一个自由人（中国画）（韩国臻 作）

1869 年 6 月 30 日，爱琳娜正在恩格斯家中做客，亲眼看到了恩格斯因马上就可以摆脱 20 年"苦刑式"的经商工作而表现出来的喜悦之情。她这样写道：

> 我永远不会忘记，那天早晨他穿上皮靴最后一次去营业所，他喊得多么高兴："最后一次了！"几小时以后，我们站在大门口等他回来，只见他从门前的一小片田野里走过来，挥舞着手杖，容光焕发地唱着歌。然后我们就像过节一样大吃一顿，喝香槟酒，陶醉在幸福中。那时我还年幼，不懂得什么。可是现在一回想起这些情景，总忍不住流下泪来。

是啊，恩格斯原本就是一个思想家，一个革命者，一个视资本主义经济关系为最大罪恶并试图改变这种关系的勇敢的战士。可命运恰恰同他开了一个玩笑，要他亲自参与资本的罪恶运作，并且参与了整整 20 年！

# 恩格斯传

这种参与虽然为他和马克思彻底批判资本的逻辑提供了物质上的保障和切身的体验，但它毕竟不是一种可以令恩格斯感到丝毫愉快的生活。难怪他在结束这种生活的第二天，就情不自禁地对好友马克思欢呼：

> 好啊！从今天起再不搞可爱的商业了，我是一个自由的人了。

> 在天气晴朗的田野里漫步，而无须再去那阴郁的城市和办事处；坐在舒适的写字台前，打开窗户，看着窗台上的花卉和房前的树木，而无须担心煤烟尘垢扑鼻而来，无须待在阴暗的货栈里忙忙碌碌……

恩格斯从心底里感到高兴，仿佛年轻了 10 岁。1870 年 2 月，恩格斯写信告诉马克思：

> 我今年夏末迁居伦敦，现在已经决定了。莉希说，她想离开曼彻斯特，越早越好，她和亲戚发生了一些争执，因此这里的一切都使她厌烦。我们房子的租期 9 月届满，所以在 7 月和 9 月之间必须把一切办好。

尽管恩格斯结束商业生活后必定迁居伦敦是预料之中的，但这个消息还是让马克思一家高兴不已。马克思多么希望早日能与自己最亲密的朋友朝夕相处，谈古论今，评点天下。燕妮更是"多少次暗自盼望"恩格斯搬来，因为马克思近几年来由于过度疲劳，生活没有规律，身体每况愈下，她知道只有恩格斯的到来才能使丈夫的生活方式稍有改变。女儿们，尤其是小女儿爱琳娜，对活泼开朗的恩格斯和善良美丽的莉希也是亲热无比，有说不完的话。

为了给恩格斯一家找到一处舒适的住房，燕妮四处奔走。7 月中旬，终于选定了瑞琴特公园路 122 号。她马上写信给恩格斯，告诉他房子周围的环境很好，内部设施很完善，十分敞亮，几乎用不着走出屋子就可以呼吸到新鲜空气。

1870 年 9 月 20 日，恩格斯迁居伦敦，在这里一直住到去世。

19 世纪 60 年代末 70 年代初，欧洲革命风暴重新来临。1869 年，德国社会

恩格斯和马克思在一起（油画）（高泉 作）

民主工党建立，代表了工人阶级将在民族国家内，通过组织政党来实现自己的政治经济目的，标志着工人阶级在政治上的完全成熟。1870年，普法战争爆发，则预示着欧洲的局势将重新进入全面动荡之中。

正是在这个时候，恩格斯扔掉了商业上的包袱，轻装上阵，直接投身于轰轰烈烈的革命运动。对他自己来说，这固然是一种快乐，而对革命运动来说，又何尝不是一种幸运。

# 站在公社战士一边

就在恩格斯准备从曼彻斯特迁往伦敦的时候，普法战争爆发了。

面对错综复杂的战争局势，马克思、恩格斯密切关注着德、法两国的政治军事动向和工人阶级的反战活动。国际工人阶级特别是交战国工人阶级应该怎样认识这场战争的根源、性质和发展趋向？如何根据战争局势的变化采取相应的符合工人阶级根本利益的斗争策略？他们要对这些重大问题提出指导性意见。

马克思先后起草了国际工人协会总委员会关于普法战争的两篇宣言。恩格斯则以"战争短评"为总标题在伦敦的《派尔－麦尔新闻》上发表了一系列军事论文。这些论文充分发挥了他在军事科学方面的渊博知识和敏锐洞察力，预测了战争的发展趋向及其后果，同时阐述了国际工人协会及各国工人阶级在这场战争的不同阶段所应采取的策略，实际上是把总委员会两篇宣言的精神从军事角度加以具体化。

普法战争爆发的第二天，《派尔－麦尔新闻》撰稿人尼古拉斯·莱昂·梯布林邀请马克思以军事记者的身份前往普鲁士，为报纸撰写有关这场战争的论文。

在这个欧洲局势大动荡的紧要关头，如果能够利用报纸宣传无产阶级的战争观及其战略策略，对国际工人运动无疑是大有好处的。但马克思觉得，这项工作最好还是由恩格斯来承担，恩格斯对军事问题有浓厚的兴趣并做过深入的研究。

恩格斯很快同意了马克思的建议，愿意给《派尔－麦尔新闻》撰写军事通讯。但是，在当时情况下回普鲁士显然不合适：一是由于普鲁士警察当局对政治流亡者回国设置了种种障碍；二是在专制的普鲁士反而不如在相对自由的英国更能得到准确的材料，更有条件用批判的眼光客观地看待战争的全过程。再加上自己正忙着搬家，公司也还有一些收尾的工作要处理，恩格斯实在抽不开身。

于是，恩格斯先是在曼彻斯特，继而在伦敦，半年多时间里（1870年7月至1871年2月）一共为《派尔－麦尔新闻》撰写了59篇战争评论。

这些评论写得非常出色，英国最有影响的《泰晤士报》也屡屡从中摘编甚至全文照搬，把并不起眼的《派尔－麦尔新闻》当作了自己军事通讯的一个重要资料来源。结果，《派尔－麦尔新闻》报社接二连三地在报上发表声明，抗议《泰晤士报》的抄袭行为。

马克思不无自豪地对恩格斯说："如果战争再延续一些时候，那你很快会被公认为伦敦的头号军事权威。"

马克思夫人燕妮更是兴高采烈地致信恩格斯："您可能想象不到，您的这些文章在这里多么轰动啊！这些文章写得如此惊人地清晰明了，我不能不把您称作小毛奇（普军总参谋长）。"

大女儿燕妮·马克思则干脆戏称恩格斯那儿是总参谋部，把恩格斯称作"将军"，这个绰号很快便在朋友间传开了。

伦敦的头号军事权威（中国画）（李子侯 作）

在普法战争中，德国工人阶级应该采取怎样的立场和斗争策略，是马克思、恩格斯始终关心的问题。

战争一开始，他们就告诫德国工人阶级，要密切注意普鲁士的侵略意图，防止俾斯麦政府把这场起初为防御性的战争转变为反对法国人民的侵略战争。恩格斯还从军事上分析了普军可能发动侵略战争的意图，纯粹是为了寡头统治集团的利益，而不是为了德国人民，因为德国人民并不需要占领斯特拉斯堡和麦茨来维护自己的边境安全，一个统一的德国随时都有能力击退从莱茵河进犯的法军。

1870年8月初，德国社会民主工党布伦瑞克委员会致函马克思，请他就战争性质和党应采取的立场发表看法。马克思写信征询恩格斯的意见，恩格斯经过仔细考虑，把自己认为德国有觉悟的工人阶级所应采取的策略及原则归纳成五点：

（1）参加民族运动，只要这一运动是保卫德国的；

（2）强调德国民族利益与普鲁士王朝利益之间的区别；

（3）反对并吞阿尔萨斯和洛林的一切企图；

（4）一等到巴黎由一个共和主义的、非沙文主义的政府掌握政权，就力争同它光荣媾和；

（5）不断强调德国工人利益和法国工人利益的一致性，他们过去不赞成战争，现在也不互相交战。

马克思对这几条策略及原则深以为然，认为同自己的观点完全一致，并明确表示，在这类关系到对德国工人阶级的斗争进行原则指导的问题上，一定要与恩格斯事先商量后才采取相应的行动。8月22日至30日，他亲赴曼彻斯特，同恩格斯就这个问题详细交换了意见，然后共同拟定答复，寄往德国。

战争的进程果然不出马克思、恩格斯所料，色当惨败使腐朽不堪的法兰西第二帝国土崩瓦解。路易·波拿巴成了俘虏，巴黎人民宣布成立共和国，并在9月4日组成了资产阶级的国防政府。这时候，普鲁士方面本来已没有任何理由把战争继续下去了，可进攻并未停止，俾斯麦政府正"逐渐地但是确切地"把一场捍卫德国民族利益的战争转变为维护德国沙文主义利益的战争。

在当时的情况下，法国工人阶级的处境极为艰难，战争所造成的物资匮乏与尖锐的民族矛盾和阶级矛盾一起摆到了他们面前。普鲁士政府的侵略政策和巴黎国防政府的资产阶级政策，使法国工人阶级面临空前严峻的考验。马克思、恩格斯密切注视着巴黎的局势，提醒法国人民要警惕资产阶级国防政府可能为了本阶级的利益而进行的叛卖活动。但是，在敌人长驱直入叩击巴黎城门的时候，一切推翻新政府的企图都将是绝望的蠢举。

恩格斯明确指出，巴黎工人目前唯一要做的是聚集力量，加强自己的组织，而不要受革命空谈的影响，在普军攻打巴黎前夕成立社会共和国。德法和约尚未缔结，工人阶级决不能采取行动。他们只能也必须利用共和国必然给予的自由在法国组织政党，等到德法和约缔结之后，阶级矛盾超过民族矛盾成为主要矛盾，再采取相应的革命行动，那样就会非常有利。

然而，资产阶级政府率先向工人阶级发动进攻了，它试图解除国民自卫军的武装，巴黎工人用起义回答了政府的挑衅。

1871年3月18日，巴黎工人采取武装行动，保卫住了反动政府企图夺走的200余门大炮，进而控制了整个巴黎，建立了工人阶级自己的政权——巴黎公社。

尽管巴黎局势的发展出乎马克思、恩格斯的意料，但起义一经发动，他们就毫不犹豫地站在了工人阶级一边、站在了公社战士一边。他们高度赞扬巴黎工人的"冲天革命干劲"和"首创精神"，并立即以实际顾问的姿态投入战斗。

恩格斯在国际工人协会总委员会会议上多次发言，详细介绍巴黎工人的斗争情况，阐述巴黎公社的无产阶级性质，动员各国工人支持公社的事业。恩格斯指出，巴黎公社是国际工人协会的精神产儿，虽然国际没有动一个指头去促使公社诞生，但国际的思想教育了法国工人阶级，国际的活动推动着法国工人运动的发展，国际的会员是公社最积极、最刚毅、最有见识和最富于自我牺牲精神的成员。因此，巴黎公社的事业就是国际的事业。

就在巴黎起义的第三天，恩格斯在总委员会会议上作了关于起义情况的报告，驳斥反动派对巴黎工人的造谣诽谤，指出巴黎发生的事件是一场革命，而不是像资产阶级报刊所说的那样，是少数人闹事。巴黎工人武装保卫自己筹款置备的大炮是完全合理合法的，梯也尔政府对这些大炮抱有贪心，企图把它们从国民自卫军手中夺走，工人群众是在忍无可忍的情况下才奋起反抗的，他们的行动得到巴黎广大人民的支持，因而取得了胜利。

除了在国际舞台上为公社战士呼吁和呐喊，给他们提供道义支持外，恩格斯还通过各种渠道，同巴黎公社革命者建立直接的联系，广泛收集有关公社的消息和文告，了解公社的活动，帮助公社采取正确的战略和策略。

4月初，正当梯也尔政府在凡尔赛纠集反革命力量，准备大举进攻巴黎之际，公社领导人之一瓦扬向国际工人协会波尔多支部负责人拉法格谈到，公社在抗击反动派进攻方面缺少有军事才能的领导人。拉法格听后立即给马克思写信，问是否能请恩格斯来巴黎担任军事领导工作。后由于种种原因，恩格斯未能成

向总委员会报告巴黎事件（素描）（顾盼 作）

行，但他通过各个渠道，就公社的斗争策略、军事战术以及社会经济措施等方面，给公社领导人提供了不少宝贵的建议和切实可行的行动方案。

恩格斯时时提醒公社委员内部要注意团结，在大敌当前的情况下不要为琐碎事务纠缠不休。他清楚地知道，公社委员中真正掌握科学社会主义理论的人并不多。多数派属于布朗基主义者，他们是凭着革命的无产阶级的本能才成为社会主义者的；少数派虽是国际工人协会会员，但大多数信奉蒲鲁东主义。当然，迫于当时的革命形势，他们在社会经济政策方面基本上都采取了正确的革命措施，恩格斯对此是持肯定态度的。在指出他们思想局限的同时，也高度赞扬了他们的革命创举。

但是，对于工人阶级的叛徒，恩格斯的斗争毫不容情。担任过国际工人协会巴黎支部领导人的昂利·路易·托伦，曾于1871年2月作为巴黎工人的代表被选进国民议会。巴黎公社成立后，他拒不执行公社关于工人议员应同反动议会决裂的要求，仍然留在主张镇压巴黎革命的凡尔赛议会中。4月18日，恩格斯在总委员会会议上提请大家注意这个问题。4月25日，当恩格斯看到国际工人协会巴黎联合会委员会关于开除托伦的决议后，立即向总委员会建议批准这个决议。他明确指出，国际工人协会的每一个法国委员无疑都应该站在巴黎公社的队伍中，而不应该站在反革命的凡尔赛议会中，托伦拒不按照公社的要求办，就是用最卑鄙的方式背叛了工人阶级的事业，必须从国际工人的队伍中清除出去。恩格斯的提议得到总委员会的一致通过，总委员会还委托恩格斯亲自起草决议，将托伦开除出了国际工人协会。

巴黎的局势是从1871年4月份开始日趋紧张的，凡尔赛方面已经喘过气来，开始向巴黎反扑。精通军事科学的恩格斯认为，公社没有及时向凡尔赛进军，是一个重大的战略错误。他说，向凡尔赛进军，应当是在凡尔赛力量还薄弱的时候，可是公社领导人当时却为了证明自己的合法性，忙于选举，贻误了战机。现在这个有利的时机被错过了，凡尔赛占了优势并在逼迫巴黎工人，巴黎工人正在失去土地，几乎无望地消耗着弹药，吃光了自己的储备粮。

恩格斯尽管对巴黎的危急形势深感忧虑，但对巴黎工人阶级的英勇抵抗仍然充满着希望。他认为战斗将延续一个时期，不会像1848年"六月起义"那样被很快扑灭。他相信，由于工人"比在过去所有一切起义中都组织得好得多"，即使凡尔赛军队占领了要塞和围墙，在围墙后面还有街垒，在这些街垒中将出现前所未见的战斗。

情况一天比一天危急，马克思、恩格斯想尽各种办法帮助巴黎公社。

5月中旬，马克思从可靠来源获悉，凡尔赛政府与俾斯麦政府秘密勾结，达成了让凡尔赛军队通过普军防线进攻巴黎的口头协议。马克思立即想办法将这一重要情报通知了公社委员弗兰克尔和瓦尔兰。恩格斯还估计，凡尔赛军队通过普军防区，势必从北部进攻巴黎，因而建议公社加强蒙马特尔高地一带的防御。马克思通过一个德国商人把恩格斯的建议转告给公社领导人，可惜

巴黎公社活动家

公社未能完全按照马克思、恩格斯的建议做。

公社最后失败了,这当然不仅仅是战术上的错误所致,最根本的原因还在于敌我力量过于悬殊。

马克思、恩格斯认为,公社虽然失败了,但公社的原则是永存的,是消灭不了的。总结公社的历史经验,维护公社的原则,并在实际的斗争中运用并发展这些原则,成为马克思、恩格斯在公社失败后一段时期里的重要工作。公社被镇压的第二天,马克思发表了受总委员会委托起草的著名宣言《法兰西内战》。这份由国际工人协会向欧洲和美国全体会员发布的宣言,揭露了梯也尔政权的反革命实质,赞扬了巴黎无产阶级的革命精神,比较系统地总结了巴黎公社的经验教训,回击了阶级敌人对公社事业的造谣诽谤。

恩格斯对这部著作给予了极高的评价,认为有史以来,伦敦还没有一件公之于世的文献,像《法兰西内战》那样,产生如此强烈的影响。他积极参与了《法兰西内战》的印制、宣传和发行工作,还亲自把它译成德文,寄往莱比锡《人民国家报》发表,并加紧与友人联系,争取意大利文、俄文和其他文本的尽早翻译出版。20年后,恩格斯还为《法兰西内战》写了长篇导言,再次讴歌巴黎工人不屈不挠的战斗精神,阐述巴黎公社无产阶级专政的政权性质。1892年3月17日,恩格斯在《巴黎公社二十一周年给法国工人的贺信》中,满怀深情地写道:

让资产者去庆祝他们的7月14日或9月22日吧。无产阶级的节日将到处永远都是3月18日。

巴黎公社失败后,不少公社社员流亡伦敦,生计遇到困难,恩格斯又投入了从经济上援助公社革命者的活动之中。

1871年6月27日,恩格斯在总委员会会议上建议总委员会设立流亡者救济基金,并带头为救济基金捐款。

7月,恩格斯参加了由总委员会设立的公社流亡者救济委员会,从各种渠道为流亡者募集经费,帮助流亡者寻找工作。他自己的家也成了不少流亡者的避难所。

## 第五章 自由的老战士

这项工作一直延续着,关心和照顾公社流亡者成了恩格斯终生的事业。1895年初,已经身染重病的恩格斯得知公社军事指挥员之一符卢勃列夫斯基贫病交加、生活窘迫,他立即写信给法国工人党领导人拉法格,要求给这位公社英雄按时寄去养老金。恩格斯明确地表明了自己的态度:

> 我认为,这事有关法国社会主义的荣誉,如果让公社的最后一位将军饿死,法国社会主义今后再不能把1871年的公社算在自己的名下了。

对公社事业的维护,恩格斯不但付出了大量的精力和财力,甚至不惜自己的声誉遭受损失。

巴黎公社失败后,各国资产阶级及其报刊编造大量谎言,把公社革命者描绘成杀人放火的坏人,并对国际工人协会的领导人特别是马克思、恩格斯进行无中生有的攻击和诽谤。

种种流言蜚语传到伍珀河谷,恩格斯的母亲虽然从不相信自己的儿子是一个道德堕落的人,但也对他的所作所为也不是很清楚,生怕他受了马克思的"不良"影响,便来信责问他。面对资产阶级报刊的无耻谰言,恩格斯可以一笑置之,但面对年迈母亲的责备,恩格斯却不能置之不理。他给母亲写了一封长信,陈述巴黎公社的真实情况,揭露资产阶级报刊的荒谬谎言,抒发自己的人生志向。在信中,恩格斯真诚而坦率地对深爱着自己的母亲说:

> 你在自己的一生中也曾听说过,有不少人,例如在老拿破仑统治时期的道德协会会员、1817年和1831年的蛊惑者、1848年的人们,都曾被诽谤为真正的食人生番,而后来总是证实,他们根本不是那么坏,由于出自私利的迫害狂,起先给他们编造了各种各样骇人听闻的故事,但后来这些故事都烟消云散了。亲爱的妈妈,我希望你在报纸上读到关于这些捏造的恶行时,会记起这些,这样你对1871年的人们也就会怀有好感。
>
> 我丝毫没有改变将近三十年来所持的观点,这你是知道的。假如事变需

要我这样做,我就不仅会保卫它,而且在其他方面也会履行自己的义务,对此你也不应该觉得突然。我要是不这样做,你倒应该为我感到羞愧。即使马克思不在这里或者甚至根本没有他,情况也不会有丝毫改变。所以,归罪于他是很不公平的。并且我还记得,从前马克思的亲属曾经断言,似乎是我把他带坏了。

关于这一点不用多谈了。这里毫无办法,只好任其如此。如果再平静一段时间,叫嚣自然会消失,而你自己也就会比较平静地看待这些事情了。

这是现存的恩格斯写给他母亲的最后一封信。

两年以后,1873年秋天,76岁的伊丽莎白·弗兰契斯卡·恩格斯去世。她虽然从来就没有认同过她长子的政治观点,对他所参与的社会活动也大多不理解,但却始终亲切地关怀着他。

恩格斯也深深地爱着自己的母亲,为了母亲,他可以容忍父亲的粗暴脾气,也可以原谅弟弟妹妹在遗产处理上的自私行为。母亲临终前,恩格斯专程从伦敦赶往恩格耳斯基尔亨,在那里陪伴她度过了一生中最后的十几个日日夜夜。

恩格斯的母亲伊丽莎白·弗兰契斯卡·恩格斯(1797—1873)

## 需要什么样的权威

巴黎公社失败后,各国反动势力加紧向人民革命运动反攻倒算,国际工人运动重新陷入低潮。

在国际工人协会内部，以巴枯宁无政府主义为代表的各种小资产阶级派别，也以反权威为名，进行种种分裂主义活动，企图破坏协会的统一。

在这种情况下，协会亟须召开代表会议，分析时局，制定新战略，以指导各国工人阶级的政治行动。一年一度的协会代表大会由于巴黎公社失败后的紧张形势已不能如期举行，在恩格斯的建议下，协会在伦敦召开了一次重要的秘密代表会议。

恩格斯自从被增补为总委员会委员以后，先后担任了国际工人协会财务委员和比利时、意大利、西班牙、葡萄牙、丹麦等的通讯书记等许多重要职务。他那爱憎分明的性格、精通多种语言的卓越才能、刚毅果断的工作作风，以及丰富的实践经验和理论储备，使他负责的各项工作总是井井有条，很有效率，成就卓然，得到总委员会和各国工人活动家的普遍好评。

这次恩格斯关于召开伦敦代表会议的提议及其在会议前后所做的大量关键性的工作，是他第一次在国际工人协会中发挥了直接的领导作用。

恩格斯在提议时分析道，代表会议只能在伦敦举行，而且必须是秘密的。在法国，由于普法战争所造成的影响，显然不可能召开这种性质的会议；在德国，任何一个敢于参加代表会议的人，都有被投进监狱的危险；在西班牙或比利时，协会正遭到迫害，国民没有任何自由；瑞士本来是一个较为适宜的地点，但由于巴枯宁主义者在那里的大肆活动，使协会会员发生了分裂，所以也不可能成为会议的东道主。

会议为什么要秘密举行？恩格斯认为，在当时的特定形势下，协会面临着比平常更多更复杂的重大任务，只有秘密的代表会议才能制定出真正具有约束力的政策。这些任务包括：

——由于各国反动政府已经在反对国际工人运动的十字军征讨中携手合作，不惜动用从军事法庭到报刊舆论的一切手段摧残民主力量，协会作为工人阶级的国际联合组织，必须制定出对付日益猖獗的反革命势力的政治策略。

## 恩格斯传

——随着协会影响的扩大,新会员不断加入,会员成分必然趋于复杂,这就要求对会员加强无产阶级世界观的教育,尤其需要把巴黎公社的经验教训包括巴黎工人的革命精神灌输到工人的头脑中去,提高他们的阶级觉悟。

——国际工人协会内部的思想交锋愈益激烈,共产主义者、蒲鲁东主义者、马志尼主义者、工联主义者、巴枯宁主义者等等,他们在一系列重大原则问题上产生了意见分歧,协会必须采取有效的措施,保证这些分歧不至于破坏协会的统一和稳定,这关系到协会的战斗力。

——除了思想分歧外,行动上的分裂主义者的活动也越来越频繁,巴枯宁分子挑动协会地方组织的分裂,指责巴黎工人的斗争,并公然反对总委员会的统一权威,组建秘密的国际社会主义民主同盟,在意大利、瑞士、西班牙等国产生了极为恶劣的影响,协会如果不采取果断有力的措施制止这种趋势的蔓延,势必要给自己的发展方向和前途造成威胁。

在伦敦代表会议上(油画)(李台还 作)

会议召开前夕,恩格斯通过与协会意大利支部、西班牙支部的领导人及其他国家的协会会员频繁通信,揭露了巴枯宁无政府主义者的种种活动,分析了这些活动可能对国际工人协会造成的灾难性影响,维护了总委员会的绝对权威。

在恩格斯和协会其他领导人的共同努力下,经过紧张的筹备,伦敦代表会议于 1871 年 9 月 17 日开幕，会期 7 天，代表 32 名（包括 10 名列席代表），中心议题为"关于工人阶级的政治行动问题"。马克思、恩格斯是这次会议的实际领导人。

在 19 日和 20 日的会议上，与会代表就工人阶级的政治行动问题展开了激烈的辩论。恩格斯在发言中指出，无政府主义者鼓吹放弃政治，这种鼓吹本身就是一种政治。不从事政治是不可能的，问题是从事工人阶级的政治还是从事资产阶级的政治。鼓吹工人放弃政治，实际上是把工人推向资产阶级政治家的怀抱。巴黎公社就是工人阶级的政治行动，在已经有了巴黎公社的范例后还主张放弃政治，更是荒谬的。恩格斯十分激动地说：

> 我们要消灭阶级。用什么手段才能达到这个目的呢？——无产阶级的政治统治。而当这一点已经最明显不过的时候，竟有人要我们不干预政治！所有鼓吹放弃政治的人都自命为革命家，甚至是杰出的革命家。但是，革命是政治的最高行动；谁要想革命，谁就必须也承认准备革命和教育工人进行革命的手段，即承认政治行动，没有政治行动，工人总是在战斗后的第二天就会受到法夫尔和皮阿之流的愚弄。应当从事的政治是工人的政治；工人的政党不应当成为某一个资产阶级政党的尾巴，而应当成为一个独立的政党，它有自己的目的和自己的政策。

经过激烈的辩论，会议通过了主要由恩格斯起草的决议。决议阐明了工人阶级的经济斗争和政治斗争之间的关系，强调了工人阶级组织政党从事政治斗争的必要性。决议还对工会寄予厚望：要大力加强工会的国际联系；陆续建立农村支部，吸引农业工人参加工业无产阶级的运动；成立妇女组织，尽可能地调动女工参与本阶级解放斗争的积极性……总之，要通过这些活动的有效开展，密切国际工人协会与广大劳动群众的联系，以加强协会在反对资本的政治斗争中的力量。

伦敦会议针对巴枯宁主义者的种种分裂活动，通过了反对宗派主义的决议。1868 年，国际社会主义民主同盟申请加入国际工人协会遭到总委员会拒绝以后，

# 恩格斯传

巴枯宁主义者迫于压力，表面上宣布解散国际社会主义民主同盟，但却又以社会主义无神论派、社会主义宣传和行动支部等名义，改头换面地从事宗派主义活动。为了从根本上挫败巴枯宁主义者及其他小资产阶级分立主义派别破坏国际工人协会统一行动的企图，伦敦会议通过了题为《关于各国委员会等组织的名称》的反宗派主义决议。决议作出了以下三点明文规定：

（1）设有国际工人协会经常性组织的各国的中央委员会，会后应定名为联合会委员会，冠以该国的国名；

（2）所有地方分部、支部、小组及其委员会，今后一律定名为国际工人协会分部、支部、小组和委员会，冠以该地地名；

（3）所有分部、支部和小组，今后不得再用宗派名称，如实证派、互助主义派、集体主义派、共产主义派等等，或者用"宣传支部"以及诸如此类的名称成立妄想执行与协会共同目标不符的特殊任务的分立主义组织。

决议击中了巴枯宁主义者的要害，他们恼羞成怒，不惜动用诬蔑、漫骂等卑劣手段，调集所有力量向总委员会发起了总攻击。他们妄称总委员会篡夺了国际工人运动的领导权，大搞独裁，实行德国人专政，扬言要扫除一切中央集权制度及其领导权威。

1871年11月，一批巴枯宁的追随者在瑞士桑维耳耶召开所谓代表大会，发表了一个致国际工人协会全体会员的通告。通告指责伦敦代表会议的决议违背协会章程，诬蔑总委员会是"阴谋的策源地"，是受俾斯麦操纵的"德国人委员会"，主张把总委员会变成没有任何权威的"简单统计通讯局"，并要求立即召开国际非常代表大会，改组总委员会，撤销伦敦会议决议。

他们把通知寄给各国工人组织，并在资产阶级报纸上公开发表。一时间，各国无政府主义者空前活跃，英国工联主义者、德国拉萨尔主义者也蠢蠢欲动，大有不把总委员会搞垮誓不罢休的架势，给国际工人运动造成了极大的混乱。

面对巴枯宁主义者的猖狂进攻，马克思、恩格斯决定予以反击。1872年1月

## 第五章　自由的老战士

2日，恩格斯给李卜克内西写了一封信，专门谈到了这个问题。信中说，巴枯宁分子的疯狂行动搞得太过分了，真是到了无以复加的地步，是我们采取行动的时候了。恩格斯还随信附寄了一篇题为《桑维耳耶代表大会和国际》的批驳文章，要李卜克内西尽快发表。

在随后的一年多时间里，马克思、恩格斯多次发表文章，与各国工人运动活动家频频交换意见，团结国际工人协会的大多数会员，从思想上和组织上对巴枯宁主义者进行了彻底的清算。

发表在1872年1月10日《人民国家报》上的《桑维耳耶代表大会和国际》一文，是恩格斯采取的反巴枯宁主义的第一个重要行动。恩格斯毫不客气地指出，巴枯宁及其追随者的所作所为实际上是在替反动派效力，因为旧制度的一切势力正联合起来用暴力手段破坏国际工人协会，团结一致比其他任何时候都更加必须，他们却在明目张胆地制造分裂。

不要党的纪律，不要集中领导，不要强有力的国际协调行动，而只需一个"简单的统计通讯局"。这样做意味着什么？它意味着放弃自己的使命。没有任何党的纪律，没有任何力量的集中，便没有任何斗争的武器，这绝不是担负着推翻资本主义统治、建立未来新社会的无产阶级组织，而是那些畏缩胆怯的早期基督教徒的组织。国际工人协会绝不能成为这样的组织。

巴枯宁主义者要求取消纪律和权威，削减总委员会的职权，完全是一种阴谋手段。且不说他们自己热衷于同各国某些与他们气味相投的"权威"人物私下通讯，企图左右国际工人运动发展的方向，只看看他们在1869年国际工人协会巴塞尔代表大会上的表演就足够了。当时，他们错误估计了形势，以为"自己人"能够在总委员会中获得多数席位，取得领导权，便大肆鼓吹总委员会的重要作用，热烈拥护扩大总委员会权限的决议，现在却来了个180度的大转弯。夺取总委员会领导权的阴谋破产了，他们便开始反对总委员会，这就是他们反权威的真实意图。

在恩格斯发表反巴枯宁主义战斗檄文的同时，国际工人协会各地联合会也纷纷起来反对桑维耳耶通告。

1871年11月27日，西班牙联合会委员会机关报《解放报》发表了拉法格的一篇揭露通告诬蔑内容的文章。

12月24日，瑞士《平等报》发表了罗曼语区联合会委员会关于谴责通告企图分裂国际工人协会的决定。

随后，协会在德国、英国、荷兰、美国的支部以及意大利的米兰支部，都相继批驳了桑维耳耶通告。

在这种情况下，总委员会为了彻底肃清巴枯宁宗派主义活动的恶劣影响，统一协会会员的认识，委托马克思、恩格斯起草了一份详细的内部通告，深入分析了宗派主义的实质及其危害。这份内部通告就是著名的《所谓国际内部的分裂》，马克思、恩格斯1872年1月中旬动笔，3月5日完稿，同年以小册子的形式在日内瓦出版。

马克思、恩格斯一方面在思想理论上努力清除巴枯宁主义对国际工人运动的恶劣影响，另一方面也在实际运动中团结国际工人协会所属各国组织及广大会员，同巴枯宁主义者展开斗争。其中，以在西班牙的斗争最为激烈。

西班牙当时有30多个联合会，基本上都被巴枯宁主义者所控制。以这些联合会为基础的西班牙联合会委员会完全成了国际社会主义民主同盟的御用组织。巴枯宁及其追随者莫拉哥等人以西班牙联合会委员会为据点，策划各种反对总委员会的活动。

为了夺回这块阵地，马克思、恩格斯经常直接写信给西班牙各支部，写给那些忠于国际工人协会的会员，帮助他们识别巴枯宁主义者的阴谋手段，抵制他们分裂国际的活动。

1871年10月，恩格斯担任西班牙通讯书记后，进一步加强了这里的工作。他给西班牙联合会委员会发出"最后通牒"，严正警告他们，如果他们继续对国际的章程和总委员会的决议不理不睬或公开对着干，国际将按照工人阶级共同利益的要求采取行动。与此同时，恩格斯致信当时在西班牙的总委员会委员保尔·拉法格，说明如果莫拉哥之流对总委员会的"最后通牒"采取不回答或支吾搪塞的态度，总委员会将立即授权拉法格全权处理整个西班牙的问题。恩格

## 第五章 自由的老战士

斯在信中写道:

> 按照我们的章程,您同每一个协会成员一样,有权建立新的支部。十分重要的是,一旦发生分裂,即使现有的整个组织(连同全部财产)都去投靠巴枯宁的阵营,那我们也要在西班牙保留一个立足点。那时,我们只能依靠您一个人了。因此,您要尽一切可能在各地同那些在这种形势下对我们有用的人建立联系。

情况的发展果然不出恩格斯所料。莫拉哥等人态度十分顽固,他们表面上同总委员会敷衍,背地里仍大搞分裂活动。拉法格按照马克思、恩格斯的指示,团结西班牙先进工人,组建了国际工人协会新马德里联合会,同莫拉哥之流的宗派活动展开了坚决的斗争。他把有关西班牙斗争的材料源源不断地寄给恩格斯。

恩格斯根据拉法格寄来的材料,在总委员会会议上不断提请大家注意巴枯宁主义者的分裂动向。当时,总委员会里对这个问题存在争论,大多数委员认为应对巴枯宁分裂主义者做个干脆的了断,在即将召开的国际工人协会海牙代表大会上一劳永逸地禁止他们不负责任的活动。另外一些委员则认为,恩格斯的有关报道即使不是完全捏造,也有些夸大其词,巴枯宁的追随者们是有些太过激进,但还不至于沦落到耍两面派手段的地步。

他们的愿望是善良的,但很快就被巴枯宁信徒们的实际行为打破了:他们在意大利的一个小城市米尼举行了无政府主义者代表大会,并宣布与伦敦总委员会毫无关系。

公开的分裂活动警醒了总委员会。总委员会一致决定,在即将召开的海牙代表大会上,对巴枯宁主义者的所作所为予以全面清算。

为了不打无准备之仗,恩格斯一方面同各国工人运动活动家广为联系,力争有尽可能多的革命者参加大会,以便在力量对比上占优势。同时,他多方搜集巴枯宁派的追随者从事秘密组织活动的材料。

1872年9月2日至7日,具有决定性意义的国际工人协会海牙代表大会召开

# 恩格斯传

抵达海牙（中国画）（马振生 作）

了。当恩格斯同马克思夫妇、劳拉夫妇以及爱琳娜一起到达海牙时，他们马上意识到会前做出的种种努力没有白费，在出席大会的65名代表中，支持总委员会的占了多数。

大会自始至终充满了激烈的斗争，斗争的焦点是加强还是削弱总委员会的权威。

巴枯宁本人没有参加大会，但以瑞士无政府主义者吉约姆为代表的巴枯宁的追随者们在会上依然十分活跃。吉约姆等人认为，总委员会不应该成为国际工人协会这个"伟大身躯的头脑"，不应该拥有权威性的权力，甚至它的存在本身都是没有必要的。

总委员会的支持者驳斥了吉约姆之流的陈词滥调，论证了总委员会存在的必要性及其已发挥和正在发挥的重大作用。拉法格针锋相对地说，要是我们没有什么总委员会，我们就应该立刻把它建立起来。美国代表左尔格指出，总委员会无论过去、现在、将来都应当是整个无产阶级斗争的中心;如果说总委员会不是统帅,那么它无论如何还是一个调兵遣将的总司令部;如果吉约姆希望国际工人协会是无头的,那么他就把国际工人协会降低到了低等动物机体的水平;我们则希望它不光有一个头,而且有一个大脑发达的头,如果敌人开炮的话,我们是决不会只用霰弹回击的。

大会集中批驳了巴枯宁主义者放弃政治斗争的谬论,再次肯定了伦敦代表会议关于工人阶级政治行动的决议。在大会上,由总委员会委任的一个特别委员会公布了巴枯宁及其追随者在国际内部进行的有组织的破坏活动的情况,恩格斯则代表总委员会作了《关于社会主义民主同盟的报告》。这一来,本来对巴枯宁主义者的活动不甚了解的代表也打消了疑虑,认清了巴枯宁集团的实质和危害。因此,在大会讨论开除巴枯宁和吉约姆的决议时,没费多大周折就通过了。

海牙代表大会的代表们会后步出会场(当时的版画)

大会取得了一个非常重要的成果,那就是明确提出工人阶级必须建立自己的独立政党,党的最终目的是消灭阶级,而为了达到这一最终目的,夺取政权已成为无产阶级的伟大使命。

至此,国际工人协会已基本完成了自己的使命,各国工人阶级开始建立独立的工人政党，斗争的条件和形式都将发生根本性的变化。

为了适应这个变化，马克思、恩格斯提议把总委员会驻地从伦敦迁往纽约。他们认为，总委员会设在伦敦已经8年了，难免出现某些僵化或程式化的地方，而协会内部激烈的矛盾斗争已不利于总委员会充分行使自己的职责，只有迁往处于矛盾焦点之外的纽约，总委员会才能更好地成为一个具有真正的国际性质的强有力的职能机构。大会同意了马克思、恩格斯的提议，并选举左尔格为国际工人协会总委员会总书记。

弗里德里希·道夫·左尔格
（1828—1906）

为了从理论上回击巴枯宁及其追随者的反权威十字军征讨，恩格斯在从事实际的思想斗争和组织斗争的同时，还专门撰写了《论权威》一文。恩格斯说：

> 有些社会主义者近来开始了一次真正的十字军征讨，来反对他们称之为权威原则的东西。他们只要宣布这种或那种行为是权威的，就足以给它定罪了。这种简单化的方法竟被滥用到这种地步，以致必须比较详细地来分析一下这个问题。

恩格斯首先指出，在现代社会既有的条件下，一切经济关系包括工业关系和农业关系都有一种使各个分散的活动愈来愈为人们的联合活动所代替的趋势。而联合活动、互相依赖的工作过程的复杂化，必然要求把各相关要素愈益紧密地组织起来，如果没有一定的权威，这种组织是难以想象的。

在未来社会里，资本家已被消灭，工人阶级集体占有生产资料，权威也不会消失，而只是改变了自己的形式。庞大的工厂，复杂的机器，相互依赖的现代化生产和流通过程，没有权威是不行的。"至少就劳动时间而言，可以在这些工厂的大门上写上这样一句话：进门者请放弃一切自治！"

一方面是一定的权威，不管它是怎样造成的；另一方面是一定的服从。这两者，不管社会组织怎样，在产品的生产和流通赖以进行的物质条件下，都是我们所必需的。并且，生产和流通的物质条件不可避免地要随着大工业和大农业的发展而复杂化，从而日益扩大这种权威的范围。

权威与自治是相对的东西，它们的应用范围是随着社会发展阶段的不同而改变的。闭眼不看一切使权威成为必要的事实，而只是拼命反对字眼，这就是那些反权威主义的"深奥的思想家"的思维方法。诚然，所有的社会主义者都承认，政治国家以及政治权威将由于未来的社会革命而消失，也就是说，社会职能将失去其政治性质，而变为维护社会利益的简单的管理职能。可问题是，反权威主义者所要求的是在那些产生权威的政治国家和社会关系废除以前，一举把权威的政治国家废除。他们要求把废除权威作为社会革命的第一个行动。恩格斯反诘道：

> 这些先生见过革命没有？革命无疑是天下最权威的东西。革命就是一部分人用枪杆、刺刀、大炮，即用非常权威的手段强迫另一部分人接受自己的意志。获得胜利的政党如果不愿意失去自己努力争得的成果，就必须凭借它的武器对反动派造成的恐惧，来维持自己的统治。要是巴黎公社不依靠对付资产阶级的武装人民这个权威，它能支持一天以上吗？反过来说，难道我们没有理由责备公社把这个权威用得太少了吗？

总之，要么是反权威主义者自己不知所云，只是在那里散布糊涂观念；要么是他们知道所谓的"反权威"最终意味着什么，那他们就是在明目张胆地背叛无产阶级运动。在这两种情况下，他们都只是为反动派效劳。

《社会主义民主同盟和国际工人协会》与《论权威》发表后，巴枯宁分裂主义者遭到了致命的打击，影响日渐衰落，内部也发生了分化，不少人转到了总委员会的立场上来。但是，反对巴枯宁主义的斗争并没有完全结束，行动中的巴枯宁主义者还在瑞士、西班牙以及巴枯宁故乡俄罗斯时有活动。恩格斯为了清除他们的残余影响，又陆续发表了一些文章。其中，写于1873年9至10月的《行动中的巴枯宁主义者》一文，以及1874年至1875年间以"流亡者文献"为总题断断续续写成的一组旨在分析欧洲工人运动和民主运动中新趋势的文章，对巴枯宁主义者的思想和行动做了进一步的理论清算。

# 收拾无聊的杜林

1876年5月28日，恩格斯从兰兹格特疗养地给马克思写了一封信，信是这样开头的：

亲爱的摩尔：

你说得倒好。你可以躺在暖和的床上，研究具体的俄国土地关系和一般的地租，没有什么事情打搅你。我却不得不坐硬板凳，喝冷酒，突然把一切都搁下来去收拾无聊的杜林。但是，既然我已卷入一场没完没了的论战，那也只好这样了；反正我是得不到安宁的。

恩格斯卷入了怎样一场"没完没了的论战"？
为什么必须"把一切都搁下来"才能应付这场麻烦？
要"收拾"的杜林又是如何"无聊"？
事情还得从头说起。
柏林大学讲师欧根·杜林，同马克思、恩格斯打交道的渊源，始于1867年底他为《资本论》写的一篇简短的书评。
当时，34岁的杜林已经是一个小有名气的经济学家，因出版《资本与劳动》

《国民经济学说批判基础》等著作而为人所知。他在1867年12月《现代知识补充材料》杂志第3卷第3期上发表的《马克思〈资本论·政治经济学批判〉1867年汉堡版第一卷》一文，是对《资本论》的第一篇"学术性的"反应。这篇书评写得漏洞百出，且动机可疑，但马克思说还是应该感谢它，因为正是它使得资产阶级学者的"沉默的阴谋"不攻自破。

进入19世纪70年代，杜林更加活跃，接二连三地推出《国民经济学和社会主义批判史》《国民经济学和社会经济学教程，兼论财政政策的基本问题》《哲学教程——严格科学的世界观和生命形成》等著作，摆出一副"社会主义的行家兼改革家"的姿态，对现有的社会主义学说发起猛烈的攻击，扬言要在哲学、政治经济学和社会主义学说中实行全面变革。

欧根·卡尔·杜林（1833—1921）

当时，德国工人政党在理论上还不成熟，1875年的无原则合并及《哥达纲领》的通过又在党内滋长了对机会主义的迁就情绪。杜林的改革谬论遂得以在党内和工人群众中迅速传播。

一批著名的工人运动活动家，包括在1871年秋天开姆尼茨大罢工中起了积极作用而广为人知的约翰·莫斯特，全德工人联合会创始人之一威廉·弗里茨舍，以及年轻的理论家爱德华·伯恩施坦，都成了杜林的信徒。他们在各种场合对杜林大加赞扬，说杜林对社会主义的叙述在语言和形式上都要比马克思的著作易懂得多，他用其他任何人所不及的科学的激进主义补充了马克思，也可以说是继承了马克思，因此杜林是一个卓越的思想家，为社会主义立下了非常特殊的功劳。

杜林的庞大体系甚至迷惑了党内的一些左派领导人，倍倍尔就是其中之一。1874年3月，他在《人民国家报》上匿名发表了一篇题为《一个新的"共产党

# 恩格斯传

人"》的文章，称赞杜林用严谨的科学形式教导人们认识社会的运动规律及其后果，他认为杜林的基本观点是完全正确的，因而可以毫不犹豫地宣布：继马克思的《资本论》之后，杜林的最新著作属于经济学领域最近出现的优秀著作之列，应该大张旗鼓地向工人阶级推荐。

后来，倍倍尔对自己发表这篇文章作了这样的解释："由于鼓动的理由，凡是像杜林那样猛烈攻击社会现状并表示拥护共产主义的文章，我们都应该加以支持和利用。"但从他当时的态度和行文来看，对杜林显然是欣赏而不是"利用"。

事实上，在19世纪70年代中的一段时期内，德国工人政党的报刊上充斥着杜林的文章及其评论。这除了一些浅薄的煽动家企图用杜林主义代替马克思主义以外，一些有才干的同志也时不时地加入赞扬杜林的大合唱。杜林的谬论已经在党的队伍中造成了思想混乱，对他进行全面清算已经非常必要。

这时候，恩格斯正紧张地从事自然辩证法的研究，他计划把自然科学知识置于更广阔的人类思维背景来考察，对它们作出辩证唯物主义的总结。这个计划看来不得不中断了，他一次次接到白拉克、李卜克内西等人的来信，请他无论如何要尽快帮助制止德国党内的"杜林热"。

白拉克在信中说，柏林到处都是杜林的信徒，各色各样的人都在谈论他、称赞他，因而批判杜林的工作必须马上动手，不然就太迟了。李卜克内西屡次请求恩格斯给《人民国家报》写点东西，要求严厉地清算杜林。白拉克说他听过杜林的讲座，无非是些狂妄自大、咬牙切齿地忌妒马克思之类的内容，却在党内许多同志中影响很深，所以必须彻底收拾他。

恩格斯意识到了问题的严重性，他对马克思说：是认真考虑我们对待这些先生的态度的时候了。马克思深以为然，特致信恩格斯：

> 我的意见是这样的："我们对待这些先生的态度"只能通过对杜林的彻底批判表现出来。他显然在崇拜他的那些舞弄文墨的不学无术的钻营之徒中间进行了煽动，以便阻挠这种批判；他们那一方面把希望寄托在他们所熟知的、李卜克内西的软弱性上。李卜克内西就应该（这一点必须告诉他）向这

些喽啰们说清楚：他不止一次地要求这种批判；多年来（因为事情是从我第一次自卡尔斯巴德回来时开始的），我们把这看作是次要的工作，没有接受下来。正如他所知道的和他给我们的信件所证明的那样，只是在他多次寄来各种无知之徒的信件，使我们注意到那些平庸思想在党内传播的危险性的时候，我们才感到这件事情的重要性。

在德国友人的请求和马克思的劝说下，恩格斯下决心放下手里的其他工作，集中一段时间好好来啃一下杜林这枚酸果。

恩格斯气愤地说，别以为杜林对马克思进行了卑鄙的人身攻击，我们就奈何他不得。倘若有人硬要把我们讥笑杜林在理论上的无稽之谈看作是对他的人身攻击进行报复，仿佛杜林愈蛮横无理，我们就愈应该温顺谦让，那就由他去吧。

根据恩格斯最初的设想，批判将从客观分析杜林的体系入手。一开始，似乎只是纯客观地、认认真真地对待杜林那些胡说。然后，随着对他的荒谬和庸俗的揭露越来越深入，批判就变得越来越尖锐。最后，给他一顿密如冰雹的打击。

从1876年5月至1878年7月，恩格斯花了两年时间，把上述写作计划付诸实施，完成了一部伟大的马克思主义经典著作《反杜林论》。

这部论战性著作之所以同时也成为一部全面阐述马克思主义基本内容的理论著作，是由批判对象决定的。正如恩格斯自己所说，杜林的"新社会主义理论"是这样一种果子，只要一开始啃它，就不能不把它啃完。这个果子不仅很酸，而且很大，它是以某种新哲学体系的最终实际成果的形式出现的。因此，必须联系这个体系来研究这一理论，从而研究这一体系本身；必须跟着杜林先生进入一个广阔的领域，在这个领域中，他谈到了所有各种东西。

对象本身的性质，使得批判者在批判所涉及的各种极其不同的领域中，有可能正面地发挥自己对争论问题的见解。于是，消极的批判成了积极的批判，论战成了马克思主义的辩证方法和共产主义世界观的比较连贯的阐述。

《反杜林论》最初是以系列论文的形式，在1877年1月至1878年7月的《前进报》上陆续发表的。

# 恩格斯传

"啃酸果"——写作《反杜林论》(木刻)(许钦松 作)

在长达一年半的连载时间里，围绕是否发表恩格斯的文章问题，德国党内的马克思主义者和杜林主义者展开了激烈的斗争。马克思主义者认为，恩格斯的文章是科学的，也是有现实针对性的，对统一党员思想、澄清模糊认识有着极为重要的意义，党中央的机关报有责任发表这样的文章。杜林主义者则声称，恩格斯的文章用词粗暴、内容偏激，是对人的健全理智的谋杀，丝毫不能引起大多数读者的兴趣，反而引起了极大的愤慨，发表这类文章是《前进报》的错误。

在这场斗争中，一向"软弱"的李卜克内西表现出了空前的勇气。要不是由于他理直气壮地坚持，这组文章能否全部发表就是一个问题了。在马克思、恩格斯的著作史上，并不是没有过这样的先例。

恩格斯本人也随时关注着这场斗争的进展情况，必要时还亲自出马，驳斥杜林主义者的行径。1877年1月9日，恩格斯在给李卜克内西寄第一编的结尾部分时，附了一封信，信中义正辞严地写道：

> 如果他们埋怨我的语调，那么，我希望你不要忘记反驳他们，向他们指出杜林先生对待马克思和他的其他先驱者的语调，而且特别要指出，我是在论证，而且是详细地论证，而杜林却简直是歪曲和辱骂自己的先驱者。他们要这样做，那我保证，他们必定会得到应有的惩罚。

## 第五章 自由的老战士

在马克思主义者的努力下,连载终于坚持下来了。但从第二编起,不直接刊登在《前进报》上,只是在前进报学术副刊上发表。1877年5月哥达代表大会前后,连载还间断了两个半月,不难看出马克思主义者与杜林主义者之间的激烈较量。

作为一部百科全书式的著作,《反杜林论》内容极其丰富。全书共分为三编:

第一编以《欧根·杜林先生在哲学中实行的变革》为题,用占全书将近一半的篇幅,批判了杜林的唯心主义和形而上学的世界观,系统阐述了马克思主义哲学。这些内容陆续发表于1877年1月至5月的《前进报》,其中包括后来第一次出版该书单行本时抽出来作为整个三编引论的第一、二两章。

第二编以《欧根·杜林先生在政治经济学中实行的变革》为题,通过对杜林的若干庸俗经济学观点进行深入批判,捍卫和发展了马克思在《哲学的贫困》《政治经济学批判》《资本论》等著作中提出的经济学理论。其中,恩格斯着重论述了政治经济学的研究对象和方法,分析了经济与政治的辩证关系,阐明了劳动价值论和剩余价值论。这些内容发表于1877年7月至12月《前进报》学术副刊,后改名为《副刊》。

第三编以《欧根·杜林先生在社会主义中实行的变革》为题,主要分析了社会主义从空想到科学的历史进程和理论发展,揭示了资本主义社会必然为共产主义社会所代替的客观规律,并以非凡的科学洞察力描绘了共产主义制度的轮廓。这些内容发表于1878年5月至7月的《前进报》副刊。

与此同时,各编还陆续出版了单行本。后来,恩格斯又把三编汇集成一册,加写了序言,出版了名为《欧根·杜林先生在科学中实行的变革。哲学·政治经济学·社会主义》的单行本。恩格斯之所以如此命名,是因为杜林1865年出版了一本吹捧庸俗经济学家凯里的书,名为《凯里在国民经济学说和社会科学中实行的变革》,恩格斯便讽刺性地套用了这个书名。

以《反杜林论》的名称载入史册的《欧根·杜林先生在科学中实行的变革》一书,首先是一部哲学著作。它第一次比较系统地阐述了马克思主义世界观的整个体系,分析了构成这个体系的三个组成部分(辩证唯物主义和历史唯物主义,政治经济学,科学社会主义)之间的内在逻辑联系,论证了无产阶级的世界历史使命及其在整个体系中所占的地位。

《反杜林论》的发表，从理论上彻底摧毁了杜林的唯心主义先验论体系，肃清了杜林对德国工人政党的轰动一时的影响，客观上可以帮助各国马克思主义者战胜各种小资产阶级社会主义流派。同时，书中比较系统地阐述了马克思、恩格斯的思想和学说，使马克思主义第一次成为包括哲学、政治经济学、社会主义理论、无产阶级阶级斗争的战略和策略在内的国际工人运动的完整的世界观。

各国无产阶级得到了一本真正的马克思主义知识的百科全书，《反杜林论》成为每个觉悟工人必读的书籍。

这部著作起因于"收拾无聊的杜林"，终结于"辩证方法和共产主义世界观的比较连贯的阐述"，固然是当时国际工人运动首先是德国工人运动迫切的理论需要，无疑也是马克思主义自身发展的必然结果。

19世纪40年代以来，马克思主义大体经历了三个主要发展阶段：1842年至1848年的形成阶段，1848年至1867年的充实发展阶段，1868年以后的系统总结阶段。

由于《反杜林论》是第一部比较连贯地阐述马克思主义科学体系的著作，正如恩格斯为《资本论》倾注了满腔心血一样，马克思也把《反杜林论》视为他和恩格斯的共同事业，自始至终关注着著作的进展情况，并亲自参与了部分章节的写作。

恩格斯在1885年9月23日为《反杜林论》第二版所写的序言中有这样一段话，清楚地表明了这部马克思主义百科全书是两位伟大朋友的共同劳动成果：

> 顺便指出：本书所阐述的世界观，绝大部分是由马克思所确立和阐发的，而只有极小的部分是属于我的，所以，我的这部著作如果没有他的同意就不会完成，这在我们相互之间是不言而喻的。在付印之前，我曾把全部原稿念给他听，而且经济学那一编的第十章（《〈批判史〉论述》）就是由马克思写的，只是由于外部的原因，我才不得不很遗憾地把它稍加缩短。在各种专业上互相帮助，这早就成了我们的习惯。

第五章 自由的老战士

# 研究自然辩证法

从曼彻斯特迁居伦敦之后，恩格斯准备集中精力从事自然科学方法论的研究。虽然由于投身巴黎公社革命，反对巴枯宁主义，特别是与杜林的论战，占用了恩格斯的很大一部分精力和时间，但他并没有因此而放弃自己的研究计划。

之所以要系统研究自然科学，恩格斯是这样考虑的：

> 马克思和我，可以说是从德国唯心主义哲学中拯救了自觉的辩证法并且把它转为唯物主义的自然观和历史观的唯一的人。可是要确立辩证的同时又是唯物主义的自然观，需要具备数学和自然科学的知识。马克思是精通数学的，可是对于自然科学，我们只能作零星的、时停时续的、片断的研究。因此，当我退出商界并移居伦敦，从而获得了研究时间的时候，我尽可能地使自己在数学和自然科学方面来一个彻底的——像李比希所说的——"脱毛"，八年当中，我把大部分时间用在这上面。

恩格斯在这里说的"八年当中"，大约是指 1873 年至 1876 年和 1878 年至 1883 年这两段时间。

1873 年前后，恩格斯在肖莱马及马克思的支持和鼓励下，决定写一部关于自然辩证法的巨著，并开始了相应的系统研究。可是，这项研究由于《反杜林论》的写作而中断了整整两年。而 1883 年马克思去世后，恩格斯又不得不再次放下手里的研究工作，把全部精力和时间都用来整理出版马克思遗留下来的经济学手稿，并独自承担起国际工人运动顾问和导师的责任。直到 1885 年至 1886 年间，他才利用余暇，在自己的笔记里加了一些补充材料。因此，计划中的著作仅仅完成了10篇论文及169段札记和片段。

不过,从恩格斯为这部著作拟订的两个计划草案和已完成的部分中,已经可以看出《自然辩证法》的主要内容、基本写作框架及其作为恩格斯最重要著作之一的理论价值和实践价值。

《自然辩证法》已完成的10篇论文构成了该书的前半部分,排序如下(括号内为写作时间):

(1)导言(1875—1876)

(2)《反杜林论》旧序。论辩证法(1875.5—1878.6)

(3)神灵世界中的自然科学(1878年初)

(4)辩证法(1879年底)

(5)运动的基本形式(1880—1881)

(6)运动的量度。——功(1880—1881)

(7)潮汐摩擦。康德和汤姆生—台特(1880—1881)

(8)热(1881.4—1882.11)

(9)电(1882)

(10)劳动在从猿到人转变过程中的作用(1876.6)

构成《自然辩证法》后半部分的是一些札记和片段,篇幅大致和已完成的论文差不多。这些原始材料经过整理,根据恩格斯的计划草案,可以把它们分为如下几类:

(1)科学历史摘要

(2)自然科学和哲学

(3)辩证法

  A:辩证法的一般问题。辩证法的基本规律

  B:辩证逻辑和认识论。关于"认识的界限"

（4）物质的运动形式。科学分类

（5）数学

（6）力学和天文学

（7）物理学

（8）化学

（9）生物学

把这 9 部分札记和片段与前面 10 篇论文的标题对照，可以发现，它们是相互对应的。

第一篇论文相当于札记的第一部分；

第二篇和第三篇论文相当于札记的第二部分；

第四篇论文相当于札记的第三部分；

第五篇论文相当于札记的第四部分；

第六篇和第七篇论文相当于札记的第六部分；

第八篇和第九篇论文相当于札记的第七部分；

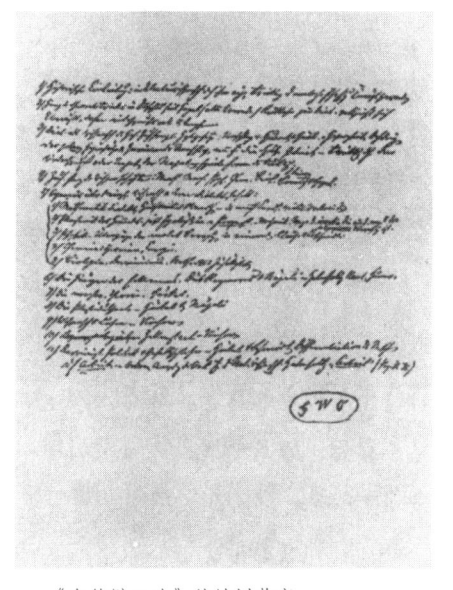

《自然辩证法》的计划草案

只有第十篇论文，在札记中没有和它相当的部分。

论文和札记都是按主题分类的原则排列的，先是研究比较一般的问题，然后是说明比较特殊的问题，部分与部分之间大致遵循如下逻辑顺序：

历史的导言

唯物辩证法的一般问题

科学分类

各门科学的辩证内容

# 恩格斯传

具体自然现象的方法论

向社会科学过渡

上述内容无疑构成了一个异常庞大的写作计划。这个计划之所以如此庞大，是由研究课题本身所要达到的目的决定的。恩格斯写作《自然辩证法》的基本目的在于，根据充分的自然科学事实来说明辩证法规律在自然界如同在人类社会和思维领域一样，是普遍存在的，并由此出发把科学的自然观系统地表述出来，从而完成自然观方面的根本变革。

计划中的《自然辩证法》，是一部能够直接同《资本论》衔接起来的著作。它不仅要揭示自然界本身的辩证发展过程，而且还要揭示自然界发展的客观过程怎样有规律地超出自然界范围，辩证地过渡到人类社会历史领域中去，从而在哲学层面上把自然科学与社会科学有机地结合起来。

在已完成的10篇论文中，有两篇是在与杜林论战前写作的，即第一篇《导言》和第十篇《劳动在从猿到人转变过程中的作用》。这两篇论文在整个著作中具有举足轻重的意义：前者作为一个总纲，写得从容而完整，集中反映了全书的基本思想；后者是从自然科学引申出社会科学的一个范例，体现了自然科学与社会科学的统一，并在自然哲学与历史哲学之间架设了一道桥梁。

在其他8篇论文中，恩格斯具体阐述了自然辩证法的基本规律、辩证思维与辩证逻辑、自然科学的分类及其辩证联系、如何运用自然辩证法解决自然科学中的疑难问题、依据自然辩证法指明自然科学的发展方向等重大理论问题。

恩格斯生前，《自然辩证法》的所有材料都没有发表过。当然，其中的一些基本思想，恩格斯已经在他19世纪八九十年代发表的其他作品里予以阐明了。

逝世前不久，恩格斯对《自然辩证法》的材料做过整理。他把有关这一著作的全部论文和札记分列为四束：

（1）辩证法和自然科学；

（2）自然研究和辩证法；

（3）自然辩证法；

（4）数学和自然科学——不同的东西。

恩格斯去世以后，《新时代》杂志1896年发表了《劳动在从猿到人转变过程中的作用》一文，《世界新历画报》年鉴1898年发表了《神灵世界中的自然科学》一文。

1925年，苏共中央马克思恩格斯研究院以德、俄双语本的形式，第一次出版了《自然辩证法》全部初稿，包括两个计划草案、10篇论文和169段札记片段。

# 《非常法》颁布以后

1878年秋天，愁云惨淡。

正当恩格斯完成了《反杜林论》的创作，潜心转入自然辩证法的研究工作时，一件悲痛的事情发生了：十多年来与他朝夕相伴的莉希因病去世了。

老年丧妻，恩格斯面对这"可怕的不幸"，心情异常沉痛。他连续几个星期没有兴致从事任何写作活动，不得不写的回信也只是寥寥几行，显得心灰意冷，全没有了昔日的洋洋洒洒、激情奔涌。

一个月后，恩格斯才勉强克制住了悲伤情绪。可是，另一件未曾预料到的事情又从德国传来：俾斯麦政府颁布了《反社会党人非常法》。

德国社会主义工人党1875年实现统一后，力量增长很快，影响不断扩大。仅就党拥有的报纸而言，1876年达到23种，1877年夏增至41种。

这样一种发展势头，引起了俾斯麦政府的恐慌。它借口威廉一世遇刺事件，于1878年10月19日在国会中强制通过了一个非常法令《反社会民主党企图危害治安法》，史称《反社会党人非常法》或《非常法》。

《非常法》颁布后，党和所有社会主义组织都被取缔，任何集会都被禁止，

# 恩格斯传

几百名社会主义者被放逐，许多党员被解雇。遭到查禁的党报和其他进步书刊达1300余种，马克思和恩格斯的大多数著作都在其内，包括刚刚出版的《反杜林论》。俾斯麦政府向社会主义工人运动发动了总攻击。

对于德国社会民主党人面临的严峻形势，恩格斯是从李卜克内西和其他德国友人的来信中断断续续知道的。但是，恩格斯对普鲁士警察制度的黑暗统治是有切身感受的，他完全可以想象得到德国社会主义工人运动正处于重重困难之中。

在这种情况下，恩格斯认为自己有义务给予德国同志以精神和物质上的帮助。他从伦敦向德国发出许多信件，对具体问题提出建议，鼓舞德国社会民主党人的斗志和勇气。1879年3月，恩格斯满怀信心地写道，俾斯麦在自己加速自己的溃败，要想靠封住社会党人的嘴巴来消灭社会主义运动是不可能的。相反，《非常法》将完成对德国工人的革命教育。

但是，弥漫着机会主义情绪的德国社会主义工人党领导层，在《非常法》颁布初期却未能采取正确的立场并给党员群众指出正确的方向，而是出现了一股取消主义风。

还在帝国国会讨论《非常法》草案的过程中，主持党务的汉堡中央选举委员会就宣布解散，并号召地方党组织自行解散。

在突如其来的打击面前，党的左翼领导人倍倍尔、李卜克内西等也表现出对

奥古斯特·倍倍尔（1840—1913）　　威廉·李卜克内西（1826—1900）

右倾机会主义采取调和主义态度的倾向。1879年3月17日，李卜克内西在帝国国会就柏林及其郊区实行所谓小戒严的问题发表演说。他在演说中声称，社会主义工人党将遵守《非常法》，因为这个党是毫不含糊的改良党。

恩格斯对李卜克内西的演说提出了严厉的批评，并指出新的更加坚决的斗争阶段已经开始，社会党人应当作好充分准备：

> 李卜克内西在帝国国会中所表现的不适时的温顺，在欧洲罗曼语区显然产生了很不好的影响，而且在各个地方的德国人中间也造成了很不愉快的印象。我们当时就在信中指出了这一点。像过去那样舒服而悠闲地进行宣传，偶尔坐上六个星期到六个月的牢，这种情况在德国已经一去不复返了。不管现在的状态如何结束，新的运动正在一个或多或少革命的基础上开始，因此它应当比已经过去的运动第一阶段坚决得多。和平达到目的的说法，或者是再没有必要了，或者是毕竟不再被人们认真地看待了。俾斯麦使这种说法遭到破产，并使运动走上革命的轨道，他为我们做了一件大好事，这绰绰有余地补偿了由于宣传工作受到压制而造成的一点点损失。

恩格斯进一步指出，在帝国国会中的这种温顺态度，使那些善于玩弄革命空谈的英雄们现在又趾高气扬起来，他们企图通过内讧和阴谋来瓦解党。

的确，一方面是右倾机会主义的蔓延，另一方面，宗派主义和无政府主义的倾向又抬头了。巴枯宁主义者同时也是杜林信徒的约翰·莫斯特，就是这种倾向的代表。

1878年底，莫斯特跟其他社会民主党人一起被驱逐出柏林后，来到伦敦，创办了《自由》周报，进行无政府主义鼓动。他反对党的任何形式的合法行动，如参加选举、利用国会讲坛等，号召采取恐怖手段，跟当局进行公开的冲突。

针对莫斯特的冒险宣传，恩格斯在1879年至1880年间多次给德国党的领导人写信，要他们警惕"左"的危险。他在信中指出，莫斯特的革命空谈同真正的革命运动毫无共同之处，这个有着"幼稚到极点的虚荣心"的冒险家，出于一种

## 恩格斯传

要干一番事业的莫名其妙的渴望,是不会安静的,但是他又根本不能把任何事情进行到底。《自由》周报拼命想成为世界上最革命的报刊,但是,光在每一行字里重复"革命"这个词是做不到这一点的。

国内对革命报刊的取缔,国外如莫斯特的《自由》周报之类机会主义报刊的出笼,迫切要求党有一份能宣传自己正确主张的报刊,以统一党的思想,指导党的行动。

1879年7月至9月,马克思、恩格斯同德国社会主义工人党领导人进行了频繁的通信,商议在苏黎世出版一份《社会民主党人报》。

在通信过程中,恩格斯了解到,由于赫希伯格提供了办报经费,党的领导层同意在莱比锡设立的编辑委员会之外,再在苏黎世成立一个由赫希伯格、施拉姆和伯恩施坦组成的监督委员会或行政委员会。

恩格斯对此大为恼火,立即写信给倍倍尔,指出赫希伯格毫无政治立场,充其量是社会博爱主义者,根本算不上社会民主党人,而伯恩施坦和施拉姆在前不久还表现出了对杜林的热烈崇拜。让这样的人来"监督"党的机关报,势必要把报纸办成冒充党的机关报的赫希伯格先生的私人报纸,办成讲坛社会主义者的尾巴,党的分裂和组织瓦解将不可避免。

恩格斯的估计果然没错,1879年9月,这三位"和平博爱主义者"联名发表了一篇题为《德国社会主义运动的回顾》的文章,提出了一整套右倾机会主义的谬论。说什么《非常法》是由于德国社会主义工人党自己不够温和而招来的,党应放弃革命的斗争方法和斗争目的,走合法道路,只要求政府做个别的改革。并且,党同资产阶级进行斗争也是不合时宜的。相反,由于工人的文化水平普遍偏低,必须吸收资产阶级分子入党,让资产阶级知识分子担任党的领导职务。

看到这篇右倾机会主义分子的宣言书,恩格斯的愤怒之情简直难以言表。他说,"这实在太过分了",并明确告诉9月份来伦敦的赫希伯格:

> 我们连想也没有想过,我们可以抛弃我们高举了将近40年的无产阶级旗帜,更不用说去赞成我们与之斗争了也将近40年的小资产阶级关于

## 第五章　自由的老战士

博爱的骗人鬼话。

1879年9月17日至18日，恩格斯给倍倍尔、李卜克内西、白拉克等德国社会主义工人党领导人写了一封通告信，全面批驳了"苏黎世三人团"的错误言论。在与刚刚从兰兹格特休养回来的马克思讨论修改后，恩格斯随即把通告信以两人共同的名义发往莱比锡。

在马克思、恩格斯的帮助下，倍倍尔等人很快也从《德国社会主义运动的回顾》一文中认清了赫希伯格等人的思想实质。倍倍尔给恩格斯写信说："我阅读它后，理解了你的愤慨。除了原则上的错误，这也是一篇我未见过的迂腐作品。"白拉克更是直截了当地指出，这样的文章简直就是破坏党的基础，威胁党的生存。他们一致同意，不吸收赫希伯格等人参与党的机关报的编辑工作。

1879年9月28日，《社会民主党人》创刊号在苏黎世出版，福尔马尔被任命为主编，倍倍尔、李卜克内西、弗里茨舍担任编辑委员。这样，党的机关报终于克服了"苏黎世三人团"的影响。但是，主编人选并不十分恰当，福尔马尔也是一个动摇不定的机会主义者。他虽然致信恩格斯，答应按通告信的精神办报，但并没有始终坚持彻底的革命路线，时不时在报上刊登一些带有机会主义情绪的文章。恩格斯觉察到了这种倾向，又多次给倍倍尔写信，要他坚决纠正编辑路线，不要让机会主义分子在党的机关报上发表自己的观点。

在马克思、恩格斯的反复提醒和批评下，在广大党员群众的帮助下，德国社会主义工人党领导人逐渐找到了一整套在《非常法》条件下的正确斗争策略，《社会民主党人报》在宣传和传播这套策略方面发挥了极其重要的作用。

1880年8月20日至23日维登代表大会的召开，表明党的领导层已基本克服了《非常法》颁布初期摇摆不定的被动局面。在这次大会上，为了反对偏离革命方针的冒险主义策略，无政府主义分子莫斯特和哈赛尔曼被开除出党；为了贯彻把合法斗争和秘密斗争结合起来的方针，《哥达纲领》中关于党力求"用一切合法手段"来达到目的的条款被改成了"用一切手段"来达到目的。

正是在这种既反"左"又反右的正确路线基础上，德国社会主义工人党领导

# 恩格斯传

人和"伦敦老人"之间达成了和解。而1880年12月倍倍尔与伯恩施坦的伦敦之行，进一步加深了这种和解的程度。

倍倍尔是在恩格斯的安排下来伦敦的，主要是同马克思、恩格斯商讨撤换《社会民主党人报》主编福尔马尔的问题。伯恩施坦陪同前往，他主要是来请求德国工人运动的两位精神领袖的原谅，消除"苏黎世三人团"事件在彼此之间造成的隔阂和误会。

两人的任务都十分圆满地完成了，马克思、恩格斯极其热诚的接待了他们，大家开诚布公地交换了彼此的看法，在一系列原则性问题上达成了一致。

倍倍尔和伯恩施坦在伦敦待了一个星期。其间，恩格斯欣然充当了旅游向导，带他们游览了伦敦的名胜。60岁的恩格斯精神矍铄，生气勃勃，走起路来甚至比年轻人还快。他思想深邃却和蔼可亲，富于魅力。这一切，给倍倍尔和伯恩施坦留下了深刻而美好的印象。

已经完全为马克思、恩格斯的非凡魅力所折服的伯恩施坦，接替了福尔马尔担任了《社会民主党人报》的主编。自此以后，伯恩施坦经常与恩格斯通信，认真听取他的意见，接受他的劝告，改正他所指出的错误。

恩格斯通过影响伯恩施坦，深深地影响着《社会民主党人报》，使之沿着正确的路线发展。没过多久，该报的调子变得流利而坚定了，逐渐成为一份战斗的革命的报纸，影响迅速扩大。恩格斯从1881年12月开始给《社会民主党人报》撰稿，并在它随后存在的十多年时间里，一直充当了该报的经常撰稿人、最热心的读者和严格而善意的批评者。

在指导德国社会主义工人党如何在《非常法》的特殊形势下从事斗争的同时，恩格斯还同法国、英国、美国以及俄国的革命者保持着经常的联系。

他曾多次对朋友说，他和马克思属于德国党的程度，未必大于属于法国、美国或俄国党的程度。在19世纪70年代后半期到80年代初那段紧张的日子里，马克思、恩格斯虽然把主要注意力放在德国，但从来没有忽视过其他国家社会主义者的活动。

巴黎公社失败后，法国工人运动进入低潮，甚至一度陷于瘫痪状态，直到

19世纪70年代中期才陆续恢复起来。社会主义宣传的效果真正显示出来，则是70年代末的事了。恩格斯主要通过拉法格同法国工人运动建立联系。首先是跟茹尔·盖得及其领导的《平等报》编辑部建立了联系，通过给报纸写稿宣传科学共产主义，为1879年10月成立的年轻的法国工人党提供理论上的帮助。

1880年春，恩格斯应拉法格的请求，把《反杜林论》的引论第一章和第三编第一、二章抽出来作为一本单独的著作，以《空想社会主义和科学社会主义》为题，发表在巴黎出版的《社会主义评论》杂志上，同年又在法国出版了单行本。拉法格不止一次指出，这本小册子对法国社会主义运动的理论发展产生了极其强大的影响。

1880年5月初，盖得到伦敦请马克思、恩格斯帮助制定党的纲领草案。在这里，盖得、拉法格与马克思、恩格斯进行了多次亲切会晤，会晤通常是在恩格斯家里。马克思向盖得口述了纲领的导言式的理论部分，言简意赅地阐述了工人阶级的历史使命及工人阶级政党的任务，随后大家一起讨论了纲领的其他内容。

这份纲领草案在同年10月召开的哈佛尔党代表大会上获得多数派代表（盖得派）的通过，但遭到了改良主义者（可能派，亦称布鲁斯派）的反对。1882年9月，两派在圣亚田党代表大会上正式分裂。恩格斯旗帜鲜明地站在革命的盖得派一边，在国际社会主义运动中为他们辩护，但也适时地指出他们所犯的宗派主义错误，帮助他们在实际斗争中逐渐走向成熟。

与此同时，恩格斯还抽出时间和精力，帮助英国工人运动摆脱工联主义的绝对控制，力争使其沿着社会主义的方向发展；加强对俄国社会经济发展的考察，探讨俄国革命可能的前景及其在世界革命中的意义；关心国际工人运动中涌现出来的一批有理论水平、忠于工人阶级事业的年轻人的成长，既努力为革命培养骨干，又广泛结交忘年知己。

就这样，一方面系统研究自然辩证法，一方面悉心指导各国革命运动，恩格斯在与马克思共同相处的最后几年里，过着一种繁忙而有条不紊、辛劳而精力充沛的生活。

19世纪80年代初，恩格斯甚至还打算写作一部以古代日耳曼人历史为例证

保尔·拉法格（1842—1911）　茹尔·盖得（1845—1922）

的关于阶级社会的起源和发展的巨著。虽然这部著作最终没有完成，但他在1881年至1882年间还是写出了两本内容丰富的手稿：第一本包括日耳曼部落从它们在现代欧洲领土上出现时起到民族开始大迁徙为止的历史；第二本研究墨洛温王朝和卡罗林王朝时期，着重分析早期封建主义时代的土地关系。

如果不是由于燕妮去世和马克思病重，恩格斯不得不抽出大量时间帮助马克思一家处理日常杂务，那么，他在这段时期的工作和生活无疑会更富于成效。而1883年马克思的去世，则彻底打乱了恩格斯业已确立的工作和生活秩序。

第六章

# 马克思墓前

马克思的逝世，使国际无产阶级失去了一位最伟大的导师，恩格斯失去了一位最伟大的朋友。

此后，恩格斯根据时代的发展，继续把科学社会主义的理论和运动推向前进，并独自承担起指导国际工人运动沿着马克思和他所开创的道路前进的历史任务。

## 一份沉甸甸的悼词

1883年上半年，恩格斯整个陷入了忧虑与悲痛交织的折磨之中。从2月初开始，他便"饱受了惊恐"：马克思的病况时好时坏，刚刚稳定了没几天，又出现了新的险情，好不容易把险情控制住了，接着又是加倍的恶化，直到3月14日下午完全停止呼吸。

马克思的病突然加重，是从燕妮·马克思逝世时开始的。

1881年12月2日，燕妮在经受了一年多的肝癌病痛的折磨之后，溘然长逝了。这个打击在马克思身上产生了多大的影响，恩格斯比谁都清楚。自从燕妮1880年秋天被确诊为肝癌以来，马克思的精神就垮了，经常恍恍惚惚，对这一切，恩格斯感同身受。所以，当爱琳娜扶在母亲的灵床边痛哭不已的时候，恩格斯怀着极其沉痛的心情说:"摩尔也死了。"

处于丧母之痛的爱琳娜,对慈父般的恩格斯这句冷峻的话感到很不适应。她几乎要对"亲爱的将军"发火了,可她不得不承认恩格斯说的是事实:摩尔的生命和母亲的生命一起逝去了。

记得几天前,父亲又一次战胜了病魔,他觉得自己十分强健,便到母亲房间去。他们在一起又都年轻起来,母亲像一个热恋中的少女,父亲像一个热恋中的小伙子,他们又恢复了生命的活力,而不像一个在死亡线上挣扎的老头和一个即将被病魔夺去生命的老妇,彼此在做最后的一次话别。

这个场景栩栩如生地印在爱琳娜的脑子里。

作为父母最疼爱的小女儿,爱琳娜始终陪伴在病床前,与女佣"亲爱的老琳蘅"(琳蘅一直生活在马克思家,和马克思一家建立了亲密的友谊)一起精心地护理着父亲母亲。医生说,正是她们的护理延长了两位老人的生命。

可是,病魔还是夺走了母亲,也把父亲击倒了。摩尔又卧床不起了,连燕妮的葬礼都没能参加,他多么想最后送一送这位陪伴自己颠沛流离了半个世纪的"伟大的女性"啊。

恩格斯对燕妮的去世深感悲痛。多年来,马克思的欢乐就是他的欢乐,马克思的痛苦也是他的痛苦。可马克思已经倒下了,恩格斯不能再倒下,他必须帮助马克思一家料理各种各样的事务。

首先是燕妮的丧事,恩格斯忙前忙后,把一切安排得井井有条,还亲自写了悼词和纪念文章。在悼词和纪念文章中,恩格斯充分肯定并高度评价了"这位品德崇高的女性"的伟大自我牺牲精神和为革命事业做出的巨大贡献。他十分动情地写道:

> 如果有一位女性把使别人幸福视为自己的幸福,那么这位女性就是她;她的一生表现出了极其明确的批判智能,卓越的政治才干,充沛的精力,伟大的忘我精神;她这一生为革命运动所做的事情,是公众看不到的,在报刊上也没有记载,她所做的一切只有和她在一起生活过的人才了解。但有一点

是肯定的,我们将不止一次地为再也听不到她的大胆而合理的意见(大胆而不吹嘘、合理而不失尊严的意见)而感到遗憾。

安排完了燕妮的葬礼,最让恩格斯担忧的还是马克思日益恶化的健康状况。

必须帮助马克思从可怕的打击中恢复常态,恩格斯是这样想的,也是这样做的。他经常征询医生的意见,为马克思安排最恰当的治疗方案。医生认为,马克思的病主要是由于多年劳累所致,亲人的病逝也加重了他的病情,现在最好是能暂时离开这个环境,外出疗养一段时间。

于是,在恩格斯和其他亲友的一再要求下,马克思差不多整个1882年都在漫游式的疗养生活中度过:

1881年12月29日,在爱琳娜的陪同下,马克思前往英国南部海岸威特岛的文特诺尔待了半个多月。

随后又到阿尔及尔、蒙特卡罗、斐维等地,其间多次在巴黎附近阿尔让台他大女儿燕妮·龙格那里逗留。10月初回到伦敦,但不久又去了文特诺尔。

这一年,是恩格斯从曼彻斯特迁居伦敦后和马克思通信最频繁的一年,平均不到一个星期就有一封书信往来。恩格斯尽力想通过频繁的书信使马克思既能够随时了解工人运动中的一切最重要的事情,又可以让他摆脱一些访问者和通信者的干扰。为此,他还给德、法等国的工人运动活动家写信,请他们尽量少打扰马克思,让他真正静养一段时间。

经过一段时间的疗养,马克思的病情到1882年秋季仿佛有了好转。恩格斯高兴地告诉德国朋友:"马克思的健康正在完全恢复,如果胸膜炎不再犯,明年秋天他的身体将会比近几年以来都好。"

可惜,没有等到来年秋天,马克思又遭遇了可怕的不幸:大女儿燕妮·龙格于1883年1月11日病故。

本来,马克思已经对自己一年来"无所事事的漫游生活"感到厌倦了,对许多该干的事不能干心里十分着急。恩格斯也发现,要是再一次把他"流放"到欧洲南部去,也许对他的身体有好处,而对他的精神却有害处。

## 第六章　马克思墓前

大女儿的去世，无疑让焦急中的马克思急上加急：燕妮39岁撒手归西已够令人悲痛了，可她身后还留下了五个未成年的子女。最大的才7岁，最小的尚在襁褓之中。

听到消息的第二天，马克思从文特诺尔匆匆赶回伦敦，此时他的病情突然加重了。先是支气管炎复发，接着出现了许多并发症，尤其是肺脓肿加剧，体力异常迅速地衰竭。当然，病情又一次很快得到了控制，甚至出现了好转的迹象。

3月9日晚上，主治医生甚至说，病人由于吞咽有困难，身体仍很虚弱，但肺脓肿正日趋好转，如果还能坚持两个月，进食逐渐顺利，体力逐渐增强，完全有希望恢复健康。并且，仿佛是印证医生的话似的，马克思的胃口从那时起就真的要好一些了。恩格斯高兴极了，连忙往巴黎写信，把这个好消息告诉马克思的二女儿劳拉·拉法格。

然而，这是一种假象。1883年3月14日那个注定的时刻，终于还是来了。

这天下午两点半钟，恩格斯照例来到马克思家里探视老朋友。几个星期以来，每当走到拐角的地方时，恩格斯总是怀着极度恐惧的心情看看窗帘是不是放下来了。今天似乎也没有什么异样，可当他进入家门，发现全家人都在掉泪，心一下就揪紧了。

恩格斯连忙打听情况，原来是摩尔出现了少量出血的状况，导致体力进一步衰竭。他安慰了大家，随老琳蘅一同上楼去看望马克思。

仅仅两分钟前，老琳蘅还在这里，马克思还半睡着，静静地躺在安乐椅上，呼吸微弱而平稳。可现在，"他躺在那里睡着了，但是已经长眠不醒了。脉搏和呼吸都已停止。在两分钟之内，他就安详地、毫无痛苦地与世长辞了"。

马克思的逝世，对恩格斯的沉重打击不是用言语所能形容的。朋友们成群结队到恩格斯家里度周末的美好时光仿佛突然结束了，大家偶有相聚也多是默默无语。瑞琴特公园路122号的星期日聚会，直到19世纪80年代后半期才真正恢复。

恩格斯的悲痛之情可想而知。对马克思、恩格斯的友谊有着深刻理解的乔治·哈尼在3月17日致信恩格斯，信中写道：

你的损失绝不是一般的损失,也不是一种家庭的损失。你对他的友谊和忠诚,他对你的友爱和信赖,使得卡尔·马克思和弗里德里希·恩格斯之间的兄弟般的关系超过了我所知道的其他人的任何一种关系。你们(两人)之间的友情"胜过对女人的爱",这一点是不容置疑的。我找不出适当的语言来表达我在获悉你失去挚友时的悲痛情感,以及我对你的悲哀的深切同情。

恩格斯收到了许多这样的信,他其实也同哈尼一样,找不出适当的言语来表达自己此时此刻的心情。让他略感欣慰的是,从这些来信来电中,可以感受到世界各地无数有觉悟的工人正一同分担着他的悲痛。

尽管处于极度的悲伤之中,但恩格斯毕竟是一位不屈不挠的战士,他深知自己肩上的担子还很重。

在马克思逝世后的两天里,他向龙格、伯恩施坦、李卜克内西、贝克尔、左尔格、列斯纳等各国工人运动活动家发出了多封电报和书信,通告马克思逝世的消息。由于这些信件是在马克思逝世当天或次日写的,最能反映恩格斯当时的心情和想法。其中,对马克思的评价,对他死亡的看法,以及对国际工人运动的认识,都出自猛然间的真情实感。这里不妨摘录几段,让我们共同体验恩格斯那颗伟大的心——伤心、决心和信心。

1883年3月14日致爱德华·伯恩施坦:

事情来得太突然了。本来大有希望,但是今天早晨体力突然衰竭,接着就完全入睡了。在两分钟之内这个天才的头脑就停止了思想,而这正是发生在医生们给了我们最大的希望的时候。这个人在理论方面,而且在一切紧要关头也在实践方面,对我们究竟有多么大的意义,这只有同他经常在一起的人才能想象得出。他的广阔的眼界将同他一起长久地从舞台上消逝。这种眼界是我们其余的人所达不到的。运动必将沿着自己的道路发展下去,但是已经缺少那种沉着的、及时的、深思熟虑的指导了,这种指导到现在为止曾多次使它避免在歧路上长期徘徊。

## 第六章 马克思墓前

1883 年 3 月 14 日致威廉·李卜克内西：

虽然今天晚上我看到他仰卧在床上，面孔也永远不动了，但是我仍然不能想象，这个天才的头脑不再用他那强有力的思想来哺育两个半球的无产阶级运动了。我们之所以有今天，都应归功于他；现代运动当前所取得的一切成就，都应归功于他的理论的和实践的活动；没有他，我们至今还会在黑暗中徘徊。

1883 年 3 月 15 日致约翰·菲力浦·贝克尔：

去年秋天你还见到了马克思，你应该感到高兴。今后你再也见不到他了。昨天下午二时四十五分，让他一个人留在房里总共不过两分钟，我们发现他已在安乐椅上安详地长眠了。我们党的最伟大的头脑停止了思想，我生平所知道的一颗最强有力的心停止了跳动。可能是发生了内出血。

现在，我们两人差不多是 1848 年以前的老近卫军中最后的两个人了。这又有什么关系，我们一定要坚守岗位。子弹呼啸着，朋友们倒下去，但这些对我们两人来说是屡见不鲜的。如果我们当中有谁被子弹打中，那也没有什么关系，只是要击中要害，别让我们长时间受折磨。

1883 年 3 月 15 日致弗里德里希·阿道夫·左尔格：

由于自然的必然性而发生的一切事情，不管多么可怕，它们自身都包含着一种安慰。这一次情况也是一样。医术或许还能保证他勉强拖几年，无能为力地活着，不是很快地死去，而是慢慢地死去，以此来证明医术的胜利。但是，这是我们的马克思绝不能忍受的。眼前摆着许多未完成的工作，受着想要完成它们而又不能做到的唐达鲁士式的痛苦，这样活着，对他来说，比安然地死去还要痛苦一千倍。他常常喜欢引用伊壁鸠鲁的话："死不是死者的不幸，而是生者的不幸。"不能眼看着这个伟大的天才像废人一样勉强活着，去给医学增光，去受他健壮时经常予以痛击的庸人们嘲笑，——不能那样，现在的情况要比那样好一千倍，我们后天把他送到他夫人安息的墓地去，这要比那样好一千倍。

根据过去发生的、连医生也不如我了解得清楚的情况来看，我认为只有这一条出路。

尽管这样，人类却失去了一个头脑，而且是它在当代所拥有的最重要的一个头脑。无产阶级运动在沿着自己的道路继续前进，但是，法国人、俄国人、美国人、德国人在紧要关头都自然地去请教的中心点没有了，他们过去每次都从这里得到只有天才和造诣极深的人才能作出的明确而无可反驳的忠告。那些土名人和小天才（如果不说他们是骗子的话），现在可以为所欲为了。最后的胜利依然是确定无疑的，但是迂回曲折的道路，暂时的和局部的迷误——虽然这也是难免的，现在将会比以前多得多了。不过我们一定要克服这些障碍，否则，我们活着干什么呢？我们决不会因此丧失勇气。

伦敦海格特公墓中的马克思墓

三天后，马克思的葬礼在伦敦的海格特公墓举行。

参加葬礼的人不多，但他们代表了各国有觉悟的工人阶级。除恩格斯、肖莱马、列斯纳等老朋友以外，德国社会主义工人党派来了李卜克内西，法国工人党派来了拉法格和龙格，俄国、美国、西班牙、荷兰、瑞士以及其他国家的社会主义者寄来了挽词，发来了唁电，送来了花圈。

马克思被安葬在一年多以前安葬他夫人燕妮的同一墓冢，恩格斯向亡友最

## 第六章 马克思墓前

后一次敬礼并致了悼词。

这是一份沉甸甸的悼词，它凝结着马克思对人类世界的巨大贡献，凝结着恩格斯对马克思伟大人生的深刻理解，也凝结着这两位历史伟人终身不渝的战斗友谊。

恩格斯开始了平生倾注最大心血的一场演说，他那低沉的富有感染力的声音，仿佛拍岸的惊涛，撞击着参加葬礼的每一个人的心灵：

> 3月14日下午两点三刻，当代最伟大的思想家停止思想了。让他一个人留在房里总共不过两分钟，等我们再进去的时候，便发现他在安乐椅上安静地睡着了——但已经是永远地睡着了……

在这篇有名的悼词中，恩格斯十分肯定地预言道，马克思的逝世，对于欧美战斗着的无产阶级，对于历史科学，都将是不可估量的损失。这位巨人逝世以后所形成的空白，在不久将来就会使人感觉到。

送别了亲爱的战友，恩格斯感到自己肩上的担子分外沉重。正如三天前他在给伯恩施坦的信中所说，运动还将沿着自己的道路发展下去，可已经无法再得到马克思那及时而深思熟虑的指导了。而除了恩格斯，再也没有别人能够接过这根沉重的接力棒，继续向前冲刺。

当时，一些党内老同志考虑到马克思去世后恩格斯在伦敦十分孤独，曾经建

墓前演说（铜版画）（曹剑峰 作）

议他迁居德国、瑞士或欧洲大陆其他什么地方，要不然就到美国去和左尔格在一起。恩格斯经过慎重考虑，觉得自己还是不离开伦敦为好：

一方面，他必须把多年来各国工人运动在马克思书房里聚集起来的联系继续保持下去。

另一方面，只有在英国，才既没有被驱逐出境的危险，又不必为实际的鼓动工作花去很多的时间，可以潜心地从事理论研究。

这并不是说恩格斯打算从此远离现实的运动，他只是觉得应该有个必要的分工。他对奉劝他迁居的倍倍尔说：

在实际鼓动工作方面，我不会比别的任何人做得更多，然而在理论工作方面，直到现在我还没有看到有谁能够代替我和马克思。……我已经63岁，本身的工作多极了，要用一年时间整理《资本论》第二卷，还要用一年时间写马克思的传记，此外还要写1843至1863年间的德国社会主义运动史和国际史（1864—1872）。在这种情况下，除非我简直发了疯，才会拿自己这里的安静处所去换那样的地方，在那里必须参加集会和报纸上的论战，而仅仅由于这一点就必然会失去清晰的眼光。

当然，恩格斯接着又说道：

要是像1848年或1849年那样的时代再次到来，一旦需要，我会重新骑马上阵。

恩格斯留下来了，继续留在伦敦从事他和马克思未竟的事业。马克思的女仆和忠实的朋友琳蘅答应给恩格斯料理家务，使他有足够的时间投入到理论工作中去。

恩格斯毫不犹豫地认为，当务之急是整理马克思浩瀚的遗稿，特别是要把《资本论》第二卷整理出来发表。他曾经给马克思的二女儿劳拉去信说，我们都在努力以应有的方式使摩尔永世长存，而这将由而且应该由发表他的遗著开始。

恩格斯毅然中断了自己研究自然辩证法的庞大计划。其他方面的写作，如德国史和爱尔兰史等，也被搁置一旁。从1883年4月中旬起，他整天都到马克思家去，在爱琳娜和琳蘅的协助下，把马克思的稿件进行初步的搜寻和分类。这项工作的繁杂和枯燥是不难想象的。1883年5月22日，爱琳娜在给姐姐劳拉的信中不无抱怨地写道："这种清理稿件的工作是很艰巨的，我简直不知道怎样做才好。"

马克思去世后的恩格斯（1888年摄于伦敦）

整整忙了一年，才勉强理出个头绪。可还有许多人的来信都混在一起，同一封信有时也东一页西一页地分散在不同的包裹里。恩格斯只是把一些最重要的稿件做了较完整的清理。为了完成头绪纷繁的工作，恩格斯自马克思逝世时起就实行了一套严格的作息制度，按计划工作。他要处理大量的通信，接待大量的来访，还要调解劳拉和爱琳娜在继承父亲著作和手稿问题上的争执。可这一切，都没有妨碍他始终把辨认、校审和整理《资本论》手稿的工作放在首位。

## 完成《资本论》

马克思临终前，当确信自己已经没有任何康复的希望时，他把《资本论》第二卷和第三卷未完成的零星手稿交给小女儿爱琳娜，有些无可奈何地说，等他死后，把这些手稿都交给恩格斯吧，或许他能从中做出点什么。"

《资本论》迄今仍不能说是一部最终完成了的著作，但前三卷毕竟构成了一个整体，对"资本一般"的论述是成体系的。但马克思生前只出版了第一卷，第二卷和第三卷由恩格斯整理出版。因此，这个伟大的理论体系是在恩格斯手里完成的。

正如后来列宁在纪念恩格斯逝世时所说的，恩格斯出版了《资本论》第二卷和第三卷，这是替他的天才的朋友建立的一座庄严宏伟的纪念碑。而在这座纪念碑上，他无意中也把自己的名字不可磨灭地铭刻上去了。于是，《资本论》实际上就成了马克思和恩格斯两人的著作。除此之外，恩格斯作为《资本论》这项浩繁工程的完成者，还包括两个重要方面：一是出版第一卷新版，一是安排整理第四卷。

早在1881年冬天，汉堡出版商奥托·卡尔·迈斯纳就提议出版《资本论》第一卷的德文修订版（第三版）。但是，由于当时燕妮刚刚去世，马克思本人健康状况恶化，再加上他想尽快完成第二卷，把它献给自己的亡妻，于是出第一卷新版的计划只好推迟。

马克思去世不久，恩格斯在清理遗物时发现了一个准备在第三版用的《资本论》第一卷的德文本。其中有些地方已做了改动，有些地方则标明应按照法文版的某章某节进行修改。接着，他又发现一个法文本，其中对新的德文版需要采用的地方做了标记和说明。根据这些提示，恩格斯对第一卷进行了若干加工，于1883年底在汉堡出版了德文第三版。

总的看来，这一版和第二版相比，改动的地方不多，主要偏重于文体方面。至于论点的表述、材料的补充，凡是马克思没有明确标出的地方，恩格斯一概未动。如他自己所说，第三版所做的改动，仅限于绝对必要的限度。

过了五六年之后，《资本论》的传播已经很广了，但第一卷的三个母语版本都存在这样那样的错误或遗憾，存在若干细微的不十分准确的地方。比如，页码有错误，这些错误部分是从旧稿抄写时留下的错误，部分是三次重版排印上积累下来的错误；引号和省略号位置有错误，这是因为要从笔记摘录中抄写大量引语，难免出现某个环节的失误；还有少数用字不十分妥帖的翻译，个别引语是从马克思1843年至1845年在巴黎写下的旧稿本抄录下来的，那时他还不懂英文，必须从法文译本读英国经济学家的著作。

鉴于此，恩格斯觉得有必要为《资本论》第一卷出一种规范的版本，把正文和注释都尽可能地最后确定下来。于是，恩格斯从1889年9月起，花了将近两年时间，投入了《资本论》德文新版的修订工作。

他除了认真校改前几版印刷上的错误外，又再次参考法文本和马克思的笔记补充了一些内容，并根据业已发展或变化了的现实情况加写了一些说明性的注释，其中有的注释长达数页。他还根据最新出版的英文本（穆尔、艾威林合译，1887年1月伦敦出版），全面改订了书中的英语引文，这些引文在英文本出版以前是经过爱琳娜逐字逐句核对过原文的。

1890年下半年，凝聚着恩格斯辛勤劳动的《资本论》第一卷德文第四版终于出版了。这是马克思、恩格斯亲自出版的最后一个版本，也是最完善的一个版本。以后世界各国在出版《资本论》时，第一卷都是按照这个版本进行重印和翻译的。

出版第一卷新版本的工作是与整理出版第二卷和第三卷的工作同时展开的。

马克思逝世前后，曾流传着一种谣言：马克思之所以迟迟没有出版《资本论》第二卷，是因为根本就没有什么第二卷，他已经写不出比第一卷更多的东西了，所谓即将出版第二卷的说法无非是马克思借以回避跟批评者进行科学论战的"狡猾诡计"，因为不少批评者指出，第一卷中阐述的价值和剩余价值理论是极其抽象的，并未说明资本主义生产方式的实际关系，马克思如果拿不出有说服力的续卷来，他的《资本论》是没有多大价值的。

这个谣言虽然是反马克思主义者的捏造，却也引起了不少老朋友的疑虑和担忧，谁也不十分清楚马克思手稿的进展情况。

就在马克思逝世第三天，倍倍尔怀着焦虑的心情给恩格斯写了一封信，询问《资本论》的续卷问题。他说，现在大家都关心的焦点就是：怎样对待马克思未完成的著作《资本论》。法、德两国的报纸都报道说恩格斯将继续完成这部著

## 恩格斯传

作,大家都希望是这样,并且认为只有恩格斯一个人能够胜任这项工作。

为了完成战友临终前的嘱托,为了不辜负朋友们的期望,也为了回击敌人的攻击,恩格斯义不容辞地把整理出版《资本论》续卷的工作列为压倒一切的首要任务。

但是,面对满屋子的箱子、稿件、包裹和书籍,恩格斯只得从头开始清理。1883年3月25日,他和琳蕙发现了一个大包,里面是《资本论》的部分手稿,共有500多页;随后,他们又找到了关于"资本的流通"和"总过程的各种形式"的手稿,约有1000页。尽管恩格斯还未来得及阅读这些手稿,但他凭感觉知道,无论如何,主要的东西已经有了,只是尚不了解手稿已为出版准备到什么程度,也不知道还需为此做多大的修改和补充。

整理遗稿(素描)(潘鸿海 作)

对于这一点,很多老朋友都感到奇怪,凭他们和马克思的朝夕相处,为什么竟对马克思这部最重要的著作的进展情况不甚了了呢?恩格斯1883年8月30日在给倍倍尔回信时,是这样给朋友们解释的:

> 你问,怎么会连我也不知道该书完成的程度?很简单,要是我知道的话,就会使他日夜不得安生,直到此书写成并印出来为止。这一点,马克思比谁都知道得更清楚,但是他也知道,万不得已时(现在正是这样),手稿会由我根据他的精神出版的。

根据马克思的精神出版《资本论》的续卷,是恩格斯整理修订的基本原则。他要使续卷"既成为一部连贯的、尽可能完整的著作,又成为一部只是作者而不

## 第六章 马克思墓前

是编者的著作"。

这的确不是一件容易的事,因为留下的文稿实在太多,也太乱了,且大多数是一些零星的片段。好在《资本论》所涉及的所有理论问题,马克思都曾同恩格斯讨论过,恩格斯也曾用自己从事商业活动的实际经验为马克思的研究提供了重要启示,这些都对他整理《资本论》手稿带来了不少便利。

经过初步梳理,恩格斯打算把马克思原计划作为第二卷上下两册的内容编为第二卷和第三卷出版,然后再把马克思为完成这部巨著而写的准备性著作《剩余价值理论》作为第四卷出版。

《资本论》第二卷研究了资本的流通过程,包括资本循环、资本周转和社会资本再生产三部分,分别阐明资本运动的连续性、资本运动的速度和资本运动的条件,以进一步揭示资本主义生产关系的实质及其不可克服的深刻矛盾。这部分内容的写作基本上是从 1865 年开始的,断断续续用了 10 年左右的时间。

经过仔细搜集,恩格斯找到了马克思在不同时期写成的有关资本流通过程的 8 份手稿,即写于 1865 年至 1870 年的第Ⅰ至Ⅳ稿和写于 1877 年至 1881 年的第Ⅴ至Ⅷ稿。

恩格斯发现,这些手稿尽管内容十分深刻,形式却极欠推敲。在手稿中,已经作者彻底订正、可照原样付印的,充其量只有一册(第Ⅳ稿)。但经过后来的修改,这份最成熟的手稿也有很大一部分显得陈旧,不再适用了。

手稿的主要部分虽然实质上已经大体完成,但用语多欠洗练,不少地方还是他撰写提纲时常用的语句:有疏忽的文体,有不客气的往往显得鲁莽、谐谑的措辞和语法,有德、法两种文字的术语,甚至时不时还来上几句、几页的英文。手稿显然是按照作者头脑中随时产生的思想原样写下的。有些部分已详细推敲过了,也有一些同样重要的部分只不过写了提示;用作例解的事实材料基本上搜集全了,但几乎没有做适当的安排,更谈不上细致的整理。马克思要说的话都已经说出来了,但逻辑联系常常中断,很多地方都不完整,特别是在每章结束的地方,因急于要移到下章,往往只写下少数不连贯的句子,用跳跃性的记录来表明这里的论述还没有完全。

## 恩格斯传

再有,马克思那难以辨认的字体也成为手稿整理的一大困难。《资本论》研究的问题本就十分复杂,内容浩繁,马克思的字迹却十分潦草,其间还夹杂着许多缩写字母、英文词句、不同语言的字母拼写的词以及他自己才明白的符号。特别是后来的几份手稿,明显地留下了马克思与疾病顽强搏斗的痕迹,时断时续的叙述让人不忍卒读。

恩格斯全身心地投入了工作。首先是誊清文稿,然后根据内容重新安排结构、修改、补充正文,再进行文字的加工和润色。繁重的工作终于把恩格斯累垮了,他于1883年底旧病复发,不得不卧床休息。

为了不影响工作进度,恩格斯决定通过口授整理,聘请一位可靠的秘书帮助抄稿。经朋友推荐,他聘请了德国流亡者奥斯卡尔·艾森加尔滕。艾森加尔滕是由于出版非法刊物被俾斯麦的《非常法》驱逐出德国的。他十分乐意接受恩格斯的邀请,因为这样一方面有了一份工作,每周可以领取两个英镑的报酬,另一方面也能为党效劳。

恩格斯和艾森加尔滕每天上午10点到下午5点工作。恩格斯口授,艾森加尔滕记录并誊清。誊清稿由恩格斯再通读一遍,校改一些错误,然后寄给汉堡的出版商。

恩格斯发现,艾森加尔滕是一个开朗、勤奋的人,而且肯干,有了他的帮助,进度快多了。

1884年6月22日,恩格斯在给考茨基的信中高兴地谈到这一情况:

从复活节起,我加紧工作,往往要伏案八至十小时,这样长时间坐着,我的老毛病又有些复发,不过,这次已是

口授整理《资本论》(中国画)(姚有多 作)

慢性，不像以前那样是亚急性的。因此，除了个别情况外，又不准我坐在书桌旁了。于是，我决定采取果敢的措施：请了艾森加尔滕，向他口授手稿。自本周初起，每天从上午十点到下午五点，和他一起又紧张地工作起来，而且由于躺在沙发上，看来（蠢话——这你无法看到，只能感觉到），我在好起来，当然并不快。出乎意料，事情进行得很好。

1885年2月22日，经过将近两年的艰苦劳动，恩格斯终于完成了《资本论》第二卷的整理工作。同年7月，第二卷正式出版。

恩格斯在为该卷所写的序言中说，他只是把这些手稿尽可能逐字逐句地抄录下来，文体上仅仅改动了马克思（要是他还活着的话）自己也会改动的地方，偶尔加上几句解释性的话和承上启下的文字，稍微难一些的句子都原封不动地编入了。他所改写和插入的文句加起来还不到10个印刷页，而且只是形式上的改动。

显然，这是恩格斯的谦虚之词。他为《资本论》第二卷付出的劳动绝不只是技术上或形式上的，不论是结构的编排还是内容的增删，他的劳动都是创造性的。

正式出版的第二卷大约把马克思留下的8份手稿利用了1/3，但已经包括了马克思关于第二卷计划的全部内容。之所以做这么大的删节，并不是恩格斯不尊重马克思的劳动成果，而是由内容决定的，经过十多年断断续续写成的手稿总免不了叙述的重复。实际上，在手稿整理过程中，恩格斯一再强调，马克思的每一个字都贵似金玉，如果不是绝对必要，他决不做任何改动。

完成了第二卷的修订工作，恩格斯又马不停蹄地开始了第三卷的整理。就在第二卷修订完成的当天，他在给德国社会民主党出版社负责人海尔曼·施留特尔的信中说：

《资本论》第二册手稿的最后部分明天寄出，后天我就开始搞第三册。当我心里还放不下这件事时，我就无法认真考虑其他任何事情。

# 恩格斯传

恩格斯在整理第二卷时，已经大体涉猎了第三卷的有关文稿，他曾乐观地估计，第三卷的整理只有技术上的困难，不需要花费太多时间，几个月或一年就够了。

谁知，真正进入整理过程之后，他才发现困难要比想象的大得多，自己的身体状况（主要是视力衰退）也一日不如一日。加上别的事情的干扰，第三卷的整理时间远远不止一年，而是差不多十年，直到恩格斯临终前才得以付印。

《资本论》第三卷是"资本一般"的完成部分，它将揭示和说明资本运动过程作为整体考察时所产生的各种具体形式：产业资本、商业资本、借贷资本、农业资本，研究剩余价值在各个剥削阶级集团之间的分配，解决曾经使李嘉图学派崩溃的难题——等量资本获得等量利润不仅不会违背价值规律，而且必须在价值规律的基础上加以说明。

从1885年2月下旬着手整理，到4月下旬通读全文，恩格斯愈是钻研得深，愈是觉得第三卷的伟大，它甚至使第一卷相形见绌。恩格斯由衷地说，这个第三卷是他所读过的著作中最惊人的著作，极为遗憾的是作者未能在生前把这项工作做完，亲自出版并看到此书必定会产生的影响。要不然，在这样清楚地叙述了以后，种种流言和异议就会不攻自破了。一个人有了这么巨大的发现，完成了这么完全和彻底的科学革命，竟会让它在自己身边搁置20年之久，这简直是不可想象的。

与整理第二卷时一样，恩格斯也是先把手稿全部抄写一遍。在这项工作中，艾森加尔滕再次发挥了他积极而有效的作用。到1885年11月中旬，誊抄手稿的工作基本告一段落，恩格斯转入了真正的整理阶段。

第三卷整理起来比第二卷要困难得多。该卷除了一部最早的手稿，就没有别的什么可以利用了，而这部手稿也是极不完整的，有的章节甚至只有标题没有正文，恩格斯只好动笔补写。他还根据资本主义发展的新情况，在正文的相应地方加写了60多条附注、插入语和编者注，这既是为了使正文的说明和叙述更加完整、连贯，也是为了阐明资本主义经济生活中出现的新问题和新趋势。

不过，在对文字的加工整理方面，第三卷要比第二卷粗略多了，越到后来越是如此。这一方面是因为第二卷的文字基础要比第三卷的好，另一方面是由于恩格斯的时间和精力已不允许他做更多的这方面的工作。

马克思的手稿把第三卷分为7章，章下不再分节。恩格斯在整理过程中，以马克思的分章为基础，把全书分为7篇52章，内容比较多的章下再分节，并加上章节标题。这就使得全书结构谨严、层次清楚、重点突出，大大方便了人们的阅读和研究。

随着整理工作的全面铺开，恩格斯发现自己原先的整理计划——删除重复的段落，把空白的地方补足，对只有提示的片断进行加工，使之尽可能地接近作者原来打算写成的样子——根本就不可能实现。需要做这样大规模处理的地方实在太多了，而一旦做了这样大的处理，最后出来的著作便不再是马克思的了，那显然是与自己整理《资本论》的原则相矛盾的。

于是，他把整理工作限制在最必要的范围内：凡是内容明白的地方都保持初稿的风格；个别重复的地方也没有划去，因为在那些地方，马克思通常是从不同的角度论述同一问题，或至少是用不同的说法阐明同一问题；需要补写的地方，他也尽可能限于整理现有的材料，只做一些必不可少的补充。

1894年5月，全部手稿终于勉强整理完毕，可以付排了。《资本论》第三卷于1894年12月和1895年3月分两册出版，此时恩格斯已重病缠身，基本无法工作了。

第四卷的整理工作还没来得及正式展开，恩格斯事先做了富有预见的安排。他先是在1885年5月为第二卷写序言时谈了自己的打算：把阐述剩余价值理论的手稿，除了许多在第二卷和第三卷已经包括的部分外，单独作为《资本论》第四卷出版。1889年初，恩格斯征得爱琳娜的同意，开始指导伯恩施坦和考茨基学习辨认马克思的笔迹，并着手整理第四卷手稿。

这是一项高瞻远瞩的举措，正是这项举措保证了第四卷最终得以出版，不然，马克思那"天书"般的手稿将随着恩格斯的逝世而成为无人能解读的历史档案，考茨基于1905至1910年整理出版《剩余价值学说史》也就无从谈起了。

# 捍卫马克思的声誉

恩格斯在马克思葬礼上的那篇著名讲话中曾经指出，马克思可能有过许多敌人，但未必有一个私敌。

的确，马克思的敌人无一不是从他们的阶级立场出发，对他进行攻击和诽谤的。在马克思生前，这些攻击和诽谤完全可以置之不理，马克思可以用确凿无疑的实际成就使他们的谣言不攻自破。可在马克思死后，面对阶级敌人的无耻谰言，恩格斯就不能再保持沉默了。

为了捍卫马克思的声誉，同时也是为了捍卫马克思和他共同创立的科学共产主义学说的声誉，恩格斯必须奋起反击。这就出现了恩格斯晚年卷入的三场"风波"：引文风波、剽窃风波和续卷风波。

引文风波始于1872年德国工厂主联盟机关刊物《协和》杂志发表的一篇匿名文章：《卡尔·马克思是怎样引证的》。这篇文章的作者是德国讲坛社会主义的代表人物、资产阶级庸俗经济学家路约·布伦坦诺。他在文章中指出，马克思起草的《国际工人协会成立宣言》引用了英国财政大臣格莱斯顿1863年4月16日在英国议会所作的预算演说中的一句话：财富和实力这样令人陶醉的增长完全限于有产阶级。这句引文后来被到处转引，用以证明马克思关于资本积累必然引起贫富鸿沟加深的论断。可事实上，格莱斯顿的演说中根本没有这句话，他在演说中所说的和这句话正好相反，是马克思在形式上和实质上增添了这句话。

看到布伦坦诺的文章，马克思立即进行了反击，在《人民国家报》上发表了答辩文章。文章指出，包括那句引文在内的《国际工人协会成立宣言》最初是用英语在伦敦出版的，那可是当着英国公众之面、当着格莱斯顿的面公开发表的。它7年多来在伦敦的报刊上畅行无阻，偏偏直到现在才被柏林的德国工厂主联盟

## 第六章 马克思墓前

中的"博学之士"揭穿，这倒是一件空前的奇闻。

布伦坦诺的指责所依据的无非是英国的半官方刊物《汉萨德议会议事录》，可他不知道，"汉萨德"刊载的发言记录，都是经演讲人事后修改过的。显然，"格莱斯顿先生非常明智地从事后经过炮制的他的这篇演说中删掉了无疑会使他这位英国财政大臣声誉扫地的一句话"。也就是说，"汉萨德"没有登，并不等于格莱斯顿没有说。事实上，就在格莱斯顿发表演说的第二天，格莱斯顿自己的机关报《泰晤士报》在关于预算演说的报道中就是这样明确地引用的：

> 我应当承认，我几乎会怀着忧虑和悲痛的心情来看待财富和实力这样令人陶醉的增长，如果我相信，这种增长仅限于富裕阶级的话。这里完全没有注意到工人居民的状况。我所描述的增长完全限于有产阶级。

事情明摆着，德国工厂主联盟之所以要翻出7年半以前的一本老账来和马克思清算，不是因为别的，只是由于《资本论》一书引起了工厂主们特别大的愤恨，因为书中引用了许多官方材料来评述资本主义制度，而迄今为止还没有一个学者能从这些材料中找到一个错误。

马克思有理有据的驳斥，使布伦坦诺恼羞成怒，他很快又在《协和》杂志上发表了第二篇诋毁文章：《卡尔·马克思是怎样辩护的》，诬蔑马克思利用《人民国家报》的读者无法核实他的材料的准确性这一点，在知道或理应知道真理的情况下重述谎言，"这种做法的无耻，更超过了他的引证方式的卑鄙"。

马克思随即写了第二篇驳斥文章，仍然刊登在《人民国家报》上。在这篇长文中，马克思更加充分地引证了有关材料，详细地批驳了布伦坦诺的诽谤，并在结尾处明确表态：由于没有时间，他将从此永远停止同德国工厂主联盟的"愉快来往"。

可是，布伦坦诺并不停止这种"来往"。

在马克思发表第二篇文章之后半个月，布伦坦诺又忙不迭地在《协和》杂志上发表了《再论卡尔·马克思的特点》，攻击马克思有"顽固的撒谎癖性"，并挖苦说:"马克思先生是很愿意利用机会尽可能地远离那些会指出他的捏造的人的。"

这种拙劣的"激将法",在马克思那里没有起到任何作用。马克思既然已经说清楚了问题,便对布伦坦诺之流采取了沉默的蔑视态度,直至逝世。

马克思逝世后,关于引文的争论风波又起。

1883年11月,英国合作运动参加者、剑桥三一学院教授塞德莱·泰勒给《泰晤士报》主编写了一封信,要求报社把布伦坦诺和马克思的全部来往答辩文件从报纸的合订本中抽出来用英文重印,以便让大家看清马克思这位给我们奉送"社会复兴的新福音书"的著作家在写作方面的"正直"程度。

这封信被刊登在11月29日的《泰晤士报》上。第二天,爱琳娜给《泰晤士报》寄去了她的答辩,但报社未予刊登。接着,她又给主编写了第二封信,同时还给《每日新闻》写了信,但都如石沉大海。于是,她便把泰勒的信和自己的答辩一并发表在英国社会主义月刊《今日》1884年2月号上。

爱琳娜·马克思(1855—1898)

爱琳娜在答辩中指出,马克思和布伦坦诺之间的唯一争论点,是格莱斯顿的演说中有没有"财富和实力这样令人陶醉的增长完全限于有产阶级"这句话。事实证明是有的,布伦坦诺非要说马克思的引用是断章取义。

在答辩的结尾,爱琳娜颇为感慨地说:

在我父亲的著作里的成千上万条引文中,只有这一条,它的确切性引起了争辩。经济学教授们一再地用这一孤立的、并不怎么恰当的例子大做文章,这个事实是足以说明问题的。

## 第六章 马克思墓前

看了爱琳娜的答辩，泰勒又写了一篇反驳文章，刊登在《今日》月刊1884年3月号上。文章回避了引文本身是不是存在的问题，而说争论的焦点在于：引用这句话的目的是正确传达格莱斯顿的意思，还是歪曲他的意思。接着，泰勒旁征博引地论证马克思是如何"歪曲"这句引文的，又如何在《资本论》中荒谬地得出格莱斯顿进行"拙劣的诡辩"的结论。

爱琳娜在同一期《今日》月刊上发表了第二篇答辩，驳斥了泰勒"巧妙地"回避问题实质的论战方法，并断然指出：马克思既没有删掉任何值得一提的东西，也绝对没有"增添"任何东西，他只是把格莱斯顿在演说中确实说过、而又用某种方法从"汉萨德"的报道中抹掉的一句话重新恢复，使它不至被人遗忘。

在爱琳娜无懈可击的驳斥面前，泰勒哑口无言了。四年后，恩格斯于1890年6月在为《资本论》第一卷德文第四版作序时，回顾了这场争论的经过，宣告了德、英资产阶级学者旨在诋毁《资本论》科学性的诽谤运动的破产。恩格斯充满自豪地说：

> 大学教授们所发动的整个这场攻击，在两大国持续二十年之久，而其结果是任何人也不敢再怀疑马克思写作上的认真态度了。可以想象得到，正如布伦坦诺先生不会再相信"汉萨德"像教皇般永无谬误那样，塞德莱·泰勒先生今后也将不会再相信布伦坦诺先生笔战获胜的战报了。

布伦坦诺看到这篇序言后，岂肯善罢甘休。他本来就对20年前马克思的"沉默"耿耿于怀，现在可算是逮住机会了。

他先是在1890年11月6日的《德国周报》上发表《我和卡尔·马克思的论战》一文，接着出版了同名小册子，把《德国周报》上的文章作为小册子的序言，重弹所谓"捏造"的老调，并对马克思进行粗暴的人身攻击，企图利用马克思已不可能进行任何答辩的有利时机，给这场争论作出有利于自己的结论。

为了寻找更多的证据，布伦坦诺还把格莱斯顿本人搬出来，替自己助威。在1890年12月4日《德国周报》的一篇短评中，摘引了格莱斯顿上个月22日和28

# 恩格斯传

日写给布伦坦诺的两封信，信里说布伦坦诺在同马克思的争论中是正确的。

面对布伦坦诺咄咄逼人的进攻，恩格斯决定暂时放下手里的其他工作，立即对他进行"彻底的毫不迟疑的"清算。

1890年12月8日，恩格斯在收到李卜克内西给他寄来的《德国周报》有关格莱斯顿的短评之后回信说：把布伦坦诺交给我吧，你会感到满意的。布伦坦诺将受到比他所预料的更为厉害的斥责，耐心等着吧！

实际上，并不需要大家"耐心"地等，恩格斯五天后就拿出了答复：一篇题为《关于布伦坦诺 CONTRA 马克思问题》的论战文章。他指示考茨基必须把这篇文章尽快地在德国社会民主党的理论刊物《新时代》杂志上刊登出来，因为它事关马克思的声誉，不能有丝毫迟疑。

1891年初，恩格斯又编辑出版了《布伦坦诺 CONTRA 马克思》一书。正如该书副标题《关于所谓捏造引文问题。事情的经过和文件》所点明的那样，恩格斯在书中详尽地叙述了"引文风波"的全部经过，公布了"布伦坦诺和马克思""塞德莱·泰勒和爱琳娜·马克思""恩格斯和布伦坦诺"之间三次论战的所有相关文件，一劳永逸地结束了这场为期20年的斗争，捍卫了马克思的声誉，捍卫了《资本论》及整个科学共产主义学说的声誉。

与引文风波相比，所谓的"剽窃风波"持续的时间要短一些，影响面也没有前者大。

19世纪70年代中期，个别经济学家认为马克思的剩余价值理论是从德国经济学家洛贝尔图斯那里剽窃来的。洛贝尔图斯本人也在书信中指责马克思在《资本论》中不指明出处地大量利用了他1842年出版的《关于我国国家经济状况的认识》一书中的内容，特别是关于剩余价值的来源的内容。

马克思生前曾对"剽窃"的谣言有所耳闻，但未予理睬，认为那不过是庸俗学者们玩的又一个无聊的把戏。马克思逝世以后，谣言被广为传播，仿佛剩余价值理论由洛贝尔图斯创立已是不争的事实，或者至少是由洛贝尔图斯和马克思两人共同创立的。更为严重的是，德国社会民主党理论刊物《新时代》上也发表了有类似糊涂认识的文章。

## 第六章 马克思墓前

在这种情况下,恩格斯不得不站出来说话了。

1883年,英国改良社会主义者亨利·海德门在伦敦出版了《英国社会主义的历史基础》一书。《新时代》杂志1884年第7期发表了该书的书评,作者是年仅25岁的德国经济学家兼政治家麦克斯·席佩耳。书评对剩余价值理论的创立采取了一种含混的态度,隐约指出它起源于洛贝尔图斯,完成于马克思。

恩格斯看到《新时代》杂志上竟然出现这种观点的文章,很不满意,立刻给主编考茨基写信,说这是一件"怪事",并要考茨基尽快给他弄一本洛贝尔图斯的成名作《关于我国国家经济状况的认识》,他准备对此人"认真剖析"。信中有这样一段话:

> 《新时代》还在发生怪事,否则想必不会让聪明的席佩耳去讲什么"洛贝尔图斯——马克思的理论",以及"从洛贝尔图斯那时起才为人知道的"事情,而且这一切都没有加编者按语。德国人确实是大大降低了水平,他们至今还不理解,马克思和洛贝尔图斯的全部共同点,不过是"平均主义地应用李嘉图的理论",这一点马克思在《贫困》第49页中就讲到了,而且从1827年以来就已经是英国社会主义者的共同点!但是这还绝不是马克思下了定义并贯串整个经济科学的剩余价值。因此,英国先生们,洛贝尔图斯也是完全一样,抄袭了李嘉图的东西,根本未能在经济学上创立什么新东西;只有马克思才前进了一步,推翻了整个旧的经济学。

恩格斯于1884年10月专门写了《马克思和洛贝尔图斯》一文,发表在《新时代》杂志1885年第一期上。文章澄清了人们的糊涂认识,解剖了洛贝尔图斯的老生常谈,分析了马克思在剩余价值理论方面做出的开创性贡献。次年5月,恩格斯在为《资本论》第二卷作序时,进一步阐明了剩余价值的发现应当完全归功于马克思一个人的这个基本结论。

恩格斯对洛贝尔图斯及其信徒的有力反击,是确立马克思在经济学发展史上的地位的一个组成部分。老朋友约翰·菲力浦·贝克尔看了恩格斯集中批驳洛贝

# 恩格斯传

尔图斯的两篇文章后,由衷地说,老将军这样有根有据而又十分巧妙地从爱好虚荣的洛贝尔图斯身上拔掉他的孔雀羽毛,真让人高兴。此后,虽然仍有不少资产阶级学者不时地对马克思的学说提出诘难,但关于马克思剽窃洛贝尔图斯的说法的确很难再听到了。

"续卷风波"与"引文风波"和"剽窃风波"都不相同,完全是在马克思去世之后出现的。

1883年4月,即马克思刚刚逝世一个月,意大利经济学家、社会学家阿基尔·洛里亚在《科学·文学和艺术新文选》(罗马出版,资产阶级自由派文艺政论性刊物)上发表《卡尔·马克思》一文,对马克思的生平及其从事的社会活动、政治活动和写作活动进行全面评判。洛里亚的文章除了生平传记错误百出外,还以一种"自信"的态度伪造和歪曲了马克思的唯物主义历史观。

更有意思的是,洛里亚居然在1886年出版的《关于政治制度的经济学说》一书中宣称,唯物史观是他的发现。他还说,马克思的全部理论是建立在自觉的诡辩上的,并且马克思即便认识到了自己学说中谬误的存在,也不会在这些谬误面前停下来。有名的剩余价值论就是这样,马克思深知自己不可能解决剩余价值量取决于可变资本而利润量取决于总资本的矛盾,却仍然要求人们相信这一点:他在《资本论》续卷中一定会使这个矛盾迎刃而解。可是,人们左等右等,就是等不来《资本论》的续卷,直到马克思去世。其实,马克思根本就没有打算写《资本论》第二卷,更谈不上第三卷,他在写完漏洞百出的第一卷后,就再也写不下去了。

恩格斯用实际行动回答了洛里亚的责难:1885年整理出版《资本论》第二卷,1894年出版第三卷。在为第三卷所写的序言中,恩格斯对若干否定或歪曲《资本论》的代表人物逐一进行了剖析,其中也提到了洛里亚。恩格斯不但精辟地分析了洛里亚在经济学理论上的浅薄无知,而且辛辣地嘲讽了洛里亚的人格堕落:

极端狂妄,混不下去时又像鳗鱼一样滑掉;挨了别人的脚踢还充英雄好汉；抢占别人的研究成果；死皮赖脸地大做广告；依靠同伙的吹捧捞取声誉——在这一切方面，还有谁比得上洛里亚先生呢？

洛里亚对恩格斯整理出版《资本论》第二卷和第三卷，并在相关文章中批驳《资本论》没有续卷的谬论，自然是不肯服气的。1895年2月，他在创刊不久的意大利资产阶级自由派杂志《社会改革》上发表了一篇对《资本论》第三卷导言的答复，其中写道：

> 现在恩格斯得意洋洋地把第二卷和第三卷扔在我面前作为答复……妙极了！这两卷书使我感到这么大的愉快，我由此得到了这么多精神上的享受，以致从来没有一个胜利像今天的失败——如果这真是失败的话——这样使我觉得如此可喜。但是，这真是失败吗？马克思真的为了发表而写下这么一大堆不连贯的笔记，好让恩格斯怀着虔敬的友谊把它们编在一起吗？真的可以设想，马克思……本来希望这些文稿成为他的著作和他的体系的王冠吗？真的可以相信，马克思会发表关于平均利润率的那一章吗，在这一章里，好多年前就答应要提出的解决，被归结为最无聊的故弄玄虚和最庸俗的文字游戏？这至少是可以怀疑的……在我看来，这证明马克思在发表他的光辉（splendido）著作以后就没有打算写什么续卷。说不定，他原来就是想把他的巨著交给他的继承人去完成，而自己不担负什么责任。

洛里亚这种无赖似的诡辩，恩格斯原本不打算理睬。但是，《资本论》第三卷出版以后，经济学界出现了一场争论，争论的焦点是说《资本论》第三卷和第一卷有矛盾。

为了澄清这个问题，恩格斯不顾年迈体弱，打算在《新时代》杂志上发表一个《资本论》第三卷增补，由若干篇论文组成。但是，由于病情加重，恩格斯只完成了第一篇《价值规律和利润率》。第二篇题为《交易所》，则只是就他打算在这篇文章中要考察的问题写的一个七个点的提纲。

《价值规律和利润率》虽然不是直接针对洛里亚而写的,但却以洛里亚对《资本论》的攻击为切入点,批驳了资产阶级学者们在这个问题上的糊涂认识和荒谬结论,进一步阐述了马克思的剩余价值学说。借此机会,恩格斯又对洛里亚否定《资本论》有续卷的说法和做法给予了彻底清算。

# 马克思主义的哲学总结

1884年2月,恩格斯在整理马克思遗稿时,发现了一组关于美国人类学家路易斯·摩尔根1877年出版的《古代社会,或人类从蒙昧时代经过野蛮时代到文明时代的发展过程的研究》(以下简称《古代社会》)一书的读书笔记,其中包括大量的摘要和研究性的评语。

撰写《家庭、私有制和国家的起源》(木刻)
(张怀江 作)

粗略翻阅了一下这些笔记后,恩格斯断定,马克思曾打算联系自己的唯物主义的历史研究所得出的结论来阐述摩尔根的研究成果,并以此来阐明这些成果的全部意义。对于亡友的这个想法,恩格斯早在1880年至1882年马克思着手研究摩尔根的著作时就知道一些,他自己在此间对日耳曼人历史的研究也可以看作是与它相呼应的。但是,由于种种原因,马克思的计划未能实现,恩格斯的研究也中断了。

为了完成亡友的遗愿,同时也为了澄清国际工人运动中存在的对国家性质的模糊认识，恩格斯1884年花了差不多半年时间，以摩尔根的《古代社会》提供的历史材料及马克思的读书笔记为基础，完成了《家庭、私有制和国家的起源》一书。书中系统探讨了家庭和国家的历史起源，用唯物主义历史观研究古代社会，进一步阐明人类社会各个发展阶段的共同规律。

在初版序言中，恩格斯把他晚年这部重要著作的基本思路归纳如下：

根据唯物主义观点，历史中的决定性因素，归根结蒂是直接生活的生产和再生产。但是，生产本身又有两种。一方面是生活资料即食物、衣服、住房以及为此所必需的工具的生产；另一方面是人自身的生产，即种的繁衍。

一定历史时代和一定地区内的人们生活于其下的社会制度，受着两种生产的制约：一方面受劳动的发展阶段的制约，另一方面受家庭的发展阶段的制约。劳动越不发展，劳动产品的数量、从而社会的财富越受限制，社会制度就越在较大程度上受血族关系的支配。

然而，在以血族关系为基础的这种社会结构中，劳动生产率日益发展起来；与此同时，私有制和交换、财产差别、使用他人劳动力的可能性，从而阶级对立的基础等等新的社会成分，也日益发展起来；这些新的社会成分在几个世代中竭力使旧的社会制度适应新的条件，直到两者的不相容性最后导致一个彻底的变革为止。以血族团体为基础的旧社会，由于新形成的各社会阶级的冲突而被炸毁；代之而起的是组成为国家的新社会，而国家的基层单位已经不是血族团体，而是地区团体了。

在这种社会中，家庭制度完全受所有制的支配，阶级对立和阶级斗争从此自由开展起来，这种阶级对立和阶级斗争构成了直到今日的全部成文史的内容。

《家庭、私有制和国家的起源》被认为是继《资本论》出版以来最重要的社会主义文献，它作为马克思和恩格斯在原始史研究领域里的卓越成果，对唯物主义历史观的确立和巩固具有重大意义。

# 恩格斯传

还在这部著作正式出版以前,考茨基就预言"它将引起一场彻底的革命",并认为摩尔根只有通过马克思和恩格斯才会达到他的革命意义。伯恩施坦在读过手稿之后,也十分激动地致信恩格斯:"你对摩尔根著作的论述对我们来说是文献沙漠里的一块真正的绿洲,我们可以从中吸取丰富的养料。"

《家庭、私有制和国家的起源》出版后,立即受到普遍欢迎,成为当时马克思、恩格斯所有著作中最畅销的著作。它在恩格斯生前就出了6版,仅在德国就发行了11000册,为德国和欧洲工人运动确立历史唯物主义世界观、宣传科学共产主义学说做出了巨大贡献。

如果说《家庭、私有制和国家的起源》对马克思主义哲学的贡献,主要还是集中在历史唯物主义领域,那么随后完成的《路德维希·费尔巴哈与德国古典哲学的终结》,则是恩格斯晚年对马克思主义哲学所作的全面总结。

19世纪80年代,欧洲资本主义处于相对和平的发展时期,各国政府采取了一系列改良措施,以麻痹工人阶级的斗争意志。甚至连俾斯麦政府也推出了若干社会保障计划,打出"国家社会主义"的招牌。工人运动中的一些机会主义者也跟着资产阶级理论家,大肆宣扬超阶级的国家观、民主观,要求社会主义者把自己的主要斗争目标确定为"争取自由国家",进而在国家帮助下实现社会主义。

作为这种思潮的哲学反映,以黑格尔为代表的德国古典哲学有了一定程度的复活,各种形式的唯心主义哲学,如新康德主义、实证论和庸俗唯物主义,也在资产阶级知识分子和一部分社会民主党人中流行起来。

因此,在当时欧洲的思想理论舞台上,一方面是科学共产主义世界观的广为传播,它在世界的一切文明语言中都找到了自己的拥护者;另一方面是旧的哲学影响再度泛滥,在英国、斯堪的纳维亚和德国的大学讲堂里,都不乏借哲学名义来施舍折中主义残羹剩饭的现象。

在这种情况下,恩格斯认为有必要对马克思和他的哲学思想进行系统总结,阐明马克思主义哲学与德国古典哲学的关系,帮助工人阶级树立正确的世界观。

其实,早在19世纪40年代,马克思、恩格斯就曾共同创作了《德意志意识形态》一书,以清算旧的哲学信仰,阐述辩证唯物主义和历史唯物主义。但这部

## 第六章 马克思墓前

著作由于种种原因未能出版，40 年来他们也一直没有机会再来阐述这个问题。虽然在一些相关著作中，马克思、恩格斯附带提到了自己的哲学思想同德国古典哲学特别是同黑格尔哲学和费尔巴哈哲学之间的关系，但显然不够全面，更不系统。

1885 年，丹麦哲学家兼社会学家卡尔·施达克在斯图加特出版了《路德维希·费尔巴哈》一书，《新时代》编辑部约请恩格斯就此写一篇评论文章，探讨德国哲学的现状及其历史。恩格斯同意了，他认为这是一个机会，可以借此回顾 40 年代以来哲学领域里的斗争、发展状况，联系其他各哲学流派的兴衰起伏，对马克思主义哲学作一个简要、系统的总结。

《路德维希·费尔巴哈与德国古典哲学的终结》先是由《新时代》杂志 1886 年第 4、5 期连载发表，两年后出版了单行本，并很快被译成俄、保、法等多种文字，在欧美各国流传。

至此，恩格斯基本完成了从哲学上总结马克思主义的任务。但他并没有停止对哲学思潮的发展及相互斗争状况的关注，停止对马克思主义哲学的进一步阐释。

1890 年至 1894 年间，已过 70 岁高龄的恩格斯就历史唯物主义问题写了五封著名的书信：1890 年 8 月 5 日致康·施米特、1890 年 9 月 21 至 22 日致约·布洛赫、1890 年 10 月 27 日致

《路德维希·费尔巴哈和德国古典哲学的终结》第一版封面

康·施米特、1893 年 7 月 14 日致弗·梅林、1894 年 1 月 25 日致瓦·博尔吉乌斯。这五封书信，连同马克思 1846 年 12 月 28 日致帕·瓦·安年柯夫、1852 年 3 月 5 日致约·魏德迈、1868 年 7 月 11 日致路·库格曼的三封信，被并称为"马克

思、恩格斯关于历史唯物主义的 8 封书信"。这些书信以其简明的语言和灵活的方式，在阐述历史唯物主义的基本原理方面具有自己的特色，它们在一定程度上记录了唯物史观发展的不同阶段。

从《路德维希·费尔巴哈和德国古典哲学的终结》到关于历史唯物主义的 5 封书信，恩格斯晚年对马克思主义所做的哲学总结是非常丰富、非常富有生命力的。恩格斯的这些工作，既完成了马克思主义创始人多年的夙愿，又粉碎了资产阶级学者歪曲、肢解马克思主义的企图，为 19 世纪八九十年代国际工人运动和社会主义运动提供了有力的思想理论武器。

# 国际无产阶级的导师

马克思逝世以后，恩格斯作为国际无产阶级的义不容辞的导师，并不局限于思想理论方面的指导。他还通过书信和聚会，通过接待来访，亲自参与各国工人政党的实际斗争，帮他们出主意、解决实际问题。

恩格斯虽然时不时略带调侃地感叹："要是我能够当一名十足的学究就好了！"可他并不打算真的这样做。

其实，早在马克思逝世前夕，他就已经开始承担起以前主要由马克思负责的指导国际工人运动的任务了。这从他 1883 年 4 月 30 日写给倍倍尔的信中可以看出来。他说：

不妨想一想，那些大量的通信，以前是我和马克思两人分担的，现在已经有一年多了，不得不由我一个人来承担。

恩格斯晚年除了短期旅行外，一直住在伦敦。

## 第六章 马克思墓前

他对各国工人运动的指导，在冬季主要靠通信，在夏季大部分是靠面谈。

要提供切实有效的指导，就不得不随时关注着工人运动在日益增多的国家里的发展状况，关注着各国工人政党迅猛增长的机关报的思想动向。他要观察欧洲五个大国和许多小国运动的情况，还有美利坚合众国运动的情况。他每天要阅读七份日报：三份德国报纸、两份英国报纸、一份意大利报纸和一份奥地利报纸；要读的周报则更多：德国两份，奥地利七份，美国三份，意大利两份，法国、波兰、保加利亚、西班牙和捷克各一份。

除此之外，还有各种各样的来访者，越来越多的记者。

这样，理论工作势必要受到经常的打扰，恩格斯只得把不容中断的研究和写作安排到冬天，特别是一年的最初三个月去完成。一个冬天的工作要是没有完成，到下一个冬天很大部分又要从头做起。对于理论工作和实际工作的这种矛盾，年逾七旬的恩格斯是这样看的：

> 从我们开始公开活动的那些日子起，各国的社会主义者和工人在本国进行的运动之间的联络工作，大部分落到马克思和我身上；这项工作随着整个运动的壮大而相应地增加了。但在马克思去世以前，这方面的工作主要由马克思担负，在他去世以后，这种不断增加的工作就落到我一个人身上了。
>
> 不过在此期间，各国工人政党互相间的直接交往已经成为常规，而且值得庆幸的是，情况越来越是这样；虽然如此，从我的理论工作考虑，人们要求我给予的帮助还是太多了。但是谁要是像我这样五十多年来一直在这个运动中从事活动，他就会把由此产生的各项工作看作一种义不容辞的、必须立即履行的义务。
>
> 在我们这个动荡不定的时代，也像16世纪一样，在公共利益的范围内，只是在反动派方面还有单纯的理论家，正因为如此，这些先生们根本就不是真正的理论家，而只是反动派的辩护士。

晚年的恩格斯并没有直接领导或参加某个国家的任何一个组织，也没有参加

## 恩格斯传

国际的任何一个组织,但几乎所有的工人组织"都从年老的恩格斯的丰富的知识和经验的宝库中得到教益"(列宁语)。

恩格斯从不因自己在国际工人运动中处于当之无愧的导师地位,便随意地对某个国家的政党和组织下达指示或命令。1894年11月22日,恩格斯在给考茨基的信中谈到了自己的行事原则:

> 对我来说,完全撇开个人,只谈问题本身,是唯一正确的。不然,有人又会说我想从外面来操纵党等等。

因此,恩格斯在19世纪八九十年代虽然为各国党和国际工人运动做了很多很多,但他觉得自己只不过是国际主义意义上的"党的总司令部"的代表,决不轻易干涉各国党内的具体事务。在接待来访和回复来信时,他也总是先仔细地考虑谈话对方和通信伙伴的意见,然后才认真负责地提出自己的看法和建议。

德国的运动自然是恩格斯最为关注的。

国际无产阶级的导师恩格斯(1891年摄于伦敦)

1880年维登代表大会后,德国社会民主党克服了《非常法》初期的混乱状态,逐步走上了健康发展轨道。党的力量迅速恢复,影响日益扩大,非法的斗争在开展,合法的竞选也取得了很大的胜利。到19世纪80年代后期,德国党成为欧洲各国工人政党中人数最多、战斗力最强的社会主义政党。1890年3月,俾斯麦下台,同年10月,《非常法》被废除,党赢得了更加自由的活动空间。

在这长达12年的《非常法》条件下的非常斗争中,恩格斯始终关注着党

## 第六章 马克思墓前

的发展动向，关注着党内各派势力的消长起伏，帮助党内的马克思主义者健康成长。在每一个转折关头，李卜克内西、倍倍尔等党的活动家们，都从恩格斯那里获得教益、启迪和具体的帮助。

支持、帮助党办好自己的报刊，充分发挥宣传舆论的作用，以引导党及其联系的群众明确斗争方向，树立斗争信念，把握斗争策略，是恩格斯长期关注的重点。他把党的中央机关报《社会民主党人报》、理论月刊《新时代》以及党设在苏黎世的出版社和印刷所，并称为《非常法》时期德国社会民主党的三大阵地。他说，为了影响和教育群众，克服党内的不良倾向，使党永远沿着健康的轨道前进，这三个阵地是在任何情况下都必须保持的。

恩格斯从1882年起便公开地以《社会民主党人报》撰稿人和顾问的身份出现了。他在该报发表了《马克思和〈新莱茵报〉（1848—1849）》《关于共产主义者同盟的历史》《资产阶级让位了》等许多重要文章。

至于恩格斯用书面的建议、批评和指示的方式支持该报的编辑出版工作，则开始得更早一些。1882年以后，这种工作变得经常化了。他经常评点报上发表的文章，指出它们的优缺点；给编辑部提供一些重要资料和背景材料，以备不时之需；帮助解决编辑出版过程中出现的种种具体困难，大到编辑方向，小到某一篇稿件如何处理，甚至包括必要时的资金支持……

在长期的默契合作中，恩格斯与《社会民主党人报》主编伯恩施坦建立了深厚的友谊，帮助他迅速成长为德国社会民主党人中卓越的理论家之一。

《新时代》是1883年创刊的一份理论月刊，考茨基担任主编。恩格斯与考茨基的结识始于1881年，两人很快成为朋友。恩格斯看出，考茨基天赋很高，但生性拘谨，便鼓励他尽快掌握唯物史观的思想武器，多做创造性的思考。

考茨基担任《新时代》主编后，恩格斯以自己的巨大影响力从各方面给他提供帮助。从1885年1月起，恩格斯陆续在《新时代》上发表文章。第一篇便是著名的《马克思和洛贝尔图斯》。《路德维希·费尔巴哈和德国古典哲学的终结》最初也是在《新时代》上发表的。19世纪80年代中期，考茨基有一段时间迁居伦敦，同恩格斯交往密切，从他那儿获得的帮助就更加经常、更加直接和更加具体了。恩格斯还为《新时代》推荐了两个优秀的外国通讯员：法国的拉法格和美国的左尔格。

可以说，《新时代》杂志之所以能在德国工人运动中作为一个马克思主义的阵地发挥重要作用，很大程度上是由于恩格斯的关怀和帮助。

如果说同《社会民主党人报》和《新时代》的接触，主要反映了恩格斯从理论上帮助德国社会民主主义工人运动的话，同倍倍尔等党的实际领导人日益密切的交往，则是恩格斯从思想上和组织上指导德国社会民主党的重要表现。

倍倍尔在19世纪80年代已经成了国内外公认的德国工人运动的领袖，恩格斯对他寄予很大希望。与倍倍尔的大量通信，构成了恩格斯晚年著作的一个重要部分。在这些通信中，除了私人交往外，更多的是关于工人阶级斗争策略的探讨，以及关于马克思主义基本理论的理解和表达。

在恩格斯的帮助下，倍倍尔成长为德国党内"最有远见、最精明、最刚毅的人物"，成长为原则上的坚定性和策略上的灵活性巧妙结合的工人运动活动家。到后来，恩格斯每对德国时政问题发表正式看法时，都要事先征求倍倍尔的意见。

《非常法》废除以后，随着无产阶级队伍的发展壮大和党员人数的迅速增加，各种非无产阶级思想也被带进了党内，成为机会主义滋生的温床。恩格斯1890年9月在为《社会民主党人报》终刊号撰写的给读者的告别信中指出，党正进入另一种斗争环境，因而它需要另一种武器，另一种战略和策略。

25年来，特别是《非常法》颁布

奥古斯特·倍倍尔（中，1840—1913）、维克多·阿德勒（左，1852—1918）和卡尔·考茨基（右，1854—1938）

12年来，党通过成功的议会斗争已经占领了若干重要阵地，这些阵地需要进一步巩固，切不可在不利的敌我力量对比下，贸然构筑街垒，诉诸武力，那样只会帮敌人的忙。

可是，当时党内出现了一个由年轻的大学生和著作家组成的"青年派"。他们无视《非常法》废除后党的活动条件的变化，否认利用合法斗争形式的必要性，片面夸大党的力量和影响的增长，毫无根据地认为"用冲击就可以取得一切"，竭力主张采取半无政府主义手段进行冒险活动。他们肆意肢解和歪曲马克思主义的理论和原则，并把倍倍尔、李卜克内西等坚定的马克思主义者领导的党的执行委员会诬蔑为"小资产阶级议会社会主义"。

对这场"大学生骚动"，恩格斯起初并没有充分重视。他认为那无非是一些年轻人的一时冲动，成不了多大气候，有倍倍尔、李卜克内西等人对付他们就足够了。可没想到，这些人由于恩格斯的沉默而更加肆无忌惮，妄称恩格斯同他们站在一起。1890年8月31日，青年派在自己的机关报《萨克森工人报》上说：小资产阶级议会社会主义在德国党内拥有多数，但是多数往往很快就变成少数。本报编辑部同弗里德里希·恩格斯一起希望，正如当初拉萨尔的幼稚的国家社会主义被克服一样，目前社会民主党中贪求成功的议会派也将很快被德国工人的健康思想所克服。

面对青年派这种混淆视听的做法，恩格斯觉得必须亲自出面了，在澄清事实真相的同时，剖析青年派所作所为的实质及其危害，以免他们把德国工人运动引向歧路。

恩格斯看到《萨克森工人报》上的文章后，立即写了一篇《给〈萨克森工人报〉编辑部的答复》，寄给《社会民主党人报》编辑部。这篇答复刊登在1890年9月13日的《社会民主党人报》和9月14日的《柏林人民报》副刊上。

恩格斯在答复中明确表明了自己不和青年派站在一起的态度。他说，《萨克森工人报》编辑部的话非常出乎他的意料，关于小资产阶级议会社会主义在德国党内拥有多数这个情况，他至今一无所知。因此，该编辑部喜欢"希望"什么并且有兴趣"希望"多久，都可以听便，只是他不打算同它"一起"去"希望"。

## 恩格斯传

恩格斯从理论和实践两个方面对青年派那种"只有中学生水平的政策"进行了深入的解剖:

在理论方面,我在这家报纸上看到了(一般来说在"反对派"的所有其他报刊上也是这样)被歪曲得面目全非的"马克思主义",其特点是:第一,对他们宣称自己在维护的那个世界观完全理解错了;第二,对于在每一特定时刻起决定作用的历史事实一无所知;第三,明显地表现出德国著作家所特具的无限优越感。马克思在谈到70年代末曾经在一些法国人中间广泛传播的"马克思主义"时也预见到会有这样的学生,当时他说 tout ce que je sais, c'est que moi, je ne suis pas marxiste——我只知道我不是"马克思主义者"。

在实践方面,我在这家报纸上看到的,是完全不顾党进行斗争的一切现实条件,而幻想置生死于不顾地"拿下障碍物";这也许会使作者们的不屈不挠的年轻人的勇气备受赞扬,但是,如果把这种幻想搬到现实中去,则可能把一个甚至最强大的、拥有数百万成员的党,在所有敌视它的人的完全合情合理的嘲笑中毁灭掉:

恩格斯一针见血地指出,青年派常常是"滤出蚊虫,吞下骆驼",注意了细枝末节而忽视了主要的东西。

他们收割的,正是他们种下的。且不谈他们所提出的问题的内容,只说他们在发动这场旨在改造整个党的指导方针的运动时,是那样幼稚、那样天真、那样自我陶醉地强调自身的重要性,并以同样的态度对待党内事物及其所存在的观点的状况,以至于结局在刚开始的时候就已经注定了。但愿这些先生能记取这个经验教训,他们之中的大多数本来是可以有所作为的。但愿他们能懂得:他们那种本来还需要加以彻底的批判性自我修正的"学院式教育",并没有给予他们一种军官证书和在党内取得相应职位的权利;在我们党内，每个人都应该从当兵做起；要在党内担任负责的职务，仅仅有写作才能和理论知识，即使二者确实具备，都是不够的，它需要熟悉党的斗争条件，习惯这种斗争的方式，具备久经考验的耿耿忠心和坚强性格，最后还必须自愿地把自己列入战士的行列。一句话，青年派这些受过"学院式教育"的人，总的说来，应该向工人学习的地方，比工人应该向他们学习的地方要多得多。

在随后的一些相关文章和书信中，恩格斯进一步分析了青年派如何把唯物史观当作随意乱贴的标签，不注重研究具体问题，而热衷于构建体系的恶劣学风。经过恩格斯的批评教育，青年派中一部分人改正了自己的错误，重新回到马克思主义的思想路线上来。另有一些人拒不接受恩格斯及党内马克思主义者的帮助，在错误道路上越走越远，最后被开除出党。

1891年的爱尔福特党代表大会，标志着党与这帮"左"倾反对派的斗争告一段落。可与此同时，一场更艰巨、更复杂的反错误倾向的斗争又开始了，这就是反对福尔马尔右倾机会主义的斗争。

福尔马尔一度担任过党中央机关报《社会民主党人报》主编，在党内有一定影响。他作为党内改良主义倾向的代表人物，在《非常法》废除后的相当一段时间里十分活跃，拥有一批支持者。特别是在巴伐利亚党组织中，福尔马尔派的力量优势很明显。福尔马尔声称，《非常法》的废除，表明统治阶级决心实行自由主义改良政策，是对工人真正友好，因而工人阶级应"用友好的手欢迎善意"。社会主义的实现是现存社会始终不渝地和平发展的结果，无产阶级通过议会可以达到一切目的。

其实，像福尔马尔这种"和平长入社会主义"的论调和对议会斗争手段的迷信，党内由来已久。甚至李卜克内西也受到这种思潮的影响，他在1891年爱尔福特党代表大会上说，革命不在于手段，而在于目的，暴力很早就成为反动的因素了。由他和倍倍尔主笔、以党的中央执行委员会名义向大会提交的《爱尔福特纲领草案》，也容纳了"现代社会长入社会主义"的思想。

## 恩格斯传

鉴于党内右倾机会主义思潮的泛滥已经威胁到党的健康发展，恩格斯觉得再不能听之任之了，必须予以揭露和批判。他在1891年上半年连续采取了三项重大措施：公开发表马克思的遗著《哥达纲领批判》，为再版《法兰西内战》撰写导言，向党的领导机关及其成员提出《爱尔福特纲领草案批判》。

《哥达纲领批判》是马克思1875年5月初抱病写的，当时由于德国工人运动形势的变化而没有发表。马克思在这篇著作中通过对《哥达纲领》的逐条分析，彻底批判了拉萨尔主义的理论和路线，发展了无产阶级革命和无产阶级专政学说，并对未来共产主义社会第一阶段的分配原则——按劳分配作了开创性的理论阐述。这些思想对于德国党制定新党纲具有十分重要的指导意义，尤其是对党内"议会迷"们否认无产阶级需要掌握国家政权、否认无产阶级专政必要性的机会主义倾向敲了警钟。

1891年1月，恩格斯在考茨基的支持下，不顾李卜克内西等人的阻挠和反对，毅然在《新时代》杂志上发表了这篇尘封16年之久的光辉文献。连同文章发表的还有马克思1875年5月5日致白拉克的信。但由于该杂志出版商狄茨的再三请求，删去和修改了一些尖锐的词句。

文章发表后，很快引起了反响。德国党的一些领导人对此表示异议，要求停售全部杂志。他们认为，《哥达纲领批判》特别是马克思致白拉克的信的发表，很可能会被人用来损害党。

倍倍尔也有同感，他并不反对文章本身的内容，但不赞成恩格斯采取的方式。他写信对恩格斯说：即使手稿可以发表，也应该删去所有刺激某些人和损伤他们地位的言辞，至于给白拉克的信，根本就不应该公开发表，因为这封信的打击矛头不是针对纲领，而是针对包括他在内的几乎所有德国党的领导人的。可实际上至少倍倍尔自己完全是无辜的，因为他从来没见过这封信。

恩格斯对德国党内可能出现的反对意见是有所准备的，他充满信心地认为，分歧很快就会消除，党已经非常坚强，足以经受得住这种一时的冲击。由于马克思著作中所包含的杰出的内容，发表这部著作引起党的领导人的一些埋怨情绪，将很快为它产生的积极影响所克服。

果然，恩格斯的预料没有错，广大党员赞成发表马克思这一著作。在随后的两三个月时间里，他收到大量拥护者的来信。并且，受德国党影响的所有报刊几乎都转载或介绍了这篇已完成多年却刚刚面世的著作。

党的领导成员也逐渐达成共识，认为《哥达纲领批判》的发表，总的说来对党的整个发展特别是对新纲领的制定非常有益。这样，他们和恩格斯之间的误会和不快慢慢消除了。倍倍尔深情地对恩格斯说，逐渐忘掉这件事，我会感到高兴。

1891年3月，恩格斯为柏林《前进报》报社出版的《法兰西内战》德文第三版（纪念版）撰写了一篇导言。这篇导言在重申巴黎公社革命经验的同时，针对当时德国党内存在的在国家问题上的糊涂认识，着重阐明了国家的实质和作用，以及无产阶级政党对待国家的正确态度。恩格斯指出：

> 在德国，对国家的迷信，已经从哲学方面转到资产阶级甚至很多工人的一般意识中去了。按照哲学家的学说，国家是"观念的实现"，或是译成了哲学语言的尘世的上帝王国，也就是永恒的真理和正义所借以实现或应当借以实现的场所。
>
> 由此就产生了对国家以及一切有关国家的事物的崇拜，由于人们从小就习惯于认为全社会的公共事业和公共利益只能用旧的方法来处理和保护，即通过国家及其收入极多的官吏来处理和保护，这种崇拜就更容易生根。人们以为，如果他们不再迷信世袭君主制而拥护民主共和制，那就已经是非常大胆地向前迈进了一步。
>
> 实际上，国家无非是一个阶级镇压另一个阶级的机器，这一点即使在民主共和制下也丝毫不比在君主制下差。国家最多也不过是无产阶级在争取阶级统治的斗争胜利以后所继承下来的一个祸害；胜利了的无产阶级也将同公社一样，不得不立即尽量除去这个祸害的最坏方面，直到在新的自由的社会条件下成长起来的一代能够把这全部国家废物完全抛掉为止。

# 恩格斯传

恩格斯这段论述除了深刻揭示了国家的阶级实质，批判了人们对国家的迷信之外，还提出了一个极其重要的思想，即使无产阶级夺得了政权，国家仍然是一个祸害。

换句话说，只要国家存在，它的消极作用就必然存在。胜利了的无产阶级必须清醒地认识到这一点，尽快地除去这个祸害的最坏方面，然后逐步创造条件使之完全消亡。

恩格斯认为，无产阶级专政是达到这个目标的手段，巴黎公社则是无产阶级专政的具体形式之一。

1891年6月，恩格斯收到德国社会民主党中央执行委员会寄来的党纲草案。这份草案是准备提交当年秋天爱尔福特党代表大会讨论的。恩格斯对草案做了仔细的阅读和分析，认为它大大优于以前的《哥达纲领》，基本上已经清除了拉萨尔主义或其他庸俗社会主义的浓厚残渣，特别是草案的理论部分，整个说来是立足于现代科学基础上的，因而有可能以现有草案为基础进行讨论。

但是，草案存在的缺点和不足也是显而易见的，尤其是政治要求中表现出来的对现存秩序的顺从及所谓"现代社会正在长入社会主义"之类的论调，不能不加以批判和澄清。

为此，恩格斯专门写了题为《1891年社会民主党纲领草案批判》（即《爱尔福特纲领草案批判》）的批评意见，把它寄给党的中央执行委员会。

在把《爱尔福特纲领草案批判》寄往德国党中央执行委员会的同时，恩格斯还给考茨基写了一封信，谈了自己这篇文章的构想和目的。他说：

> 我本来想使绪论部分更严谨一些，但由于时间不够，未能做到；况且，我觉得更重要的是对政治要求一节中部分可以避免、部分不可避免的缺点进行分析，这样，我就有理由痛击《前进报》那种和和平平的机会主义，痛击关于旧的污秽的东西活泼、温顺、愉快而自由地"长入""社会主义社会"的论调。

因此，对纲领草案的政治要求的分析，在恩格斯的批评意见中占有中心地位。恩格斯指出，纲领草案没有把建立民主共和国作为党的迫切任务提出来，是它的最大缺点。这反映了机会主义在党内还有很大的影响，一定要引起全党的警惕。

为了眼前暂时的利益而忘记根本大计，只图一时的成就而不顾后果，为了运动的现在而牺牲运动的未来，这种做法可能也是出于"真诚的"动机。但这是机会主义，始终是机会主义，而且"真诚的"机会主义也许比其他一切机会主义更危险。

恩格斯的批评意见受到了德国党中央执行委员会的重视。草案第二稿结合恩格斯的意见做了一些修改，但恩格斯仍不满意，因为他的批评意见的核心部分，即对政治要求的批评，基本上没有被草案第二稿采纳。

这时候，考茨基代表《新时代》编辑部提出一个新的纲领草案。恩格斯看过这个草案后，认为它比原来的草案好多了。他在1891年9月28日致考茨基的信和9月29日致倍倍尔的信中都表达了这个意见，同时就草案中存在的一些问题提出了批评。

10月14日至21日党的代表大会在爱尔福特举行，通过了以《新时代》草案为基础制定的新纲领，即《爱尔福特纲领》。恩格斯得到消息后，十分兴奋地写信告诉侨居美国的左尔格：

> 我们感到满意的是，马克思的批判发挥了充分的作用。拉萨尔主义最后的残余也已肃清。这个纲领，除某些地方表述欠妥外（也只是措辞含糊和过于笼统），至少在初读以后，提不出更多的意见。

在恩格斯的指导和帮助下，德国党内的机会主义思潮受到抑制，但福尔马尔及其追随者并没有停止活动。1892年6月，福尔马尔在法国的一家刊物上发表了《俾斯麦先生的社会主义和威廉皇帝的社会主义》一文，牵强附会地论证《爱尔福特纲领》的一些论点同俾斯麦和威廉二世的国家社会主义之间的联系。这篇文章引起了广泛的辩论，《前进报》等社会民主党的报刊发表了系列文章反驳福尔马尔。

恩格斯十分关注这场辩论，他致信倍倍尔，指出："福尔马尔的言论再一次证明，此人已经失去了同党的一切联系。显然，不是今年就是明年，势必要同他决裂；看来他企图把国家社会主义的梦想强加于党。"

1892年11月，党在柏林召开代表大会，通过了一项谴责"国家社会主义"的决议，福尔马尔本人也不得不表示同意。至此，德国社会民主党反对福尔马尔机会主义的斗争基本告一段落。

恩格斯为德国社会民主主义工人运动的健康发展花费了很多精力和时间，但这并没有妨碍他对其他各国工人运动尽可能地提供指导和帮助——

在法国，他帮助创建法国工人党，坚决支持以盖得、拉法格为代表的马克思主义派同以马隆、布鲁斯为代表的可能派的斗争，指出法国工人党的分裂是机会主义者为了眼前利益而不惜牺牲运动的无产阶级性的结果。

针对可能派攻击盖得和拉法格是马克思的传声筒的谬论，恩格斯指出，马克思之所以得到各国工人运动活动家的信任，是由于他在理论上和实践上的成就已经赢得了这样的地位，他对各国工人运动所起的特殊的、极端重要的影响，正是建立在这种基础上的。因此，并不是马克思把自己的意志和意见强加于人，而是人们自己来向他求教，并且总是能从他那里获得最大的教益。

1891年，恩格斯积极鼓励拉法格参加议员竞选并帮他具体策划，要他在竞选时保持饱满的情绪，时刻都应尽力嘲笑自己的敌人，相信我们党一定会赢得历史性的胜利。恩格斯还同拉法格夫人、马克思的二女儿劳拉·拉法格建立了深厚的友谊，从思想上、工作上和生活上给予她无微不至的关怀和帮助。

在英国，他热情欢呼新工联运动的真正开端，鼓励和支持爱琳娜、艾威林等马克思主义者到下层工人中去工作、去发动、去组织罢工斗争。

1889年至1890年，英国码头工人、煤气工人陆续举行大罢工。罢工摆脱了工联分子的领导和束缚，标志着英国工人运动进入一个新的历史时期。恩格斯满腔热情地投入了罢工斗争，他通过爱琳娜、艾威林同罢工工人保持联系，帮他们出主意想办法，提醒他们注意斗争策略，并指示各国工人报刊及时报道英国工人的斗争，以给予他们道义上的支持。

检阅无产阶级的战斗力量——1890年5月4日伦敦第一次举行的五一节示威活动（水粉画）（杨克山 作）

1890年5月4日，恩格斯在艾威林、拉法格的陪同下，参加了伦敦工人为纪念五一节而举行的大规模集会和罢工。他站在由一辆旧货车改成的讲台上，环顾四周，人山人海，抑制不住内心的激动。"英国到底是真正动起来了，"他对朋友说，"如果马克思能够活到这种觉醒的日子，那该有多好，他恰恰在英国这里曾经如此敏锐地注视过这种觉醒的最细致的征兆！"

是啊，面对此情此景，恩格斯如何会不倍加怀念自己的亲密战友和为了这一切而献出自己毕生心血的马克思呢："如果马克思今天还能同我站在一起亲眼看见这种情景，那该多好啊！"

在俄国，恩格斯积极支持1883年建立的第一个马克思主义组织——劳动解放社，同普列汉诺夫、查苏利奇等人保持着通信联系。

恩格斯已经看到并深感自豪的是，在俄国青年中已经有一批人真诚地、无保留地接受了马克思的伟大的经济理论和历史理论，并坚决地同他们前辈的一切无政府主义的和带有一点斯拉夫主义的传统决裂。这对于俄国革命运动的发展来说，是一个具有重大意义的进步。因此，他对俄国爆发革命、推翻沙皇专制制度寄予了厚望。

1894年12月，已进入垂暮之年的恩格斯满怀信心地说："74岁毕竟不是47岁。然而事变应当帮助我们保持生命力；整个欧洲都沸腾了，危机到处趋于成熟，特别是俄国。那里不会再这样持续很久了。"

在美国，恩格斯同左尔格、威士涅威茨基夫人等社会主义劳工运动活动家经常通信，密切关注着处于萌芽状态的北美工人运动。

恩格斯告诫他们，要注意克服美国社会主义工人党的宗派主义倾向，脱掉外国服装（这个党主要由德国移民组成），彻底美国化，把自己的理论优势转化为实际的斗争优势。

对于美国工人阶级自己创立的第一个全国性组织——劳动骑士团，恩格斯认为它是运动中的一个极重要的因素。虽然它只是一个以若干集会的形式扩展到全国广大地区的群众性团体，没有明确的目标，存在这样那样的缺点甚至某些怪诞的行为，但它是一支伟大的物质力量，处于蓬勃的发展和创造的过程中，因而不应从外面嘲讽它，应从内部使之革命化。

《观赏北美尼亚加拉瀑布》（中国画）（杨力舟 王迎春 作）。1888年，恩格斯在爱琳娜、艾威林、肖莱马陪同下前往北美旅行

1888年8至9月，恩格斯在肖莱马、爱琳娜、艾威林的陪同下，前往北美旅行。在游览观光之余，他同左尔格以及《纽约人民报》的代表泰·库诺多次谈话，就国际工人运动的形势交换看法，展望美国社会主义劳工运动的前景。

在奥地利，在爱尔兰，在意大利，在瑞士，在波兰，在保加利亚，在捷克，在西班牙，在丹麦，在比利时……哪里有工人运动在开展，哪里就有恩格斯关注的目光。恩格斯成为"有阶级觉悟的无产者所信任的国际伟人"（倍倍尔语）。

> 各国工人运动的最优秀的人物都充分信任他。他们在紧要关头都向他请教，而且总是发现他的建议是最好的。

这两句话，是恩格斯当年评价马克思的，现在已完全适用于他自己了。

## 面向未来

19世纪80年代后期，随着资本主义国家工人运动的重新高涨，欧美各国陆续建立了独立的工人政党或类似的政治组织。如何使这些工人阶级自己的政党在国与国之间互通情报，采取协调行动，引起了各国工人运动活动家的普遍关注，无产阶级的国际联合问题被重新提上议事日程。

恩格斯原本是对成立一个新的国际抱有疑虑态度的。他认为成立新国际的主客观条件都不成熟，因为新的国际不应该再是一个宣传的团体，它必须成为一个行动的团体，而这样的组织绝不应当在相对和平的时期使用它，以致损害它，有觉悟的工人宁可等到能进行伟大的示威运动的时刻，等到能建立一个真正的行动的国际的时刻，才行动起来。可是，当恩格斯看到国际工人运动已呈现出一些新的特征，新型的国际联合势在必行的时候，他还是毅然参加了新国际的筹备和指导工作。

当时，无政府主义者、工联主义者和法国可能派都在积极谋划成立一个国际组织，以便掌握国际工人运动的领导权。

恩格斯给倍倍尔、李卜克内西、拉法格等各国马克思主义者写了几十封信，提醒他们要很认真细致地准备一次国际会议，一开始就要把新的国际组织建立在马克思主义的基础上。为此，德国和法国的马克思主义者必须首先联合起来，采取一致行动。对于可能派等机会主义者正在筹划的国际会议，如果不能阻止，就要让它开得没有意思。最好的办法是集合国际工人运动中的马克思主义力量，召开一个代表全欧洲无产者的代表大会，以其广泛的代表性来与可能派的代表大会相抗衡。

1888年12月4日，恩格斯写信敦促拉法格：

> 如果你们一点事情也不做，不宣布你们要在1889年举行代表大会，并准备这个大会，那么人家都跑到布鲁斯派代表大会去了……快宣布你们的代表大会吧，在各国社会主义报刊上声张声张，好让人们感到你们居然还存在。

经过恩格斯和各国马克思主义者的共同努力，第二国际成立大会于1889年7月14日在巴黎召开。来自22个国家的400多名代表聚集一堂，共商劳工运动的目标、内容、手段、战略策略等诸般大事。

与此同时，可能派也在巴黎张罗了一个"国际"会议，可惜只有几个国家的工人组织接受了邀请。布鲁斯只好找自己的追随者来凑数。在出席第一次会议的608人中，有524人是可能派指定的法国代表，外国代表只有84人，其中英国工联主义者就来了39人。可是，连这样一个很不国际的"国际"会议也没有维持下去，到最后一次会议时，只剩下58名"坚定分子"在那里支撑着。的确如恩格斯所说，开得没意思极了。

密切关注着会议进展情况的恩格斯，在得悉了两个大会的情况后，抑制不住

## 第六章 马克思墓前

第二国际成立大会（油画）（高虹 作）

内心的激动，立即写信向远在美国的左尔格报喜：

亲爱的左尔格：

我们的代表大会正在开会，这是一个辉煌的胜利。……不管怎样，可能派和社会民主联盟想要各自在法国和英国窃取领导地位的阴谋完全失败了，他们要取得国际领导权的妄想则失败得更惨。要是两个代表大会同时并存仅仅为了达到这样的目的，即让可能派和伦敦的阴谋家们为一方，欧洲的社会主义者（由于前者而形成为马克思派）为另一方，都检阅兵力，以此向全世界表明，究竟哪里集中代表真正的运动，而哪里只是欺骗，那么这已经足够了。

由第二国际的成立及其卓有成效的活动而实现的国际工人运动中马克思主义力量的联合，给恩格斯的生活带来了一系列变化。其中最突出的是，通信大量增加，来访者愈加频繁，恩格斯恨不能把自己分成两半，好应付越来越多的事务。他在一封给劳拉的信中曾这样"抱怨"：

许多我从未见过面的人好像策划好了要用各种各样的来信、访问、咨询和请求把我压垮。

# 恩格斯传

正是从这些来信来访中,恩格斯对世界局势和国际工人运动的发展状况保持着敏感,从而保证了自己的思想随着时代一起前进。他对工人阶级组织形式和斗争方式的变化、无产阶级怎样对待农民等重大现实问题进行了富有创见的理论探索,提出了一系列反映历史趋势的新观点、新见解和新设想。

第二国际成立前后,欧洲已是战云密布。五个大陆强国分裂成两个敌对的阵营:德奥意为一方,法俄为另一方,双方磨刀霍霍,剑拔弩张,世界大战一触即发。

面对日益迫近的战争威胁,恩格斯以其特有的对军事问题的敏感,加紧研究时局,分析形势,尽最大努力保卫世界和平。

1885年至1892年,他在给倍倍尔、拉法格、左尔格等各国工人运动活动家的大量通信中,有近20封比较集中地探讨了无产阶级在对待战争与和平问题上的正确态度,以及战争爆发后交战国双方无产阶级政党的基本方针和策略。

与此同时,恩格斯还专门写了《俄国沙皇政府的外交政策》《德国的社会主义》《欧洲能否裁军?》等重要文章,系统阐述马克思主义的战争观和各国无产阶级政党对待战争的基本立场。这些文章陆续发表在《社会民主党人》(俄)、《新时代》(德)、《时代》(英)、《前进报》(德)等刊物上,对各国社会主义组织如何正确处理战争形势下的各种社会矛盾,起到了重要的指导性作用。

恩格斯从国际工人运动的整体利益来思考各国工人阶级对待战争的正确态度。他认为,维持和平无疑是第一位的,战争不管怎么说都是一种冒险。在和平条件下,工人运动会逐渐地、稳定地取得胜利。可是,战争则会使社会民主党要么在两三年内取得胜利,要么就遭受彻底的失败,至少在15年到20年期间不能复原。因此,如果社会主义者宁肯选择孤注一掷的战争,而不愿在和平的条件下确保胜利,那他们必然是丧失了理智。

从这个意义上说,各国的社会主义者都拥护和平,都有责任制止战争威胁。当然,如果战争最终还是发生了,也大可不必惊慌失措。战争的结果只会出现这样两种情况:或者是社会主义迅速胜利,或者是现存秩序受到强烈震撼,留下大片的废墟,使得旧的资本主义社会的存在比以前更加不可能,而社会革命尽管被推迟了若干年，但以后必然会获得更迅速和更彻底的胜利。

真正的社会主义者必须懂得，只有在无产阶级政党取得政权建立了社会主义制度的条件下，才能确保持久和平。不过，这并不排斥有觉悟的工人群众及其政党在资本主义制度条件下也可以采取积极有效的反战和平行动。

恩格斯一贯主张，仅仅在口头上空谈爱好和平，空谈全体人民之间的兄弟情谊，是不可能阻止战争的发生的。只有靠行动，靠工人阶级及其革命政党领导之下的人民群众的斗争，才能解除或减弱战争威胁。反战运动的真正开展，不但要创造思想条件，即让无产阶级国际主义及民主的反军国主义深入人心，而且必须创造组织条件，把所有反对战争、爱好和平的人士团结在工人阶级周围，共同组成声势浩大的反战同盟军。

恩格斯的反战思想及其策略受到了各国社会民主党人的高度重视。第二国际巴黎大会（1889年）、布鲁塞尔大会（1891年）和苏黎世大会（1893年）都专门讨论了无产阶级应如何对待即将爆发的战争的问题。与恩格斯保持经常通信联系的德、法等国工人运动活动家在大会上阐明了马克思主义的战争观，揭露了战争的社会根源以及军国主义的阶级实质，对大会制定正确的反战纲领奠定了科学基础。

1892年，德国国会开始酝酿一个新的军事法案。由于该法案加强军备的程度远远超过了以往所有的扩军提案，社会民主党及其他工人组织理所当然地发起了声势浩大的抗议运动。

但是，倍倍尔知道，抗议运动要取得实质性的进展，只有原则上的反对是不够的，社会民主党自身还必须提出一个符合人民大众的安全要求和持久和平利益的军事问题提案，来与国会的军国主义提案相抗衡。

1893年2月初，倍倍尔致信恩格斯，请求他就这个问题给德国社会民主党写一点东西。恩格斯欣然答应，在不到一个月的时间里，他以《欧洲能否裁军？》为题，连续写了8篇论文，发表在《前进报》上，同时出版了单行本。

这组被恩格斯自称为"社会民主党的军事法案"的连载论文，重点阐述了社会主义者对待帝国主义扩军政策的战略和策略，极大地支持了德国民众的反军国主义运动。同时，《欧洲能否裁军？》作为社会主义运动史上第一个有着充分科学

# 恩格斯传

依据、内容具体的裁军建议,它所包含的一系列原则已超出了它本身的意义,具备了相当的普遍性,对指导各国工人阶级反对军备扩张的斗争产生了极其深远的影响。

1893年8月1日,恩格斯在秘书路易莎及其未婚夫的陪同下,动身前往欧洲大陆,进行了为期两个月的工作旅行。

《反社会党人非常法》废除后,恩格斯就打算到欧洲大陆作一次旅行,亲眼看看德、奥等国的经济社会发展状况及社会主义工人运动在各国的进展和趋势,同时休养一下劳累的身心。可要么由于健康状况不佳,要么就是工作脱不开身,旅行不得已数次改期。

这次终于成行了。恩格斯本想只以个人身份旅行,不愿意太多地惊动各国党组织。可大陆的社会主义者已经对这位"伦敦老人"翘首以盼多年了,都想亲自见一见。恩格斯从科隆到苏黎世,从维也纳到柏林,所到之处无不受到当地工人群众的热烈欢迎和隆重接待。

数千人的欢迎宴会和民众集会上,充满了对这位国际工人阶级的伟大导师的敬仰和感激之情。恩格斯在集会上多次发表热情洋溢的演说,为国际工人运动的迅速发展感到无比的骄傲,并强调荣誉应归于马克思。

8月12日,恩格斯应倍倍尔和其他社会主义活动家的坚决要求,参加了第二国际苏黎世代表大会的闭幕式。当会议主席宣布恩格斯来到了会场,大会主席团请他担任名誉主席并致闭幕词时,全场响起了雷鸣般的掌声和热烈的欢呼声。

恩格斯激动地说:

> 你们对我的这种意料之外的盛大接待使我深受感动,我认为这不是对我个人的接待,我只是作为那个肖像就挂在那上面的伟人(指马克思)的战友来接受它的。

接着,恩格斯简略地回顾了欧洲社会主义运动中一些小宗派发展成为使整个官方世界发抖的强大政党的光辉历程,并对第二国际平等协商的组织形式和活动

## 第六章 马克思墓前

方式给予了肯定：

> 每一个国家的无产阶级得到机会以独立自主的形式组织起来。这一点实现了，因而现在国际要比从前强大得多了。我们也应当按照这一方向在共同的基础上继续我们的工作。为了不致蜕化成为宗派，我们应当容许讨论，但是共同的原则应当始终不渝地遵守。自由联合和历次代表大会所支持的自愿联系——这就足以保证我们取得胜利，这种胜利已是世界上任何力量都不能从我们手中夺去的了。

恩格斯对第二国际组织形式和活动方式的肯定，基于他对时代新特征的分析和对无产阶级斗争新策略的考虑。

在第二国际苏黎世代表大会上（油画）（何多苓 作）

从19世纪90年代初开始，恩格斯的大量著作和通信都涉及了无产阶级应根据时代特征的变化适时调整自己斗争策略的问题。他认为，随着资本主义经济的进一步发展和民主制度的逐步建立，巷战、街垒战已经陈旧了，合法斗争上升为主要的斗争形式，暴力革命退居次要，成为万不得已时才采取的手段。

当然，这并不意味着要绝对放弃暴力行动，对那些已被其制定者违犯了的法律也要遵守，即忠于那种右脸挨了耳光再把左脸送过去的政策。任何一个国家或任何一个政党都不会走得那么远，竟然要放弃拿起武器对抗不法行为的正当权利。

恩格斯在他去世前半年完成的最后一部著作《卡·马克思〈1848年至1850年的法兰西阶级斗争〉一书导言》中，对上述思想作了比较集中的阐述和发挥。

他分析道，巴黎公社失败以后，工人阶级的斗争条件发生了根本的变化，旧式的起义，在1848年以前到处都起过决定作用的筑垒巷战已经大大过时了。

现在已不再是实行突然袭击，或由自觉的少数人带领着不自觉的群众实现革命的时代，凡是要把社会组织完全加以改造的地方，群众自己就一定要参加进去，自己就一定要弄明白这为的是什么，他们为争取什么而去流血牺牲。而要使群众明白应该做什么，就必须进行长期的坚持不懈的工作。

这时候，利用普选权就成为一种崭新的、行之有效的斗争方式。德国社会民主党利用普选权所取得的巨大成功表明，这种斗争方式在教育群众、积聚力量、增强信心方面有着不可取代的重要意义。

但是，工人阶级决不能因此而放弃自己的革命权，当统治阶级率先使用暴力时，工人阶级应毫不犹豫地从议会斗争的舞台转到革命的舞台。

在晚年恩格斯的视野中，无产阶级怎样和农民结成同盟，共同反抗资本主义制度，也是作为社会主义劳工运动斗争策略来考虑的。恩格斯认为，只有把尽可能多的农民吸收到无产阶级的队伍中来，建立牢固的工农联盟，才能比较迅速、比较容易地实现从资本主义到社会主义的深刻社会变革。

通过对第二国际的建立及其前期活动的指导和亲自参与，通过对战争与和平、工人阶级斗争形式、工农联盟等重大理论和现实问题的深入探索，晚年恩格斯越来越明确地认识到，时代正在发生实质性的变化，社会主义运动要永葆青春活力，必须不断观察新现象、研究新情况、解决新问题。

因此，恩格斯在对各国工人运动的指导及对未来社会的论述方面愈益谨慎、愈益坚持原则，从不提出任何可以适用于一切时间、地点和条件的一劳永逸的现成方案。

他只是从历史唯物主义的方法论入手，论证未来社会是资本主义现实矛盾运动的结果，是一种规律性现象。至于这种运动的具体轨迹，必须到各国工人运动的现实实践中去寻找，而实践绝不是千篇一律的，也不是一成不变的。

恩格斯，一个永远面向未来的智者。

# 尾声　挽钟长鸣

死亡，是每一个人都必须经历的，伟人也不例外。

从生命起始与终结的意义上讲，伟人的死和伟人的生一样，其实也是很平凡的。不平凡的是生与死之间那段生命的历程，当事人面对死亡的态度，以及历史对这场生命运动的回声。

1895年8月5日，恩格斯在经历长达数月之久的癌症病痛折磨之后，溘然长逝了。直到生命的最后几年，恩格斯在气质和外表上依然像一个年轻人，精力充沛，幽默风趣。他曾对友人说，希望把74岁的恩格斯分成一个40岁的恩格斯和一个34岁的恩格斯，那样他就能干更多的事，享受更多的生活乐趣了。1895年新年来临时，恩格斯还这样充满信心地致信老朋友：

> 我的健康状况又正常了。不错，我发觉七十四毕竟不是四十七，我不能再像从前那样在饮食等方面放纵自己，对恶劣的气候也不像从前那样易于对付了。但是就我的年龄说，我还是十分健壮的，我还希望看到更多的事情。

> 亲爱的老人：你对我七十四岁（你真是好心，给我的年龄减了一岁）表示祝贺，你看，我现在精神饱满地回祝你："新年好！"希望今年我们两人都

健壮。我还有一个希望——看看新的世纪,到1901年元旦我就完全没有一点用处了,也许那时就到了末日。

可是,就在这年春天,恩格斯的老毛病肺炎复发了。炎症很快就扩散到支气管。他不得不听从医生的劝告,缩短工作时间,多休息,少饮酒。

不过,这也是相对而言的,事实上恩格斯在1895年春夏期间所干的工作丝毫也不比一个健康的年轻人所能干的少。在起居饮食方面,他也不服老,时不时地"放纵"一下自己。

3月20日,他还不无幽默地对弟弟海尔曼·恩格斯说:

我的自我感觉还好。我在起居饮食方面已经或多或少习惯于严格遵守适宜于老年人的一套生活制度,所以稍有逾越,立即感到种种不适。我还经常得到善意的但是强制性的劝告,要我避免这类事情。我从未想到,循规蹈矩竟会作为日常生活习惯的守则再次强加于我。

生活跟恩格斯开了个玩笑:年轻时从粗暴的父亲和专制的暴政下逃出来的叛逆,到老了却要接受医生的强制,向自己深恶痛绝的"循规蹈矩"俯首称臣。

病情还在恶化。5月,恩格斯的颈部右侧出现了一个肿块。剧烈的头疼经常发作,疼起来头皮就发紧发胀,像套着铁箍一样,几乎让人发疯。头疼引起失眠,导致食欲不振,身体越来越虚弱,干任何工作都感到吃力。

恩格斯不得不到伊斯特本海滨去疗养。但直到此时,他仍然对自己的身体康复保持乐观,根本不相信自己患了不治之症——食道和喉头癌。

6月底,恩格斯已经十分明显地感受到了病痛的折磨,精神萎靡,反应迟钝,几乎完全不能工作。可他还是一如既往地乐观豁达。他和爱琳娜、艾威林、劳拉联名给拉法格的信,说"保尔不愿意到伊斯特本来,伊斯特本就到他那里去",就是在这种情况下写的。

恩格斯不得不靠服用不断加大剂量的麻醉剂,勉强克制病痛。可他仍然寄希

海滨疗养（油画）（汤小铭 作）

望于手术治疗，他还是没有意识到自己患了绝症。事实上，像他这样年纪的人是很少再患癌症的。

1895年7月23日，恩格斯从伊斯特本返回伦敦前给劳拉写了一封信。这是他的最后一封亲笔信。信的开头仍满怀希望地说：

> 明天我们要回伦敦。看来我脖子上的这块土豆地终于到了紧要关头，脓肿处可以切开，那样就舒服了。终于等到了！漫长的道路有希望走到转弯处了。

随后，恩格斯还同劳拉谈起了英国的选举，分析各个党派的力量消长。信的末尾，恩格斯留下了这样一句感人至深的祝福，既给劳拉，也给所有致力于工人阶级解放事业的朋友：

> 我无力写长信，就此再见。让我斟满一杯加了陈白兰地酒的冲鸡蛋祝你健康。

# 恩格斯传

回到伦敦后，病势迅速加重。

恩格斯很快就无法开口说话了。亲友来访，他只能利用一块小型记事板来表达自己的意思。

尽管这样，恩格斯的情绪并不低落，仍怀着痊愈的希望。他时不时地在记事板上写一些开玩笑的话，但别人看了却是极其难受的。倍倍尔沉重地对李卜克内西说："能够做到这样，是他真正的幸福。"

由于只能吃流质食物，恩格斯的体力衰竭得非常快。起初尚能自己料理身边的琐事，后来连穿衣脱衣都得别人帮忙。

1895年8月3日，恩格斯进入昏睡状态，到8月5日中午便完全不省人事了。晚上10点30分，恩格斯的心脏停止了跳动，死神还是降临了。

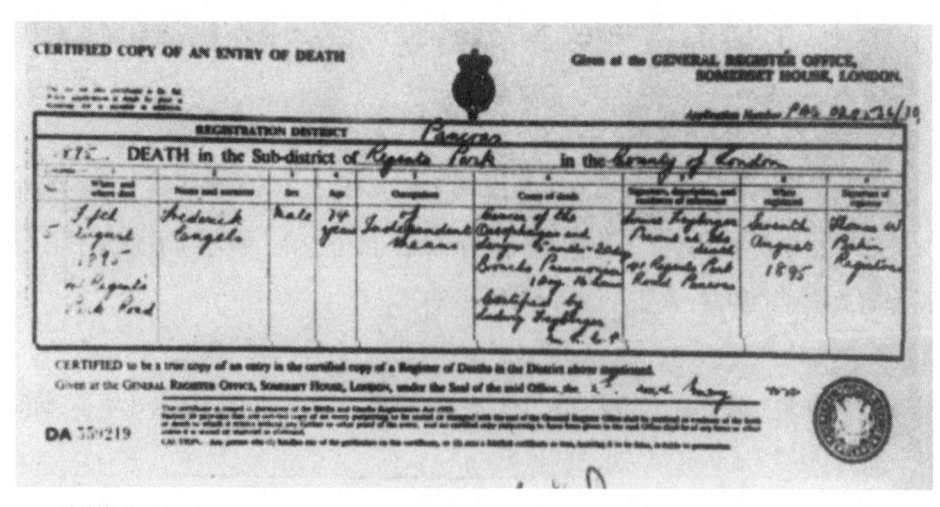

恩格斯的最后一封亲笔信（1895年7月23日致劳拉）

恩格斯的死亡证

## 第六章　马克思墓前

晚年恩格斯是作为国际无产阶级的导师而存在的，欧洲和新大陆的社会主义者纷纷从各自的战斗舞台朝圣般地来到伦敦，寻求精神武器。

在恩格斯生命垂危之际，这样的人流也没有中断。

特别值得一提的是，1895年6月，有一位年轻的俄国流亡社会主义者，专程从伯尔尼赶往巴黎，拜访拉法格，并请他和他的妻子劳拉引见，去伦敦拜会恩格斯。可惜，恩格斯当时正在伊斯特本养病，待他从伊斯特本回到伦敦后，日见严重的病况已不允许他接见任何客人。从伦敦不断地传来病情加重的消息，最后传来了噩耗，这个计划便彻底地破灭了。

于是，世界历史少了一次意义深远的会见，国际工人运动少了一个值得纪念的日子。这个年仅25岁的社会主义者不是别人，正是弗拉基米尔·伊里奇·乌里扬诺夫，后来取名为列宁。

恩格斯生前一再嘱咐，死亡一旦来临，丧事必须是私人性质的，不要以党的名义举行任何丧葬仪式。因此，遗嘱执行人只通知了十几位好友和亲属来参加追悼会。8月8日，爱琳娜在通知英国工人领袖约翰·白恩士时，还明确地要求他不得向任何人透露开追悼会的时间和地点。

可是，当8月10日恩格斯的追悼会在滑铁卢火车站候车厅举行时，还是有80多人出席。肃立在灵柩周围的，有德国人、奥地利人、英国人、法国人、比利时人、荷兰人、意大利人、俄国人、波兰人、亚美尼亚人等。

在这个沉痛悼念各国无产阶级共同导师的时刻，民族和种族的差别完全消失了。共同的阶级利益把他们融为一体，组成了一支追求自由平等、反对剥削压迫的国际大军。

灵柩停在大厅中央，上面盖满了各国社会主义者敬献的鲜花和花圈。

仪式于下午两点钟正式开始。

先是恩格斯的一个侄子代表亲属讲话。然后老朋友赛姆·穆勒致悼词。接着，由李卜克内西代表德国党、倍倍尔代表奥地利党、拉法格代表法国党、安塞尔代表比利时党、范德胡斯代表荷兰党、艾威林代表英国党，分别发表讲话。最后宣读了来自俄国、匈牙利、丹麦、意大利和其他一些国家的电报。

# 恩格斯传

悼念一代伟人（油画）（闻立鹏 作）

3 时 30 分，送殡的人乘坐专用列车前往罗克伍德的沃金火葬场，5 时到达。

火化持续了 1 小时 15 分，法定证人穆勒、艾威林、拉法格、伯恩施坦、李卜克内西、辛格尔出席了火葬仪式。

6 时 30 分，专车把送殡的人送回伦敦。

没有游行，没有鸣炮，一个朴素而庄严的葬礼！

1895 年 9 月 27 日，根据恩格斯的最后遗嘱，列斯纳、伯恩施坦和艾威林夫妇重返伊斯特本，把恩格斯的骨灰瓮投入这片他生前十分喜爱的海水之中……

大海作证！

科学长空中的一颗明星陨落了，社会知识领域的先哲逝去了。

奥地利社会民主党以党代表团名义发布的讣告中，用诗一样的语言描述了恩格斯对人类社会的意义。

恩格斯逝世的噩耗从泰晤士河畔迅速传遍四面八方，在柏林和布鲁塞尔，在伯尔尼和维也纳，在巴黎和彼得堡，在纽约和蒙特利尔，人们都意识到了这个巨

第六章 马克思墓前

大的损失。

据不完全统计,在短短的几个月时间里,有145家欧洲报纸刊登了弗里德里希·恩格斯逝世的讣告。恩格斯葬礼举行的当晚,伦敦工人共产主义教育协会召开了一次"规模空前的大会",隆重纪念这位半个多世纪以来一直信任、关心和支持协会工作的诲人不倦的导师。同一天,柏林出版了由社会民主党的前进书店在短短的四天内编写、赶印的恩格斯传记。

恩格斯的逝世,使各国数以千万计的劳动群众陷入了悲痛之中。正如李卜克内西所说:

> 12年前的3月,传来了卡尔·马克思逝世的消息,从那以后,全世界有阶级觉悟的无产阶级再也没有听到类似的噩耗,恩格斯的逝世是马克思的第二次死亡。

作为马克思主义这一人类历史上最伟大的思想成果的创始人之一,因他的逝世而形成的空白是如此巨大、如此深刻,不但有觉悟的工人阶级能够明显地感觉到,甚至连正派的敌对分子对这位故去的思想巨匠也不得不表示尊敬和钦佩。

其实,纪念活动一直就没有中断过。

整整一个世纪过去了,恩格斯的名字和学说对我们还是那么熟悉、那么亲近;他和马克思共同开创的事业正由亿万劳动群众继续着、发展着;他们对人类精神文化的巨大贡献仍被人们不断地

马克思、恩格斯纪念像(雕塑)(章永浩 作)

缅怀，并从中深深受益。

当1995年金秋，上千名来自世界各国的学者和活动家聚会巴黎，以纪念恩格斯逝世100周年为契机，探讨社会主义历史发展的时候，谁会意识到这位思想巨人已经离我们而去了呢！

像恩格斯这样的历史伟人是不死的，思想使他们永存。

# 附录一

# 恩格斯年谱

**1820 年**

11 月 28 日：出生于巴门市。

**1828 年**

10 月：进巴门市立学校学习。

**1834 年**

10 月 20 日：去爱北斐特上中学。

**1837 年**

9 月 15 日：由于父亲的坚持，没有读完最后一年中学，到巴门他父亲的公司当办事员。

**1838 年**

7 月 22 日—29 日：随父亲乘船经鹿特丹到伦敦，改乘火车赴曼彻斯特。

8月5日—10日：从曼彻斯特经伦敦、库克斯港、不来梅港抵达不来梅。

8月15日：父亲回巴门，恩格斯在洛伊波尔德商行的见习生活从此开始。

9月16日：在《不来梅杂谈》上发表第一篇诗作《贝都英人》。

## 1839年

3月至4月：在汉堡《德意志电讯》杂志上匿名发表第一篇政论文章《伍珀河谷来信》。此后一直到1841年底，用笔名弗里德里希·奥斯渥特给《德意志电讯》撰稿。

## 1841年

3月底：结束在洛伊波尔德商行的见习回到巴门。

7月至12月：研读路·费尔巴哈的著作《基督教的本质》。

9月底：到柏林去服兵役，业余时间在柏林大学旁听，并与青年黑格尔主义者建立密切联系。

## 1842年

1月初：结识埃德加尔·鲍威尔，不久加入青年黑格尔派。

3月：开始为《莱茵报》撰稿，此后一年内为该报写了许多政论性文章。

6月15日左右：为青年黑格尔派杂志《德国年鉴》撰写评论亚历山大·荣克《德国现代文学讲义》的文章，发表于第160、161、162期。

9月：在近卫炮兵旅步兵连的训练结束。

10月8日：获得"品行证书"，复员转入预备役，军衔为炮手。

10月10日：服役期满，回到故乡巴门。

10月：写《普鲁士国王弗里德里希－威廉四世》，载于1843年瑞士出版的《来自瑞士的二十一印张》文集。

11月下半月：动身前往英国，到欧门－恩格斯公司在曼彻斯特的纺纱工厂实习经商，途中访问科隆的《莱茵报》编辑部，与马克思初次见面。

11月29日、30日：撰写《英国对国内危机的看法》和《国内危机》两篇文章，发表在12月8日、9日、10日的《莱茵报》上。

12月19日—22日：撰写《各个政党的立场》《英国工人阶级状况》《谷物法》三篇文章，发表在12月24日、25日、27日的《莱茵报》上。

12月至1844年8月：研究英国的社会关系和工人的生活条件及劳动条件，考察英国工人的斗争和宪章运动等。

## 1843年

春季：结识爱尔兰女工玛丽·白恩士并共同生活。

5月16日、23日至6月9日、27日：题为《伦敦来信》的四篇通讯在《瑞士共和主义者》杂志上发表。

5月至6月：在伦敦与正义者同盟中央建立了联系，结识亨·鲍威尔、约·莫尔和卡·沙佩尔。

10月23日至11月初：《大陆上社会改革运动的进展》一文在英国欧文派社会主义刊物《新道德世界》上发表，《北极星报》转载，开始与宪章派领导人乔治·朱利安·哈尼、格奥尔格·维尔特建立友谊。

12月底：为《德法年鉴》写《政治经济学批判大纲》。

## 1844年

1月：为《德法年鉴》撰写《英国状况——评托马斯·卡莱尔的〈过去和现在〉》一文，并与《政抬经济学批判大纲》一起寄给马克思。

2月3日：《大陆上的运动》一文在《新道德世界》上发表。

2月：撰写《英国状况——十八世纪》一文，发表在8月31日至9月11日的《前进报》上。

2月底：开始与马克思通信。

3月：写《英国状况——英国宪法》，发表在9月18日至10月19日的《前进报》上。

4月至8月：继续研究英国经济及工人阶级状况，并为计划要写的英国社会史和英国无产阶级状况等著作搜集材料。

8月28日至9月初：从曼彻斯特返回德国，途中在巴黎逗留10天，拜访了马克思，从此开始了与马克思的合作和友谊。

9月6日：离开巴黎回巴门。

9月下半月至次年3月：在巴门撰写《英国工人阶级状况》，并和莱茵省活跃的社会主义者、民主主义者建立了联系。

10月：致信马克思，认为社会主义运动迫切需要唯物主义和共产主义的原理；编写《现代兴起的今日尚存的共产主义移民区述描》，载于《德国公民手册》；继续为《新道德世界》撰稿，报道社会主义和共产主义思想在德国的传播情况。

11月19日：致信马克思，批判青年黑格尔分子麦克斯·施蒂纳的著作《唯一者及其所有物》。

## 1845 年

2月8日、15日、22日：在爱北斐特参加组织社会主义、共产主义思想讨论集会，发表两次演说。

2月底：与马克思第一次合著的《神圣家族，或对批判的批判所做的批判》在美因河畔法兰克福出版。

2月25日：接到地方当局的正式通知，禁止在爱北斐特举行任何集会。

3月15日：写完《英国工人阶级状况》，送交莱比锡的出版商。

3月至5月：与马克思一起同出版商洽谈在德国出版一套《外国杰出的社会主义者文丛》。

4月初：为《新道德世界》写第三篇关于爱北斐特集会的报道，此后停止为英国欧文派社会主义者刊物撰稿。

4月5日：迁往布鲁塞尔马克思处居住。

4月至12月：与马克思一起同比利时民主主义和社会主义的活动家以及波兰

革命流亡者的代表建立了联系。

5月底：《英国工人阶级状况》在莱比锡出版。

7月下半月至8月上半月：与马克思一起在曼彻斯特切特姆图书馆里研究英国经济学家的著作。

8月中：与马克思一起在伦敦会见《北极星报》编辑乔治·哈尼，会见正义者同盟伦敦支部的领导人卡尔·沙佩尔、约瑟夫·莫尔等。

8月20日左右：与马克思一起在伦敦参加宪章派、正义者同盟的领导人和各国的一些民主运动及革命运动的活动家举行的会议，并决定对在伦敦建立各国民主主义者协会的活动进行资助，以便加强各方联系。

8月24日：与马克思一起从英国回布鲁塞尔。

9月8日—11日：写《最近发生的莱比锡大屠杀——德国工人运动》，发表在9月13日的《北极星报》上。

10月15日：写《德国状况》的第一篇文章，发表在10月25日的《北极星报》上。

10月底：写《德国状况》的第二篇文章，发表在11月8日的《北极星报》上。

11月：与马克思一起开始写作《德意志意识形态》一书。

12月：翻译傅立叶著作的片段《傅立叶论商业的片段》，并加写前言、结束语，文中第一次公开批判"真正的社会主义"；撰写《在伦敦举行的各族人民庆祝大会》，刊登在1846年《莱茵年鉴》第2卷上。

## 1846年

2月：与马克思及其他共产主义者一起创立布鲁塞尔共产主义通讯委员会。

2月20日：写《德国状况》的第三篇文章，发表在4月4日的《北极星报》上。

3月30日：与马克思在布鲁塞尔共产主义通讯委员会会议上尖锐地批判"真正的社会主义"和魏特林的粗陋的平均共产主义。

4月底：结识威廉·沃尔弗。

5月11日：与马克思共同起草的《反对克利盖的通告》在布鲁塞尔共产主义通讯委员会会议上通过。

5月：完成《德意志意识形态》的主要章节。

8月15日：受布鲁塞尔共产主义通讯委员会委托前往巴黎。

8月中旬：结识法国空想共产主义者埃·卡贝。

8月19日：写信给布鲁塞尔共产主义通讯委员会，报告德国工人在巴黎的活动情况以及法国社会主义出版物的情况。

9月1日左右：写关于法国状况的文章，发表在9月5日的《北极星报》上。

10月：在巴黎德国工人的三次集会上批判蒲鲁东的小资产阶级空想和卡尔·格律恩的"真正的社会主义"市侩思想。

10月中旬：研究费尔巴哈的《宗教的本质》一书，并记下对费尔巴哈哲学批判的要点。

12月：受到巴黎当局派出的警察暗中监视。

## 1847年

1月至4月：撰写《真正的社会主义者》，作为《德意志意识形态》第二卷的补充。

1月下旬：加入正义者同盟。

2月底：写《普鲁士宪法》，发表在3月6日的《北极星报》上。

3月至4月：撰写关于德国制宪问题的小册子。

6月初：出席在伦敦召开的共产主义者同盟第一次代表大会。

6月26日：写《基佐的穷途末日——法国资产阶级的现状》，发表在7月3日的《北极星报》上。

7月27日左右：从巴黎到布鲁塞尔，同马克思研究共产主义者同盟的工作问题。

8月底：与马克思共同组织德意志工人协会。

9月12日：在《德意志—布鲁塞尔报》上发表《诗歌和散文中的社会主义》

的开头部分，从此开始经常为该报撰稿。

9月16日—18日：出席在布鲁塞尔召开的国际经济学家会议。

9月27日：参加布鲁塞尔民主派的国际宴会，宴会通过成立民主协会的决定，恩格斯被选入组织委员会。

10月中：从布鲁塞尔返回巴黎，被选入共产主义者同盟巴黎区部委员会。

10月26日：在《改革报》上发表关于英国商业危机的文章，从此开始为该报撰稿直至1848年1月止。

10月底至11月：受共产主义者同盟巴黎区部委员会委托，起草纲领草案《共产主义原理》。

11月初：写《法国的改革运动》，发表在11月20日的《北极星报》上。

11月23日、24日：致信马克思，建议以宣言的形式起草共产主义者同盟纲领。

11月29日—12月8日：出席共产主义者同盟在伦敦召开的第二次代表大会。

12月7日：在伦敦德意志工人教育协会会议上作关于经济问题的报告。

12月17日：从伦敦到布鲁塞尔。

12月20日左右：被伦敦民主派兄弟协会委任为协会驻巴黎的代表。

12月底：从布鲁塞尔回到巴黎。

12月31日：在巴黎德国革命流亡者新年宴会上发表演说。

## 1848年

1月23日：在《德意志—布鲁塞尔报》上发表《1847年的运动》。

1月27日：在《德意志—布鲁塞尔报》上发表《奥地利末日的开端》。

1月29日：被法国政府驱逐出境。

1月31日：抵达布鲁塞尔。

2月20日：在布鲁塞尔民主协会会议上介绍法国政府迫害民主主义者的情况以及自己被驱逐出巴黎的详细经过。

2月25日、26日：写《巴黎的革命》，发表在2月27日的《德意志—布鲁塞尔报》上。

# 恩格斯传

2月25日至3月初：参加比利时的共和主义运动。

3月5日：致信《北极星报》编辑部，揭露比利时政府迫害马克思和其他政治流亡者的阴谋。

3月11日：共产主义者同盟中央委员会在巴黎成立，恩格斯缺席，但仍被选入中央委员会。

3月21日左右：从布鲁塞尔迁往巴黎。

3月下旬：与马克思共同起草《共产党在德国的要求》。

3月底—4月5日：反对海尔维格和伯恩施太德等人组织德意志军团的冒险计划。

4月6日左右：与马克思一起离开巴黎，在美因茨逗留几天后，于11日抵达科隆，立即着手筹备出版大型政治日报。

4月15日左右：前往巴门、爱北斐特和莱茵省其他城市，为报纸征股和组织共产主义者同盟的支部。

4月下半月：把《共产党宣言》译成英文。

5月20日：从巴门回到科隆，与马克思一起积极准备出版《新莱茵报》。

6月1日：《新莱茵报》创刊号出版，报上发表了恩格斯的《法兰克福议会》和《波旁王朝的新的英勇事迹》。

6月初：由于《新莱茵报》发表了恩格斯的《法兰克福议会》，批评德国国民议会怯懦的妥协政策，使得相当大一部分资产阶级股东不再支持该报。

6月至9月：为《新莱茵报》撰写大部分社论和大量时评文章。

7月14日：在科隆民主协会全体会议上发表演说，抨击柏林的国民议会。

8月3日：被法院侦查员传讯，调查《逮捕》一文的作者。

8月11日：在科隆民主协会全体会议上提供警察迫害民主运动领袖（包括沙佩尔）的新材料。

8月13日、14日：与马克思一起出席在科隆召开的第一届莱茵民主主义者代表大会。

9月4日：作为《逮捕》一文案件的同案人被传讯。

9月11日：在科隆工人联合会委员会会议上作关于"组织劳动的可能性及法国国家工厂失败原因"的报告。

9月13日：出席弗兰肯广场民众大会，被选入安全委员会。

9月17日：出席沃林根民众大会，被选为大会书记。

9月20日：在科隆埃塞尔大厅的民众大会上发表演说，抨击法兰克福议会通过的关于和丹麦休战的决议，报告法兰克福起义经过。

9月25日：科隆检查机关对恩格斯、沃尔弗和毕尔格尔斯提出指控，控告他们在科隆民众大会上发表演说，阴谋反对现行制度。

9月26日以后：由于有被捕危险，被迫离开科隆，在巴门隐藏几天后，经维尔维茨和列日到布鲁塞尔，然后经法国到瑞士。

10月3日：国家检察官下令搜捕恩格斯。

10月4日：与德朗克一同被布鲁塞尔警察局逮捕，并被押解到法国边界驱逐出境。

10月5日：抵达巴黎，逗留数日后徒步前往瑞士。

10月24日左右：抵达日内瓦。

10月底至11月：写旅途随笔《从巴黎到伯尔尼》。

11月初：前往洛桑，同洛桑工人联合会建立了联系。

11月7日左右：从洛桑到纽沙特尔，写关于纽沙特尔共和国的文章《昔日的公国》，发表在11月11日的《新莱茵报》上。

11月9日左右：从纽沙特尔到伯尔尼，写《新的代表机构——瑞士运动的成绩》，发表在11月15日的《新莱茵报》上。

11月24日：把《德意志中央政权和瑞士》和《联邦委员会委员剪影》寄往科隆，分别发表在11月26日和29日的《新莱茵报》上。

12月初：写《法国工人阶级和总统选举》和《蒲鲁东》，未发表。

12月6日：写《国民院》，发表在12月10日的《新莱茵报》上。

12月9日：向伯尔尼州司法和警察当局递交的伯尔尼居留申请（11月15日递交）获批准；受洛桑工人联合会委托出席在伯尔尼召开的瑞士、德国工人联合会第一次代表大会。

## 1849 年

1月11日：写《瑞士报刊》，发表在1月27日的《新莱茵报》上。

1月13日：《匈牙利的斗争》在《新莱茵报》上发表。

1月中：从瑞士回到科隆，重新投入《新莱茵报》的编辑工作。

1月下旬至5月中旬：为《新莱茵报》撰写大量社论、时评和政论文章。

1月26日：因科隆九月事件被法院侦查员传讯，传讯结果宣布不再对恩格斯提出指控。

2月初：与马克思一起在《新莱茵报》编辑部会见路过科隆的柏林工人兄弟会领导人斯蒂凡·波尔恩。

2月7日：陪审法庭开庭审理《逮捕》一文诽谤案，被告马克思、恩格斯及《新莱茵报》发行负责人科尔夫被宣告无罪。

2月11日：与马克思一起出席工人联合会在莱茵省缪尔海姆举办的民主宴会。

2月14日：与马克思一起出席纪念法国二月革命一周年的宴会。

2月15日：向科隆工人联合会委员会会议提出组织一次宴会纪念法国二月革命一周年的建议，被会议采纳。

3月19日：在为纪念柏林街垒战一周年而举行的科隆居尔岑尼希大厅宴会上提议为巴黎的六月起义者干杯。

4月15日—5月8日：因马克思外出旅行而代理《新莱茵报》总编辑的职务。

5月10日：经佐林根前往爱北斐特参加维护帝国宪法的起义。

5月15日：为避免引起起义者阵营的分裂，接受安全委员会的建议，离开爱北斐特回科隆。

5月17日左右：因参加爱北斐特起义遭通缉。

5月19日：《新莱茵报》出版终刊号。

5月19日至月底：与马克思一起经美因河畔法兰克福前往巴登、普法尔茨、宾根等起义地区。

5月底：与马克思一起去宾根途中被黑森兵士逮捕，经达姆斯塔特被押往美因河畔法兰克福后获释，又返回宾根。

6月2日左右：与马克思在宾根分手后前往普法尔茨。

6月2日：写《普法尔茨和巴登的革命起义》，发表在6月3日的《城乡信使报》上。

6月6日：普鲁士政府下令通缉恩格斯。

6月10日左右：被普法尔茨临时政府逮捕，次日获释。

6月13日—7月11日：作为维利希志愿部队的副官参加巴登—普法尔茨起义，先后参加了四次战斗。

7月12日至10月初：起义失败后，随最后一批起义部队撤退到瑞士境内，起初在斐维（7月24日至8月3日）和莫尔日（8月3日至24日）的营地，后来离开营地独自居住在洛桑（8月24日至9月中）和伯尔尼（9月15日左右至10月初）。

8月底至9月：在洛桑撰写《德国维护帝国宪法的运动》，在日内瓦与威廉·李卜克内西会晤。

9月15日：在伯尔尼与威廉·沃尔弗会晤。

10月初：离开瑞士取道意大利前往英国。

10月5日：抵达热那亚，次日乘船赴伦敦。

11月10日左右：抵达伦敦，随即参加共产主义者同盟中央委员会的工作，筹备出版新刊物，加入德意志工人教育协会。

11月18日：与马克思及其他共产主义者同盟领导人一起，把德国流亡者救济委员会改组为社会民主主义流亡者委员会。

12月15日：与马克思一起草拟关于《新莱茵报。政治经济评论》即将出版的《启事》，刊登在1849年12月底至1850年初德国和瑞士的一些报纸上。

## 1850年

1月至2月：参与改组共产主义者同盟。

# 恩格斯传

1月底至11月初：协助马克思编辑《新莱茵报。政治经济评论》，并成为主要撰稿人之一，与马克思合作完成了三篇《国际述评》、两篇《中央委员会主义者同盟书》以及《英国十小时工作制法案》《哥特弗利德·金克尔》《德国农民战争》等著作。

2月底：完成《德国维护帝国宪法的运动》，在《新莱茵报。政治经济评论》第1—3期连载。

4月：与马克思、维利希一起作为共产主义者同盟中央委员会的代表，同法国布朗基派流亡者和宪章派左翼达成联合行动的协议。

4月5日：与马克思一起出席民主派兄弟协会为纪念罗伯斯庇尔诞辰而组织的国际大会。

5月：受共产主义者同盟中央委员会委托，与马克思一起同匈牙利流亡者左翼建立联系。

6月中：与马克思一起给英国的《太阳报》《旁观者》《地球》《北极星报》等报纸写公开信，抗议英国政府在普鲁士政府的要求下对伦敦的政治流亡者实行警察监视并企图恢复外侨管理法。

7月：参与社会民主主义流亡者委员会为流亡者建立宿舍、食堂，组织生产作坊等工作。

7月底至8月：在共产主义者同盟中央委员会里，马克思、恩格斯及其他大部分委员同维利希、沙佩尔发生重大分歧。

9月17日：与马克思一起退出已被维利希和沙佩尔控制的德意志工人教育协会。

11月中：迁居曼彻斯特，此后近20年都在曼彻斯特的欧门-恩格斯公司工作。

11月底：开始系统研究军事问题。

12月底：开始学习俄文

12月30日：出席民主派兄弟协会在伦敦举办的新年晚会并发表讲话，分析大陆上革命失败的原因。

## 1851 年

1月5日：出席宪章派曼彻斯特委员会为表示对宪章派左翼代表厄·琼斯和乔治·哈尼的支持而组织的公开集会。

1月27日：与马克思合写声明，驳斥《不来梅每日纪事报》1月17日对《新莱茵报》的攻击。

1月底至2月初：为哈尼编辑的宪章派机关报《人民之友》撰写一组文章，批判欧洲民主派中央委员会领导人马志尼、赖德律-洛兰、卢格等。

2月12日：把参与建立曼彻斯特宪章派左翼地方组织一事写信告诉马克思。

2月中：由于哈尼执意参加小资产阶级流亡者领袖路易·勃朗等人同维利希、沙佩尔以及法国布朗主义派流亡者于2月11日举行的"平等者宴会"而索回为《人民之友》撰写的文章。

2月26日：征得马克思同意，写信谴责哈尼参加"平等者宴会"以及接近维利希和沙佩尔的行为。

3月初：从曼彻斯特到马克思处住了几天，以便共同揭露小资产阶级民主派；与马克思一起把奥古斯特·布朗基寄给"平等者宴会"的献词译成英文、德文，并加写前言付印，在德国、英国散发。

3月5日：寄给《泰晤士报》一封揭露"平等者宴会"组织者的公开信，并附上布朗基献词的英译文。

4月：写《1852年神圣同盟对法战争的可能性与展望》一文，第一次对军事学术的发展作了唯物主义的解释。

8月1日：因在曼彻斯特经常受到警察的监视而写信告诉马克思存放好党的文件。

8月8日左右：承担马克思为《纽约每日论坛报》撰写关于经济和军事实践通讯稿的部分任务，此项工作持续至1862年春。

8月21日至9月：为《纽约每日论坛报》写《德国的革命和反革命》等一组关于德国1848—1849年革命的文章，用历史唯物主义的观点剖析革命的前提、性质和动力。

8月下半月至10月：研读皮·约·蒲鲁东的著作《十九世纪革命的总观念》并写了一篇评论寄给马克思。

9月23日、26日：阅读泰霍夫的宣言《未来战争概论》，并与马克思通信提出批评意见。

10月至次年：继续研究俄语和其他斯拉夫语及其各民族的历史和文学。

11月下半月：开始系统研究军事问题。

12月3日：致信马克思分析法国在12月2日发生的路易·波拿巴反革命政变。

12月26日：建议马克思为《革命》写一篇关于法国12月2日政变的文章。

12月20日—次年1月3日：在伦敦马克思处。

## 1852年

1月28日：写信给《泰晤士报》和《每日新闻》，揭露普鲁士政府虐待科隆案件被告的情况。

2月至4月初：撰写《去年十二月法国无产者相对消极的真正原因》，发表在2月、3月、4月的《寄语人民》上。

4月14日：在马克思处居住了几天。

5月21日：与欧门－恩格斯公司的股东们签订合同，增加薪水。

5月底至6月下半月：与马克思合写《流亡中的大人物》。

7月初至8月：研究匈牙利军事活动家戈尔盖的著作及其他匈牙利战争著作。

8月12日—22日：撰写《德国的革命和反革命》第17篇，提出了科学共产主义关于武装起义的原理。

8月16日左右：把马克思《选举中的舞弊》和《选举的结果》译成英文。

10月16日：把马克思《各个政党和政局发展》译成英文。

10月28日：与马克思等签名发表声明，为"科隆共产党人案件"被告人辩护。

11月20日：与马克思一起写《关于最近的科隆案件的最后声明》，发表在《晨报》上。

11月29日：写《最近的科隆案件》，发表在《纽约每日论坛报》上。

12月下半月：到伦敦探望马克思。

## 1853年

1月21日：把马克思《选举。——财政困难。——萨特伦德公爵夫人和奴隶制》译成英文。

3月至4月初：研究东方问题，写《在土耳其的真正争论点》《土耳其问题》等，在《纽约每日论坛报》上发表。

4月：继续学习俄语，研究南方斯拉夫语。恢复研究军事科学，特别注意俄国革命的前途问题。

4月12日：致信魏德迈，分析无产阶级革命的策略，部分发表在《改革报》上。

4月26日—29日：写《火箭案件——瑞士的暴动》和《瑞士共和国的政治地位》，经马克思增写后发表在《纽约每日论坛报》上。

4月下半月：在写给马克思的信中引述关于英、法工商业衰落及资本主义繁荣的不稳定性的材料。

5月至6月：研究东方各国历史，学习波斯语。

5月25日左右：阅读查·福斯特的《阿拉伯的历史地理学》和贝尔埃论述印度大莫卧儿国家的著作。

6月2日—8日：设法为前共产主义者同盟盟员威·沃尔弗和威·皮佩尔找工作。

7月初：阅读亚·伊·赫尔岑写的《尤利耶日！尤利耶日！给俄国贵族》。

7月19日：提出在巴尔干建立斯拉夫民主国家的思想，撰写《战争问题。——议会动态。——印度》，发表在《纽约每日论坛报》上。

7月底至8月初：去伦敦看望从德国来的母亲。

9月29日：撰写《俄军在土耳其》，发表在《纽约每日论坛报》上；致信马克思，评述英国某些经济部门的状况。

10月21日—27日：撰写《双方军队在土耳其的调动》《神圣的战争》，发表在《纽约每日论坛报》上。

11月8日左右：撰写《土耳其战争的进程》，发表在《纽约每日论坛报》上。

11月11日至12月初：撰写《多瑙河战争》，与马克思合写《俄军的失败》，均发表在《纽约每日论坛报》上。

12月底至次年初：在伦敦马克思家里做客。

## 1854年

1月8日：写《欧洲战争》，发表在《纽约每日论坛报》和《改革报》上。

1月19日：写《欧洲战区最近的一次会战》，发表在《纽约每日论坛报》上。

2月13日：写《欧洲战争问题》，发表在《纽约每日论坛报》上。

2月底至3月：为《每日新闻》报撰稿《喀琅施塔得要塞》。

3月13日：写《俄军从卡拉法特撤退》，发表在《纽约每日论坛报》和《人民报》上。

3月23日：致信马克思，批评拉萨尔对克里木战争的看法。

4月13日：写《双方军队在土耳其的态势》，发表在《纽约每日论坛报》和《人民报》上。

6月至11月：研究匈牙利1848—1849年革命战争的历史。

6月10日：写《对锡利斯特里亚的围攻》，发表在《纽约每日论坛报》上。

7月20日：致信马克思，通报前共产主义者同盟盟员瑞特、丹尼尔斯、贝克尔和其他人的消息。

7月29日至年底：撰写《对塞瓦斯托波尔的进攻》《克里木的消息》《阿尔马河会战》《克里木战局》《奥地利的兵力》等，与马克思合写《无聊的战争》，均发表在《纽约每日论坛报》上。

12月22日左右：在伦敦马克思家里。

## 1855 年

1月初至年底：撰写《英军在克里木的灾难》《欧洲战争》《上一届英国政府》《克里木的斗争》《欧洲面临的战争》《克里木军事行动的总结》《大冒险家的命运》《拿破仑最近的诡计》《战争的进程》《拿破仑的辩白》等数十篇军事文章，发表在《纽约每日论坛报》《新奥得报》《普特南氏月刊》等报刊上。

12月12日：致信马克思，谈曼彻斯特各纺织厂工人罢工情况。

12月22日左右：在伦敦亲戚家里做客，经常与马克思见面。

## 1856 年

1月中旬：写《亚洲战争》《欧洲战争》，发表在《纽约每日论坛报》上。

5月：与玛丽·白恩士在爱尔兰各处旅游访问。

8月下半月：到伦敦探望在英国小住的母亲。

9月26日：致信马克思，谈论日益临近的经济危机的征兆和前景，推测危机将在1857年夏天爆发。

11月17日：致信马克思，证明欧洲金融危机加剧、法国危机迫近，论述无产阶级政党在即将到来的革命中的策略。

## 1857 年

1月中下旬：为《纽约每日论坛报》撰写数篇关于山地战的文章。

2月初：撰写关于英国—波斯战争的前景的文章，发表在《纽约每日论坛报》上。

4月初：为《纽约每日论坛报》撰文，论述英国侵略者继广州挑衅之后出兵中国的可能性。

5月：写《波斯和中国》。

7月28日—11月6日：在利物浦附近的滑铁卢、威特岛和泽稷岛等地的海滨疗养。

7月至1860年11月：为《美国新百科全书》撰写军事条目。

11月6日：从疗养地回曼彻斯特。

## 1858年

1月至2月：为《纽约每日论坛报》写《勒克瑙的解救》；写关于英国温德姆将军在印度战败的文章。

3月4日：致信马克思，详细解释生产过程中机器设备的折旧问题。

4月至7月：为《纽约每日论坛报》写关于英国军队攻占和抢劫勒克瑙详情的文章，写了三篇关于印度起义的文章。

7月：研究比较生理学、物理学及其他自然科学。

10月7日：致信马克思，指出英国工人阶级的资产阶级化，揭示工人运动中机会主义的根源。

11月：为《纽约每日论坛报》写《对蒙塔郎贝尔的起诉》；总结1858年欧洲社会政治运动，指出欧洲的普遍政治觉醒。

## 1859年

1月至4月：撰写《法国军队》《德国的兵力》《奥地利如何控制意大利》《在即将爆发的战争中双方取胜的可能性》《即将举行的和平会议》等，发表在《纽约每日论坛报》上。

4月5日：小册子《波河与莱茵河》在柏林匿名出版。

5月12日至6月9日左右：撰写《战争》《战况没有进展》《会战终于发生了》《蒙特贝洛会战》《战略》《军事行动的经过》《奥军的失败》等，发表在《纽约每日论坛报》上。

6月下半月至7月上半月：为《人民报》写《奥军向明乔河的退却》《索尔费里诺会战》。

8月3日--15日：给马克思的《政治经济学》写书评，发表在《人民报》上。

11月：研究哥特语。

11月10日：参加弗·席勒诞辰100周年纪念会。

12月至次年2月：写《对摩尔人的战争的进程》《对摩尔人的战争》，发表在《纽约每日论坛报》上。

12月中：阅读达尔文《物种起源》。

12月底至次年初：研究英国经济学家达布耳德的《英国财政、货币制度和统计史》。

## 1860年

1月至2月：研究军事理论和实践问题以及各种武器的发明和发展的历史。

1月底至2月初：写《萨瓦与尼斯》《德国的军餐改革》，发表在《纽约每日论坛报》上。

3月23日—4月6日：因父亲去世住在巴门。

4月初：小册子《萨瓦、尼斯与莱茵》在柏林匿名出版。

5月：由欧门－恩格斯公司经理助理升为公司全权代表。

5月中至9月初：撰写《加里波第在西西里》《英国的志愿兵部队》《不列颠的国防》《伦敦会不会落入法国人之手？》《加里波第的运动》《奥地利病夫》《加里波第的进军》《加里波第在卡拉布里亚》等，发表在《纽约每日论坛报》上。

9月中至10月中：写《法国轻步兵》，发表在《志愿兵杂志》上。

10月至11月底：为《志愿兵杂志》写《志愿兵炮兵》《志愿兵工兵、他们的作用和活动范围》和《步枪史》。

12月至次年初：写《奥地利革命的发展》《德国的运动》，发表在《纽约每日论坛报》上。

## 1861年

1月：修改《法国的武装力量》，在《志愿兵杂志》上发表。

2月初：写《毕若元帅论战斗中的精神因素》，发表在《志愿兵杂志》上。

5月20日—23日：在伦敦马克思家做客。

10月3日至10月底：在德国亲属处度假。

11月至12月：写《志愿军军官》《美国战争的教训》，发表在《志愿兵杂志》上。

## 1862 年

3月：写《美国战争》，发表在《志愿兵杂志》上。

5月：研究印度土著军队组织，继续关注北美的军事行动。

5月23日—25日：致信马克思，详细分析美国各主要战场的形势。

6月底：写《装甲舰及撞击舰和美国内战》，发表在《新闻报》上。

8月2日：出席在曼彻斯特希顿公园举行的英国志愿兵检阅，并写了《英国的志愿兵检阅》，发表在德国《军事总汇报》上。

9月12日—29日：取道比利时和卢森堡去德国旅游。

## 1863 年

1月6日：玛丽·白恩士逝世。

4月：研究自然科学，阅读赖尔的《人类古代的地质学考证》和赫胥黎的《论人类在自然界的位置》。

5月：重新研究塞尔维亚文，阅读武克·卡腊季奇编辑出版的民歌集。

6月：阅读金景克《入侵克里木》一书，写《金景克论阿尔马河会战》。

9月底：参观利物浦港。

10月中：在德国陪母亲休养。

## 1864 年

1月初：为《军事总汇报》写《英国军队》。

2月上半月：写《什列斯维希的军队人数》，发表在《曼彻斯特卫报》上。

5月13日：与马克思一道参加威廉·沃尔弗的葬礼。

5月19日：与马克思一起返回伦敦并在马克思家里住了四天。

6月27日：为《军事总汇报》写《英国的反德兵力》。

7月1日：成为欧门-恩格斯公司的股东。

7月7日：被选为曼彻斯特德国政治流亡者席勒协会理事会理事，随后被选为协会主席。

9月：与莉迪亚·白恩士生活在一起。

9月8日至10月上半月：在伦敦和兰兹格特短时间逗留后，前往什列斯维希-霍尔施坦旅行，在那里了解国内政治形势和奥、普军队的情况。

9月28日：国际工人协会在伦敦成立。

10月下半月：继续研究德国语言学和古代日耳曼人的历史。

11月2日：致信马克思，叙述对什列斯维希-霍尔施坦的自然和居民的观感。

11月7日：参加席勒协会理事会会议。

11月9日：致信马克思，认为资产阶级对工人的"救济"是企业主用来使自己更加发财的一种手段。

11月24日：致信约瑟夫·魏德迈，分析美国国内战争进程及其对今后发展的意义。

## 1865年

1月初：莉迪亚·白恩士成为国际工人协会会员。

1月27日：致信马克思，认为拉萨尔答应俾斯麦的诺言是对德国工人阶级利益的背叛。

1月底—2月11日：写小册子《普鲁士军事问题和德国工人政党》，2月底在汉堡出版。

2月6日：参加席勒协会理事会会议。

3月10日：致信约瑟夫·魏德迈，分析美国内战各个战线的军事行动进程。

3月29日：致信德国哲学家弗·阿·朗格，批驳对于资产阶级经济规律永恒性和超历史性的论点，指出人口规律是由社会占统治地位的生产关系所决定的。

4月12日：致信马克思，详尽报道英国和其他国家棉花危机的发展情况。

8月底至9月中：到德国、瑞士和意大利旅行。

## 1866年

1月初：继续研究自然科学，关注分子理论，研读《热能是一种运动》。

1月底—4月6日：撰写关于波兰问题的一组文章，发表在《共和国》周报上。

5月25日：致信马克思，介绍曼彻斯特和利物浦纺织危机情况。

6月19日—7月5日：撰写关于奥地利同普鲁士战争的一组短评，发表在《曼彻斯特卫报》上。

## 1867年

1月29日：致信马克思，谈曼彻斯特纺织工人的状况和斗争。

4月4日：致信马克思，祝贺《资本论》第一卷完成。

6月上半月：关注化学最新理论，阅读奥·威·霍夫曼的《现代化学通论》。

6月16日：致信马克思，提出叙述价值形式问题的想法。

7月5日：动身去瑞典、丹麦和德国旅行，并到汉诺威访问库格曼。

8月26日、27日：为马克思收集有关固定资本的补偿和折旧基金使用的实际资料并归纳两个计算表。

10月至次年7月：为传播宣传《资本论》的思想，撰写多篇书评发表在《未来报》《莱茵报》《爱北斐特日报》等报纸上。

## 1868年

1月底至3月：为席勒协会理事会的工作付出许多时间。

3月13日左右：为李卜克内西在国会中发言批评新的工商业条例提供意见。

4月：写《资本论》第一卷提纲。

7月29日—31日：为《凉亭》写了一篇马克思传记。

8月29日：在曼彻斯特参加工人集会。

9月初：陪母亲在奥斯坦德小住数日，途中在伦敦同马克思见面。

9月16日：声明退出席勒协会理事会。

9月底至10月初：写了两篇题为《论拉萨尔派工人联合会的解散》的文章，发表在《民主周报》上。

10月中：阅读达尔文《家畜和农作物的变异》第一卷。

11月29日：致信马克思，商量怎样结束经商生活。

12月28日：致信马克思，批评社会主义民主同盟的纲领和章程，并坚决反对接受这一组织加入国际工人协会。

## 1869年

约2月4日—7日：在伦敦马克思处。

2月17日—21日：写《关于萨克森煤矿工人行业协会的报告》，发表在《社会民主党人报》《民主周报》《未来报》上。

3月底至4月初：研究荷兰－弗里西亚语。

5月10日：捐助比利时遇难矿工的家属。

6月30日：结束在欧门－恩格斯公司的股东业务，但按合同在1870年7月30日以前担任公司顾问，1875年6月30日以前仍为公司股东。

8月19日左右至9月初：去德国旅行。

9月6日—23日：与莉迪亚·白恩士及爱琳娜去爱尔兰旅行，访问都柏林、基拉尼和科克，考察英国殖民政策的恶果。

10月至12月：写作《爱尔兰史》。

11月：阅读亨·查·凯里的《社会科学原理》，关注地租理论。

12月底至次年1月初：去巴门探望亲属，途中看望马克思。

## 1870年

1月至4月：继续写《爱尔兰史》，阅读研究大量资料。

2月8日：物资援助佐林根的工人。

2月中：为《德国农民战争》作序，阐明农民是无产阶级同盟军的原理。

5月中：与马克思讨论下届国际工人协会代表大会开会地点。

7月5日左右：为歌曲集《爱尔兰竖琴》作序。

7月至次年2月：撰写59篇关于普法战争的文章，发表在《派尔麦尔新闻》上。

8月10日：致信马克思，断定第二帝国很快垮台。

9月4日：致信马克思，论述法军在色当失败后的巴黎事变。

9月20日：料理完毕在欧门-恩格斯公司的事务，迁居伦敦离马克思家不远处。

10月4日：被选为国际工人协会总委员会委员。

10月15日左右：《德国农民战争》由《人民国家报》出版社出版。

12月23日：给国际工人协会比利时支部代表大会致贺信，发表在1871年1月1日的《国际报》上。

# 1871年

2月13日：与西班牙联合会委员会建立通信联系，并向其介绍国际工人协会各支部情况。

3月10日：致信莫尔，赞扬德国工人在普法战争中的立场。

3月19日至5月：研究巴黎局势，密切同巴黎公社联系，呼吁支持公社，收集资料并总结经验。

3月21日：在总委员会上作关于巴黎革命的发言。

4月4日：在总委员会上作安特卫普雪茄烟厂工人举行罢工情况的报告。

4月11日：在总委员会上分析巴黎局势，并谈到西班牙工人运动和社会主义宣传的情况。

4月25日左右：研究巴塞罗那纺织工人罢工情况。

4月25日：起草的《关于把蒲鲁东主义者托伦开除出国际工人协会的决议》获总委员会通过。

6月中至7月中：《法兰西内战》译成德文，在《人民国家报》《先驱》上发表。

7月1日—3日：致信卡菲埃罗，阐明宗派主义的危害，批评巴枯宁的观点，说明国际工人协会对农业工人和小农的策略。

7月25日：在总委员会上提议召开国际工人协会秘密代表会议，获通过，并作关于马志尼与国际工人协会关系的发言。

9月12日：代表常委会向总委员会提出即将召开的代表会议工作计划，获通过。

9月18日：在国际伦敦代表会议上发言。

9月19日—21日：起草总委员会提交代表会议的财务报告。

9月21日、22日：作反巴枯宁分裂主义的发言。

11月4日：写关于英国滥设企业进行诈骗的文章。

11月中至次年2月中：帮助建立国际工人协会米兰支部，为库诺提供许多资料。

11月29日：写总委员会给《意大利无产者报》的声明。

## 1872年

1月至3月初：搜集材料反击巴枯宁。

1月2日、9日：参加总委员会讨论批准不列颠联合会委员会章程和波兰支部章程。

1月3日左右：写《桑维耳耶代表大会和国际》。

1月19日：致信拉法格，介绍国际工人协会活动情况。

2月20日：向总委员会介绍国际在西班牙的情况。

3月10日—19日：同国际工人协会葡萄牙联合会建立联系。

3月中：致信路·皮奥，指出吸收小农和小租佃者参加工人运动的意义。

3月下旬至5月初：常与詹·帕·麦克唐纳会面，讨论有关爱尔兰各支部活动的问题。

3月26日：主持总委员会会议。

4月初：把李卜克内西《自由思想》译成意大利文，发表在《玫瑰小报》上。

4月3日：给西班牙萨拉戈萨代表大会写贺信。

4月16日：致信费拉拉工人协会，阐明国际工人协会的组织原则。

4月20日：为《人民报》撰写关于英国农业工人罢工的文章。

5月14日：在总委员会会议上发言揭露某些英国委员的沙文主义观点。

5月下半月至次年1月：撰写《论住宅问题》等一组文章，发表在《人民国家报》上。

5月22日—6月6日：筹备国际工人协会代表大会。

6月18日：被选入起草国际工人协会代表大会有关决议的委员会。

6月24日：与马克思一起为将于7月出版的《共产党宣言》德文版写序言。

7月9日：为《人民国家报》写《国际在美国》。

7月24日：执委会通过恩格斯起草的给瓦伦西亚的西班牙联合会委员会的信。

8月下半月：被选为海牙大会代表。

8月23日：给意大利各支部写通告信，揭露无政府主义者行为。

8月底：起草海牙代表大会关于社会主义民主同盟的报告和财务报告。

9月2日—7日：与马克思一起领导海牙代表大会工作。

9月12日左右：从荷兰返回伦敦，会见即将前往美国的左尔格。

10月：写《论权威》。

10月5日：会见麦克唐纳和德·摩尔根。

10月31日：给总委员会写关于国际在西班牙的状况的报告。

11月14日：为《人民报》撰写关于爱尔兰的国际会员在海德公园举行群众大会要求释放被囚禁的芬尼亚社社员的文章。

12月7日：致信左尔格，告诉国际工人协会在荷兰、西班牙、法国和英国的情况。

12月11日：为《人民报》撰写国际工人协会各联合会情况的文章。

12月20日：起草对曼彻斯特外国人支部中分裂出去的改良派所发通告的答复。

## 1873 年

1月至5月：以总委员会名义领导不列颠联合会委员会委员的活动。

1月5日：被总委员会任命为意大利通讯书记。

2月至6月：致信李卜克内西和赫普纳，批评《人民国家报》编辑部对拉萨尔分子和巴枯宁分子采取的调和主义立场。

3月20日：建议总委员会做出决定：凡拒绝承认海牙代表大会决议的就视同退出国际工人协会，总委员会5月30日通过了这一决定。

4月下半月至5月：帮助筹备不列颠联合会第二次代表大会；整理海牙大会记录。

5月30日：致信马克思，谈拟写《自然辩证法》的构思。

6月20日：致信倍倍尔，阐述德国社会民主工党争取工人群众的策略，警告不要追求一时成功。

7月：帮助流亡西班牙的国际工人协会法国会员拉罗克。

8月底至9月初：为赛拉叶起草《告国际工人协会第六次代表大会的代表公民们》的信。

9月至10月：写《行动中的巴枯宁主义者》，发表在10月31日、11月2日和5日《人民国家报》上。

10月至次年2月：搜集、阅读、研究有关资料，计划写一部有关德国史的著作，并写草稿《关于德国的札记》。

10月28日—11月20日：因母亲生病和去世，住在恩格耳斯基尔亨。

11月底：修改《社会主义民主同盟和国际工人协会》德译文。

## 1874 年

1月至次年初：继续写作《自然辩证法》，完成50多篇札记和片段。

1月底：给伦敦德意志工人共产主义教育协会设立的德国社会民主工党竞选基金捐款。

2月21日、22日：写《英国的选举》，发表在3月4日的《人民国家报》上。

3月：写批判德国军国主义及其代表人物的文章。

5月中至次年4月中：写以《流亡者文献》为题的五篇系列文章，载于《人民国家报》上，分析巴黎公社失败后欧洲民主运动和无产阶级运动发展的新趋向。

7月1日：在《德国农民战争》第三版准备付印时，对原序言作补充，指出无产阶级斗争有理论斗争、政治斗争和经济斗争三种形式。

## 1875年

2月至4月：关注法德关系恶化，写揭露俾斯麦政府侵略方针的文章《半官方的战争叫嚣》，发表在4月23日的《人民国家报》上。

3月至次年：继续写作《自然辩证法》，写完《导言》《劳动在从猿到人转变过程中的作用》和大量札记、片段。

3月18日—28日：致信倍倍尔，批判哥达纲领草案中的错误。

6月30日：欧门－恩格斯公司停业。

8月13日：致信总委员会，报告欧洲各国的国际工人协会支部的情况。

10月11日、12日：致信倍倍尔等，表示仍然不同意哥达代表大会通过的纲领。

11月12日：致信拉甫罗夫，说明自己对达尔文学说的态度。

## 1876年

1月22日：在伦敦举行的1863年波兰起义纪念会上发表演说。

5月底至8月底：阅读杜林的有关著作，为批判杜林搜集材料。

6月至11月：写《威廉·沃尔弗》，载《新世界》。

8月初：同莉迪亚·白恩士去海德堡。

9月至次年1月初：写《反杜林论》第一编《哲学》，发表在《前进报》上。

11月20日：与马克思共同认为当前主要任务是完成一些科学著作和加强理论研究，而不是恢复国际组织。

12月18日：在给弟弟的信中分析巴尔干形势，预测战争不可避免。

12月21日：致信约·菲·贝克尔，批判英国工联的机会主义行为。

## 1877年

2月20日—3月14日：与患病的莉迪亚·白恩士在布莱顿疗养。

5月至12月：记录俄土战争中俄国军队的员额和部署。

5月下半月：与患病的莉迪亚·白恩士再度到布莱顿疗养。

6月至8月：写《反杜林论》第二编《政治经济学》，发表在《前进报》副刊上。

6月至7月：写《步兵战术及其物质基础》。

6月中：为《人民历书》写《卡尔·马克思传略》。

8月至次年4月：写《反杜林论》第三编《社会主义》，发表在《前进报》副刊上。

## 1878年

1月上旬：写《神灵世界中的自然科学》，后把该文编入《自然辩证法》。

1月11日：致信贝克尔，对成立瑞士工人党表示满意。

2月中至3月中：写《一八七七年的欧洲工人》，发表在纽约《劳动旗帜》周刊上。

5月或6月初：写《反杜林论》第一版单行本序言初稿，6月11日又写了一篇新的序言。

7月8日左右：《欧根·杜林先生在科学中实行的变革》单行本在莱比锡出版。

9月11日：与莉迪亚·白恩士在病榻旁举行婚礼，次日莉迪亚去世。

## 1879年

3月21日：为《人民报》写《德国反社会党人非常法——俄国的状况》，介绍德国工人运动的成就和俄国革命的成熟。

6月17日：致信伯恩施坦，指出英国工联多年来的全部活动局限在增加工资和缩短时间上面。

8月7日—28日：在伊斯特本休养。

9月17日、18日：与马克思共同给倍倍尔等写通告信，抗议党的领导人对党内机会主义集团采取调和主义态度。

11月14日、24日：致信倍倍尔，提出社会民主党议员在资产阶级议会中不投票赞同加强政府对人民的统治的任何措施的原则。

## 1880年

当年至次年：写《自然辩证法》的三章《运动的基本形态》《运动的量度——功》和《潮汐摩擦》及一系列札记和片段。

1月至3月上半月：把《反杜林论》引论第一章及第三编第一、二章改写成独立的通俗著作《空想社会主义和科学社会主义》，发表在《社会主义评论》上，同年夏出版法文单行本。

2月底：为《平等报》写《俾斯麦先生的社会主义》。

5月初：与马克思、盖得、拉法格一起制定法国工人党纲领。

7月22日和8月5日：帮助俄国社会活动家哥尔布诺娃寻找资料，为其介绍英国国民教育情况及俄国农村公社和劳动组合解体情况。

## 1881年

当年至次年：开始研究德国史，写《论日耳曼人的古代历史》和《法兰克时代》；写《自然辩证法》的《热》和《电》两章及许多札记和片段。

5月至8月：为英国工联周报《劳动旗帜报》撰写多篇文章，均作为社论发表，如《做一天公平的工作，得一天公平的工资》《雇佣劳动制度》《工联》等。

8月15日：致信《劳动旗帜报》，由于该报的机会主义倾向而停止为其撰稿。

8月17日、18日：研究马克思的数学手稿，高度评价其中的微分法。

10月25日：致信伯恩施坦，指出马克思在国际无产阶级运动中的领导作用。

11月30日：致信伯恩施坦，指出社会民主运动和工人运动重心转到大工业城市是件好事情。

12月4日：写悼念燕妮·马克思的文章，发表在《社会民主党人报》上。

12月5日：在安葬燕妮·马克思时发表墓前讲话。

## 1882 年

1月21日：与马克思一起为俄文版《共产党宣言》作序。

4月10日：审阅《共产党宣言》俄文第二版序言。

4月下半月和5月3日：写《布鲁诺·鲍威尔和早期基督教》《论美国资本的积聚》，均发表在《社会民主党人报》上。

5月14日：会见德国社会民主党人辛格尔。

6月20日：告诉左尔格德国社会民主党状况，评述党内机会主义派别。

6月21日：致信倍倍尔，支持党内同右翼分子的斗争。

9月初：把英国民歌《布雷的牧师》译成德文，发表在《社会民主党人报》上。

9月12日：致信考茨基，表述自己对殖民地问题的看法。

9月21日：在基本完成小册子《社会主义从空想到科学的发展》德文第一版正文的出版准备工作后，为其作序。小册子于1882年底付印，1883年4月出版。

10月28日：致信倍倍尔，指出无产阶级的发展总是在内部斗争中实现的。

10月底：写《品特是怎样造谣的》，发表在《社会民主党人报》上。

12月上半月：写完《马尔克》一文，作为德文版《社会主义从空想到科学的发展》的附录发表。

## 1883 年

1月13日：写悼文《燕妮·龙格（马克思）》，发表在《社会民主党人报》上。

3月14日、15日：把马克思逝世的消息通知李卜克内西、倍倍尔和左尔格等人，指出他的逝世是国际无产阶级的巨大损失。

3月18日：写《卡尔·马克思的葬仪》，发表在《社会民主党人报》上。

4月至12月：整理阅读马克思手稿，准备继续完成《资本论》。

6月初至6月中：审阅《资本论》德文第一卷第三版校样。

6月28日：为《共产党宣言》德文第三版写序。

8月底：着手校订《资本论》第一卷英译文的头几章。

9月下半月：准备出版《资本论》第二卷的手稿。

10月至12月中：患病。

11月：《马尔克》以《德国农民。他过去怎样？他现在怎样？他将来会怎样？》为题在苏黎世以单行本出版。

11月7日：为《资本论》第一卷德文第三版写序言。

11月13日：致信查苏利奇，指出俄国政治局势紧张，预料革命危机很快就会到来。

12月至次年10月：校订马克思《哲学的贫困》德文第一版（1885年1月在斯图加特出版）译文，并写了序言，加了许多注释。

## 1884年

1月至8月初：同爱琳娜、艾威林、巴克斯等人保持经常接触，密切关注英国社会主义运动的发展。

1月至3月：继续整理马克思的遗稿和藏书。

1月上半月：阅读倍倍尔的《妇女和社会主义》，并给予很高评价。

1月28日：通知波兰社会主义者路·克齐维茨基，同意出版《资本论》第一卷波兰文译本。

2月底：把马克思的大部分俄文藏书寄给在巴黎的俄国民粹派活动家彼·拉·拉甫罗夫。

2月底至3月初：研读摩尔根的著作《古代社会》；把马克思法文藏书寄给在巴黎的拉法格夫妇。

3月底—5月26日：写作《家庭、私有制和国家的起源》。

5月29日—6月4日：去英国南部海滨哈斯廷斯，在德国民主派政论家西·波克罕家里做客。

7月16日：会见俄国民粹派活动家谢·米·斯捷普尼亚克-克拉夫钦斯基。

8月5日至9月1日：在英国南部海滨休养。

9月上半月：阅读美国改良主义者劳·格朗隆德的《合作国家》一书，对其提出尖锐批评。

10月3日左右：《家庭、私有制和国家的起源》在苏黎世出版。

10月23日：写完马克思《哲学的贫困》德文第一版（1885年1月在斯图加特出版）的序言，以《马克思和洛贝尔图斯》为题发表在1885年1月《新时代》杂志上。

11月12日：开始进行《资本论》第二卷第三篇的定稿工作。

11月底至12月：积极支持英国社会民主联盟内革命派与机会主义派的斗争。

12月11日—30日：几次同辛格尔谈话，并写信给倍倍尔、李卜克内西，指导德国社会民主党议会党团的斗争。

年底：着手再版《德国的农民战争》的修改准备工作。

## 1885年

1月—2月4日：校订由美国社会主义者凯利-威士涅威茨基夫人为了在美国出版而翻译的《英国工人阶级状况》部分英文译稿。

1月：准备付印《反杜林论》德文第二版。

1月25日：写《帝俄高级炸药顾问》，发表在1月29日的《社会民主党人报》上。

2月至6月初：校对《资本论》第二卷校样。

2月4日：写信批评李卜克内西对德国社会民主党内的机会主义分子采取调和态度。

2月中：写《一八四五年和一八八五年的英国》，发表在英国《公益》杂志第2期上，同时译成德文发表在《新时代》杂志第6期上。

2月23日：完成《资本论》第二卷的最后一部分手稿的整理工作并寄给出版

社，随即开始整理《资本论》第三卷手稿。

4月至6月：校订由马尔提涅蒂翻译的《家庭、私有制和国家的起源》意大利文译稿。

4月：阅读普列汉诺夫的著作《我们的意见分歧》。

5月至11月：校对《反杜林论》德文第二版校样。

5月5日：完成《资本论》第二卷序言。

5月底至6月：校对马克思的《路易·波拿巴的雾月十八日》德文第三版校样。

7月至9月中：校订由爱·福尔坦翻译的《路易·波拿巴的雾月十八日》部分法文译稿。

7月1日：为小册子《卡尔·马克思在科隆陪审法庭面前》写序。

7月上旬：《资本论》第二卷在汉堡出版。

7月下半月：结束《资本论》第三卷手稿辨认工作。

8月14日—9月14日：在泽稷岛休养，校订《反杜林论》德文第二版校样。

9月23日：写完《反杜林论》德文第二版序言。

10月：针对由海德门翻译的在《今日》杂志10月号上发表的《资本论》第一卷第一章的部分英译文，写《不应该这样翻译马克思的著作》，发表在11月《公益》杂志上。

10月8日：完成为马克思的著作《揭露科隆共产党人案件》德文第三版（11月在苏黎世出版）写的引言，并以《关于共产主义者同盟的历史》为题发表在11月12日、19日、26日的《社会民主党人报》上。

10月下半月至12月：研究巴尔干局势，分析沙皇俄国和俾斯麦政府对巴尔干半岛冲突所起的作用。

11月至12月初：阅读德国资产阶级政论家格·阿德勒的《德国早期社会政治工人运动史》。

12月2日左右：《反杜林论》德文第二版在苏黎世出版。

## 1886年

1月：阅读施拉姆的《洛贝尔图斯、马克思、拉萨尔》一书，并把批评意见告诉《社会民主党人报》编辑部，该报根据恩格斯的批评意见发表了一组文章。

2月25日—8月5日：校订《资本论》第一卷英文译稿。

3月15日：为纪念巴黎公社15周年致信法国社会主义者，发表在3月27日的《社会主义者报》上。

4月至7月：患病。

4月至5月：《路德维希·费尔巴哈和德国古典哲学的终结》在《新时代》杂志上发表。

4月中：接见美国记者麦肯尼斯，就工人立法问题发表谈话。

4月底至9月：密切关注美国争取八小时工作日的群众斗争。

5月15日：在《公益》杂志上发表关于里昂玻璃厂罢工工人遭枪杀的短评。

5月底—6月3日：校阅《〈英国工人阶级状况〉美国版附录》校样。

6月25日左右—7月7日：在伊斯特本休养。

8月至11月：校阅《资本论》第一卷英文版校样。

8月7日—9月4日：在伊斯特本休养。

8月下半月至10月：研究欧洲局势，指出存在爆发全欧战争的危险。

8月29日：离开伊斯特本回伦敦住了一天，以便会见从德国前往美国的李卜克内西。

9月5日—11日：校阅考茨基的著作《卡尔·考茨基的经济学说》，并提出自己的意见。

9月17至27日左右：接待来做客的约·菲·贝克尔。

10月8日、9日：建议倍倍尔和德国社会民主党其他活动家考虑，由党负担约·菲·贝克尔的生活费用，以保证他安心写回忆录。

10月25日：写欧洲国际形势简评，以《欧洲政局》为题发表在11月6日的《社会主义者报》上。

11月至12月初：写《法学家的社会主义》，后由于健康原因被迫停止，由考茨基完成，发表在《新时代》杂志1887年第2期上，未署名。

11月5日：写完《资本论》第一卷英文版序言。

12月至次年3月：阅读施留特尔的小册子《英国的宪章运动》手稿，并作修改补充。

12月5日—10日：接待从美国回来的李卜克内西和从德国来伦敦的李卜克内西夫人。

12月6日：会见辛格尔。

12月9日：撰文纪念约·菲·贝克尔逝世。

12月23日至次年1月中：接待来做客的拉法格夫妇。

## 1887年

1月至7月：因患眼病不得不在阅读和写作方面对自己加以限制。

1月初：《资本论》第一卷英译本出版。

1月10日：写完《论住宅问题》第二版序言。

1月26日：写完《英国工人阶级状况》美国版（5月初在纽约出版）的序言，后译成德文以《美国工人运动》为题发表在6月10日和17日的《社会民主党人报》上，并于7月在纽约出版英文和德文单行本。

2月至6月：就北美社会主义工人党执行委员会对艾威林提出的诽谤性控告给各国社会主义活动家广泛通信，澄清不实之词。

2月上半月：阅读《欧洲政局》的罗马尼亚译文，并借此学习罗马尼亚文。

2月13日：给定于2月19日在巴黎举行的由俄国、德国、波兰和其他国家流亡社会主义者组织的反战国际联谊节写了一封贺信。

3月下半月至5月：指导艾威林和爱琳娜在伦敦工人区进行社会主义宣传活动。

3月底：校阅《家庭、私有制和国家的起源》丹麦文译稿。

6月14日—23日：研究英格兰北部社会主义联盟的纲领，并对纲领做了一些修改和补充。

7月：阅读考茨基为1888年的《奥地利工人历书》撰写的《恩格斯传记》手稿，并做修改和补充。

7月23日—9月2日：在伊斯特本休养。

8月初：会见英国社会主义者巴克斯。

8月下半月：应考茨基的请求阅读他的《托马斯·莫尔及其乌托邦》一书校样，并提出自己的意见。

10月下半月：接待来做客的倍倍尔。

12月至次年1月：学习罗马尼亚文。

12月15日：完成为波克罕的《纪念一八〇六至一八〇七年德意志极端爱国主义者》第二版（1888年6月在苏黎世出版）写的引言。

12月底至次年3月：为计划写的小册子《暴力在历史中的作用》写第四章，后由于忙于准备《资本论》第三卷的付印工作而没有完成。

## 1888年

1月至2月：鉴于战争的危险性不断增加，仔细研究欧洲的国际形势。

1月至3月：为写作《暴力在历史中的作用》，阅读新出版的德国历史学家康·布勒的《现代史》第四卷，并对1871年以后的德国历史作编年摘录。

1月初：订购在彼得堡用德文出版的俄国经济学家伊·奥·凯斯勒尔的四卷本著作《关于俄国农民村社占有制的历史和批判》。

1月30日：为《共产党宣言》英文版写序言。

2月13日—25日：校阅《共产党宣言》英文版校样。

2月21日：为《路德维希·费尔巴哈和德国古典哲学的终结》单行本（5月上半月在斯图加特出版）写序言。

2月底：为已故共产主义者同盟盟员和第一国际总委员会委员卡·普芬德的妻子和女儿组织物质援助。

3月19日：致信拉法格，评述威廉一世死后的德国形势。

4月—5月9日：校订凯利－威士涅威茨基夫人为在美国出版单行本而翻译

的马克思《关于自由贸易的演说》的英译文，并加写了序言，以《保护关税制度和自由贸易》为题发表在7月份的《新时代》杂志和8月份的《劳动旗帜》周刊上。

5月至7月中：致信拉法格夫妇，分析布朗热主义的实质及其危险性。

8月8日—9月29日：同爱琳娜、艾威林、肖莱马一起赴美国和加拿大旅行。

9月19日：会见《纽约人民报》代表、第一国际活动家泰·库诺。

10月至次年1月初：为《资本论》第三卷第一篇付印做准备工作。

11月17日：会见英国社会主义者马·巴里。

## 1889年

1月至5月：协助筹备国际社会主义工人代表大会。

7月14日：国际社会主义工人代表大会在巴黎召开，标志着第二国际成立。

8月8日—9月6日：在伊斯特本休养。

8月10日：在《工人选民》报上发表《可能派的代表资格证》，揭露法国可能派破坏巴黎国际社会主义工人代表大会声誉的企图。

8月底至9月初：密切关注伦敦码头工人的罢工。

9月8日：在伦敦会见李卜克内西和辛格尔。

9月下半月至10月：准备出版《资本论》第一卷德文第四版。

9月底至10月初：写《资产阶级让位了》，发表在10月5日的《社会民主党人报》上。

10月至12月：帮助艾威林、爱琳娜及其他英国社会主义者在伦敦非熟练工人中开展活动。

12月：开始写作《俄国沙皇政府的对外政策》。

## 1890年

1月至12月：继续整理《资本论》第三卷手稿。

1月至3月：鉴于法德矛盾激化、法俄相互接近以及爆发全欧战争的危险日益增长，加紧研究欧洲局势。

2月：完成《俄国沙皇政府的对外政策》，分别用俄文、德文、英文发表。

1月底—2月8日：阅读英国费边社创建人之一悉·韦伯送的《费边社社会主义论文集》。

1月底至2月中：研究德国国会选举（2月20日）前夕的国内局势。

3月3日：在英国《新堡每日纪事报》上发表分析德国选举结果的文章。

3月8日：在《社会民主党人报》上发表《今后怎样呢？》。

3月下旬：审阅在布罗克豪斯百科辞典第十二版第六卷上发表的一篇自己的传记，并为该辞典第十四版补充和修改了这篇传记。

3月底至4月初：阅读意大利社会主义哲学家安·拉布里奥拉寄来的两本小册子《论社会主义》和《历史的哲学》。

4月17日：致信查苏利奇，希望她和其他俄国同志积极为《社会民主党人报》和《新时代》撰稿，以便加强俄国社会主义者同其他国家社会主义者的联系。

5月1日：为《共产党宣言》德文第四版（5月在伦敦出版）写序言。

5月4日：参加伦敦的五一节示威运动。

5月底至次年7月下半月：准备出版《家庭、私有制和国家的起源》第四版。

6月5日：给德国社会民主党内"青年派"首领之一保·恩斯特复信，反对他把历史唯物主义庸俗化。

6月25日：为《资本论》第一卷德文第四版写序言。

7月1日—26日：与肖莱马在挪威旅行。

7月9日—9月22日：同波兰革命者、巴黎公社将军瓦·符卢勃列夫斯基通信并给予资助。

8月14日左右—9月12日：在英格兰南部海岸福克斯顿休养。

9月9日左右至10月中：积极参加预定于1891年在布鲁塞尔召开的国际社会主义工人代表大会的筹备工作。

9月12日—18日：就《社会民主党人报》停刊给读者写了一封告别信，发表在9月27日的《社会民主党人报》上。

10月1日：写《答保尔·恩斯特先生》，发表在10月5日的《柏林人民报》上。

10月中旬：整理1836年至1864年马克思的书信。

11月4日：海伦·德穆特在伦敦去世。

11月27日至12月初：接待来做客的倍倍尔、李卜克内西和辛格尔。

11月28日：70岁生日，收到各国社会主义政党、工人组织及其活动家寄来的大量贺信、贺电。

12月至次年2月：写《布伦坦诺CONTRA马克思》，以小册子形式于1891年4月出版。

12月—次年1月6日：整理马克思的《哥达纲领批判》，并加写序言，一同发表在1891年1月《新时代》杂志上。

## 1891年

1月10日左右—2月1日：多次会见被逐出巴黎的波兰社会主义者斯塔尼斯拉夫·门德尔森和他的妻子玛丽亚。

2月20日—3月6日：阅读拉法格的《马克思的价值和剩余价值理论同资产阶级经济学家》一文手稿，并提出许多批评意见。

3月4日—10月2日：审订由法国社会主义者昂·腊韦翻译的《家庭、私有制和国家的起源》的一部分法文译稿以及由劳拉校订过的其余部分译稿。

3月14日：把为纪念巴黎公社20周年而准备出版的马克思著作《法兰西内战》德文第三版（5月在柏林出版）写的导言寄给费舍。

4月初：接待来做客的肖莱马。

4月30日：为马克思的《雇佣劳动与资本》新版单行本（6月底出版）写导言。

5月3日：参加伦敦庆祝五一节的示威游行和群众集会。

5月12日：为《社会主义从空想到科学的发展》德文第四版写序言。

6月：阅读德国资产阶级社会学家保·巴尔特的《黑格尔和包括马克思及哈特曼在内的黑格尔派的历史哲学》。

6月16日：写完《家庭、私有制和国家的起源》第四版序言，以《关于原始家庭的历史（巴霍芬、麦克伦南、摩尔根）》为题发表在6月《新时代》杂志上。

6月18日—29日：写《1891年社会民主党纲领草案批判》，寄给德国社会民主党执行委员会，发表在7月4日的《前进报》上，后来又发表在党的其他刊物上，供讨论用。

6月26日至8月24日左右：有间断地在赖德（威特岛）休息。

6月29日：致信考茨基，尖锐批评格·福尔马尔6月1日在慕尼黑举行的社会民主党集会上发表的沙文主义演说。

8月25日—27日：接待来做客的倍倍尔和维·阿德勒。

9月3日左右：接见参加布鲁塞尔国际社会主义工人代表大会后途经伦敦回国的美国社会主义者麦克维和阿·卡恩。

9月8日至23日左右：与内侄女玛·艾·罗舍和女秘书路易莎·考茨基到爱尔兰和苏格兰旅行。

9月29日左右：经过一段时间的中断之后，继续整理出版《资本论》第三卷手稿的工作。

10月13日—22日：应劳拉·拉法格的请求为《1892年工人党年鉴》写《德国的社会主义》。

11月至12月：紧张地进行整理出版《资本论》第三卷手稿的工作。

11月：阅读普列汉诺夫在《新时代》上发表的纪念黑格尔逝世60周年的一组文章。

11月17日：寄给英国自由派报纸《每日纪事报》编辑部一篇声明，揭露该报刊登的关于马克思家庭的诽谤性报道，声明以《关于已故的马克思夫人》为题发表在11月25日的《每日纪事报》上。

12月中：去赖德旅行。

## 1892年

1月至3月：几次看望住在里士满的乔治·哈尼，和他通信，并给予资助。

1月：阅读德国庸俗经济学家尤·沃尔弗的文章《马克思的平均利润之谜》；

# 恩格斯传

把《德国的社会主义》译成德文,加写前言和结束语,发表在 2 月的《新时代》杂志上。

1 月 11 日:为《英国工人阶级状况》英国版(3 月底在伦敦出版)写序言。

2 月 10 日:应流亡伦敦的波兰社会主义者的请求,为《共产党宣言》波兰文版写序言。

2 月中:校订爱琳娜翻译的《社会主义从空想到科学的发展》英译文。

2 月 19 日:写信告诉阿德勒,决定把狄茨出版社给自己的全部稿费交给奥地利社会民主工党作为该党的经费。

3 月初:接待德国工人活动家奥·济格尔,帮他找工作,并给予资助。

3 月 5 日—16 日:阅读弗·梅林的《莱辛传奇》,并给以好评。

3 月 17 日:写信给法国工人,祝贺巴黎公社成立 21 周年。

3 月 20 日左右—26 日:在赖德休养。

4 月 1 日:接受法国资产阶级报纸《闪电报》记者艾·马萨尔的采访。

4 月中:接见俄国民粹派政论家尼·谢·鲁萨诺夫,就俄国经济情况和社会主义运动发表谈话。

4 月 20 日:写完《社会主义从空想到科学的发展》英文版导言。

5 月 1 日:参加伦敦五一节示威活动。

5 月 14 日左右—6 月 1 日:与倍倍尔、辛格尔多次讨论德国社会主义中的问题。

约 6 月初:把《社会主义从空想到科学的发展》英文版导言译成德文,以《论历史唯物主义》为题发表在 9 月《新时代》杂志上。

6 月 9 日—17 日:几次接见来伦敦参加国际矿工代表大会的德国矿工代表。

6 月 29 日—7 月 2 日:去曼彻斯特参加肖莱马(6 月 27 日去世)的葬礼,并写悼文发表在 7 月 3 日的《前进报》上。

7 月 21 日:写完《英国工人阶级状况》德文第二版(8 月中出版)序言。

7 月 27 日—9 月 6 日:在赖德休养。

8 月:阅读法国哲学家和历史学家厄·勒南的著作。

9 月 5 日—26 日:关注 9 月 5 日至 10 日在格拉斯哥举行的英国工联代表大会,

对它的各项决议作了评价。

9月下半月：几次会见柯瓦列夫斯基。

9月22日和11月17日：会见俄国民粹派活动家谢·米·克拉夫钦斯基（斯捷普尼亚克）。

10月至12月：集中进行整理出版《资本论》第三卷的工作。

10月上半月：阅读"青年派"首领之一汉·弥勒的小册子《德国社会民主党内的阶级斗争》。

10月中：阅读欧·普罗托针对《德国的社会主义》写的小册子《沙文主义者和反对派》。

11月9日—15日：写《美国的总统选举》，发表在11月16日的《前进报》上。

11月9日—25日：为耶拿出版的《社会政治科学手册》写《马克思传略》。

11月底—12月4日：写《新发现的一个群婚实例》，发表在12月《新时代》杂志上。

12月至次年7月：准备出版《资本论》第二卷德文第二版。

## 1893年

1月3日左右—10日：接待来做客的倍倍尔。

1月10日：写《关于巴黎警察当局不久前的行径》，发表在1月13日的《前进报》上。

1月23日：出席伦敦德意志工人共产主义教育协会成立53周年庆祝晚会。

1月26日—29日：写《关于意大利的巴拿马》，发表在2月1日、2日、3日的《前进报》上。

2月：写题为《欧洲能否裁军？》的一组文章，发表在3月1日至10日的《前进报》上，并于3月底出版单行本。

2月1日：为当年在米兰出版的《共产党宣言》意大利文版写序言。

2月2日左右：应伦敦俄国犹太人流亡者"进步社"的免费阅览室的请求，寄给它许多社会主义理论和历史方面的书籍。

2月4日：建议哈尼撰写宪章运动史。

3月1日左右—17日：在伊斯特本休养。

3月28日左右—4月4日：接待来做客的倍倍尔，与他讨论辛格尔提出的分册出版马克思和恩格斯著作的建议；接待来做客的拉法格夫妇，与他们讨论法国工人运动问题。

3月31日：德国、法国和英国的社会主义者议员倍倍尔、拉法格、白恩士在恩格斯家里会晤，恩格斯是会晤的倡议者，并认为会晤本身证明国际工人运动取得了巨大成就。

4月至7月初：多次接见由普列汉诺夫介绍来访的俄国社会民主党人阿·米·沃登。

4月24日：去曼彻斯特参加爱德华·龚佩尔医生的葬礼。

5月7日：参加伦敦五一节示威游行。

5月11日：接受法国保守派报纸《费加罗报》采访，就国际形势和德国状况发表评述。

5月27日：读完《俄国农村的经济状况》一书后，给作者伊·阿·古尔维奇写信，予以好评。

6月13日：致电拉甫罗夫，祝贺他70岁生日。

6月底：就德意志帝国国会选举问题接受英国自由派报纸《每日纪事报》采访。

7月15日：为《资本论》第二卷德文第二版写序言。

7月21日—28日：在伊斯特本休养。

7月29日：立遗嘱，把大部分财产留给马克思的几个女儿和外孙，一部分财产和藏书留赠给德国社会民主党。

8月1日—9月29日：到德国、瑞士和奥地利旅行。

8月12日：参加在苏黎世召开的国际社会主义工人代表大会的最后一次会议，以大会名誉主席身份发表演说并宣布大会闭幕。

9月11日：出席奥地利社会民主党人在维也纳组织的欢迎他和倍倍尔的晚会。

9月22日：出席德国社会民主党人在柏林组织的欢迎他的大会。

10月22日—31日：几次接见由拉甫罗夫介绍来访的沙·拉波波特。

11月6日—12日：阅读迈耶尔的《世纪末的资本主义》。

12月：审阅由劳拉翻译的《路德维希·费尔巴哈和德国古典哲学的终结》前半部的法译文，并把意见寄给她。

12月上半月：去牛津看望患精神病的斐·沃尔弗。

12月2日：致信左尔格，分析在美国阻碍建立群众性社会主义政党的原因。

12月19日：写信祝贺在日内瓦召开的国际社会主义者大学生代表大会，以答复大会对他的邀请。

## 1894年

1月上半月：为国际问题论文集写序，论文集1月底在柏林出版，重印了他1871—1875年在《人民国家报》上发表的一系列文章。

1月6日—10日：阅读17世纪初英国作家罗·伯顿的《忧郁症剖析》。

1月9日左右：给《前进报》和《新时代》杂志写短评，介绍《资本论》第三卷的内容。

1月25日：给布勒斯劳（弗罗茨拉夫）的德国大学生瓦·博尔吉乌斯复信，阐述历史唯物主义的若干原理。

1月26日：应屠拉梯和他妻子安·库利绍娃的请求，写关于意大利状况的文章，以《未来的意大利革命和社会党》为题发表在2月1日《社会评论》杂志第3期上。

2月9日左右—3月1日：在伊斯特本休养。

2月底至5月：阅读丹尼尔逊寄给他的两卷关于俄国工农业发展的统计资料。

3月18日：给法国工人党委员会写贺信，纪念巴黎公社成立23周年。

5月6日、7日：接见法国社会主义者阿·德尔克律兹。

5月11日：把《资本论》第三卷最后一部分手稿寄给出版社。

5月23日：为《反杜林论》德文第三版（7月出版）写序言。

6月19日左右—7月2日：几次会见来英国的李卜克内西。

6月19日—7月16日：写《论早起基督教的历史》，发表在9月底至10月初的《新时代》杂志上。

7月19日—8月2日：给苏格兰罢工矿工提供帮助。

8月14日—9月18日：在伊斯特本休养。

9月至11月：关注中日战争的进程。

10月至11月：多次会见被驱逐出瑞士来伦敦暂住的普列汉诺夫。

10月4日：写完《资本论》第三卷序言。

11月初：阅读《新纪元》杂志发表的《共产党宣言》法文译文，并提出自己的意见

11月12日：致信《前进报》编辑部，驳斥福尔马尔歪曲他在土地问题上的立场，发表在11月16日《前进报》上；写短文驳斥《前进报》关于《资本论》第四卷将放弃出版的说法，发表在11月《新时代》杂志上，未署名。

11月15日—22日：写《法德农民问题》，月底发表在《新时代》杂志上。

11月下半月至12月上半月：密切关注德国社会民主党内关于土地问题的辩论。

12月初：《资本论》第三卷在汉堡出版。

## 1895年

1月：为出版《马克思恩格斯全集》做准备工作。

1月上半月：致信瓦扬和拉法格，要求法国社会主义者定期接济符卢勃列夫斯基。

1月3日：致信保·施土姆普弗，分析德国社会民主党内各种机会主义倾向趋于活跃的原因。

1月9日—28日：为奥地利《工人报》筹划物质援助和组织稿源。

1月底至2月初：准备出版马克思同拉萨尔的通信。

2月：阅读普列汉诺夫的《论一元史观的发展问题》。

2月1日—26日：应普列汉诺夫的请求为查苏利奇延医治病。

2月上半月：为马克思在1850年《新莱茵报。政治经济评论》上发表的论述

法国问题的文章出版单行本做准备工作。

2月14日—3月6日：为马克思的《1848年至1850年的法兰西阶级斗争》单行本（4月中旬出版）写导言，发表在3月底至4月初《新时代》杂志上。

2月下半月：阅读劳拉翻译的《论早期基督教的历史》法译文原稿，并做了一些修改。

3月11日和4月6日：写信批评威·桑巴特和施米特关于《资本论》第三卷的书评。

3月18日左右：阅读卡·希尔施在《社会政治中央导报》上发表的几篇关于在劳动强化的情况下为缩短劳动时间而斗争的文章，并把自己的意见告诉希尔施。

3月底至4月初：阅读拉法格的《财产的起源与发展》。

4月：继续准备出版马克思和他自己著作的全集。

4月初：阅读斯·鲍威尔寄给他的专题著作《论重农学派学说的发生。根据魁奈的未发表著作》；为整理出版《资本论》第四卷做准备。

4月15日—5月29日：为出版马克思1842年在《莱茵报》上发表的早期论文集做准备工作。

5月：写《资本论》第三卷增补；阅读考茨基的著作《从柏拉图到再洗礼派》，并把自己的意见写信告诉他；出现食道癌的初期症状。

5月21日：致信考茨基，指责他和伯恩施坦瞒着自己准备出版一套关于社会主义历史的丛书。

6月初—7月24日：在伊斯特本治病。

7月24日：身患重病的恩格斯从伊斯特本返回伦敦。

7月28日：同爱琳娜谈论英国独立工党的状况。

8月5日：晚10点30分去世。

8月10日：恩格斯追悼会在滑铁卢车站大厅举行，随后遗体被运往罗克伍德的沃金火葬场火化。

8月27日：遵照恩格斯的遗愿，骨灰罐被投葬在伊斯特本海滨附近的海中。

附录二

# 《共产主义原理》

弗里德里希·恩格斯

**第一个问题：什么是共产主义？**

**答：** 共产主义是关于无产阶级解放的条件的学说。

**第二个问题：什么是无产阶级？**

**答：** 无产阶级是完全靠出卖自己的劳动而不是靠某一种资本的利润来获得生活资料的社会阶级。这一阶级的祸福、存亡和整个生存，都取决于对劳动的需求，即取决于工商业繁荣期和萧条期的更替，取决于没有节制的竞争的波动。一句话，无产阶级或无产者阶级是19世纪的劳动阶级。

**第三个问题：是不是说，无产者不是一向就有的？**

**答：** 是的，不是一向就有的。穷人和劳动阶级一向就有；并且劳动阶级通常都是贫穷的。但是，生活在上述条件下的这种穷人、这种工人，即无产者，并不是一向就有的，正如竞争并不一向是自由的和没有节制的一样。

**第四个问题：无产阶级是怎样产生的？**

**答**：无产阶级是由于工业革命而产生的，这一革命在上个世纪下半叶发生于英国，后来，相继发生于世界各文明国家。工业革命是由蒸汽机、各种纺纱机、机械织布机和一系列其他机械装备的发明而引起的。这些价钱很贵，因而只有大资本家才买得起的机器，改变了以前的整个生产方式，挤掉了原来的工人。这是因为机器生产的商品要比工人用不完善的纺车和织布机生产的又便宜又好。这样一来，这些机器就使工业全部落到大资本家手里，并且使工人仅有的一点薄产（工具、织布机等）变得一钱不值，于是资本家很快就占有了一切，而工人却一无所有了。从此，在衣料生产方面就实行了工厂制度。机器和工厂制度一经采用，这一制度很快就推行到所有其他工业部门，特别是印花业、印书业、制陶业和金属品制造业等部门。工人之间的分工越来越细，于是，从前完成整件工作的工人，现在只做这件工作的一部分。这种分工可以使产品生产得更快，因而也更便宜。分工把每个工人的活动变成一种非常简单的、时刻都在重复的机械操作，这种操作利用机器不但能够做得同样出色，甚至还要好得多。因此，所有这些工业部门都像纺纱和织布业一样，一个跟着一个全都受到了蒸汽动力、机器和工厂制度的支配。这样一来，这些工业部门同时也就全都落到了大资本家的手里，工人也就失掉了最后的一点独立性。除了原来意义上的工场手工业，手工业也渐渐受到工厂制度的支配，因为这里的大资本家也在通过建立可以大量节省开支和实行细致分工的大作坊，不断挤掉小师傅。结果，我们现在可以看到，在文明国家里，几乎所有劳动部门都照工厂方式进行经营了，在所有劳动部门，手工业和工场手工业几乎都被工业挤掉了。于是，从前的中间等级，特别是小手工业师傅日益破产，工人原来的状况发生了根本的变化，产生了两个逐渐并吞所有其他阶级的新阶级。这两个阶级就是：

一、大资本家阶级，他们在所有文明国家里现在已经几乎独占了一切生活资料和生产这些生活资料所必需的原料和工具（机器、工厂）。这就是资产者阶级或资产阶级。

二、完全没有财产的阶级，他们为了换得维持生存所必需的生活资料，不得不把自己的劳动出卖给资产者。这个阶级叫作无产者阶级或无产阶级。

**第五个问题：无产者是在怎样的条件下把劳动出卖给资产者的？**

**答**：劳动和其他任何商品一样，也是一种商品，因此，劳动的价格和其他任何商品的价格一样，也是由同样的规律决定的。正像我们在下面将看到的，在大工业或自由竞争的统治下，情形都一样，商品的价格平均总是和这种商品的生产费用相等的。因此，劳动的价格也是和劳动的生产费用相等的。而劳动的生产费用正好是使工人能够维持他们的劳动能力并使工人阶级不致灭绝所必需的生活资料的数量。工人的劳动所得不会比为了这一目的所必需的更多。因此，劳动的价格或工资将是维持生存所必需的最低额。但是，因为工商业有时萧条有时兴旺，工人所得也就有多有少，正像厂主出卖商品所得有多有少一样。如果把工商业繁荣期和萧条期平均起来，厂主出卖商品所得既不多于他的生产费用，也不少于他的生产费用，同样，工人平均所得也是既不会多于这个最低额，也不会少于这个最低额。大工业越是在所有劳动部门占统治地位，工资的这一经济规律体现得就越充分。

**第六个问题：在工业革命前，有过什么样的劳动阶级？**

**答**：在不同的社会发展阶段上，劳动阶级的生活条件各不相同，劳动阶级在同有产阶级和统治阶级的关系中所处的地位也各不相同。在古代，劳动者是主人的奴隶。直到今天在许多落后国家甚至美国南部他们还是这种奴隶。在中世纪，劳动者是土地贵族的农奴，直到今天在匈牙利、波兰和俄国他们还是这种农奴。此外，在中世纪，直到工业革命前，城市里还有在小资产阶级师傅那里做工的手工业帮工，随着工场手工业的发展，也渐渐出现了受较大的资本家雇用的工场手工业工人。

**第七个问题：无产者和奴隶有什么区别？**

**答**：奴隶一次就被完全卖掉了。无产者必须一天一天、一小时一小时地出卖自己。单个的奴隶是某一个主人的财产，由于他与主人利害攸关，他的生活不管怎样坏，总还是有保障的。单个的无产者可以说是整个资产者阶级的财产，他的劳动只有在有人需要的时候才能卖掉，因而他的生活是没有保障的。只有对整个无产者阶级来说，这种生活才是有保障的。奴隶处在竞争之外，无产者处在竞争之中，并且亲身感受到竞争的一切波动。奴隶被看作物，不被看作市民社会的成员。无产者被承认是人，是市民社会的成员。因此奴隶能够比无产者生活得好些，但无产者属于更高的社会发展阶段，他们本身处于比奴隶更高的阶段。在所有的私有制关系中，只要废除奴隶制关系，奴隶就能解放自己，并由此而成为无产者；无产者只有废除一切私有制才能解放自己。

第八个问题：无产者和农奴有什么区别？

**答**：农奴占有并使用一种生产工具，即一块土地，为此他要交出自己的一部分收益或者服一定的劳役。无产者用别人的生产工具为这个别人做工，从而得到一部分收益。农奴是交出东西，无产者是得到报酬。农奴生活有保障，无产者生活无保障。农奴处在竞争之外，无产者处在竞争之中。农奴可以通过各种道路获得解放：或者是逃到城市里去做手工业者；或者是交钱给地主代替劳役和产品，从而成为自由的佃农；或者是把他们的封建主赶走，自己变成财产所有者。总之，农奴可以通过不同的办法加入有产阶级的队伍并进入竞争领域而获得解放。无产者只有通过消灭竞争、私有制和一切阶级差别才能获得解放。

第九个问题：无产者和手工业者有什么区别？

第十个问题：无产者和工场手工业工人有什么区别？

**答**：16—18世纪，几乎任何地方的工场手工业工人都占有生产工具，如织布机、家庭用的纺车和一小块在工余时间耕种的土地。这一切，无产者都没有。工场手工业工人几乎总是生活在农村，和地主或雇主维持着或多或少的宗法关系。无产者通常生活在大城市，和雇主只有金钱关系。大工业使工场手工业工人脱离了宗法关系，他们失去了仅有的一点财产，因此而变成无产者。

**第十一个问题：工业革命和社会划分为资产者与无产者首先产生了什么结果？**

答：第一，由于在世界各国机器劳动不断降低工业品的价格，旧的工场手工业制度或以手工劳动为基础的工业制度完全被摧毁。所有那些迄今或多或少置身于历史发展之外、工业迄今建立在工场手工业基础上的半野蛮国家，随之也就被迫脱离了它们的闭关自守状态。这些国家购买比较便宜的英国商品，把本国的工场手工业工人置于死地。因此，那些几千年来没有进步的国家，例如印度，都已经进行了完全的革命，甚至中国现在也正走向革命。事情已经发展到这样的地步：今天英国发明的新机器，一年之内就会夺去中国千百万工人的饭碗。这样，大工业便把世界各国人民互相联系起来，把所有地方性的小市场联合成为一个世界市场，到处为文明和进步做好了准备，使各文明国家里发生的一切必然影响到其余各国。因此，如果现在英国或法国的工人获得解放，这必然会引起其他一切国家的革命，这种革命迟早会使这些国家的工人也获得解放。

第二，凡是大工业代替了工场手工业的地方，工业革命都使资产阶级及其财富和势力最大限度地发展起来，使它成为国内的第一阶级。结果，凡是完成了这种过程的地方，资产阶级都取得了政治权力，并挤掉了以前的统治阶级——贵族、行会师傅和代表他们的专制王朝。资产阶级废除了长子继承权或出卖领地的禁令，取消了贵族的一切特权，这样便消灭了特权贵族、土地贵族的势力。资产阶级取消了所有行会，废除了手工业者的一切特权，这样便摧毁了行会师傅的势力。资产阶级用自由竞争来取代行会和手工业者的特权；在自由竞争这种社会状况下，每一个人都有权经营任何一个工业部门，而且，除非缺乏必要的资本，什么也不能妨碍他的经营。这样，实行自由竞争就是公开宣布：从今以后，只是由于社会各成员的资本多寡不等，所以他们之间才不平等，资本成为决定性的力量，从而资本家、资产者成为社会上的第一阶级。但是，自由竞争在大工业发展初期之所以必要，是因为只有在这种社会状况下大工业才能成长起来。资产阶级这样消灭了贵族和行会师傅的社会势力以后，也就消灭了他们的政治权力。资产阶级在社会上上升为第一阶级以后，它也就在政治上宣布自己是第一阶级。它是通过实行代议制而做到这一点的。代议制是以资产阶级的在法律面前平等和法律承认自由竞争为基础的。这种制度在欧洲各国采取立宪君主制的形式。在这种立宪君主制的国家里，只有拥有一定资本的人即资产者，才有选举权。这些资产者选民选出议员，而这些资产者议员可以运用拒绝纳税的权利，选出资产者政府。

第三，工业革命到处都使无产阶级和资产阶级以同样的速度发展起来。资产者越发财，无产者的人数也就越多。因为只有资本才能使无产者找到工作，而资本只有在使用劳动的时候才能增加，所以无产阶级的增加和资本的增加是完全同步的。同时，工业革命使资产者和无产者都集中在最有利于发展工业的大城市里，广大群众聚集在一个地方，使无产者意识到自己的力量。其次，随着工业革命的发展，随着挤掉手工劳动的新机器的不断发明，大工业把工资压得越来越低，把它压到上面说过的最低额，因而无产阶级的处境也就越来越不堪忍受了。这样，一方面由于无产阶级不满情绪的增长，另一方面由于他们力量的壮大，工业革命便孕育着一个由无产阶级进行的社会革命。

**第十二个问题：工业革命进一步产生了什么结果？**

**答：** 大工业创造了像蒸汽机和其他机器那样的手段，使工业生产在短时间内用不多的费用便能无限地增加起来。由于生产变得这样容易，这种大工业必然产生的自由竞争很快就达到十分剧烈的程度。大批资本家投身于工业，生产很快就超过了消费。结果，生产出来的商品卖不出去，所谓商业危机就到来了。工厂只好关门，厂主破产，工人挨饿。到处出现了极度贫困的现象。过了一段时间，过剩的产品卖光了，工厂重新开工，工资提高，生意也渐渐地比以往兴旺起来。但这是不会长久的，因为很快又会生产出过多的商品，新的危机又会到来，这种新危机的过程和前次危机完全相同。因此，从本世纪初以来，工业经常在繁荣时期和危机时期之间波动。这样的危机几乎定期地每五年到七年发生一次，每一次都给工人带来极度的贫困，激起普遍的革命热情，给整个现存制度造成极大的危险。

**第十三个问题：这种定期重复的商业危机会产生什么后果？**

**答：**第一，虽然大工业在它的发展初期自己造成了自由竞争，但是现在它的发展已经超越了自由竞争的范围。竞争和个人经营工业生产已经变成大工业的枷锁，大工业必须粉碎它，而且一定会粉碎它。大工业只要还在现今的基础上进行经营，就只能通过每七年出现一次的普遍混乱来维持，每次混乱对全部文明都是一种威胁，它不但把无产者抛入贫困的深渊，而且也使许多资产者破产。因此，或者必须完全放弃大工业本身（这是绝对不可能的），或者大工业使建立一个全新的社会组织成为绝对必要的，在这个全新的社会组织里，工业生产将不是由相互竞争的单个的厂主来领导，而是由整个社会按照确定的计划和所有人的需要来领导。

第二，大工业及其所引起的生产无限扩大的可能性，使人们能够建立这样一种社会制度，在这种社会制度下，一切生活必需品都将生产得很多，使每一个社会成员都能够完全自由地发展和发挥他的全部力量和才能。由此可见，在现今社会中造成一切贫困和商业危机的大工业的那种特性，在另一种社会组织中正是消灭这种贫困和这些灾难性的波动的因素。

这就完全令人信服地证明：

（1）从现在起，可以把所有这些弊病完全归咎于已经不适应当前情况的社会制度；

（2）通过建立新的社会制度来彻底铲除这些弊病的手段已经具备。

**第十四个问题：这种新的社会制度应当是怎样的？**

**答：**这种新的社会制度首先必须剥夺相互竞争的个人对工业和一切生产部门的经营权，而代之以所有这些生产部门由整个社会来经营，就是说，为了共同的利益、按照共同的计划、在社会全体成员的参加下来经营。这样，这种新的社会制度将消灭竞争，而代之以联合。因为个人经营工业的必然结果是私有制，竞争不过是单个私有者经营工业的一种方式，所以私有制同工业的个体经营和竞争是分不开的。因此私有制也必须废除，而代之以共同使用全部生产工具和按照共同的协议来分配全部产品，即所谓财产公有。废除私有制甚至是工业发展必然引起的改造整个社会制度的最简明扼要的概括。所以共产主义者完全正确地强调废除私有制是自己的主要要求。

**第十五个问题：这么说，过去废除私有制是不可能的？**

**答：**不可能。社会制度中的任何变化，所有制关系中的每一次变革，都是产生了同旧的所有制关系不再相适应的新的生产力的必然结果。私有制本身就是这样产生的。私有制不是一向就有的；在中世纪末期，产生了一种工场手工业那样的新的生产方式，这种新的生产方式超越了当时封建和行会所有制的范围，于是这种已经超越旧的所有制关系的工场手工业便产生了新的所有制形式——私有制。对于工场手工业和大工业发展的最初阶段来说，除了私有制，不可能有其他任何所有制形式，除了以私有制为基础的社会制度，不可能有其他任何社会制度。只要生产的规模还没有达到不仅可以满足所有人的需要，而且还有剩余产品去增加社会资本和进一步发展生产力，就总会有支配社会生产力的统治阶级和贫穷的被压迫阶级。至于这些阶级是什么样子，那要看生产的发展阶段。在依赖农业的中世纪，是领主和农奴；在中世纪后期的城市里，是行会师傅、帮工和短工；在17世纪是工场手工业主和工场手工业工人；在19世纪是大工厂主和无产者。非常明显，在这以前，生产力还没有发展到能以足够的产品来满足所有人的需要，还没有发展到私有制成为这些生产力发展的桎梏和障碍。但是现在，由于大工业的发展，第一，产生了空前大规模的资本和生产力，并且具备了能在短时期内无限提高这些生产力的手段；第二，生产力集中在少数资产者手里，而广大人民群众越来越变成无产者，资产者的财富越增加，无产者的境遇就越悲惨和难以忍受；第三，这种强大的、容易增长的生产力，已经发展到私有制和资产者远远不能驾驭的程度，以致经常引起社会制度极其剧烈的震荡。只有这时废除私有制才不仅可能，甚至完全必要。

**第十六个问题：能不能用和平的办法废除私有制？**

**答：**但愿如此，共产主义者当然是最不反对这种办法的人。共产主义者很清楚,任何密谋都不但无益,甚至有害。他们很清楚,革命不能故意地、随心所欲地制造,革命在任何地方和任何时候都是完全不以单个政党和整个阶级的意志和领导为转移的各种情况的必然结果。但他们也看到,几乎所有文明国家的无产阶级的发展都受到暴力压制,因而是共产主义者的敌人用尽一切力量引起革命。如果被压迫的无产阶级因此最终被推向革命,那时,我们共产主义者将用行动来捍卫无产者的事业,正像现在用语言来捍卫它一样。

**第十七个问题:能不能一下子就把私有制废除?**

答:不,不能,正像不能一下子就把现有的生产力扩大到为实行财产公有所必要的程度一样。因此,很可能就要来临的无产阶级革命,只能逐步改造现今社会,只有创造了所必需的大量生产资料之后,才能废除私有制。

**第十八个问题:这个革命的发展过程将是怎样的?**

答:首先无产阶级革命将建立民主的国家制度,从而直接或间接地建立无产阶级的政治统治。在英国可以直接建立,因为那里的无产者现在已占人民的大多数。在法国和德国可以间接建立,因为这两个国家的大多数人民不仅是无产者,而且还有小农和小资产者,小农和小资产者正处在转变为无产阶级的过渡阶段,他们的一切政治利益的实现都越来越依赖无产阶级,因而他们很快就会同意无产阶级的要求。这也许还需要第二次斗争,但是,这次斗争只能以无产阶级的胜利而告终。

如果不立即利用民主作为手段实行进一步的、直接向私有制发起进攻和保障无产阶级生存的各种措施,那么,这种民主对于无产阶级就毫无用处。这些作为现存关系的必然结果现在已经产生出来的最主要的措施如下:

(1)用累进税、高额遗产税、取消旁系亲属(兄弟、侄甥等)继承权、强制公债等来限制私有制。

(2)一部分用国家工业竞争的办法,一部分直接用纸币赎买的办法,逐步剥夺土地所有者、工厂主、铁路所有者和船主的财产。

（3）没收一切反对大多数人民的流亡分子和叛乱分子的财产。

（4）在国家农场、工厂和作坊中组织劳动或者让无产者就业，这样就会消除工人之间的竞争，并迫使还存在的厂主支付同国家一样高的工资。

（5）对社会全体成员实行同样的劳动义务制，直到完全废除私有制为止。成立产业军，特别是在农业方面。

（6）通过拥有国家资本的国家银行，把信贷系统和货币经营业集中在国家手里。取消一切私人银行和银行家。

（7）随着国家拥有的资本和工人的增加，增加国家工厂、作坊、铁路和船舶，开垦一切荒地，改良已垦土地的土壤。

（8）所有的儿童，从能够离开母亲照顾的时候起，都由国家出钱在国家设施中受教育。把教育和生产结合起来。

（9）在国有土地上建筑大厦，作为公民公社的公共住宅。公民公社将从事工业生产和农业生产，将把城市和农村生活方式的优点结合起来，避免二者的片面性和缺点。

（10）拆毁一切不合卫生条件的、建筑得很坏的住宅和市区。

（11）婚生子女和非婚生子女享有同等的继承权。

（12）把全部运输业集中在国家手里。

自然，所有这一切措施不能一下子都实行起来，但是它们将一个跟着一个实行，只要向私有制一发起猛烈的进攻，无产阶级就要被迫继续向前迈进，把全部资本、全部农业、全部工业、全部运输业和全部交换都越来越多地集中在国家手里。上述一切措施都是为了这个目的。无产阶级的劳动将使国家的生产力大大增长，随着这种增长，这些措施实现的可能性和由此而来的集中化程度也将相应地增长。最后，当全部资本、全部生产和全部交换都集中在国家手里的时候，私有制将自行灭亡，金钱将变成无用之物，生产将大大增加，人将大大改变，以致连旧社会最后的各种交往形式也能够消失。

**第十九个问题：这种革命能不能单独在一个国家发生？**

**答：**不能。单是大工业建立了世界市场这一点，就把全球各国人民，尤其是各文明国家的人民，彼此紧紧地联系起来，以致每一国家的人民都受到另一国家发生的事情的影响。此外，大工业使所有文明国家的社会发展大致相同，以致在所有这些国家，资产阶级和无产阶级都成了社会上两个起决定作用的阶级，它们之间的斗争成了当前的主要斗争。因此，共产主义革命将不是仅仅一个国家的革命，而是将在一切文明国家里，至少在英国、美国、法国、德国同时发生的革命，在这些国家的每一个国家中，共产主义革命发展得较快或较慢，要看这个国家是否有较发达的工业，较多的财富和比较大量的生产力。因此，在德国实现共产主义革命最慢最困难，在英国最快最容易。共产主义革命也会大大影响世界上其他国家，会完全改变并大大加速它们原来的发展进程。它是世界性的革命，所以将有世界性的活动场所。

**第二十个问题：最终废除私有制将产生什么结果？**

**答：**由于社会将剥夺私人资本家对一切生产力和交换手段的支配权以及他们对产品的交换和分配权，由于社会将按照根据实有资源和整个社会需要而制订的计划来管理这一切，所以同现在的大工业经营方式相联系的一切有害的后果，将首先被消除。危机将终止。

扩大的生产在现今的社会制度下引起生产过剩，并且是产生贫困的极重要的原因，到那个时候，这种生产就会显得十分不够，还必须大大扩大。超出社会当前需要的生产过剩不但不会引起贫困，而且将保证满足所有人的需要，将引起新的需要，同时将创造出满足这种新需要的手段。这种生产过剩将成为新的进步的条件和起因，它将实现这种进步，而不会像过去那样总是因此造成社会秩序的混乱。摆脱了私有制压迫的大工业的发展规模将十分宏伟，相形之下，目前的大工业状况将显得非常渺小，正像工场手工业和我们今天的大工业相比一样。工业的这种发展将给社会提供足够的产品以满足所有人的需要。农业在目前由于私有制的压迫和土地的小块化而难以利用现有改良成果和科学成就，而在将来也同样会进入崭新的繁荣时期,并将给社会提供足够的产品。这样一来,社会将生产出足够的产品,可以组织分配以满足全体成员的需要。因此,社会划分为各个不同的相互敌对的阶级就是多余的了。这种划分不仅是多余的,甚至是和新的社会制度互不相容的。阶级的存在是由分工引起的,而迄今为止的分工方式将完全消失。因为要把工业和农业生产提高到上面说过的水平,单靠机械和化学的辅助手段是不够的,还必须相应地发展使用这些手段的人的能力。当上个世纪的农民和工场手工业工人被卷入大工业的时候,他们改变了自己的整个生活方式而成为完全不同的人,同样,由整个社会共同经营生产和由此而引起的生产的新发展,也需要完全不同的人,并将创造出这种人来。共同经营生产不能由现在这种人来进行,因为他们每一个人都只隶属于某一个生产部门,受它束缚,听它剥削,在这里,每一个人都只能发展自己才能的一方面而偏废了其他各方面,只熟悉整个生产的某一个部门或者某一个部门的一部分。就是现在的工业也越来越不能使用这样的人了。由整个社会共同地和有计划地来经营的工业,更加需要才能得到全面发展、能够通晓整个生产系统的人。因此,现在已被机器破坏了的分工,即把一个人变成农民、把另一个人变成鞋匠、把第三个人变成工厂工人、把第四个人变成交易所投机者的分工,将完全消失。教育将使年轻人能够很快熟悉整个生产系统,将使他们能够根据社会需要或者他们自己的爱好,轮流从一个生产部门转到另一个生产部门。因此,教育将使他们摆脱现在这种分工给每个人造成的片面性。这样一来,根据共产主义原则组织起来的社会,将使自己的成员能够全面发挥他们的得到全面发展的才能。于是各个不同的阶级也必然消灭。因此,根据共产主义原则组织起来的社会一方面不容许阶级继续存在,另一方面这个社会的建立本身为消灭阶级差别提供了手段。

  由此可见,城市和乡村之间的对立也将消失。从事农业和工业的将是同一些人,而不再是两个不同的阶级,单从纯粹物质方面的原因来看,这也是共产主义联合体的必要条件。乡村农业人口的分散和大城市工业人口的集中,仅仅适应于工农业发展水平还不够高的阶段,这种状态是一切进一步发展的障碍,这一点现在人们就已经深深地感觉到了。

由社会全体成员组成的共同联合体来共同地和有计划地利用生产力;把生产发展到能够满足所有人的需要的规模;结束牺牲一些人的利益来满足另一些人的需要的状况;彻底消灭阶级和阶级对立;通过消除旧的分工,通过产业教育、变换工种、所有人共同享受大家创造出来的福利,通过城乡的融合,使社会全体成员的才能得到全面发展;——这就是废除私有制的主要结果。

**第二十一个问题:共产主义社会制度对家庭将产生什么影响?**

**答**:共产主义社会制度将使两性关系成为仅仅和当事人有关而社会无须干预的纯粹私人关系。共产主义社会制度之所以能实现这一点,是由于这种社会制度将废除私有制并将由社会教育儿童,从而将消灭迄今为止的婚姻的两种基础,即私有制所产生的妻子依赖丈夫、孩子依赖父母。这也是对道貌岸然的市侩关于共产主义公妻制的号叫的回答。公妻制完全是资产阶级社会的现象,现在的卖淫就是公妻制的充分表现。卖淫是以私有制为基础的,它将随着私有制的消失而消失。因此,共产主义组织并不实行公妻制,正好相反,它要消灭公妻制。

**第二十二个问题:共产主义组织将怎样对待现有的民族?**

——保留原案。

**第二十三个问题:共产主义组织将怎样对待现有的宗教?**

——保留原案。

**第二十四个问题:共产主义者和社会主义者有什么区别?**

**答**:所谓社会主义者分为三类:

第一类是封建和宗法社会的拥护者,这种社会已被大工业、世界贸易和由它们造成的资产阶级社会所消灭,并且每天还在消灭。这一类社会主义者从现今社会的弊病中得出了这样的结论:应该恢复封建和宗法社会,因为它没有这种种弊病。他们的所有建议都是直接或间接地为了这一目的。共产主义者随时都要坚决

同这类反动的社会主义者做斗争,尽管他们假惺惺地表示同情无产阶级的苦难并为此而洒出热泪。因为:

(1)他们追求一种根本不可能的事情;

(2)他们企图恢复贵族、行会师傅、工场手工业主以及和他们相联系的专制君主或封建君主、官吏、士兵和僧侣的统治,他们想恢复的这种社会固然没有现今社会的各种弊病,但至少会带来同样多的其他弊病,而且它根本不可能展现通过共产主义组织来解放被压迫工人的任何前景;

(3)当无产阶级成为革命的和共产主义的阶级的时候,这些社会主义者总要暴露出他们的真实意图。那时他们马上和资产阶级联合起来反对无产者。

第二类是现今社会的拥护者,现今社会必然产生的弊病,使他们为这个社会的存在担心。因此,他们力图保持现今社会,不过要消除和它联系在一起的弊病。为此,一些人提出了种种简单的慈善办法,另一些人则提出了规模庞大的改革计划,这些计划在改组社会的借口下企图保存现今社会的基础,从而保存现今社会本身。共产主义者也必须同这些资产阶级社会主义者做不懈的斗争,因为他们的活动有利于共产主义者的敌人,他们所维护的社会正是共产主义者所要推翻的社会。

最后,第三类是民主主义的社会主义者,他们希望沿着和共产主义者相同的道路去实现×××问题①中所提出的部分措施,但他们不是把这些措施当作走向共产主义的过渡办法,而是当作足以消除贫困和现今社会的弊病的措施。这些民主主义的社会主义者,或者是还不够了解本阶级解放条件的无产者,或者是小资产阶级的代表,这个阶级直到争得民主和实行由此产生的社会主义措施为止,在许多方面都和无产者有共同的利益。因此,共产主义者在行动的时候,只要民主主义的社会主义者不为占统治地位的资产阶级效劳和不攻击共产主义者,就应当和这些社会主义者达成协议,同时尽可能和他们采取共同的政策。当然,共同行动并不排除讨论存在于他们和共产主义者之间的分歧意见。

---

① 手稿此处空白,指的是第十八个问题。

**第二十五个问题：共产主义者怎样对待现有的其他政党？**

**答**：在不同的国家采取不同的态度。在资产阶级占统治地位的英国、法国和比利时，共产主义者和各民主主义政党暂时还有共同的利益，并且民主主义者在他们现在到处坚持的社会主义措施中越接近共产主义者的目的，就是说，他们越明确地坚持无产阶级的利益和越依靠无产阶级，这种共同的利益就越多。例如在英国，由工人组成的宪章派就要比民主主义小资产者或所谓激进派在极大程度上更接近共产主义者。

在实行民主宪法的美国，共产主义者必须支持愿意用这个宪法去反对资产阶级、并利用它来为无产阶级谋利益的政党，即全国土地改革派。

在瑞士，激进派虽然本身也是个成分极其复杂的政党，但他们是共产主义者所能接触交往的唯一政党，其中瓦特州和日内瓦州的激进派又是最进步的。

最后，在德国，资产阶级和专制君主制之间的决战还在后面。但是，共产主义者不能指望在资产阶级取得统治以前就和资产阶级进行决战，所以共产主义者为了本身的利益必须帮助资产阶级尽快地取得统治，以便尽快地再把它推翻。因此，在同政府的斗争中，共产主义者始终应当支持自由派资产者，只是应当注意，不要跟着资产者自我欺骗，不要听信他们关于资产阶级的胜利会给无产阶级带来良好结果的花言巧语。共产主义者从资产阶级的胜利中得到的好处只能是：（1）得到各种让步，使共产主义者易于捍卫、讨论和传播自己的原则，从而使无产阶级易于联合成一个紧密团结的、准备战斗的和有组织的阶级；（2）使他们确信，从专制政府垮台的那一天起，就轮到资产者和无产者进行斗争了。从这一天起，共产主义者在这里所采取的党的政策，将和在资产阶级现在已占统治地位的那些国家里所采取的政策一样。

写于1847年10月底，原文是德文，

1914年11月以小册子形式出版

中文根据《马克思恩格斯全集》德文版第4卷翻译

附录三

# 《共产党宣言》

卡尔·马克思　弗里德里希·恩格斯

一个幽灵，共产主义的幽灵，在欧洲游荡。为了对这个幽灵进行神圣的围剿，旧欧洲的一切势力，教皇和沙皇、梅特涅和基佐、法国的激进派和德国的警察，都联合起来了。

有哪一个反对党不被它的当政的敌人骂为共产党呢？又有哪一个反对党不拿共产主义这个罪名去回敬更进步的反对党人和自己的反动敌人呢？

从这一事实中可以得出两个结论：

共产主义已经被欧洲的一切势力公认为一种势力；

现在是共产党人向全世界公开说明自己的观点、自己的目的、自己的意图并且拿党自己的宣言来反驳关于共产主义幽灵的神话的时候了。

为了这个目的，各国共产党人集会于伦敦，拟定了如下的宣言，用英文、法文、德文、意大利文、弗拉芒文和丹麦文公布于世。

# 一 资产者和无产者①

至今一切社会的历史②都是阶级斗争的历史。

自由民和奴隶、贵族和平民、领主和农奴、行会师傅③和帮工,一句话,压迫者和被压迫者,始终处于相互对立的地位,进行不断的、有时隐蔽有时公开的斗争,而每一次斗争的结局都是整个社会受到革命改造或者斗争的各阶级同归于尽。

在过去的各个历史时代,我们几乎到处都可以看到社会完全划分为各个不同的等级,看到社会地位分成多种多样的层次。在古罗马,有贵族、骑士、平民、奴隶,在中世纪,有封建主、臣仆、行会师傅、帮工、农奴,而且几乎在每一个阶级内部又有一些特殊的阶层。

从封建社会的灭亡中产生出来的现代资产阶级社会并没有消灭阶级对立。它只是用新的阶级、新的压迫条件、新的斗争形式代替了旧的。

但是,我们的时代,资产阶级时代,却有一个特点:它使阶级对立简单化了。整个社会日益分裂为两大敌对的阵营,分裂为两大相互直接对立的阶级:资产阶级和无产阶级。

从中世纪的农奴中产生了初期城市的城关市民;从这个市民等级中发展出最

---

① 恩格斯在1888年英文版上加了一个注:"资产阶级是指占有社会生产资料并使用雇佣劳动的现代资本家阶级。无产阶级是指没有自己的生产资料,因而不得不靠出卖劳动力来维持生活的现代雇佣工人阶级。"

② 恩格斯在1888年英文版上加了一个注:"这是指有文字记载的全部历史。在1847年,社会的史前史、成文史以前的社会组织,几乎还没有人知道。后来,哈克斯特豪森发现了俄国的土地公有制,毛勒证明了这种公有制是一切条顿族的历史起源的社会基础,而且人们逐渐发现,农村公社是或者曾经是从印度到爱尔兰的各地社会的原始形态。最后,摩尔根发现了氏族的真正本质及其对部落的关系,这一卓绝发现把这种原始共产主义社会的内部组织的典型形式揭示出来了。随着这种原始公社的解体,社会开始分裂为各个独特的、终于彼此对立的阶级。关于这个解体过程,我曾经试图在《家庭、私有制和国家的起源》(1886年斯图加特第2版)中加以探讨。"

③ 恩格斯在1888年英文版上加了一个注:"行会师傅就是在行会中享有全权的会员,是行会内部的师傅,而不是行会的首领。"

初的资产阶级分子。

美洲的发现、绕过非洲的航行,给新兴的资产阶级开辟了新天地。东印度和中国的市场、美洲的殖民化、对殖民地的贸易、交换手段和一般商品的增加,使商业、航海业和工业空前高涨,因而使正在崩溃的封建社会内部的革命因素迅速发展。

以前那种封建的或行会的工业经营方式已经不能满足随着新市场的出现而增加的需求了。工场手工业代替了这种经营方式。行会师傅被工业的中间等级排挤掉了;各种行业组织之间的分工随着各个作坊内部的分工的出现而消失了。

但是,市场总是在扩大,需求总是在增加。甚至工场手工业也不再能满足需要了。于是,蒸汽和机器引起了工业生产的革命。现代大工业代替了工场手工业;工业中的百万富翁,一支一支产业大军的首领,现代资产者,代替了工业的中间等级。

大工业建立了由美洲的发现所准备好的世界市场。世界市场使商业、航海业和陆路交通得到了巨大的发展。这种发展又反过来促进了工业的扩展,同时,随着工业、商业、航海业和铁路的扩展,资产阶级也在同一程度上发展起来,增加自己的资本,把中世纪遗留下来的一切阶级排挤到后面去。

由此可见,现代资产阶级本身是一个长期发展过程的产物,是生产方式和交换方式的一系列变革的产物。

资产阶级的这种发展的每一个阶段,都伴随着相应的政治上的进展①。它在封建主统治下是被压迫的等级,在公社②里是武装的和自治的团体,在一些地方组成独立的城市共和国③,在另一些地方组成君主国中的纳税的第三等级④;后来,在

---

① "相应的政治上的进展"在1888年英文版中是"这个阶级的相应的政治上的进展"。

② 恩格斯在1888年英文版上加了一个注:"法国的新兴城市,甚至在它们从封建主手里争得地方自治和'第三等级'的政治权利以前,就已经称为'公社'了。一般说来,这里是把英国当作资产阶级经济发展的典型国家,而把法国当作资产阶级政治发展的典型国家。"恩格斯在1890年德文版上加了一个注:从他们的"意大利和法国的市民,封建主手中买得或争得最初的自治权以后,就把自己的城市共同体称为'公社'。"

③ 在1888年英文版中这里加上了"(例如在意大利和德国)"。

④ 在1888年英文版中这里加上了"(例如在法国)"。

# 恩格斯传

工场手工业时期,它是等级君主国①或专制君主国中同贵族抗衡的势力,而且是大君主国的主要基础;最后,从大工业和世界市场建立的时候起,它在现代的代议制国家里夺得了独占的政治统治。现代的国家政权不过是管理整个资产阶级的共同事务的委员会罢了。

资产阶级在历史上曾经起过非常革命的作用。

资产阶级在它已经取得了统治的地方把一切封建的、宗法的和田园诗般的关系都破坏了。它无情地斩断了把人们束缚于天然尊长的形形色色的封建羁绊,它使人和人之间除了赤裸裸的利害关系,除了冷酷无情的"现金交易",就再也没有任何别的联系了。它把宗教虔诚、骑士热忱、小市民伤感这些情感的神圣发作,淹没在利己主义打算的冰水之中。它把人的尊严变成了交换价值,用一种没有良心的贸易自由代替了无数特许的和自力挣得的自由。总而言之,它用公开的、无耻的、直接的、露骨的剥削代替了由宗教幻想和政治幻想掩盖着的剥削。

资产阶级抹去了一切向来受人尊崇和令人敬畏的职业的神圣光环。它把医生、律师、教士、诗人和学者变成了它出钱招雇的雇佣劳动者。

资产阶级撕下了罩在家庭关系上的温情脉脉的面纱,把这种关系变成了纯粹的金钱关系。

资产阶级揭示了,在中世纪深受反动派称许的那种人力的野蛮使用,是以极端怠惰作为相应补充的。它第一个证明了,人的活动能够取得什么样的成就。它创造了完全不同于埃及金字塔、罗马水道和哥特式教堂的奇迹;它完成了完全不同于民族大迁徙和十字军征讨的远征。

资产阶级除非对生产工具,从而对生产关系,从而对全部社会关系不断地进行革命,否则就不能生存下去。反之,原封不动地保持旧的生产方式,却是过去的一切工业阶级生存的首要条件。生产的不断变革,一切社会状况不停的动荡,永远的不安定和变动,这就是资产阶级时代不同于过去一切时代的地方。一切固定的僵化的关系以及与之相适应的素被尊崇的观念和见解都被消除了,一切新形

---

① "等级君主国"在1888年英文版中是"半封建君主国"。

成的关系等不到固定下来就陈旧了。一切等级的和固定的东西都烟消云散了，一切神圣的东西都被亵渎了。人们终于不得不用冷静的眼光来看他们的生活地位、他们的相互关系。

不断扩大产品销路的需要，驱使资产阶级奔走于全球各地。它必须到处落户，到处开发，到处建立联系。

资产阶级，由于开拓了世界市场，使一切国家的生产和消费都成为世界性的了。使反动派大为惋惜的是，资产阶级挖掉了工业脚下的民族基础。古老的民族工业被消灭了，并且每天都还在被消灭。它们被新的工业排挤掉了，新的工业的建立已经成为一切文明民族的生命攸关的问题；这些工业所加工的，已经不是本地的原料，而是来自极其遥远的地区的原料；它们的产品不仅供本国消费，而且同时供世界各地消费。旧的、靠本国产品来满足的需要，被新的、要靠极其遥远的国家和地带的产品来满足的需要所代替了。过去那种地方的和民族的自给自足和闭关自守状态，被各民族的各方面的互相往来和各方面的互相依赖所代替了。物质的生产是如此，精神的生产也是如此。各民族的精神产品成了公共的财产。民族的片面性和局限性日益成为不可能，于是由许多种民族的和地方的文学形成了一种世界的文学①。

资产阶级，由于一切生产工具的迅速改进，由于交通的极其便利，把一切民族甚至最野蛮的民族都卷到文明中来了。它的商品的低廉价格，是它用来摧毁一切万里长城、征服野蛮人最顽强的仇外心理的重炮。它迫使一切民族——如果它们不想灭亡的话——采用资产阶级的生产方式；它迫使它们在自己那里推行所谓的文明，即变成资产者。一句话，它按照自己的面貌为自己创造出一个世界。

资产阶级使农村屈服于城市的统治。它创立了巨大的城市，使城市人口比农村人口大大增加起来，因而使很大一部分居民脱离了农村生活的愚昧状态。正像它使农村从属于城市一样，它使未开化和半开化的国家从属于文明的国家，使农民的民族从属于资产阶级的民族，使东方从属于西方。

---

① "文学"一词德文是"Literatur"，这里泛指科学、艺术、哲学、政治等方面的著作。

# 恩格斯传

资产阶级日甚一日地消灭生产资料、财产和人口的分散状态。它使人口密集起来，使生产资料集中起来，使财产聚集在少数人的手里。由此必然产生的结果就是政治的集中。各自独立的、几乎只有同盟关系的、各有不同利益、不同法律、不同政府、不同关税的各个地区，现在已经结合为一个拥有统一的政府、统一的法律、统一的民族阶级利益和统一的关税的统一的民族。

资产阶级在它的不到一百年的阶级统治中所创造的生产力，比过去一切世代创造的全部生产力还要多，还要大。自然力的征服，机器的采用，化学在工业和农业中的应用，轮船的行驶，铁路的通行，电报的使用，整个整个大陆的开垦，河川的通航，仿佛用法术从地下呼唤出来的大量人口——过去哪一个世纪料想到在社会劳动里蕴藏有这样的生产力呢？

由此可见，资产阶级赖以形成的生产资料和交换手段，是在封建社会里造成的。在这些生产资料和交换手段发展的一定阶段上，封建社会的生产和交换在其中进行的关系，封建的农业和工场手工业组织，一句话，封建的所有制关系，就不再适应已经发展的生产力了。这种关系已经在阻碍生产而不是促进生产了。它变成了束缚生产的桎梏。它必须被炸毁，它已经被炸毁了。

起而代之的是自由竞争以及与自由竞争相适应的社会制度和政治制度、资产阶级的经济统治和政治统治。

现在，我们眼前又进行着类似的运动。资产阶级的生产关系和交换关系，资产阶级的所有制关系，这个曾经仿佛用法术创造了如此庞大的生产资料和交换手段的现代资产阶级社会，现在像一个魔法师一样不能再支配自己用法术呼唤出来的魔鬼了。几十年来的工业和商业的历史，只不过是现代生产力反抗现代生产关系、反抗作为资产阶级及其统治的存在条件的所有制关系的历史。只要指出在周期性的重复中越来越危及整个资产阶级社会生存的商业危机就够了。在商业危机期间，总是不仅有很大一部分制成的产品被毁灭掉，而且有很大一部分已经造成的生产力被毁灭掉。在危机期间，发生一种在过去一切时代看来都好像是荒唐现象的社会瘟疫，即生产过剩的瘟疫。社会突然发现自己回到了一时的野蛮状态；仿佛是一次饥荒、一场普遍的毁灭性战争，使社会失去了全部生活资料；仿佛是工业和商业全被毁灭了。这是什么缘故呢？因为社会上文明过度，生活资料太多，工业和商业太发达。社会所拥有的生产力已经不能再促进资产阶级文明和资产阶级所有制关系的发展；相反，生产力已经强大到这种关系所不能适应的地步，它已经受到这种关系的阻碍；而它一着手克服这种障碍，就使整个资产阶级社会陷入混乱，就使资产阶级所有制的存在受到威胁。资产阶级的关系已经太狭窄了，再容纳不了它本身所造成的财富了。资产阶级用什么办法来克服这种危机呢？一方面不得不消灭大量生产力，另一方面夺取新的市场，更加彻底地利用旧的市场。这究竟是怎样的一种办法呢？这不过是资产阶级准备更全面更猛烈的危机的办法，不过是使防止危机的手段越来越少的办法。

资产阶级用来推翻封建制度的武器，现在却对准资产阶级自己了。

但是，资产阶级不仅锻造了置自身于死地的武器；它还产生了将要运用这种武器的人——现代的工人，即无产者。

随着资产阶级即资本的发展，无产阶级即现代工人阶级也在同一程度上得到发展；现代的工人只有当他们找到工作的时候才能生存，而且只有当他们的劳动增殖资本的时候才能找到工作。这些不得不把自己零星出卖的工人，像其他任何货物一样，也是一种商品，所以他们同样地受到竞争的一切变化、市场的一切波动的影响。

由于推广机器和分工，无产者的劳动已经失去了任何独立的性质，因而对工人也失去了任何吸引力。工人变成了机器的单纯的附属品，要求他做的只是极其简单、极其单调和极容易学会的操作。因此，花在工人身上的费用，几乎只限于维持工人生活和延续工人后代所必需的生活资料。但是，商品的价格，从而劳动的价格，是同它的生产费用相等的。因此，劳动越使人感到厌恶，工资也就越减少。不仅如此，机器越推广，分工越细致，劳动量①也就越增加，这或者是由于工作时间的延长，或者是由于在一定时间内所要求的劳动的增加，机器运转的加速，等等。

---

① "劳动量"在1888年英文版中是"劳动负担"。

# 恩格斯传

现代工业已经把家长式的师傅的小作坊变成了工业资本家的大工厂。挤在工厂里的工人群众就像士兵一样被组织起来。他们是产业军的普通士兵，受着各级军士和军官的层层监视。他们不仅仅是资产阶级的、资产阶级国家的奴隶，他们每日每时都受机器、受监工、首先是受各个经营工厂的资产者本人的奴役。这种专制制度越是公开地把营利宣布为自己的最终目的，它就越是可鄙、可恨和可恶。

手的操作所要求的技巧和气力越少，换句话说，现代工业越发达，男工也就越受到女工和童工的排挤。对工人阶级来说，性别和年龄的差别再没有什么社会意义了。他们都只是劳动工具，不过因为年龄和性别的不同而需要不同的费用罢了。

当厂主对工人的剥削告一段落，工人领到了用现钱支付的工资的时候，马上就有资产阶级中的另一部分人——房东、小店主、当铺老板等等向他们扑来。

以前的中间等级的下层，即小工业家、小商人和小食利者，手工业者和农民——所有这些阶级都降落到无产阶级的队伍里来了，有的是因为他们的小资本不足以经营大工业，经不起较大的资本家的竞争；有的是因为他们的手艺已经被新的生产方法弄得不值钱了。无产阶级就是这样从居民的所有阶级中得到补充的。

无产阶级经历了各个不同的发展阶段。它反对资产阶级的斗争是和它的存在同时开始的。

最初是单个的工人，然后是某一工厂的工人，然后是某一地方的某一劳动部门的工人，同直接剥削他们的单个资产者做斗争。他们不仅仅攻击资产阶级的生产关系，而且攻击生产工具本身①；他们毁坏那些来竞争的外国商品，捣毁机器，烧毁工厂，力图恢复已经失去的中世纪工人的地位。

在这个阶段上，工人是分散在全国各地并为竞争所分裂的群众。工人的大规模集结，还不是他们自己联合的结果，而是资产阶级联合的结果，当时资产阶级

---

① 这句话在1888年英文版中是"他们不是攻击资产阶级的生产关系，而是攻击生产工具本身"。

为了达到自己的政治目的必须而且暂时还能够把整个无产阶级发动起来。因此，在这个阶段上，无产者不是同自己的敌人做斗争，而是同自己的敌人的敌人做斗争，即同专制君主制的残余、地主、非工业资产者和小资产者做斗争。因此，整个历史运动都集中在资产阶级手里；在这种条件下取得的每一个胜利都是资产阶级的胜利。

但是，随着工业的发展，无产阶级不仅人数增加了，而且结合成更大的集体，它的力量日益增长，而且它越来越感觉到自己的力量。机器使劳动的差别越来越小，使工资几乎到处都降到同样低的水平，因而无产阶级内部的利益、生活状况也越来越趋于一致。资产者彼此间日益加剧的竞争以及由此引起的商业危机，使工人的工资越来越不稳定；机器的日益迅速的和继续不断的改良，使工人的整个生活地位越来越没有保障；单个工人和单个资产者之间的冲突越来越具有两个阶级的冲突的性质。工人开始成立反对资产者的同盟①；他们联合起来保卫自己的工资。他们甚至建立了经常性的团体，以便为可能发生的反抗准备食品。有些地方，斗争爆发为起义。

工人有时也得到胜利，但这种胜利只是暂时的。他们斗争的真正成果并不是直接取得的成功，而是工人的越来越扩大的联合。这种联合由于大工业所造成的日益发达的交通工具而得到发展，这种交通工具把各地的工人彼此联系起来。只要有了这种联系，就能把许多性质相同的地方性的斗争汇合成全国性的斗争，汇合成阶级斗争。而一切阶级斗争都是政治斗争。中世纪的市民靠乡间小道需要几百年才能达到的联合，现代的无产者利用铁路只要几年就可以达到了。

无产者组织成为阶级，从而组织成为政党这件事，不断地由于工人的自相竞争而受到破坏。但是，这种组织总是重新产生，并且一次比一次更强大、更坚固、更有力。它利用资产阶级内部的分裂，迫使他们用法律形式承认工人的个别利益。英国的十小时工作日法案就是一个例子。

旧社会内部的所有冲突在许多方面都促进了无产阶级的发展。资产阶级处于

---

① 在1888年英文版中这里加上了"（工联）"。

# 恩格斯传

不断的斗争中：最初反对贵族；后来反对同工业进步有利害冲突的那部分资产阶级；经常反对一切外国的资产阶级。在这一切斗争中，资产阶级都不得不向无产阶级呼吁，要求无产阶级援助，这样就把无产阶级卷进了政治运动。于是，资产阶级自己就把自己的教育因素①即反对自身的武器给予了无产阶级。

其次，我们已经看到，工业的进步把统治阶级的整批成员抛到无产阶级队伍里去，或者至少也使他们的生活条件受到威胁。他们也给无产阶级带来了大量的教育因素②。

最后，在阶级斗争接近决战的时期，统治阶级内部的、整个旧社会内部的瓦解过程，就达到非常强烈、非常尖锐的程度，甚至使得统治阶级中的一小部分人脱离统治阶级而归附于革命的阶级，即掌握着未来的阶级。所以，正像过去贵族中有一部分人转到资产阶级方面一样，现在资产阶级中也有一部分人，特别是已经提高到能从理论上认识整个历史运动的一部分资产阶级思想家，转到无产阶级方面来了。

在当前同资产阶级对立的一切阶级中，只有无产阶级是真正革命的阶级。其余的阶级都随着大工业的发展而日趋没落和灭亡，无产阶级却是大工业本身的产物。

中间等级，即小工业家、小商人、手工业者、农民，他们同资产阶级做斗争，都是为了维护他们这种中间等级的生存，以免于灭亡。所以，他们不是革命的，而是保守的。不仅如此，他们甚至是反动的，因为他们力图使历史的车轮倒转。如果说他们是革命的，那是鉴于他们行将转入无产阶级的队伍，这样，他们就不是维护他们目前的利益，而是维护他们将来的利益，他们就离开自己原来的立场，而站到无产阶级的立场上来。

流氓无产阶级是旧社会最下层中消极的腐化的部分，他们在一些地方也被无产阶级革命卷到运动里来，但是，由于他们的整个生活状况，他们更甘心于被人收买，去干反动的勾当。

---

① "教育因素"在1888年英文版中是"政治教育和普通教育的因素"。
② "大量的教育因素"在1888年英文版中是"启蒙和进步的新因素"。

在无产阶级的生活条件中，旧社会的生活条件已经被消灭了。无产者是没有财产的；他们和妻子儿女的关系同资产阶级的家庭关系再没有任何共同之处了；现代的工业劳动，现代的资本压迫，无论在英国或法国，无论在美国或德国，都是一样的，都使无产者失去了任何民族性。法律、道德、宗教在他们看来全都是资产阶级偏见，隐藏在这些偏见后面的全都是资产阶级利益。

过去一切阶级在争得统治之后，总是使整个社会服从于它们发财致富的条件，企图以此来巩固它们已经获得的生活地位。无产者只有废除自己的现存的占有方式，从而废除全部现存的占有方式，才能取得社会生产力。无产者没有什么自己的东西必须加以保护，他们必须摧毁至今保护和保障私有财产的一切。

过去的一切运动都是少数人的，或者为少数人谋利益的运动。无产阶级的运动是绝大多数人的，为绝大多数人谋利益的独立的运动。无产阶级，现今社会的最下层，如果不炸毁构成官方社会的整个上层，就不能抬起头来，挺起胸来。

如果不就内容而就形式来说，无产阶级反对资产阶级的斗争首先是一国范围内的斗争。每一个国家的无产阶级当然首先应该打倒本国的资产阶级。

在叙述无产阶级发展的最一般的阶段的时候，我们循序探讨了现存社会内部或多或少隐蔽着的国内战争，直到这个战争爆发为公开的革命，无产阶级用暴力推翻资产阶级而建立自己的统治。

我们已经看到，至今的一切社会都是建立在压迫阶级和被压迫阶级的对立之上的。但是，为了有可能压迫一个阶级，就必须保证这个阶级至少有能够勉强维持它的奴隶般的生存的条件。农奴曾经在农奴制度下挣扎到公社成员的地位，小资产者曾经在封建专制制度的束缚下挣扎到资产者的地位。现代的工人却相反，他们并不是随着工业的进步而上升，而是越来越降到本阶级的生存条件以下。工人变成赤贫者，贫困比人口和财富增长得还要快。由此可以明显地看出，资产阶级再不能做社会的统治阶级了，再不能把自己阶级的生存条件当作支配一切的规律强加于社会了。资产阶级不能统治下去了，因为它甚至不能保证自己的奴隶维持奴隶的生活，因为它不得不让自己的奴隶落到不能养活它反而要它来养活的地步。社会再不能在它统治下生存下去了，就是说，它的生存不再同社会相容了。

资产阶级生存和统治的根本条件,是财富在私人手里的积累,是资本的形成和增殖;资本的条件是雇佣劳动。雇佣劳动完全是建立在工人的自相竞争之上的。资产阶级无意中造成而又无力抵抗的工业进步,使工人通过结社而达到的革命联合代替了他们由于竞争而造成的分散状态。于是,随着大工业的发展,资产阶级赖以生产和占有产品的基础本身也就从它的脚下被挖掉了。它首先生产的是它自身的掘墓人。资产阶级的灭亡和无产阶级的胜利是同样不可避免的。

## 二 无产者和共产党人

共产党人同全体无产者的关系是怎样的呢?

共产党人不是同其他工人政党相对立的特殊政党。

他们没有任何同整个无产阶级的利益不同的利益。

他们不提出任何特殊的① 原则,用以塑造无产阶级的运动。

共产党人同其他无产阶级政党不同的地方只是:一方面,在无产者不同的民族的斗争中,共产党人强调和坚持整个无产阶级共同的不分民族的利益;另一方面,在无产阶级和资产阶级的斗争所经历的各个发展阶段上,共产党人始终代表整个运动的利益。

因此,在实践方面,共产党人是各国工人政党中最坚决的、始终起推动作用的部分②;在理论方面,他们胜过其余无产阶级群众的地方在于他们了解无产阶级运动的条件、进程和一般结果。

共产党人的最近目的是和其他一切无产阶级政党的最近目的一样的:使无产阶级形成为阶级,推翻资产阶级的统治,由无产阶级夺取政权。

共产党人的理论原理,决不是以这个或那个世界改革家所发明或发现的思

---

① "特殊的"在1888年英文版中是"宗派的"。

② "最坚决的、始终起推动作用的部分"在1888年英文版中是"最先进的和最坚决的部分,推动所有其他部分前进的部分"。

想、原则为根据的。

这些原理不过是现存的阶级斗争、我们眼前的历史运动的真实关系的一般表述。废除先前存在的所有制关系，并不是共产主义所独具的特征。

一切所有制关系都经历了经常的历史更替、经常的历史变更。

例如，法国革命废除了封建的所有制，代之以资产阶级的所有制。

共产主义的特征并不是要废除一般的所有制，而是要废除资产阶级的所有制。

但是，现代的资产阶级私有制是建立在阶级对立上面、建立在一些人对另一些人的剥削①上面的产品生产和占有的最后而又最完备的表现。

从这个意义上说，共产党人可以把自己的理论概括为一句话：消灭私有制。

有人责备我们共产党人，说我们要消灭个人挣得的、自己劳动得来的财产，要消灭构成个人的一切自由、活动和独立的基础的财产。

好一个劳动得来的、自己挣得的、自己赚来的财产！你们说的是资产阶级财产出现以前的那种小资产阶级的、小农的财产吗？那种财产用不着我们去消灭，工业的发展已经把它消灭了，而且每天都在消灭它。

或者，你们说的是现代的资产阶级的私有财产吧？

但是，难道雇佣劳动、无产者的劳动，会给无产者创造出财产来吗？没有的事。这种劳动所创造的是资本，即剥削雇佣劳动的财产，只有在不断产生出新的雇佣劳动来重新加以剥削的条件下才能增殖的财产。现今的这种财产是在资本和雇佣劳动的对立中运动的。让我们来看看这种对立的两个方面吧。

做一个资本家，这就是说，他在生产中不仅占有一种纯粹个人的地位，而且占有一种社会的地位。资本是集体的产物，它只有通过社会许多成员的共同活动，而且归根到底只有通过社会全体成员的共同活动，才能运动起来。

因此，资本不是一种个人力量，而是一种社会力量。

因此，把资本变为公共的、属于社会全体成员的财产，这并不是把个人财产

---

① "一些人对另一些人的剥削"在1888年英文版中是"少数人对多数人的剥削"。

变为社会财产。这里所改变的只是财产的社会性质。它将失掉它的阶级性质。

现在，我们来看看雇佣劳动。

雇佣劳动的平均价格是最低限度的工资，即工人为维持其工人的生活所必需的生活资料的数额。因此，雇佣工人靠自己的劳动所占有的东西，只够勉强维持他的生命的再生产。我们决不打算消灭这种供直接生命再生产用的劳动产品的个人占有，这种占有并不会留下任何剩余的东西使人们有可能支配别人的劳动。我们要消灭的只是这种占有的可怜的性质，在这种占有下，工人仅仅为增殖资本而活着，只有在统治阶级的利益需要他活着的时候才能活着。

在资产阶级社会里，活的劳动只是增殖已经积累起来的劳动的一种手段。在共产主义社会里，已经积累起来的劳动只是扩大、丰富和提高工人的生活的一种手段。

因此，在资产阶级社会里是过去支配现在，在共产主义社会里是现在支配过去。在资产阶级社会里，资本具有独立性和个性，而活动着的个人却没有独立性和个性。

而资产阶级却把消灭这种关系说成是消灭个性和自由！说对了。的确，正是要消灭资产者的个性、独立性和自由。

在现今的资产阶级生产关系的范围内，所谓自由就是自由贸易、自由买卖。

但是，买卖一消失，自由买卖也就会消失。关于自由买卖的言论，也像我们的资产者的其他一切关于自由的大话一样，仅仅对于不自由的买卖来说，对于中世纪被奴役的市民来说，才是有意义的，而对于共产主义要消灭买卖、消灭资产阶级生产关系和资产阶级本身这一点来说，却是毫无意义的。

我们要消灭私有制，你们就惊慌起来。但是，在你们的现存社会里，私有财产对十分之九的成员来说已经被消灭了；这种私有制之所以存在，正是因为私有财产对十分之九的成员来说已经不存在。可见，你们责备我们，是说我们要消灭那种以社会上的绝大多数人没有财产为必要条件的所有制。

总而言之，你们责备我们，是说我们要消灭你们的那种所有制。的确，我们是要这样做的。

从劳动不再能变为资本、货币、地租，一句话，不再能变为可以垄断的社会力量的时候起，就是说，从个人财产不再能变为资产阶级财产①的时候起，你们说，个性被消灭了。

由此可见，你们是承认，你们所理解的个性，不外是资产者、资产阶级私有者。这样的个性确实应当被消灭。

共产主义并不剥夺任何人占有社会产品的权力，它只剥夺利用这种占有去奴役他人劳动的权力。

有人反驳说，私有制一消灭，一切活动就会停止，懒惰之风就会兴起。

这样说来，资产阶级社会早就应该因懒惰而灭亡了，因为在这个社会里劳者不获，获者不劳。所有这些顾虑，都可以归结为这样一个同义反复：一旦没有资本，也就不再有雇佣劳动了。

所有这些对共产主义的物质产品的占有方式和生产方式的责备，也被扩展到精神产品的占有和生产方面。正如阶级的所有制的终止在资产者看来是生产本身的终止一样，阶级的教育的终止在他们看来就等于一切教育的终止。

资产者唯恐失去的那种教育，对绝大多数人来说是把人训练成机器。

但是，你们既然用你们资产阶级关于自由、教育、法等等的观念来衡量废除资产阶级所有制的主张，那就请你们不要同我们争论了。你们的观念本身是资产阶级的生产关系和所有制关系的产物，正像你们的法不过是被奉为法律的你们这个阶级的意志一样，而这种意志的内容是由你们这个阶级的物质生活条件来决定的。

你们的利己观念使你们把自己的生产关系和所有制关系从历史的、在生产过程中是暂时的关系变成永恒的自然规律和理性规律，这种利己观念是你们和一切灭亡了的统治阶级所共有的。谈到古代所有制的时候你们所能理解的，谈到封建所有制的时候你们所能理解的，一谈到资产阶级所有制你们就再也不能理解了。

消灭家庭！连极端的激进派也对共产党人的这种可耻的意图表示愤慨。

---

① 在1888年英文版中这里加上了"变为资本"。

现代的、资产阶级的家庭是建立在什么基础上的呢？是建立在资本上面，建立在私人发财上面的。这种家庭只是在资产阶级那里才以充分发展的形式存在着，而无产者的被迫独居和公开的卖淫则是它的补充。

资产者的家庭自然会随着它的这种补充的消失而消失，两者都要随着资本的消失而消失。你们是责备我们要消灭父母对子女的剥削吗？我们承认这种罪状。

但是，你们说，我们用社会教育代替家庭教育，就是要消灭人们最亲密的关系。

而你们的教育不也是由社会决定的吗？不也是由你们进行教育时所处的那种社会关系决定的吗？不也是由社会通过学校等等进行的直接的或间接的干涉决定的吗？共产党人并没有发明社会对教育的作用；他们仅仅是要改变这种作用的性质，要使教育摆脱统治阶级的影响。

无产者的一切家庭联系越是由于大工业的发展而被破坏，他们的子女越是由于这种发展而被变成单纯的商品和劳动工具，资产阶级关于家庭和教育、关于父母和子女的亲密关系的空话就越是令人作呕。

但是，你们共产党人是要实行公妻制的啊，——整个资产阶级异口同声地向我们这样叫喊。

资产者是把自己的妻子看作单纯的生产工具的。他们听说生产工具将要公共使用，自然就不能不想到妇女也会遭到同样的命运。

他们想也没有想到，问题正在于使妇女不再处于单纯生产工具的地位。

其实，我们的资产者装得道貌岸然，对所谓的共产党人的正式公妻制表示惊讶，那是再可笑不过了。公妻制无须共产党人来实行，它差不多是一向就有的。

我们的资产者不以他们的无产者的妻子和女儿受他们支配为满足，正式的卖淫更不必说了，他们还以互相诱奸妻子为最大的享乐。

资产阶级的婚姻实际上是公妻制。人们至多只能责备共产党人，说他们想用正式的、公开的公妻制来代替伪善地掩蔽着的公妻制。其实，不言而喻，随着现在的生产关系的消灭，从这种关系中产生的公妻制，即正式的和非正式的卖淫，也就消失了。

有人还责备共产党人,说他们要取消祖国,取消民族。

工人没有祖国。决不能剥夺他们所没有的东西。因为无产阶级首先必须取得政治统治,上升为民族的阶级①,把自身组织成为民族,所以它本身还是民族的,虽然完全不是资产阶级所理解的那种意思。

随着资产阶级的发展,随着贸易自由的实现和世界市场的建立,随着工业生产以及与之相适应的生活条件的趋于一致,各国人民之间的民族分隔和对立日益消失。

无产阶级的统治将使它们更快地消失。联合的行动,至少是各文明国家的联合的行动,是无产阶级获得解放的首要条件之一。

人对人的剥削一消灭,民族对民族的剥削就会随之消灭。

民族内部的阶级对立一消失,民族之间的敌对关系就会随之消失。

从宗教的、哲学的和一切意识形态的观点对共产主义提出的种种责难,都不值得详细讨论了。

人们的观念、观点和概念,一句话,人们的意识,随着人们的生活条件、人们的社会关系、人们的社会存在的改变而改变,这难道需要经过深思才能了解吗?

思想的历史除了证明精神生产随着物质生产的改造而改造,还证明了什么呢?任何一个时代的统治思想始终都不过是统治阶级的思想。

当人们谈到使整个社会革命化的思想时,他们只是表明了一个事实:在旧社会内部已经形成了新社会的因素,旧思想的瓦解是同旧生活条件的瓦解步调一致的。

当古代世界走向灭亡的时候,古代的各种宗教就被基督教战胜了。当基督教思想在18世纪被启蒙思想击败的时候,封建社会正在同当时革命的资产阶级进行殊死的斗争。信仰自由和宗教自由的思想,不过表明自由竞争在信仰领域②里占统治地位罢了。

---

① "民族的阶级"在1888年英文版中是"民族的领导阶级"。
② "信仰领域"在1872年、1883年和1890年德文版中是"知识领域"。

"但是",有人会说,"宗教的、道德的、哲学的、政治的、法的观念等等在历史发展的进程中固然是不断改变的,而宗教、道德、哲学、政治和法在这种变化中却始终保存着。

此外,还存在着一切社会状态所共有的永恒真理,如自由、正义等等。但是共产主义要废除永恒真理,它要废除宗教、道德,而不是加以革新,所以共产主义是同至今的全部历史发展相矛盾的。"

这种责难归结为什么呢?至今的一切社会的历史都是在阶级对立中运动的,而这种对立在不同的时代具有不同的形式。

但是,不管阶级对立具有什么样的形式,社会上一部分人对另一部分人的剥削却是过去各个世纪所共有的事实。因此,毫不奇怪,各个世纪的社会意识,尽管形形色色、千差万别,总是在某些共同的形式中运动的,这些形式,这些意识形式,只有当阶级对立完全消失的时候才会完全消失。

共产主义革命就是同传统的所有制关系实行最彻底的决裂;毫不奇怪,它在自己的发展进程中要同传统的观念实行最彻底的决裂。

不过,我们还是把资产阶级对共产主义的种种责难撇开吧。

前面我们已经看到,工人革命的第一步就是使无产阶级上升为统治阶级,争得民主。

无产阶级将利用自己的政治统治,一步一步地夺取资产阶级的全部资本,把一切生产工具集中在国家即组织成为统治阶级的无产阶级手里,并且尽可能快地增加生产力的总量。

要做到这一点,当然首先必须对所有权和资产阶级生产关系实行强制性的干涉,也就是采取这样一些措施,这些措施在经济上似乎是不够充分的和无法持续的,但是在运动进程中它们会越出本身,①而且作为变革全部生产方式的手段是必不可少的。

这些措施在不同的国家里当然会是不同的。

---

① 在1888年英文版中这里加上了"使进一步向旧的社会制度进攻成为必要"。

但是，最先进的国家几乎都可以采取下面的措施：

1. 剥夺地产，把地租用于国家支出。

2. 征收高额累进税。

3. 废除继承权。

4. 没收一切流亡分子和叛乱分子的财产。

5. 通过拥有国家资本和独享垄断权的国家银行，把信贷集中在国家手里。

6. 把全部运输业集中在国家手里。

7. 按照共同的计划增加国家工厂和生产工具，开垦荒地和改良土壤。

8. 实行普遍劳动义务制，成立产业军，特别是在农业方面。

9. 把农业和工业结合起来，促使城乡对立①逐步消灭。②

10. 对所有儿童实行公共的和免费的教育。取消现在这种形式的儿童的工厂劳动。把教育同物质生产结合起来，等等。

当阶级差别在发展进程中已经消失而全部生产集中在联合起来的个人③的手里的时候，公共权力就失去政治性质。原来意义上的政治权力，是一个阶级用以压迫另一个阶级的有组织的暴力。如果说无产阶级在反对资产阶级的斗争中一定要联合为阶级，通过革命使自己成为统治阶级，并以统治阶级的资格用暴力消灭旧的生产关系，那么它在消灭这种生产关系的同时，也就消灭了阶级对立的存在条件，消灭了阶级本身的存在条件④，从而消灭了它自己这个阶级的统治。

代替那存在着阶级和阶级对立的资产阶级旧社会的，将是这样一个联合体，在那里，每个人的自由发展是一切人的自由发展的条件。

---

① "对立"在1872年、1883年和1890年德文版中是"差别"。

② 在1888年英文版中这一条是："把农业和工业结合起来；通过把人口更平均地分布于全国的办法逐步消灭城乡差别。"

③ "联合起来的个人"在1888年英文版中是"巨大的全国联合体"。

④ "消灭了阶级本身的存在条件"在1872年、1883年和1890年德文版中是"消灭了阶级本身"。

## 三　社会主义的和共产主义的文献

### 1. 反动的社会主义

（甲）封建的社会主义

法国和英国的贵族，按照他们的历史地位所负的使命，就是写一些抨击现代资产阶级社会的作品。在法国的1830年七月革命和英国的改革运动中，他们再一次被可恨的暴发户打败了。从此就再谈不上严重的政治斗争了。他们还能进行的只是文字斗争。但是，即使在文字方面也不可能重弹复辟时期[①]的老调了。为了激起同情，贵族们不得不装模作样，似乎他们已经不关心自身的利益，只是为了被剥削的工人阶级的利益才去写对资产阶级的控诉书。他们用来泄愤的手段是：唱唱诅咒他们的新统治者的歌，并向他叽叽咕咕地说一些或多或少凶险的预言。

这样就产生了封建的社会主义，半是挽歌，半是谤文，半是过去的回音，半是未来的恫吓；它有时也能用辛辣、俏皮而尖刻的评论刺中资产阶级的心，但是它由于完全不能理解现代历史的进程而总是令人感到可笑。

为了拉拢人民，贵族们把无产阶级的乞食袋当作旗帜来挥舞。但是，每当人民跟着他们走的时候，都发现他们的臀部带有旧的封建纹章，于是就哈哈大笑，一哄而散。

一部分法国正统派和"青年英国"，都演过这出戏。

封建主说，他们的剥削方式和资产阶级的剥削不同，那他们只是忘记了，他们是在完全不同的、目前已经过时的情况和条件下进行剥削的。他们说，在他们的统治下并没有出现过现代的无产阶级，那他们只是忘记了，现代的资产阶级正

---

[①] 恩格斯在1888年英文版上加了一个注："这里所指的不是1660—1689年英国的复辟时期，而是1814—1830年法国的复辟时期。"

是他们的社会制度的必然产物。

不过,他们毫不掩饰自己的批评的反动性质,他们控告资产阶级的主要罪状正是在于:在资产阶级的统治下有一个将把整个旧社会制度炸毁的阶级发展起来。

他们责备资产阶级,与其说是因为它产生了无产阶级,不如说是因为它产生了革命的无产阶级。

因此,在政治实践中,他们参与对工人阶级采取的一切暴力措施,在日常生活中,他们违背自己的那一套冠冕堂皇的言辞,屈尊拾取金苹果[1],不顾信义、仁爱和名誉去做羊毛、甜菜和烧酒的买卖。[2]

正如僧侣总是同封建主携手同行一样,僧侣的社会主义也总是同封建的社会主义携手同行的。

要给基督教禁欲主义涂上一层社会主义的色彩,是再容易不过了。基督教不是也激烈反对私有财产,反对婚姻,反对国家吗?它不是提倡用行善和求乞、独身和禁欲、修道和礼拜来代替这一切吗?基督教的社会主义,只不过是僧侣用来使贵族的怨愤神圣化的圣水罢了。

(乙)小资产阶级的社会主义

封建贵族并不是被资产阶级所推翻的、其生活条件在现代资产阶级社会里日益恶化和消失的唯一阶级。中世纪的城关市民和小农等级是现代资产阶级的前身。在工商业不很发达的国家里,这个阶级还在新兴的资产阶级身旁勉强生存着。

在现代文明已经发展的国家里,形成了一个新的小资产阶级,它摇摆于无产阶级和资产阶级之间,并且作为资产阶级社会的补充部分不断地重新组成。但

---

[1] "金苹果"在1888年英文版中是"工业树上掉下来的金苹果"。

[2] 恩格斯在1888年英文版上加了一个注:"这里主要是指德国,那里的土地贵族和容克通过管事自行经营自己的很大一部分土地,他们还开设大规模的甜菜糖厂和土豆酒厂。较富有的英国贵族还没有落到这种地步;但是,他们也知道怎样让人家用他们的名义创办颇为可疑的股份公司,以补偿地租的下降。"

是，这一阶级的成员经常被竞争抛到无产阶级队伍里去，而且，随着大工业的发展，他们甚至觉察到，他们很快就会完全失去他们作为现代社会中一个独立部分的地位，在商业、工场手工业和农业中很快就会被监工和雇员所代替。

在农民阶级远远超过人口半数的国家，例如在法国，那些站在无产阶级方面反对资产阶级的著作家，自然是用小资产阶级和小农的尺度去批判资产阶级制度的，是从小资产阶级的立场出发替工人说话的。这样就形成了小资产阶级的社会主义。西斯蒙第不仅对法国而且对英国来说都是这类著作家的首领。

这种社会主义非常透彻地分析了现代生产关系中的矛盾。它揭穿了经济学家的虚伪的粉饰。它确凿地证明了机器和分工的破坏作用、资本和地产的积聚、生产过剩、危机、小资产者和小农的必然没落、无产阶级的贫困、生产的无政府状态、财富分配的极不平均、各民族之间的毁灭性的工业战争，以及旧风尚、旧家庭关系和旧民族性的解体。

但是，这种社会主义按其实际内容来说，或者是企图恢复旧的生产资料和交换手段，从而恢复旧的所有制关系和旧的社会，或者是企图重新把现代的生产资料和交换手段硬塞到已被它们突破而且必然被突破的旧的所有制关系的框子里去。它在这两种场合都是反动的，同时又是空想的。

工场手工业中的行会制度，农业中的宗法经济。这就是它的结论。

这一思潮在它以后的发展中变成了一种怯懦的悲叹。①

（丙）德国的或"真正的"社会主义

法国的社会主义和共产主义的文献是在居于统治地位的资产阶级的压迫下产生的，并且是同这种统治做斗争的文字表现，这种文献被搬到德国的时候，那里的资产阶级才刚刚开始进行反对封建专制制度的斗争。

德国的哲学家、半哲学家和美文学家，贪婪地抓住了这种文献，不过他们忘记了：在这种著作从法国搬到德国的时候，法国的生活条件却没有同时搬过去。

---

① 在1888年英文版中这一句是："最后，当顽强的历史事实把自我欺骗的一切醉梦驱散的时候，这种形式的社会主义就化为一种可怜的哀愁。"

在德国的条件下,法国的文献完全失去了直接实践的意义,而只具有纯粹文献的形式。它必然表现为关于真正的社会、关于实现人的本质的无谓思辨。这样,第一次法国革命的要求,在18世纪的德国哲学家看来,不过是一般"实践理性"的要求,而革命的法国资产阶级的意志的表现,在他们心目中就是纯粹的意志、本来的意志、真正人的意志的规律。

德国著作家的唯一工作,就是把新的法国的思想同他们的旧的哲学信仰调和起来,或者毋宁说,就是从他们的哲学观点出发去掌握法国的思想。

这种掌握,就像掌握外国语一样,是通过翻译的。

大家知道,僧侣们曾经在古代异教经典的手抄本上面写上荒诞的天主教圣徒传。德国著作家对世俗的法国文献采取相反的做法。他们在法国的原著下面写上自己的哲学胡说。例如,他们在法国人对货币关系的批判下面写上"人的本质的外化",在法国人对资产阶级国家的批判下面写上所谓"抽象普遍物的统治的扬弃",等等。

这种在法国人的论述下面塞进自己哲学词句的做法,他们称之为"行动的哲学""真正的社会主义""德国的社会主义科学""社会主义的哲学论证",等等。

法国的社会主义和共产主义的文献就这样被完全阉割了。既然这种文献在德国人手里已不再表现一个阶级反对另一个阶级的斗争,于是德国人就认为:他们克服了"法国人的片面性",他们不代表真实的要求,而代表真理的要求,不代表无产者的利益,而代表人的本质的利益,即一般人的利益,这种人不属于任何阶级,根本不存在于现实界,而只存在于云雾弥漫的哲学幻想的太空。

这种曾经郑重其事地看待自己那一套拙劣的小学生作业并且大言不惭地加以吹嘘的德国社会主义,现在渐渐失去了它的自炫博学的天真。

德国的特别是普鲁士的资产阶级反对封建主和专制王朝的斗争,一句话,自由主义运动,越来越严重了。

于是,"真正的"社会主义就得到了一个好机会,把社会主义的要求同政治运动对立起来,用诅咒异端邪说的传统办法诅咒自由主义,诅咒代议制国家,诅咒资产阶级的竞争、资产阶级的新闻出版自由、资产阶级的法、资产阶级的自由和平等，并且向人民群众大肆宣扬，说什么在这个资产阶级运动中，人民群众非但一无所得，反而会失去一切。德国的社会主义恰好忘记了，法国的批判（德国的社会主义是这种批判的可怜的回声）是以现代的资产阶级社会以及相应的物质生活条件和相当的政治制度为前提的，而这一切前提当时在德国正是尚待争取的。

这种社会主义成了德意志各邦专制政府及其随从——僧侣、教员、容克和官僚求之不得的、吓唬来势汹汹的资产阶级的稻草人。

这种社会主义是这些政府用来镇压德国工人起义的毒辣的皮鞭和枪弹的甜蜜的补充。

既然"真正的"社会主义就这样成了这些政府对付德国资产阶级的武器，那么它也就直接代表了一种反动的利益，即德国小市民的利益。在德国，16世纪遗留下来的、从那时起经常以不同形式重新出现的小资产阶级，是现存制度的真实的社会基础。

保存这个小资产阶级，就是保存德国的现存制度。这个阶级胆战心惊地从资产阶级的工业统治和政治统治那里等候着无可幸免的灭亡，这一方面是由于资本的积聚，另一方面是由于革命无产阶级的兴起。在它看来，社会主义能起一箭双雕的作用。"真正的"社会主义像瘟疫一样流行起来了。

德国的社会主义者给自己的那几条干瘪的"永恒真理"披上一件用思辨的蛛丝织成的、绣满华丽辞藻的花朵和浸透甜情蜜意的甘露的外衣，这件光彩夺目的外衣只是使他们的货物在这些顾客中间增加销路罢了。

同时，德国的社会主义也越来越认识到自己的使命就是充当这种小市民的夸夸其谈的代言人。

它宣布德意志民族是模范的民族，德国小市民是模范的人。它给这些小市民的每一种丑行都加上奥秘的、高尚的、社会主义的意义，使之变成完全相反的东西。它发展到最后，就直接反对共产主义的"野蛮破坏的"倾向，并且宣布自己是不偏不倚地超乎任何阶级斗争之上的。现今在德国流行的一切所谓社会主义和共产主义的著作，除了极少数的例外，都属于这一类卑鄙龌龊的、令人萎靡的文献。①

### 2. 保守的或资产阶级的社会主义

资产阶级中的一部分人想要消除社会的弊病，以便保障资产阶级社会的生存。

这一部分人包括：经济学家、博爱主义者、人道主义者、劳动阶级状况改善派、慈善事业组织者、动物保护协会会员、戒酒协会发起人以及形形色色的小改良家。这种资产阶级的社会主义甚至被制成一些完整的体系。

我们可以举蒲鲁东的《贫困的哲学》作为例子。

社会主义的资产者愿意要现代社会的生存条件，但是不要由这些条件必然产生的斗争和危险。他们愿意要现存的社会，但是不要那些使这个社会革命化和瓦解的因素。他们愿意要资产阶级，但是不要无产阶级。在资产阶级看来，它所统治的世界自然是最美好的世界。资产阶级的社会主义把这种安慰人心的观念制成半套或整套的体系。它要求无产阶级实现它的体系，走进新的耶路撒冷，其实它不过是要求无产阶级停留在现今的社会里，但是要抛弃他们关于这个社会的可恶的观念。

这种社会主义的另一种不够系统、但是比较实际的形式，力图使工人阶级厌弃一切革命运动，硬说能给工人阶级带来好处的并不是这样或那样的政治改革，而仅仅是物质生活条件即经济关系的改变。但是，这种社会主义所理解的物质生活条件的改变，绝对不是只有通过革命的途径才能实现的资产阶级生产关系的废除，而是一些在这种生产关系的基础上实行的行政上的改良，因而丝毫不会改变资本和雇佣劳动的关系，至多只能减少资产阶级的统治费用和简化它的财政管理。

资产阶级的社会主义只有在它变成纯粹的演说辞令的时候，才获得自己的适当的表现。

自由贸易！为了工人阶级的利益；保护关税！为了工人阶级的利益；单人牢

---

① 恩格斯在1890年德文版上加了一个注："1848年的革命风暴已经把这个可恶的流派一扫而光，并且使这一流派的代表人物再也没有兴趣搞社会主义了。这一流派的主要代表和典型人物是卡尔·格律恩先生。"

房!为了工人阶级的利益。这才是资产阶级的社会主义唯一真实的结论。

资产阶级的社会主义就是这样一个论断:资产者之为资产者,是为了工人阶级的利益。

### 3. 批判的空想的社会主义和共产主义

在这里,我们不谈在现代一切大革命中表达过无产阶级要求的文献(巴贝夫等人的著作)。

无产阶级在普遍激动的时代、在推翻封建社会的时期直接实现自己阶级利益的最初尝试,都不可避免地遭到了失败,这是由于当时无产阶级本身还不够发展,由于无产阶级解放的物质条件还没有具备,这些条件只是资产阶级时代的产物。随着这些早期的无产阶级运动而出现的革命文献,就其内容来说必然是反动的。这种文献倡导普遍的禁欲主义和粗陋的平均主义。

本来意义的社会主义和共产主义的体系,圣西门、傅立叶、欧文等人的体系,是在无产阶级和资产阶级之间的斗争还不发展的最初时期出现的。关于这个时期,我们在前面已经叙述过了(见《资产阶级和无产阶级》①)。

诚然,这些体系的发明家看到了阶级的对立,以及占统治地位的社会本身中的瓦解因素的作用。但是,他们看不到无产阶级方面的任何历史主动性,看不到它所特有的任何政治运动。

由于阶级对立的发展是同工业的发展步调一致的,所以这些发明家也不可能看到无产阶级解放的物质条件,于是他们就去探求某种社会科学、社会规律,以便创造这些条件。

社会的活动要由他们个人的发明活动来代替,解放的历史条件要由幻想的条件来代替,无产阶级的逐步组织成为阶级要由一种特意设计出来的社会组织来代替。在他们看来,今后的世界历史不过是宣传和实施他们的社会计划。

诚然,他们也意识到,他们的计划主要是代表工人阶级这一受苦最深的阶级

---

① 指《共产党宣言》第一章《资产者和无产者》。

的利益。在他们的心目中,无产阶级只是一个受苦最深的阶级。

但是,由于阶级斗争不发展,由于他们本身的生活状况,他们就以为自己是高高超乎这种阶级对立之上的。他们要改善社会一切成员的生活状况,甚至生活最优裕的成员也包括在内。因此,他们总是不加区别地向整个社会呼吁,而且主要是向统治阶级呼吁。他们以为,人们只要理解他们的体系,就会承认这种体系是最美好的社会的最美好的计划。

因此,他们拒绝一切政治行动,特别是一切革命行动;他们想通过和平的途径达到自己的目的,并且企图通过一些小型的、当然不会成功的试验,通过示范的力量来为新的社会福音开辟道路。

这种对未来社会的幻想的描绘,在无产阶级还很不发展、因而对本身的地位的认识还基于幻想的时候,是同无产阶级对社会普遍改造的最初的本能的渴望相适应的。①

但是,这些社会主义和共产主义的著作也含有批判的成分。这些著作抨击现存社会的全部基础。因此,它们提供了启发工人觉悟的极为宝贵的材料。它们关于未来社会的积极的主张,例如消灭城乡对立②、消灭家庭、消灭私人营利、消灭雇佣劳动、提倡社会和谐、把国家变成纯粹的生产管理机构,——所有这些主张都只是表明要消灭阶级对立,而这种阶级对立在当时刚刚开始发展,它们所知道的只是这种对立的早期的、不明显的、不确定的形式。因此,这些主张本身还带有纯粹空想的性质。

批判的空想的社会主义和共产主义的意义,是同历史的发展成反比的。阶级斗争越发展和越具有确定的形式,这种超乎阶级斗争的幻想,这种反对阶级斗争的幻想,就越失去任何实践意义和任何理论根据。所以,虽然这些体系的创始人在许多方面是革命的,但是他们的信徒总是组成一些反动的宗派。这些信徒无视无产阶级的历史进展,还是死守着老师们的旧观点。因此,他们一贯企图削弱阶

---

① 这段话在1872年、1883年和1890年德文版中是:"这种对未来社会的幻想的描绘,是在无产阶级还很不发展、因而对本身的地位的认识还基于幻想的时候,从无产阶级对社会普遍改造的最初的本能的渴望中产生的。"

② "城乡对立"在1888年英文版中是"城乡差别"。

级斗争，调和对立。他们还总是梦想用试验的办法来实现自己的社会空想，创办单个的法伦斯泰尔，建立国内移民区，创立小伊加利亚，①即袖珍版的新耶路撒冷，——而为了建造这一切空中楼阁，他们就不得不呼吁资产阶级发善心和慷慨解囊。他们逐渐地堕落到上述反动的或保守的社会主义者的一伙中去了，所不同的只是他们更加系统地卖弄学问，狂热地迷信自己那一套社会科学的奇功异效。

因此，他们激烈地反对工人的一切政治运动，认为这种运动只是由于盲目地不相信新福音才发生的。

在英国，有欧文派反对宪章派，在法国，有傅立叶派反对改革派。

## 四　共产党人对各种反对党派的态度

看过第二章之后，就可以了解共产党人同已经形成的工人政党的关系，因而也就可以了解他们同英国宪章派和北美土地改革派的关系。

共产党人为工人阶级的最近的目的和利益而斗争，但是他们在当前的运动中同时代表运动的未来。在法国，共产党人同社会主义民主党②联合起来反对保守的和激进的资产阶级，但是并不因此放弃对那些从革命的传统中承袭下来的空谈和幻想采取批判态度的权利。

在瑞士，共产党人支持激进派，但是并不忽略这个政党是由互相矛盾的分子组成的，其中一部分是法国式的民主社会主义者，一部分是激进的资产者。

在波兰人中间，共产党人支持那个把土地革命当作民族解放的条件的政党，

---

① 恩格斯在1888年英文版上加了一个注："法伦斯泰尔是沙尔·傅立叶所设计的社会主义移民区；伊加利亚是卡贝给自己的理想国和后来他在美洲创立的共产主义移民区所起的名称。"恩格斯在1890年德文版上加了一个注："国内移民区是欧文给他的共产主义的模范社会所起的名称。法伦斯泰尔是傅立叶所设计的社会宫的名称。伊加利亚是卡贝所描绘的那种共产主义制度的乌托邦幻想国。"

② 恩格斯在1888年英文版上加了一个注："当时这个党在议会中的代表是赖德律-洛兰，在著作界的代表是路易·勃朗，在报纸方面的代表是《改革报》。'社会主义民主党'这个名称在它的发明者那里是指民主党或共和党中或多或少带有社会主义色彩的一部分人。"恩格斯在1890年德文版上加了一个注："当时在法国以社会主义民主党自称的政党，在政治方面的代表是赖德律-洛兰，在著作界的代表是路易·勃朗；因此，它同现今的德国社会民主党是有天壤之别的。"

即发动过 1846 年克拉科夫起义的政党。

在德国，只要资产阶级采取革命的行动，共产党就同它一起去反对专制君主制、封建土地所有制和小资产阶级。

但是，共产党一分钟也不忽略教育工人尽可能明确地意识到资产阶级和无产阶级的敌对的对立，以便德国工人能够立刻利用资产阶级统治所必然带来的社会的和政治的条件作为反对资产阶级的武器，以便在推翻德国的反动阶级之后立即开始反对资产阶级本身的斗争。

共产党人把自己的主要注意力集中在德国，因为德国正处在资产阶级革命的前夜，因为同 17 世纪的英国和 18 世纪的法国相比，德国将在整个欧洲文明更进步的条件下，拥有发展得多的无产阶级去实现这个变革，因而德国的资产阶级革命只能是无产阶级革命的直接序幕。

总之，共产党人到处都支持一切反对现存的社会制度和政治制度的革命运动。

在所有这些运动中，他们都强调所有制问题是运动的基本问题，不管这个问题的发展程度怎样。

最后，共产党人到处都努力争取全世界民主政党之间的团结和协调。

共产党人不屑于隐瞒自己的观点和意图。他们公开宣布：他们的目的只有用暴力推翻全部现存的社会制度才能达到。让统治阶级在共产主义革命面前发抖吧。无产者在这个革命中失去的只是锁链。他们获得的将是整个世界。

全世界无产者，联合起来！

> 写于 1847 年 12 月—1848 年 1 月底，原文是德文，
> 1848 年 2 月以小册子形式在伦敦出版
> 中文根据《马克思恩格斯全集》德文版第 4 卷翻译

《共产党宣言》1918年德文版封面

《共产党宣言》1918年德文版扉页

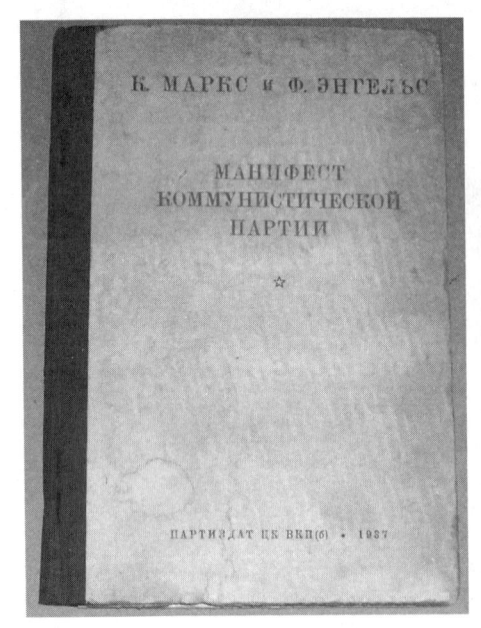

《共产党宣言》1937年俄文版

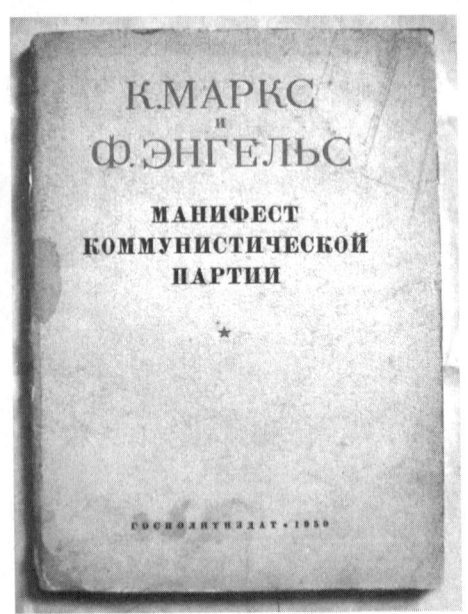

《共产党宣言》1950年俄文版

《共产党宣言》1896年意大利文版

《共产党宣言》1948年波兰文版

附录三 《共产党宣言》

KARL MARX
FREDERICK ENGELS

MANIFESTO OF THE
COMMUNIST PARTY

《共产党宣言》1965 年英文版